U0071672

七優曇華

明末清初的女性禪師

Senen Udumbara :
Female Zen Masters
In The Ming-qing
Transitional Period

蘇美文 著

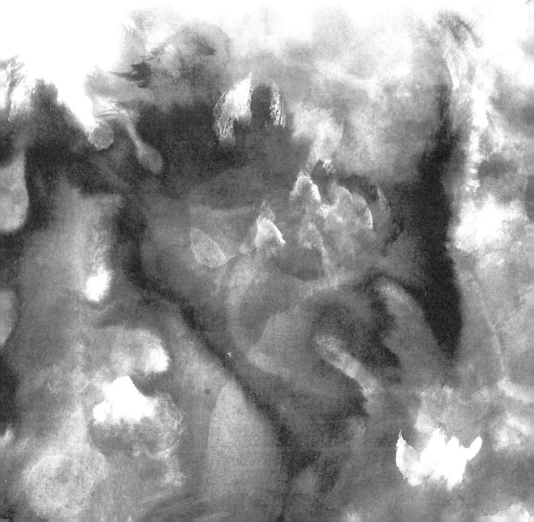

目錄

七優曇華：明末清初的女性禪師

圖表目錄

■表

七優曇華：明末清初的女性禪師

■ 圖

七優曇華：明末清初的女性禪師

禪教化與性別智（上）

第八章　伏獅女禪

第一節　女禪教化之「禪教化」與「性別智」

　　作為一位禪者，自證取悟後，自然要幫助眾生解脫、悟入實相，教化於世間，也使佛法傳繼不絕，讓所有眾生皆能受益，這是禪者的本份事，也是其核心所在。而實相為一同，教化施設是多端，禪宗的教化方式特別別具一格，所謂不立文字，教外別傳，卻因此把文字、語言、聲音、動作運用到極致，呵佛罵祖、棒下喝斷、瞪目結舌等等千變萬化，禪師們以心傳心，應機點撥，雖有傳承，卻各顯特色。因此，探析女性禪師的種種面向中，禪法教化為何？是很核心的問題，尤其她們身為女性，其禪法教化是否會因性別不同，而有不同的特質？

　　在平等平等、離一切相的教法中，要在禪法中尋找其女性特質，是難上加難，而且還有恰當與否的問題。因為特別關注女性議題，想從女禪師禪法中觀察其女性特質，是我們這個時代想理解的問題，並非一定是明末的女禪師所特意要展現的。我們想理解，自然有這個時代的因素，所以以女性的角度來探究女禪師的禪法，即使在超越性別的教義下，還是有其意義的；因為既然是超越性別，應該也不礙去分判性別，既不否定性別，又怎會妨礙以女性來看女禪師呢？禪法本質無男女之分、悟性也無男女之分；但不可否定的，在因緣上有男女種種差別相，禪法之所以變化多端，就是因應於這些差別相，所以禪無男女，而不礙男女。

　　禪法教化是應眾生之機而變化多端的，它實踐於師徒二者的身心，即使當時有第三者在場，也可能莫衷一是。所以當我們距離幾百年後，只憑據語錄記載的文字來循溯其禪風如何如何，本來就是捕風捉影，這是學問與實踐的問題，本是研究者先天上的問題，只得暫且不論。即使

從語錄觀察到一些祇園的禪風特質，但禪法姿態因人而異，這些特質，到底是屬於禪師作為女性而有所不同？還是只是禪師個別性格、修學之不同？如何去分辨？面對一般女性，可以輕而易舉以「母親」這個具有女性特質的關鍵點來檢視分判，但女性禪師獨身修道，無法使用這個方法，所以在分判上確實有難度；況且女性特質是否一定限於某種範圍，這也是值得商榷的。所以筆者討論這個問題，是立基於：既然祇園等人身為女性禪師是確定的，其所展現的特質就是代表女性禪師的一個面向，就可以說是女禪教化。這是以女性禪師本人的性別為基礎，廣義而言的「女禪教化」。

然而，在有效的比較、參照下，確實又有些女性禪師展現出比較明顯的對自己，或對女弟子之特別期許與教化；這樣的特質，就是標準的女禪教化，筆者也使用另一個名稱：「性別智」、「性別作略」稱之，代表對性別的智慧及特別教化。因為一般男性禪師之教化，甚少能觸到「女性」、「性別」問題，唯有出現「女性」時，才會衝擊到這個議題，例如參究天女散花、末山娘娘等公案之時，面對禪婆、女性禪師之時。而女性禪師的出現，本身即具有性別衝擊，她們自身也必然於此有著通透智慧，同時在教化上也會有應機的作法與策略，會特別在「女性」上有所應機教化，也自然會對「男性」有所應機教化。於此，就可以進一步稱「女禪教化」是女性禪師之「性別智」與「性別作略」。

「性別智」與「性別作略」，一者體，一者用，體用一如，體中有用，用中蘊體。佛法的「智」，指空性、無別、無執的體性、般若義，例如根本智。但亦有明了差別、善用萬法的作用義，例如道種智。兩者具足，名為一切智智、一切種智。而不管何者，皆以「智」為核心，有智即有作略，因此用「性別智」之名，可以統合體與用，可以包括對性別差別相之明了善用與無執無別；所以為了以簡馭繁，以核心明體用，之後行文會以「性別智」來統稱之。[1]

因此，「女禪教化」的定義，可以是特指女性禪師表現特別關懷女性、應機男性、性別的教化，也可以廣義地純指女性禪師的禪法教化。

1　用「性別」二字，是要讓這個名相內涵可以寬闊些，為未來討論留下論述的空間。

再而，就禪法本身觀察，其實女性禪師大部分是關乎悟道而無關性別的禪法教化，只是為了應機女性、男性，而有性別智與性別作略之女禪教化。因此完整地言，女性禪師之教化，應包含「禪教化」與「性別智」二個面向，前者是超越性別，顯現「禪師」悟者本色；後者是應機於性別，顯現身為「女性」之特別處。

而禪法的展現，可分「施」、「受」與「中介」，亦即可由「師」、「法」、「弟子」三個面向來切入。女性禪「師」為女性；「弟子」，出家者，以女性為主，在家者，則男女居士都有，但以女居士為入門弟子，所以弟子自然以女性居多。如此一來，「法」是否因此有特別應機之處？亦即在禪法無男女下，女性禪師在悟道、教化上所顯現的女性、男性關懷為何？

在這樣的思考下，以下分析女性禪師的教化時，會分為「禪教化」與「性別智」二個面向，並依據女性禪師的特質，運用女性視角、參照對比等方法，期望盡其所能地突顯她們的女禪教化，亦即她們的「禪教化」與「性別智」。

第二節　祇園之禪教化

一揆在〈祇園行狀〉談到老師祇園，對其禪法教化有這樣的描述：

> ……先師但以本分接人，掃斷佛祖葛藤，拈過諸方藥忌，得師一機一境，便得終身受用，感禮不休。其勘辯學者，決擇心法，雖久參宿學，不輕許可，縱禮意殷勤，朝斯夕斯，冀獲印證，師痛棒熱喝，如秋霜烈日，並不少貸，其真切為人有如此者。厥後沐其教誨，沾其法味，即獲諸方付囑，孰知俱從吾師大冶中烹煉得來。所有法語偈言，迅口衝出，了不經意，其必歸於警聾開瞆，俾悟正知見而後已。[2]

以悟者體性、本分來應機教化，對藥忌、葛藤，對佛祖、諸方，或掃或拈，無滯無礙，因此一機一境，學人常能契入，因而感禮不止。無論是否久參宿學、殷勤禮敬，都不輕易印可。有時候亦有在此受啟發，後

---

2 《祇園語錄》卷下〈祇園行狀〉，頁438上。

至他方而得付囑者。勘辨學人修悟心境，祇園「痛棒熱喝，如秋霜烈日」，所有的法語偈言，都是迅口衝出，直心了當，渾然天成，警聾開蔽，啟悟學人正知正見。

祇園弘化盛況如斯，其弘法行事之態度風格亦如斯，以下將論析祇園之禪法教化，以確實了知其禪教機用的內涵。在正式論析禪法前，將先呈現三篇序文所表徵時人對祇園禪教之看法，以及可能影響禪教內涵的當年修悟過程，故拈提其要，以利禪法之論。

一、時人之譽

祇園首參之師密雲，曾以鄭十三娘視之，朱彝尊等人與方志著錄都對其德性禪教加以肯定。而為其語錄寫序者，是以序文專論之，更可呈現時人之譽，除此之外，也有禪門長輩法友為其寫作贊詩，亦是如此而一併觀察之。

為祇園語錄寫序有三人：朱茂時、吳鑄、吳麟祥。朱茂時，字子葵，號葵石，是朱大啟之子，朱彝尊之伯父，當時朱氏是士大夫大族、文風特盛，屢屢有在朝為官者。茂時，曾任順天通判，攝宛平縣，歷工部員外、貴陽知府，明亡，歸鄉嘉興，築鶴州園林，[3]並創復真如禪院，參與各種佛教活動。他寫序時應已回鄉，所以署名鶴州居士。其繼母趙淑人與甥女明內，一個是祇園的在家弟子，一個則是出家弟子，趙淑人即朱老叔人，明內，即朗月明內，是祇園隨學最久的弟子之一。所以茂時應該對祇園頗為了解，他稱讚祇園能繼承總持（達摩的比丘尼弟子），光儀峻肅，並曰：

> 拈手中拂子，呼來木馬嘶風，橫肩上柳標，趁去泥牛吼月，逆萬頃之波，能行雲頂，倒千尋之岳，可納滄滇，鯤鯨盡入牢籠，凡聖咸遭爐鞴，末由讚誦，是願崇宣，先淑人載沐慈風，甥明內親承杖屨，得讀二菴諸錄，如行襲寶之林，似憩荃香之圃，惟冀人皆展誦，欣逢衣裏之珠，正獲瞻依，快覩指端之月，庶不負甚深

3　許瑤光等修《嘉興縣志》卷五十二〈秀水列傳〉有其傳，頁 1417。

之悲願也。若向行墨邊摸索，則白雲萬里矣。[4]

以拂子、拄杖教化弟子，凡聖皆在其調煉之中。有悟者之實境，教化縱橫變化，能啟悟眾生。語錄亦讓人欣逢自性寶珠、證悟體性明月。

吳鑄，字鼎吾，崇禎十年進士，後遁跡梅里，清初巡撫疏薦，堅不起，[5]序文署名「梅谿里人」。他們闔家皆為祇園弟子，特別是其妻錢宜人（法名超蔭），臨終時還有感應之事，吳鑄並為祇園作塔銘，提到還未歸隱梅里前，已在禪林久聞祇園之名：

> 余自昔宦游，登博山匡廬諸禪林，早跂師名，及遁跡梅里，親沾法雨，先室錢宜人遂得受持師訓猶子。[6]

吳鑄在博山廬山諸禪林，「早跂師名」，等到歸隱梅里才親沾法雨，妻子也得以受持師訓，序文裏他亦明言自己親身受祇園教法，非常心折：

> ……及乎天童金粟，則燈燈之續又三十餘世，古謂……，--夔先見，則金粟之得祇師是已。予寓梅谿，聞且見焉，心折乎，祇師道眼圓明，機用孤峻，古佛相見須下一錐，十聖三賢投戈散地，其深的乎正覺之旨者乎。門人嘗出升座諸詠示予，則又合十嘆曰：金章玉句，妙總末山之文，群生所藉以為覺者也。[7]

他認為祇園「道眼圓明，機用孤峻」，證悟之究竟，教法之直截迅捷、不容商量。並以妙總、末山類比呈現祇園的女性禪師角色，更點出當時禪林紛紛，多「驢負麟角，羊蒙虎皮」者，亦「不乏閉門私篆菩提印，而自佩之」的假造傳承現象，以此對比祇園之真參實悟，並稱讚祇園語錄是「先覺之心印，後覺之依歸也」。[8]

吳麟祥，字穉仙（稚仙），是金粟寺所在地海鹽人士，海寧學廩生轉咨太學，有《吟住詩稿》。[9]當時他與蔡聯璧等居士相續迎請密雲、石車、費隱到金粟寺住持，因而使這座古寺從荒廢而興盛，[10]是金粟寺

4 《祇園語錄》，朱茂時序，頁421中。
5 楊謙《梅里志》卷九〈仕宦〉有傳，頁776。
6 《祇園語錄》卷下〈祇園塔銘〉，頁440上。
7 《祇園語錄》吳鑄序，頁422上。
8 《祇園語錄》吳鑄序，頁422上中。
9 方溶纂修《澉水新志》卷九〈人品〉有傳，頁629。
10 《金粟寺志》，《中國佛寺志叢刊》冊79，據明末清初稿本影印（楊州市：江蘇廣陵

重要護法之一，所以他署名「金粟弟了」，自稱祇園之「同條佛子」，故為石車弟子，所以應該就因此而與祇園相熟，進而受其法教。

他的序文以歷代女性禪師機鋒公案，襯顯祇園之大機大用。所以運用非常多女性公案、女性經典、女禪師的典故，將祇園與她們作連結：

> ……況祖門鑪鞴，尤花果園林，常聞大悟元來只會女人身，漫道出眾端的無過丈夫事，故大愚有了然之嗣，天龍留實際之傳，龍圖范氏自名空室道人，御史游孃晚號覺庵長老，徑山兒乃蘇頌女，黃裳子稱臨濟孫，或著書以□世，或演法于一方，自古有之，於今為烈，惟敬
> 祇園大和尚，道風卓絕，世貫清華，不輕五礙之身，早點三心之秘。……初聞道于天童密老，總嗣法于
> 金粟車師，轉身拜露柱，舌本連天，當體惜眉毛，目光覆地，仁義道中，無數呈橈舞棹，人天眾下，不辭攤蜆樓蝦，寸絲不掛，袈沙拖地豈回頭，……受拂十年，鍵關半世，恐負
> 先師之？，漫積牙爪於虛空，？嗟末法如麻，固卻隨場之竿木，但取百草頭，明明現在，不用三通鼓，簇簇上來，喚他龍女，忽變忽更，占定末山，非神非鬼，拈起一條筇柄，依然兩度缽盂，固憐瞌睡平人，獨唱當陽祖令，遂致閉門折節，上輩輸心，趙州老，稱冤稱屈，特見知音，灌谿翁，問主問賓，願充下務。……[11]

之前他已舉了天女散花、月上女、庵提女、女子入定公案，將女性與開悟的關係，翻轉化為「常聞大悟元來只會女人身，漫道出眾端的無過丈夫事」，於大道無分男女中突顯女性悟道之靈銳。此處亦舉了然（末山）、實際、空室道人（智通）、覺庵、蘇頌女（妙總）、黃裳子（妙道）等六位唐宋的偉大女禪者，認為古來即有偉大的女禪師，而「於今為烈」，祇園之道風卓絕，機鋒不讓便是其標杆。又舉巖頭與抱孩婆之呈橈舞棹、玄機之寸絲不掛、龐蘊與靈照之明明百草頭，慧溫尼之三通

古籍，1996 年），頁 53、58、62。
11 《祇園語錄》吳麟祥序，頁 422 中下。

鼓罷、龍女成佛、末山之非神非鬼、趙州與臺山婆、末山與灌谿等女性公案機鋒,來呈現祇園教化之靈銳及折服驕人之能耐。最後作贊云:「善女人信男子,共嘆難遭,新婦法老婆禪,彌增自愧」。他還點出祇園初參密雲,嗣法石車,「受拂十年,鍵關半世」等修證歷程,而自己是「同條拂子」,認為祇園不負先帥之託,可呈慰之矣。[12] 可見石車付嗣祇園等過程,他應該都非常了解,或許還是眾多初始疑駭,後又釋疑佩服者之一呢!

從這些序文看來,他們與祇園都頗有接觸,甚至還是親自受教的弟子信眾,他們對祇園能證悟又能執拂教化,都極為推崇讚譽。

〈祇園行狀〉裏亦提及,有老衲高賢對祇園之稱揚:

> 又有老衲高賢,觀一切主席叢林無足當其意者,聞師道行,無不心折,稱道不絕,謂古來千有餘年,發明此事者亦多,大開爐鞴,煆煉聖凡,如星中揀月,惟師一人而已。以後承風接踵者比比,豈非吾師首倡之力哉。[13]

他們「聞師道行,無不心折,稱道不絕」,並認為古來千有餘年,能悟者多,但能上座開法,執拂教化,大機大用者,少之又少,而祇園是最好的一位。此處所謂發明者多,開爐鞴者少,應該是指女性修道者!?否則古來多少既悟證又能弘化的男性禪師,不至於要「星中揀月」吧!既是如此,所謂因此承風接踵者比比皆是,應該是指之後出現的許多女性禪師上堂教化的現象,而祇園在這波女禪繁盛現象中佔有首倡之力。朱彝尊《靜志居詩話》於收錄女冠、尼詩文前之釋題就曾云:

> ……宋有妙總,為蘇魏公頌孫,……明正統中,有呂姑諫阻裕陵北征,復辟後為建順天保明寺,都人目為皇姑寺者是已,顧終明之世,禪學頗盛而尼之著作無聞,迨天啟崇禎之季,始有付巾拂立禪林者,因合女冠為一卷。[14]

---

12 《祇園語錄》吳麟祥序,頁 423 上。

13 《祇園語錄》〈祇園行狀〉,頁 438 中。

14 朱彝尊《靜志居詩話》卷二十三〈女冠、尼〉。於《明詩綜》卷九十二。收入《明代傳記叢刊》冊 10(臺北:明文,1991 年),頁 464。

祇園受石車之如意付囑，是在崇禎十年（1637）。彝尊認為整個明代禪學雖盛，但卻未聞有比丘尼著作者，直到天啟崇禎之季，才有比丘尼受法嗣闡教化，而他選錄三位比丘尼：行徹（季總）、行剛（祇園）、神一。季總，清初到江南才受萬如法嗣，神一，不知傳承，所以所謂始有付巾拂者，應是指涉祇園，而所謂首倡之力即也在此。

密雲的弟子木陳道忞（1596-1674），與祇園老師石車同輩，於順治十六年被順治請進內廷說法，尊為國師。他曾應祇園法嗣弟子古鼎所請，寫下〈密老人車和尚并祇園剛三世圖〉，這幅畫顯然畫的是密雲、石車、祇園三人：

> 再起溙沱，開金粟潑天之門戶，繼興廣慧，接禹門到海之家聲，是父是子，乃傑乃英，尤恨鳳雛未老，丹穴斯傾，起家獨數盰江孝，背負東山水上行。[15]

石車接繼密雲，住持金粟寺，所以密雲傳石車，是父子相傳，「乃傑乃英」，轉為「鳳雛、丹穴」句，應是指祇園。此圖讚頗有哀惜石車離世太早。不知此詩之作，祇園還在否？道忞還有一首〈祇園剛姪禪師〉：

> 自信玉容天賦得，誰將五障強名模，心華爛熳開金粟，法吼□鬆震海隅，未許末山誇半杓，肯隨無著道蘇嚧，往南作佛嗤龍女，站定腳跟真丈夫。[16]

此詩之作，祇園似乎應該還在。「玉容、五障」標出性別，「末山、無著、龍女」，以女禪者來連結祇園，而祇園「未許末山」、「肯隨無著」、「嗤龍女」，自有自信定跟處，道忞以此謂其為「真丈夫」也。

費隱通容（1592-1660）之法嗣：野水行廣，有二詩贈祇園：

> 總持去後無消息，千載令人慨嘆生，近日得君堪繼襲，拈頭作尾有經營。

> 龍池一派到金粟，滾滾連天孰敢當，幸有伊人施妙手，和源把住息汪洋。[17]

15　道忞《布水臺集》卷十九、贊二，頁 383 下。

16　道忞《布水臺集》卷二十一、贊三，頁 393 中。「吼」字，原為「左口右后」，是吼的俗字。「□」，原字為「上髟下吒」。

17　《祇園語錄》卷上〈答野水兄〉附來韻二首，頁 428 下 -429 上。

他讚賞祇園能承嗣臨濟法脈，又能承繼微斷久無消息的女性禪師法脈，而且有證有教，有經營。「伊人施妙手」「和源把住」，應該是指祇園出面阻止假源流者之事。

同為密雲一系的二位女禪師：寶持、祖揆，亦有對祇園之讚，她們是繼起弘儲（1605-1672）之嗣，算來低於祇園一輩，寶持〈董菴和尚讚〉云：

> 定服嚴身，戒香瑩體，寬以待人，儉以約己，萬法皆圓，一真不取，我所知師，如是而已。[18]

嚴身戒香，表達祇園之光儀峻肅，萬法圓空，即是禪悟之究竟。而祖揆〈董菴尼祇園禪師讚〉云：

> 孤迥迥十方無壁，峭巍巍四面無門，拈弄一條白棒，何妨到處稱尊，截鐵斬釘乃宗師本分，平高就下，非識者疇論，是亦所謂金粟之子，天童之孫也耶。[19]

孤迥迥、峭巍巍，讚許祇園之悟境無對、空性清淨。一條白棒、截鐵斬釘正是痛棒熱喝，如秋霜烈日。與高可平，於下能就，表達祇園有高高上頂立，深深海底行之行略，非般般可論識的。

方志之書，讚賞祇園之節孝，記載出家、參悟、受嗣名師，弘化頗盛。文學總集，重其文字詩偈之傳。燈傳、語錄序、師友長輩晚輩則讚賞其修證教化之大用以及女性證悟的典範，注重歷史者，更點出其為明代比丘尼受拂之始起等等，這些言說都可呈現當時祇園受到的矚目與弘化的景況，也正為後代留下女性禪師的見證。

二、自身參悟的關鍵處

禪師的教化內涵、方式，常常與他開悟的過程有關，例如俱胝和尚從天龍和尚「豎指而示之」，當下大悟，之後教化時，凡有詰問，「唯舉一指」。[20] 他的悟入與教化都是因「豎一指」。所以討論祇園禪法教化前，有必要從了解參悟過程開始，由祇園的參悟過程可觀察到以下幾

---

18 《寶持語錄》卷下〈真贊〉，頁712。

19 《岳華集》卷三，頁753下。

20 道原《景德傳燈錄》卷十一，《大止藏》冊51，頁288中。

1. 修行之緣起，在感到光陰迅速，生死到來，如何作主？對生死流轉、何處作主？感到非常愁悶。

2. 故參問密雲時，問「那裏是我安身立命處」？整個參學過程，「那裏安身立命？」常常出現，是警語，也是點化語。是祇園第一個參究的話頭。

3. 從守寡到立志參學、出家，立誓不徹悟不休止，苦苦參究話頭，甚至吐血三碗，悟後還在胡庵隱跡九年、出家時一切家產俱捨，自言二十餘年苦修，在在表現出其苦志精進的修行方式。

4. 在石車指示下參「如何是你父母未生前本來面目？」破本參開悟。

5. 悟後，如何無礙作用，是幾次勘驗琢磨的重點。

6. 周到的孝道實踐：出家時，留數畝給夫家公婆，以補孝道。等到雙親喪亡後才真正出家。

三、苦志精進，何處安身立命

祇園之弘法行事風格，如寒梅一般，[22] 生存的嚴寒，正是其參悟過程之苦志精進，亦顯其安貧樂道之自在，她也以此來鼓勵弟子：

> 山僧茲寓董菴，安貧樂道，凡遇種種委曲逆順之境，難治難調，甘心自受，況山僧二十餘年力行苦行，念念弘揚正宗，心心開發後學，願與眾兄弟苦志同參，視人如己，處險猶安……[23]

祇園自己二十餘年力行苦行，自奉甚薄，也願與弟子們「苦志同參」。「見徒輩少涉時習，即正色痛戒，不為少恕」。[24] 祇園所處年代正是明清易鼎之際，不管是修道或弘法之時，都是在時局紛亂的狀況下，但她仍堅志與弟子以參究修行為不動之志，在〈又復表嫂〉書信中：

---

21 關乎參悟過程，已於前文祇園之修悟行傳、傳承與弘法網絡等相關章節詳細論述，此處只條列重點。

22 祇園之形象也因此有「寒梅意象」，詳細的形象論述可見後文〈捌、名言與寫真〉之〈寫真與像贊之形象〉。

23 《祇園語錄》卷上〈山僧茲寓董庵〉，頁 427 上中。

24 《祇園語錄》卷下〈祇園行狀〉，頁 439 上。

近來世亂紛紛，如之奈何，此際只有參究工夫為最，更無別事可為也。倘得心地開通，微見本來面目，得大自在，任他波浪掀天，我自湛然不動，山僧與諸行人苦志同參，又蒙見招，難以舉動。穩坐家庭，一切紛紜變幻，委之于數，萬弗見慮，待外境稍平，望過菴一晤，是所願也。[25]

外境紛紛亂亂，「任他波浪掀天，我自湛然不動」，「一切紛紜變幻，委之于數」，堅持與諸行人苦志同參，安貧樂道。伏獅開法後，攝受而來修行的弟子漸多，有人擔心庵院經濟問題，其弟子一揆在〈祇園行狀〉記載：

或又以常住錢穀為念，師遂引丹霞終身一布衲，趙州所臥惟一折腳床，匾檐山餐橡栗過日，楊岐破屋不蔽風霜，清苦淡薄，元是衲子家風，祖先模範，昔芙蓉楷和尚，終身不發疏簿，不請化主，我當效之。至今敬守清規，不立化主，皆先師作法之良也。[26]

苦修二十餘年，開法後弘法日盛，祇園仍不改其苦修精進的看法，帶領弟子學習祖師「終身一布衲」、「所臥惟一折腳床」、「居破屋」的清苦淡薄家風。讓伏獅禪院確立「不立化主」的清規。而她之所以如此堅心苦志，全因「生死事大」，若不知安身立命處，如何得了此生？她常以此來警示弟子，提示修行之目的在此：

示眾，普勸大眾，痛念生死事大，如救頭然，至苦莫如業識茫茫，至樂莫如一心修道，道乃天下之極樂，捨道而求樂，猶棄食而求飽也，世人迷自本心，妄貪世樂，不知無常一到，萬事皆空，百苦交煎，惝惶怕怖，不想世間之樂，動遭業縛，有愛必離，有冤必會，……一旦豁然明徹，本性成佛，不虛此生，若僧若俗，各請回心。[27]

25 《祇園語錄》卷上〈復表嫂〉之〈又復〉，頁 430 上。
26 《祇園語錄》卷下〈祇園行狀〉，頁 438 上。
27 《祇園語錄》卷上〈示眾普勸〉，頁 426 中。

雖說是苦志精進，但比起生死業識茫茫、無常一至，百苦交煎之狀，「至樂莫如一心修道，道乃天下之極樂」，修道是至樂之行，一旦能豁然明徹，本性成佛，則不虛此生矣。在回覆朱老淑人書信時也說：

> 流光迅速，浮世危脆，豈是久居，道人處富貴繁華之中，實為生死心切，真火中蓮也。此段大事因緣雖是至易之事，亦是至難之事，必須發勇猛心，立決定志，朝參暮究，喜怒哀樂之間，斷不可放過，精進中倍加精進。[28]

朱老淑人是朱彝尊之伯祖母，祇園認為她雖是富貴之人，仍能生死心切，勉勵她發勇猛心，下決定志，精進中倍加精進。朱老淑人師事祇園，學參禪之道，每有「疑義必質」，[29] 語錄收錄了多封祇園給她的書信，都是提點她參話頭等修行之道。又，在示眾時：

> 示眾，參禪打坐，求脫生死，不知安身立命處，如人在大海裏來坐，更問人討水喫相似，學道人，一切時中，勤苦耐志，……若人真不用功，更求解脫，正是迷波討源，難成大器，趁此一期，必須了辦，若不真切，甘為下劣耳……[30]

生死事大，世人卻生死茫然，所以須求脫生死、知安身立命處，她勉勵弟子要真真切切下功夫，在這一生了辦此事。從語錄記載的「機緣」中，她多次以「在何處安身立命？」點撥弟子：

> 當湖陸夫人參，弟子今日要與和尚討簡落處。師打云：「與你一棒，且道落在麼處」？陸云：「無蹤亦無跡」。師：「你在何處安身立命」？陸無語。……
>
> 僧普聞呈偈云：「簡裏從前無易難，風波脫卻事皆安，明明歷歷無他礙，任意縱橫非自然」。師云：「如何是你明明歷歷境界」？進云：……師云：「你向何處安身立命」？僧禮拜。師云：「放汝三十棒」。
>
> 師問義川：「你主人公在何處安身立命」？川云：「撒手無一物，直下自承當」。師云：「承當後如何」？云：「禮拜和

---

28 《祇園語錄》卷上〈復朱老淑人〉，頁429下、430上。

29 朱彝尊《靜志居詩話》，頁466-467。

30 《祇園語錄》卷上〈示眾參禪〉，頁426下。

尚」……[31]

陸夫人表達自己「無縱亦無跡」時，是落在「空」處，所以祇園以「你在何處安身立命？」拈個「有」處來勘驗之，探探她「空」的底蘊，是死空、假空？還是能有妙用的空？所以「安身立命」句也是她勘驗弟子的語句。

祇園自身修行之緣起是感念生死迅速、將何作主？參學啟問密雲的問題也是：「那裏是我安身立命處？」她在教化弟子時也是如此提醒弟子，面對生死的苦迫，找尋解決之道。並以此「安身立命」句來勘驗、點化弟子。

四、疑情話頭，參究本來面目

在語錄中，祇園禪法教授的方法是參話頭，而以參「如何是父母未生前本來面目」為最主要的話頭，這也是她悟道的本參話頭。參話頭是從宋代大慧宗杲禪師來，乃臨濟宗的重要禪法教授，以一個公案或一句話讓禪者起疑情，這句話大都是無由來、無頭無惱的話語，像「狗子還有佛性也無」、「念佛的是誰？」，意不在禪者去追索答案，而是要依言起疑情，有疑，則一切分別思惟無法生起，返歸一切分別之頭，所以曰：「話頭」。

祇園教授的「如何是父母未生前本來面目」話頭，是從六祖惠能與惠明的一段對話轉化出來的。六祖從五祖處受衣鉢，連夜出逃，後有追兵，當惠明追來欲奪提衣鉢卻舉不起時，方知六祖是有道之人，於是請求開示，六祖向其曰：「不思善，不思惡，正恁麼時，如何是明上座本來面目？」惠明言下大悟。這個不思善、不思惡即是阻絕一切思惟分別。後來許多禪師就取此「父母未生前本來面目」來參話頭。

這個話頭是石車指示祇園參究的，祇園在此有了入處，疑破話頭，悟境現前。這個話頭也經常出現在密雲的語錄中，只是密雲並非以此為主。檢視當時禪林，使用這個話頭或點化或醒悟者經常看到。但相對而言，祇園語錄中把這個話頭運用得相當專精而純，除了機鋒應答外，每

---

31 《祇園語錄》卷上〈當湖陸夫人參〉、〈僧普聞〉、〈師問義川〉，頁 427 中下。

每正面提醒弟子時，都回歸於這個話頭方法上。例如在〈示戒禪人〉，
她教授弟子參究這個話頭：

> 道人塵勞中，有志求出生死，須將箇父母未生前本參話頭，研
> 窮體究，以悟為則，先要立一片決定出生死心，久遠不退之
> 志，……單提話頭，重下疑情，只管勇猛做去，自然久久純熟，
> 豁然迸出本來面目……[32]

她為戒禪人開示：在有志求出生死之決定心下，參個「父母未生前本參
話頭」，把一切家緣世情一齊放下，以開悟為最重要之事，單提話頭，
重下疑情，自然能「豁然迸出本來面目」。又在〈新正警眾〉曰：

> 浮生幻化苦奔波，終日忙忙被業磨，若能掃斷無明窟，獨露消遙
> 自在多。
> 人生幻世愛相延，愛若休時大覺仙，地獄天堂君自取，話頭綿密
> 莫貪緣。
> 心常坦坦本來清，細察多知混世情，直下翻身登彼岸，無明頓破
> 笑吟吟。
> 了得凡心聖自圓，急參父母未生前，覷破本來一著子，山花流水
> 共同歡。[33]

她在新春時節警示弟子大眾，勿為終日奔波勞苦都是業識磨縛，要能掃
斷無明，覺幻愛休，綿綿密密地參究話頭，急參父母未生前本來面，若
能由此透脫覷破，翻身登彼岸，則「無明頓破笑吟吟」、「山花流水共
同歡」。在〈復表嫂〉的書信中也是：

> ……今但二六時中，四威儀內，無時間斷，看定父母未生前如何
> 是我本來面目，密密提撕，不為世事所奪，塵緣快樂時，自當猛
> 省，不可放逸，愈久愈堅，久久純熟，豁然透脫，方信吾言，此
> 乃火宅中之真方便也。[34]

祇園提醒她要在任何時間、任何情況，無間斷地看定「父母未生前如何
是我本來面目？」，要「密密提撕，不為世事所奪」，久而久之自然純

32　《祇園語錄》卷上〈新正警眾〉，頁431上。

33　《祇園語錄》卷上〈示戒禪人〉，頁429下。

34　《祇園語錄》卷上〈復表嫂〉，頁430上。

熟，遇緣便豁然透脫，這是塵世中真正方便的法門。於〈示瑞宗〉時
言：

> ……所以山僧教人參究看話頭，深下疑情，念念不忘，心心不
> 昧，一切閒忙動靜、呼奴使婢，抱兒弄女、應酬之中，重下疑
> 情，畢竟如何是我本來面目，二六之時，疑來疑去，忽來疑破話
> 頭，囡元來與佛祖同鼻孔出氣……。[35]

每每提示弟子都是參究話頭，深下疑情，「畢竟如何是我本來面目？」
時時刻刻用功不斷，一旦疑破話頭，才知與佛祖本是一同。在一次示
眾，她指點一些參究話頭的錯謬處：

> 示眾，凡參禪人欲證悟者，從自己心中樸實做去，挨到水窮山盡
> 處，忽然一念頓悟，如十字街頭見親父一般，更無疑惑，但悟有
> 深淺，若從根本上做工夫，打破疑團，頓歇無明窠臼，一超真
> 入，此上根利智，其餘漸修，所證者最怕得少為足，縱有會處，
> 皆是識神邊，以此為真，認賊為子，此一關決要透過，若有習氣
> 未除，就于一切境上觀照，頓省前非，消得一分習氣，顯得一分
> 本智，全在工夫綿密，放下身心，單提一念，切莫管他悟與不
> 悟，只管做將去，不必將心待悟，希求玄妙，眾生妄心，原是如
> 來果體，妄想情慮，原是神通妙用，工夫做到做不得處，更加一
> 拶，纔為了當，不然則墮憂愁魔矣。[36]

「從自己心中樸實做去」，踏實地從根本核心實踐，亦即參話頭起疑
情，若打破疑情，無明根處即歇，悟入體性，其餘再漸修。這過程中最
怕得少為足，誤識神作用為真悟。也有時是習氣未除，無法參入，此時
須在一切境上觀照省發，工夫綿密、放下身心，單提話頭，不管悟或不
悟，做到做不得處，更加一拶才是了當。這段參究話頭的示眾語說得極
簡明又切實。

　　參本來面目之話頭是祇園最主要的教法，但語錄中仍有一處提示參
「渠是誰」，在〈示南潯董道人〉：

---

35 《祇園語錄》卷上〈示瑞宗〉，頁 430 中。
36 《祇園語錄》卷上〈示眾凡參禪人〉，頁 426 下 -427 上。

嘿嘿咨參渠是誰，忽然蔫得了無依，看破始知來脈大，舉頭天外笑哈哈。[37]

在〈示琛禪人〉中也有「通身是箇誰字」的開示，[38] 可見仍有隨弟子所參之話頭來教授的，但是基本上還是在參「本來面目」上。較特別的是，語錄中有一處是指示念佛的，〈示徐道人超古〉：

> 修行須忍耐，煩惱自然輕，真實為生死，念佛貴精勤，一心無間斷，有何不解脫？念念不離佛，從此生死歇，平等自性中，蕩然了無物，拍手任逍遙，不負余饒舌。[39]

祇園身為禪師，開示念佛法門，依然遊刃有餘。晚明禪林許多修禪的敝病為人所指責，漸有提倡念佛法門以矯正禪門之虛高不實，祇園仍處於密雲臨濟禪法中興的氛圍裏，所以都是參話頭之教授，但偶現對弟子念佛法門的開示，亦可知禪者隨緣度眾之心，並得窺時代教法變化之一端。

五、法門嚴峻，痛棒熱喝

時人對祇園弘法風格的描述，例如朱彝尊之「威儀醇樸」、朱茂時之「光儀峻肅」、吳鑄之「森嚴峻絕，法席儼然」、「道眼圓明，機用孤峻」，吳麟祥之「道風卓絕，世貫清華」，[40] 一方面表達祇園法矩嚴肅，一方面亦有法門嚴峻之意，這份嚴峻可具體濃縮在「痛棒熱喝」之中，再引〈祇園行狀〉所曰：

> 先師但以本分接人，掃斷佛祖葛藤，拈過諸方藥忌，得師一機一境，便得終身受用，感禮不休。其勘辯學者，決擇心法，雖久參宿學，不輕許可，禮意殷勤，朝斯夕斯，冀獲印證，師痛棒熱喝，如秋霜烈日，並不少貸，其真切為人有如此者。……所有法語偈言，迅口衝出，了不經意，其必歸於警聾開瞆，俾悟正知見

37　《祇園語錄》卷上〈示南潯董道人〉，頁428下。

38　《祇園語錄》卷上〈示琛禪人〉，頁431上。

39　《祇園語錄》卷上〈示徐道人超古〉，頁428下。

40　朱彝尊語見《靜志居詩話》。朱茂時、吳鑄、同門金粟弟子語皆見《祇園語錄》序。

而後已。[41]

祇園以本分接人，一機一境為學人決擇心法，她不輕易印可，不作人情，「痛棒熱喝，如秋霜烈日」。所謂「痛」，是直搗核心、掃斷無明根本、警聾開蔽之痛切，所謂「熱」，是當機立斷，不容擬議，務必使人悟入正知見而後已之熱切。故秋霜烈日，正是秋殺煩惱本源，烈破無明根本。她曾有二偈曰：「當陽正照絕中邊，拄杖橫拈擊大千，放得源頭真活水，都教灌溉好心田」、「枯木重榮覆大千，臨機無疑絕遮欄，明珠出現吞寰宇，一棒打通萬仞關」，[42] 很能顯現悟者臨機之妙用與氣魄，而痛者、熱者、秋者、烈者，即是她的真切為人處，由此再加上其「苦行精進」之實踐，無怪乎時人都以「法門嚴峻」目之。

棒喝點撥，是臨濟門下啟悟弟子最重要的工具，運用聲音、動作、語句，或引導、或截斷、或勘驗弟子的修行境界。祇園她自己也是在此棒下悟道，並且從密雲、石車承繼這種啟悟法。密雲之棒喝在當時禪林甚為著名，很多學人深受其利，也帶領出一批可弘化一方的弟子，雖然曾引起漢月等人認為易流於盲棒瞎喝，但基本上他的棒喝相當具有教化大用。作為悟者，他的教化全體就在當下的身心實相中，具有直截樸素的深厚能量，「一棒到底」、「一條白棒」即是其展現，而石車親受密雲之教，也得其真傳，故祇園筆下的石車也是如此，見〈金粟本師車和尚真贊〉之一：

> 咄，者老人，骨格稜稜，無相光中，驀現此身，一條白棒，斷人命根，親遭毒手，徹恨最深，而今觸者當年事，一番提起一番新。[43]

「一條白棒，斷人命根」，祇園親受此深教，得徹悟本性，如今自己拄杖在手，任運自在，想起先師也就一番提起一番新。祖、師、徒一脈相傳，祇園棒喝之教，用得確實靈妙，這全然是得自密雲、石車之真傳。而由她參悟的過程可知，祇園悟後幾次參問點，都集中在「現前後如何行履」？亦即悟後如何展現功用？在平等一如中，如何起動？如何對機

---

41 《祇園語錄》卷下〈祇園行狀〉，頁 438 上中。
42 《祇園語錄》卷上〈金臺法師〉，頁 427 中。
43 《祇園語錄》卷上〈金粟本師車和尚真贊〉，頁 431 中。

應物？經過幾番轉化，終得石車之印可付囑。之後，祇園領悟的對機應物之用，就具體展現在她的棒喝點撥下。所以她到伏獅陞座開法，入院法語即曰：

> 拈香畢，復云：妙道無方所，遇緣便舉揚，當頭惟白棒，無法可商量。[44]

全觀弟子心念緣處，當頭白棒而下，直下頓斷思量，直下啟疑，也或許直下透入，這些都是禪師拄杖之作用，弟子怡然病中請開示時她亦云：

> 師云：「山僧無一法污汝心田，單指一條白棒，若向山僧棒頭豁開正眼，始知立命安身，若得一知半解，如何抵得生死，要親到不疑之地方為穩當，方知我不欺汝」。[45]

單指一條白棒，棒下，豁開正眼，始知立命安身處。從語錄記載可看出，她經常運用了拄杖、拂子與喝聲，也運用身體語言，例如「驀一拳」、「豎一指」、「劈面一掌」、「打圓相」，當然更運用語言「機峰」點撥弟子。這些點撥的前提是弟子們已在平日起疑情、參話頭矣，不是憑空文來句往，更非酬唱情懷，平日既有下功夫，禪師的動靜語默棒喝才能讓弟子觸境而悟，禪師也觀察弟子的語默動靜是否有消息，當機啟之、探之、斷之、破之等等。因此棒喝機峰在禪師臨場應對上，也在弟子平日修行的心上功夫。棒喝之下，迅機之間無法欺瞞造作。

棒，禪者以自悟之本然運用工具的聲音、起落、痛覺、敲擊，甚至是語言上的「放汝三十棒」等等都是啟悟的作用。所以此棒可以是拄杖、拂子、如意，也可以隨手拿起的東西，也可以是語句言說，所以廣義而言，凡是啟悟之物，都可皆為棒。語錄中祇園多運用拄杖與拂子來教化。有人問起祇園拄杖作何用？師便打，云：這樣用。還示一偈：

> 貧僧一條拄杖，應用縱橫無量，魔佛當頭普施，定作人天榜樣。[46]

祇園當場就以「打」，直直接接表達拄杖的本然用處，確實迅速確實，

---

44 《祇園語錄》卷上〈丁亥年三月〉，頁 423 下。

45 《祇園語錄》卷上〈怡然病中〉，頁 426 下。

46 《祇園語錄》卷上〈覺如問〉，頁 429 上。

不拖泥帶水，不假借他物。因此她的拄杖「應用縱橫無量」，還能魔來佛來，一律當頭普施，佛來佛斬，魔來魔斬，無有虛妄分別，在這樣的平等下，卻能啟悟弟子，讓大眾超生死海，作人天榜樣，所以在秋霜烈日的棒喝下，是慈悲手眼，在語錄常常看到祇園這樣的熱辣與慈悲。例如在超薦亡者時陞座說法：

> 孝子吳曰夔、吳為龍仝母董氏，薦接侯府君十週忌辰。請陞座。西堂問：「月落西山日東上，生死去來無兩樣，請問和尚薦箇甚麼」？師打云：「當陽指出」。進云：「杖頭指出毗盧境，匝地清風任運騰」。師云：「蓮花世界藏不得，十方大地現全身」。……[47]

此西堂是祇園嗣法弟子之一：怡然超宿。有弟子請祇園超薦亡靈時，怡然可能在參話頭起疑情的功夫上有所進入，所以遇事，觸到疑情，便問：生死都是虛幻的，禪師你超薦什麼？祇園立刻以打、聲音、語句來撥她的自性根苗：直接指出來！拂子，也是經常出現的，在解制日陞座：

> ……師云：「臨濟相傳直指禪，纔加點綴便廉纖，會中若有仙陀客，何用山僧更指鞭」。豎拂子云：「大眾還會麼？諸人直下承當去，一會靈山尚宛然」。下座。[48]

以「豎拂子」來示現，看看是否有弟子能趨入？或是否誰有消息，再一齊打破。

除了棒之外，喝的功用也不少，喝，雖然沒有語句只有聲音，但聲音也有千變萬化，禪師的喝，隨著對象的狀況也會應機變化，臨濟宗有所謂的四喝之說：「一喝如金剛王寶劍，一喝如踞地獅子，一喝如探竿影草，一喝不作一喝用」。[49] 這些全都是為了啟悟弟子。而弟子的喝也能透露自己的狀況，禪師因此可以勘驗之。祇園也常運用「喝」，有時候還是棒喝齊用，在一次說法時：

> ……少林的旨，通貫古今，覿面提持，當陽顯露，展開自家寶

---

47 《祇園語錄》卷上〈孝子吳曰夔〉，頁 425 上。

48 《祇園語錄》卷上〈解制日〉，頁 424 上。

49 《鎮州臨濟慧照禪師語錄》卷一，《大正藏》冊 47，頁 504 上。

藏，掀翻靈鷲家風，於此不會，只知事逐眼前過，不覺老從頭上來。卓拄杖，喝云：「截斷葛藤」。怡然問：「曹溪一派傳千古，臨濟宗風又舉揚，敢問和尚如何是烹金琢玉句」？師打云：「是烹金，是琢玉」。進云：「謝和尚證明」。[50]

祇園點醒弟子，禪法通貫古今，悟道卻是自家寶藏，只要當面提持，當下顯露，就能自在大用，如果不能領會，光陰空過老之將至，當弟子專心聽受時，祇園連用了「卓拄杖」與「喝」，並言「截斷葛藤」句，顯然這一喝，有「金剛王寶劍」之用，當下截斷弟子的心識分別，當下打開自家寶藏，莫在葛藤語句上空耗時間。此時，怡然問：「如何是烹金琢玉句」？亦即如何是開悟境界語？祇園剛剛才講開悟是自家寶藏事，現在還問那裏有金？有玉？當下即是烹金，即是琢玉，怡然遂「謝和尚證明」，代表她自知寶藏。又，祇園與湛虛兄有段機鋒：

> 湛虛兄過訪，弟子言師不在家，茶罷，師出相見，虛云：「將謂主人不在」。師云：「動若行雲，止猶谷神」。虛云：「非公境界」。師便喝。虛云：「這一喝未有主在」。師即豎一指，虛亦喝，師云：「再喝一喝看」，虛云：「鈍置殺人」。[51]

湛虛兄，即湛虛行微禪師，是牧雲法嗣。他以「將謂主人不在」這句又是事實，又是指涉「自性佛性在或不在」？的探測語來試試祇園，祇園以「動靜自如」回應，湛虛也不客氣地頂個「非公境界」。再次試試是不是自己做得了主。祇園便喝，這一喝，頗有「踞地獅子之威」。但湛虛還是窮追不捨捅她一下：「未有主在」。祇園即「豎一指」，表示喝、豎皆自如，動作、聲音皆自在。湛虛也一喝，祇園此時反守為攻，曰：「再喝一喝看」，不僅表達能守能攻，也看看你一展而現後，能不能再一次自在轉身？這一句是用語言來說，卻有「探竿影草」之喝用在！

　　弟子一音，請陞座時，有僧出問祇園「以何法示人」？

　　……僧問：「開爐結制，龍象駢臻，今日和尚陞座，將何法示

50　《祇園語錄》卷上〈昇宇柳居士〉，頁 425 上中。
51　《祇園語錄》卷上〈湛虛兄過訪〉，頁 427 中。

人」？師豎一指。進云：「諸佛未出世，人人鼻孔撩天，出世後，為什杳無消息」？師打云：「你分柝看」。僧一喝，歸位。師乃云：「從來簡事人皆具，何必山僧落二三」。喝一喝云：「喝處掀翻海嶽，認將為喝成諸，笑看結角羅紋處，鐵眼銅睛不易窺，且道超宗越格一句作麼生道？「一拳拳倒黃鶴樓，一踢踢翻鸚鵡洲」。卓柱杖，下座。[52]

祇園「豎　指」，指示：就是這個。其實也有勘驗僧人之味。結果僧人沒有在此應機，換個話題問，結果祇園打云：「你分柝看」，這一棒，一方面掃去僧人換話題之遊移心，一方面進逼他拿出境界。結果僧一喝，就歸位，僧這一喝似乎有展現境界之意，但不知所喝如何？無法就此判斷。祇園再以「喝一喝」、「卓拄杖」與法語來點醒弟子。「一拳拳倒黃鶴樓，一踢踢翻鸚鵡洲」，這是宋代白雲端禪師之頌語，[53]祇園轉來借用，也顯動作強悍俐落。諸如此類，一點一滴的片段機緣，如：「僧參，師問：『仙鄉何處』？僧云：『廣德』。師云：『你曾得也未』？僧喝，師便打」[54]、「師問僧：『大徹底人本脫生死，因甚命根不斷』。進云：『娑羅悉帝娑婆訶』。師云：『念後如何』？僧展手，師云：『展後漸（原字：上漸下耳）』，僧喝，師打出」。[55]

從她對公案的拈古，也可看出其動作派式的禪法，燒庵婆、賣餅婆的公案拈古云：

> 婆子設釣拋綸，這僧可惜許，當鋒錯過，若是山僧待他抱住時，劈面一掌云：與汝證明了也。（燒菴婆）
>
> 當時德山見他問點那簡心，拈餅便行，待他動靜，驀面一唾，看他如何合殺。（德山見賣餅婆）。[56]

---

52 《祇園語錄》卷上〈一音上座〉，頁 425 中。

53 白雲端禪師頌言：「一拳拳倒黃鶴樓，一趯趯翻鸚鵡洲，有意氣時添意氣，不風流處也風流」。轉引自《續傳燈錄》卷二十五，於《大正藏》冊 51，頁 638 上。之前有公案，有劉公居士問雲山曉舜禪師：古鏡未磨時如何？磨後如何？雲山答之不契，被居士請還山。遂以此舉問洞山，洞山如原問，答以「此去漢陽不遠」、「黃鶴樓前鸚鵡洲」，雲山言下大悟。亦見《續傳燈錄》卷五，頁 493 下。

54 《祇園語錄》卷上〈僧參〉，頁 427 下。

55 《祇園語錄》卷上〈師問僧〉，頁 427 下。

56 《祇園語錄》卷上〈燒菴婆〉、〈德山見賣餅婆〉，頁 428 上。

祇園以「劈面一掌」、「驀面一唾」表達她對此公案的應對方式，顯得力道甚大。另一則世尊降生周行七步的公案，祇園卻將大力化為無形：

> ……昔日世尊纔出母胎，七步周行，十種祥瑞，不費鉗錘，天然氣概，雖然如是，不見雲門道：當時我不在，若在，一棒打殺，餵狗子喫，貴圖天下太平。雲門雖則掣斷金鎖玉關，未免渾身泥水，若到伏獅門下，一點也用不著，且道有甚長處？下座，一時打散。[57]

這個公案，雲門將之轉成「一棒打殺，餵狗子喫，貴圖天下太平」，打破神聖妄想，祇園認為如此雖然截斷地有力，但「未免渾身泥水」，力量太過了，若到伏獅門下如何做？一點也用不著，「下座」，一時之間全部消散無跡、無事。與前面的一拳一唾的大力道比來，又顯示化消大力於無形，其可進、可退的變化機用由此可見。

語錄中的語句機峰，祇園顯現的既有貼切、直接之語，也有無由來語。弟子超振有所悟，呈上偈頌：

> 朱超振呈頌，師云：頌且置，如何是家裏消息？振無語，劈面一掌，振禮拜。次日呈頌云：當陽一掌便知恩，頓破疑情絕點塵，揮劍鳴琴皆是道，須彌推倒露珠真。師云：須彌作麼生推倒？振擬議，師驀豎拳云：汝推得倒者箇麼？振無語。師云：元來虛語，還須著力參究始得。振云：箇事分明，機鋒不利。師乃示偈云：聰明才智世間能，臨濟宗風絕點塵，若向棒頭知落處，須彌推倒契天真。[58]

弟子要呈偈頌，祇園卻不按牌理出牌，要他「且置」，直接問他：如何是家裏消息？另外出個話頭，探一探他真正的虛實，結果超振無語。祇園劈面一掌而出，超振禮拜，算是接受了。隔天又呈偈頌來表達自己頓破疑情，但祇園不放過，貼著他的「須彌推倒露珠真」問「須彌作麼生推倒」？超振擬回答，擬想即是分別，並非自性所出，所以祇園「驀豎拳」破之，再轉探他「汝推得倒者箇麼？」，問他當下這個，超振謝敗

---

57 《祇園語錄》卷上〈四月八日世尊降生之辰〉，頁 424 上。
58 《祇園語錄》卷上〈朱超振呈頌〉，頁 427 下 -428 上。

無語，祇園勘驗完畢，鼓勵他須再努力參究。充份顯露機用嚴峻，不容瞞卻假借。同樣是女性禪師的寶持禪師（？-1672 左右），其語錄記載一段學人參問祇園的過程：（師指寶持）

> 師云：「我在董菴，曾見一學者問和尚本來面目，和尚答以：
> 『左眼半斤，右眼八兩』。學者踴躍而去」。……[59]

寶持禪師曾到伏獅，見到學者問祇園：如何是本來面目？祇園答以「左眼半斤，右眼八兩」，學者因而踴躍而去。這是禪師與學人之間，心與心之間的相應機峰，以一句機鋒話，足以刺破心之執纏，其教化力用確實無虛。寶持未出家前與丈夫徐質可（名肇森），是祇園舊識，於佛法多有相參就教，祇園語錄的一則小參陞座、一首題贊都有留下她們交往的記載，[60]寶持的語錄亦有〈董菴和尚讚〉詩。[61]祇園在當時的迅捷機用，許多學人多有所受益，在此也得一確證。

祇園以杖擊大千通萬關的迅捷機用教化弟子，能如是拿起，如是施用，如是放下，全憑悟者智悲雙運，而這個施用靈妙之拄杖，見〈錢聖月天童步趨圖贊〉云：

> 透脫生平這一著，何必隨師步趨法，人人有條拄杖子，規持任汝
> 超方作，咄，月印千江休卜度。[62]

啟悟自悟，這拄杖不是一人一師獨有，是「人人有條拄杖子」，這是祇園不改悟者本色，對她痛棒熱喝之拄杖所下的定義。

六、不出塵勞，而作佛事

祇園以參話頭的方法來教化弟子，參話頭要起疑情，疑情要成團成片，亦即整個身心均在疑情裏，要如此，必時時參究，時時提起，漸漸蘊成，待時節因緣，一舉打破，豁見本性，所以必然需要在平時日用，處處參究，不能空過，所以她在在強調提示弟子們，要不出塵勞而作佛

---

59 《寶持語錄》卷下，《嘉興藏》冊 35，頁 709 下。這段對話並沒有出現在祇園語錄中，顯然語錄所收並不完整，雖說是語言之記錄，也無法完整呈現一個人一生所言所行。這也是可想而知的事。

60 《祇園語錄》卷上〈小參〉、題贊之〈題質可徐居士耦耕圖贊〉。

61 《寶持語錄》卷下，頁 712 下。

62 《祇園語錄》卷上〈錢聖月天童步趨圖贊〉，頁 432 上。

事。再回復朱老淑人的信〈又復〉中云：

> ……必須發勇猛心，立決定志，朝參暮究，喜怒哀樂之間，斷不可放過，精進中倍加精進，忽得心華發明，照十方剎，可謂不出塵勞而作佛事矣。[63]

這位官宦夫人，是祇園她重要弟子之一，祇園細細密密體貼她的修行狀況。因為在家居士，無法長期在庵院，而修行之路無切成兩半，所以祇園希望弟子們要「不出塵勞而作佛事」。對〈示戒禪人〉亦云：「日用不出塵勞而作佛事」，[64] 所謂「穿衣喫飯，無非這箇消息，語言談笑，亦無非本地風光」[65]、「逆順境界即菩提，若覷得破，即此火宅塵勞便是當人出三界之處」，[66]「即此」、「便是當人」句，更將塵勞與菩提的相即關係直截表達，這對居士來說不啻是最好的安頓與鼓勵。在〈示海寧禪人〉時亦云：

> ……不肯放過，識破一切世間愛憎是非境緣，不使一塵為障，行住坐臥，日用應緣處，時時體究，永無退轉……又所謂工夫者，將思量世間塵勞底心，回在話頭上做去，忽然無心撞破漆桶，自然默默相契矣。[67]

修行要在行住坐臥、日用應緣處，時時體究，並將日日思量世間塵勞之心，轉向話頭上，一一細究，如此才是工夫之所在。在〈答澂浦吳袞仲居士〉云：

> 來諭，日用未得一如，纔涉鬧處便不得力，須向日用應緣處，立定腳跟，絲毫不昧，看是何物，忽然摸者鼻孔，覷破舊日家風，不用尋思，迴然獨露，不然世法佛法打作兩橛，何日自了……。[68]

居士來信告知無法日用一如，亦即修行與生活斷成兩截，祇園要他在日用應緣處，「立定腳跟，絲毫不昧，看是何物」，參究話頭，返歸自

---

63 《祇園語錄》卷上〈復朱老淑人〉之〈又復〉，頁 429 下 -430 上。
64 《祇園語錄》卷上〈示戒禪人〉，頁 431 上。
65 《祇園語錄》卷上〈復朱老淑人〉之〈又復〉，頁 430 上。
66 《祇園語錄》卷上〈復朱老淑人〉之〈又復〉，頁 430 下。
67 《祇園語錄》卷上〈示海寧禪人〉，頁 430 上。
68 《祇園語錄》卷上〈答澂浦吳袞仲居士〉，頁 430 下 -431 上。

照，才能打成一片，了脫生死。尤其居士的生活塵勞牽擾特別多，更「不妨在塵緣體究」，讓「鬧靜閒忙，無二無別」，就是「淨土穢邦，俱成寶所」。[69]

因為要時時精進，要不出塵勞而作佛事，所以她經常鼓勵讚美居士「塵勞火中蓮」、「火宅塵勞中女丈夫」、「居塵不染，火裏青蓮」[70]、「真火中之蓮也」[71]、「火裏蓮花遍界聞」。[72]這樣的用法，似乎偏向居士而言，而對以修行為志業的出家弟了，也是在這種精神下，勸戒她們要晝夜參究，莫貪熱鬧，「當發上志，以悟為則，豁然開朗，不枉出家之念」[73]、「普勸大眾痛念，生死事大」，[74]這種激勵是著重出離生死的提醒。就「出離生死」這一點上，不論在家居士或出家弟子，其實是一致的，故有時亦用此教化居士，只是針對處於塵世的居士，更有不出塵勞而做佛事的特別安頓與鼓勵。

第三節　祇園之性別智：無「無男女相」、無聲之教

對於祇園之女禪教化、性別智，亦即特別對女性關懷的分析，將分二個方面來參照：一者是以「對女修行者的開示」為核心，將祇園與同門男性禪師們來參照。一者是以「女性禪師祇園」為核心，參照她對男女弟子開示的不同。由此觀察：同樣面對女修行者，祇園相對於其他男性禪師有何不同？並探入她對女性的關懷，比較出她對男性的啟悟。藉由這二個面向的參照，期望將祇園的性別智突顯出來。

一、參照男性禪師對女修行者的開示語

為了進一步突顯祇園的禪法教化在女性、性別上的特質，筆者檢視當時幾位男性禪師的語錄，觀察他們面對女性修行者如何開示。

---

69 《祇園語錄》卷上〈答澈浦吳袞仲居士〉之〈又〉，頁 431 上。

70 《祇園語錄》卷上〈復鄭居士〉，頁 430 下。

71 《祇園語錄》卷上〈復朱老淑人〉之〈又復〉，頁 429 下。

72 《祇園語錄》卷上〈題待漏圖〉，頁 431 中。

73 《祇園語錄》卷上〈除夕示眾〉，頁 426 中。

74 《祇園語錄》卷上〈示眾〉，頁 426 中。

（一）無男女相

首先，先觀察整體禪門對男女性別的看法，由密雲上堂時所言來看：

> ……現前大眾，若僧若俗若貴若男若女，還知個個具個清淨寶爐，不假一莖柴，不須一塊炭，晝夜熾然，……不論僧俗貴賤男女，但肯迴光證取自家境界……，如是謂出類拔萃超群越格，世出世間真大丈夫……。[75]

又，他來到古杭報國禪院，受韓鳳亭居士請上堂時言：

> ……個事，初無隱覆，亦無彼此，迷悟只因人自不薦，各各自生差互，但能一念回光便見浩然獨露，如是則縱目所觀，無僧無俗、無貴無賤、無男無女、無滅無生，一道平等，浩然大均……。[76]

這種人人本具佛性，無有僧俗貴賤男女生滅種種差別，是佛法的基本看法，更是禪門的基調，也是姿態最生動之處。又，剩人禪師（1611-1659）在上堂時，將男女差別相與悟道的關係，分析得特別清楚明白，語言生動、條理清晰，所以不顧冗長，全段錄之：

> 上堂云：世出世間若見其真，一切無差別，若是出家底，識不得破名，為出家在家，若是在家底，識得破名，為在家出家。若是男子，識不得破名，為戴鬚眉底女人，若是女人，識得破名，為少鬚眉底男子。秖為你等識不得破，便道你是在家，我出家，你是出家，我在家，你是男子，我是女人，你是女人，我是男子，種種分別，秖此分別心，便是你生死根源，百劫千生，輪迴六道，你若向父母未生以前一眼覷著，個裏還有在家、出家、女人、男人種種分別也無？實實見得無有種種分別，然後不妨出家底一任出家，在家底一任在家，男子自是男子，女人自是女人，各各現成，各各自在，更不須移易一絲一毫許。你莫道女人有五障，畢竟要求轉男身方得成佛，據山僧看來，若男子識不破，不

---

75 《密雲禪師語錄》卷三〈開爐上堂〉，頁18上。
76 《密雲禪師語錄》卷二〈師受黃檗山請〉，頁13上。

特五障，千障也有，萬障也有，女人若識得破，要求半障也不可
得，你切莫執死言句，自生退屈，甘為下劣，不見當時有個官人
他底姑出家，參方回來，要出世為人，官人請一禪師勘驗也，那
禪師問道：聞汝要出世為人是不？答云：是。禪師道：女人有五
障如何為得人？答云：豈不聞法華經中，八歲龍女供珠成佛麼？
禪師道：龍女有百千神變，你試一變看？答云：直饒變得，也是
個野狐精。又當日臨濟會下，有個灌溪和尚來到末山尼會下，末
山打鼓上堂，灌溪出問云：如何是末山境？尼云：不露頂。又
問：如何境中人。尼云：無男女相。又問：為什麼不變？尼云：
不是神，不是鬼，變個甚麼？你看他兩個，豈不都是女人，前後
吐辭若出一口。只為他每識得破，便稱大丈夫、天人師。大眾若
識得破，個個都是大丈夫，畢竟如何方喚作大丈夫？卓柱杖云：
雪裏芙蓉香朵朵，鏡中柳葉曲灣灣，下座。[77]

一邊說一切相無有分別，如果識不破，分女別男，即是輪迴根源，所以
不妨「男子自是男子，女人自是女人，各各現成，各各自在」。而對一
般所言：女子有五障，無法以女身成佛之話，禪師直截了當地說：「據
山僧看來，若男子識不破，不特五障，千障也有，萬障也有，女人若
識得破，要求半障也不可得」，所以要女性切莫「自生退屈，甘為下
劣」，並舉了一個末山尼的公案，末山，名了然，唐代人，被稱為末山
孃孃（娘娘），她曾展現女性禪師的自在機鋒，大破男性的差別陋見。
所以只要能悟入實相，個個都是大丈夫，最後以「如何喚作大丈夫」起
句提問，將「雪裏芙蓉香朵朵，鏡中柳葉曲灣灣」充滿女性形容的語句
拋給大眾，來為「大丈夫」這個充滿男性的稱謂下定語，充分顯露禪門
破一切相的自信與精彩。

剩人禪師開示的對象，不知是否是女性？但看來必然跟女修道者有
關。接下來就來看男性禪師如何為女性修道者開示。密雲的語錄可確認
是對女修行者開示的有四則，[78] 其中向袁道婆開示云：

---

77 《千山剩人禪師語錄》卷一，《嘉興藏》冊 38，頁 213 下 -214 上。
78 密雲語錄多有道人、禪人、禪宿、行者、禪者之稱者，大多無法揣度性別，只有四則
　 可確定為女性者：(1)〈八十歲道婆請上堂〉，卷三，頁 21。(2)〈比丘尼問〉，卷五，

> 來書云：「千里同堂」。貧道祇恐非實證，若果實證，則一心是
> 佛，回頭之岸亦剩語矣。況可謂虛生人世而更見女流之相哉？若
> 真要了生死，須向一念未生時看，行也看，住也看，……乃至語
> 默動靜了不可得，則一念未生全體自現，那復見有男女形相？所
> 以龐居士云：有男不婚，有女不嫁，大家團圞頭，共說無生話，
> 是則豈特千里同堂？……切莫虛度光陰，虛生人世，一失人身，
> 萬劫難復，勉之勉之。[79]

袁道婆以其修行悟境來信或詢問，或求印證，其中可能談及自己「虛生
人世」、是「女流之相」，密雲斬釘截鐵地答以「若果實證，則一心是
佛」，那裏還有「女流之相」之差別見？在深密參究，一切了不可得，
實相全體自現，更「那復見有男女形相」？密雲的弟子石奇通雲（1594-
1663）也曾對女禪師印月琳曰：

> 曩時有個末山尼，曾道本無男女相，觀汝機用不下渠，好與後人
> 作榜樣。[80]

舉了末山尼為例勉勵其「好與後人作榜樣」。當有尼請上堂時，費隱禪
師也是舉末山尼為例云：

> ……師云：本有非男女，常光燭古今，顯揚何爾狀，非色亦非
> 聲，既非色兮又非聲，……復舉古時有個灌溪和尚問末山尼了然
> 禪師云：如何是末山？尼云：不露頂。溪云：如何是末山主？尼
> 云：非男女相。灌溪乃喝云：何不變去？尼云：不是神，不是
> 鬼，變個什麼？灌溪于是服膺作園頭三載。師云：據者尼僧達本
> 還元，作女中英標……[81]

破山海明（1596-1638）對覃總府牟夫人開示云：

> 師云：者箇事人人本具，不可以男女相拘，聖凡見隔，淨躶躶赤
> 灑灑，無可把渾，無一物當情，如過獨木橋相似，一直向前，不

頁 29。(3)〈復吳道婆〉，卷八，頁 45。(4)〈復袁道婆 法名行成〉，卷八，頁 46。
另有一則〈葉道婆請〉，是葉道婆請畫題像贊，卷十二，頁 67。

79 《密雲禪師語錄》卷八〈復袁道婆〉，頁 46 下。

80 《林野奇禪師語錄》卷八〈與印月琳菴主〉，《嘉興藏》冊 26，頁 653。

81 《費隱禪師語錄》卷二，〈尼請上堂〉，頁 112，《嘉興藏》冊 26，頁 112 上。

可左顧右盼，若作一念，萬念遂生，不惟到彼岸不得，要且初舉步，尚生無限怯弱也……[82]

也是「不可以男女相拘」來勸戒牟夫人，男女相代表眾眾差別相，執此差別念想，修行便無法直直向前，還會生起「無限怯弱」，無法成辦此至大之事。萬如通微（1594-1657），也曾對女性禪師季總開示道：

腳踏實地底，……尋常只守閒閒地，及至為物作則，便如風旋電轉，待伊眨得眼來，已是千里萬里，自然出人一頭地，豈不見末山尼、空室道人、鄭十三娘皆見徹法源？……遂書偈付云：曹谿一滴無多子，時節若到便興波，分付道人深蓄養，提攜同類出娑婆。[83]

萬如依然以末山尼、空室道人、鄭十三娘能徹見法源來勉勵她。宗寶禪師（1600-1661），是博山無異的法嗣，他於〈示二童女〉時，舉維摩居士室中的天女、末山尼的故事來闡述「無男女相」、「求女人相了不可得」，破去女性怯弱多障之差別見，表達女性依然可以成佛作祖：

……天女云：「吾從十二年來，求女人相了不可得，當何所轉」？乃三世諸佛法印，慎勿錯過，從上大手眼人，行履多出於此，汝但於「十二年來，求女人相了不可得」一句看得透徹，……書此以勉，併示二頌：非男非女顯家風，神鬼如何像得同，昨夜東邨人唱曲，今朝僧打五更鐘，十二年來不可得，經行坐臥是阿誰，欲藏愈露難遮掩，留與叢林作指歸。[84]

諸如上所舉，這些男性禪師在對女性修道者開示時，幾乎都會點示平等無別、大道無男女的修行要旨，或以禪門女禪師、經典女聖者等典範為例，勉勵女性修行者不必怯弱，不能錯過，更有勉勵「好與後人作榜樣」、「作女中英標」、「留與叢林作指歸」、「提攜同類出娑婆」者，甚至還托出「雪裏芙蓉香朵朵，鏡中柳葉曲灣灣」的大丈夫形象出來，翻轉人們的成見。

---

82 《破山禪師語錄》卷六〈覃總府牟夫人請開示〉，《嘉興藏》冊 26，頁 27 下。

83 《萬如禪師語錄》卷八〈示季總〉，《嘉興藏》冊 26，頁 469 中。

84 《長慶宗寶禪師語錄》卷下〈示二童女〉，《嘉興藏》冊 38，頁 118。

這種對女性的看重，一方面顯現禪門原來平等平等的基調，以及對女性展現開放自由的空間，一方面也隱然對比出確實存在對女性比較不利的修行環境與觀念，浮上台面的女修道者數量之少，也是一項明證。就因有所不利，才有所補救望能充實之，因此讓這些修證有成的男性禪師舉古證、說正理，勉勵再三，盼促成女性的佛種根法苗。

（二）亦無「無男女相」

但回觀女性禪師祇園，雖然很明顯看得出對比丘尼弟子有越聖超凡的期許，對女居士亦是如此，有「為女中丈夫」的勉勵，對她們在參話頭上的教化機鋒亦是明明迅捷。但語錄中卻沒有這些「道無男女相」、「求女人相不可得」的教化，單單只有一處言及「透徹無僧俗，唯悟達根源」。[85]「無男女相」是佛法、禪門的基調，祇園參學多年，不可能不知此理，她自證自悟，更不可能不親見此實相。祇園的僧俗女弟子不在少數，她所住持的是女性專修道場。而參訪男性禪師的女修行人，在男性禪師語錄中的比例，根本談不上比例可言，女修行者可能都是來來往往參學，並沒有長住、被重視、被記載下來。所以相對而言，祇園以及伏獅禪院，其聚集女修行者的頻率與時間，都應該超過男性禪師的寺院，那麼為何祇園都沒有提到「無男女相」的教化呢？這些不都是女修行者所需要的嗎？

這實在是很細微的差別，就如前面所提，男性禪師們以「無男女相」來教化女修行者，正也顯示現實的修行環境是「有男女差別」，對女性有所不利，因此以其有虧，才思補之，以其有不平等之處之想，才需要破斥差別邪見，才需要提醒平等無別的意義。反過來說，祇園以女身悟道，成就一位女性禪師，伏獅道場提供女性在修行問道上的方便，而且一樣能面對男性，教授了生脫死之法，在在顯示不管男性或女性來到此地，受祇園之教，已是正面提顯「無男女相」矣。見其人、知其法、入其門、受其教，即使初始對「女性」禪師有疑慮與驚訝、對女性有卑弱、下劣想者，也能化消於無形，坦坦然然，而沒有「無男女相」

---

85 《祇園語錄》卷上〈除夜〉，頁 427 上。

的問題了，所以也就無須對此 • •辯明，直接回歸修行本身來教化，實實在在、平等平等教化弟子。對女弟子來說，這樣的環境，才算真真正正的坦然與平等。

因此這種無「無男女相」的意義，一方面代表祇園自身證成「無男女相」，因此不必再去教化「無男女相」之理；一方面連用二個否定、雙重否定，正也代表不必否定男女相，可在差別相裏，任運無礙，應女性之機、應男性之機，展現應機大用。從「無男女相」的空，轉成「無「無男女相」」的用，由這點來看，祇園作為一位女性禪師的重要價值便顯露無遺，亦即她對女性最大的關懷，對男性最好的示現，就是身為一位女性禪師，而且這種「無「無男女相」」之用，更表現在她對男女弟子教化上的不同應機，其具體內容則要從下文：對男女弟子教化的參照來明之。

不必再論「無男女相」，因為她自身已能作證，因此若只以「女性」禪師看她，還是落入「男女相」，以「男女相」見之。當然，以「女性」視之，尚且不得，何況以「男性」視之，亦了不可得。曾有位野水兄，寫了二詩讚美她能承續女性禪師的歷史，又能有清源流的義舉與大用：

> 總持去後無消息，千載令人慨嘆生，近日得君堪繼襲，拈頭作尾有經營。
> 龍池一派到金粟，滾滾連天孰敢當，幸有伊人施妙手，和源把住息汪洋。[86]

總持，是達摩座下「得其肉」的女禪師，[87]可算是中國禪宗史上第一位女禪者。祇園一見此詩，就先下語云：「歷歷明明，蓋天蓋地，說甚麼無消息？」此言，以體性悟境都是「歷歷明明，蓋天蓋地」來打破野水的歷史識見，並作一偈：

---

86 《祇園語錄》卷上〈答野水兄〉，頁 428 下 -429 上。

87 根據記載，達摩要回天竺前，曾命門人就所學呈上，總持尼言：「我今所解，如慶喜見阿閦佛國，一見更不再見。」達摩回答：「汝得吾肉。」最後，二祖慧可，出禮三拜，依位而立，達摩曰：「汝得吾髓」。

> 歷歷孤明互古今，當頭一棒指諸人，箇中若了全無事，萬水同源
> 一派真。[88]

歷歷明明，卻也「全無事」，當頭一棒是孤明，卻也萬水同源真。如此一來，在伏獅門下，女身成證，若還要討論「男女相」、「無男女相」、「末山尼」，「總持消息」，未免太累贅矣。

所以，就體性上，自身成證無男女相，就教化論述上，已不必對此多作討論，而就教化應機上，卻也能自然任運地對女對男應機大用。

二、對女性、男性教化內容之參照

不必談「無男女相」，是因為祇園本身即是這個教法的示現。既是無「無男女相」，雙重否定，不執二端，自然任運應機於男女，為其施設不同的教化，尤其對同為女性的修行弟子，在緣起上自有其相近、親切之處。所以以下將從其對男女弟子的教化來檢視其內涵有何差異。

祇園的弟子形態，隨學於伏獅的僧眾都是比丘尼，居士者男女都有，但以女性居士為入門皈依者，故都有法名，為「超」字輩。還有許多以「禪人」等稱謂者，因為無法辨識性別，只能擱置不理。

（一）法法平等，棒下豁開正眼

仔細檢視語錄言句，不管面對出家、在家，男性、女性，在參禪、佛法、修行的教授上幾無二致。例如時時提示「何處安身立命」之警語之機鋒之話頭，對出家弟子講「若向山僧棒頭豁開正眼，始知立命安身」[89]、「提起話頭，如金剛王寶劍，一齊斬斷」，[90]對男居士也曰「不妨向棒頭豁開正眼，掀天揭地，佛祖同儔」[91]、「若果棒下見得親切，于日用中秉一口金剛王寶劍，臨機涉事，一斬斬斷」，[92]對女居士也講「參

88　《祇園語錄》卷上〈答野水兄〉，頁 429 上。

89　《祇園語錄》卷上〈怡然病中請開示〉，頁 426 下。

90　《祇園語錄》卷上〈示琛禪人〉，頁 431。

91　《祇園語錄》卷上〈復鄭居士〉，頁 430 下。

92　《祇園語錄》卷上〈復袁仲吳居士〉，頁 431 中。

究看話頭，深下疑情」[93]、「真指單傳不涉言，棒頭急薦箇中玄」，[94]遇到夫婦同修者就以「龐老團團滿目春」來勉勵。[95]以家慶圖索題贊，就曰「親逢渠面目，覰破自容儀」點化本來面目的話頭，[96]題禪人之悼亡詩則點化「齊眉舉案歸何處？」，[97]等等都是點示話頭，點撥棒喝，勉勵修行。

（二）對女性：細膩關照，實以向上，於無念中亦不能無掛念

悟道無有二致，祇園在教化如實平等下，惟有在女性身心、生活狀況的關注表現出差異，亦即有著體貼入微之細膩親切，也因此她有較多機會在女修行者面臨生病、死亡時，予以核心教法的提醒教化。

語錄收錄的書信有二十一篇，對朱老淑人的回信最多，有七篇，次者為三篇是給吳裒仲，前者是女性，後者是男性。在此就以祇園對女男居士的回信來觀察。祇園對朱淑人的回信中，除了一樣教示修行之道外，都會在開頭有段細膩的關心：

> 邇來道履康寧否？體究個事無雜念否？日用應緣不彼（被）外境
> 所奪否？勿馳求，莫妄想，兒孫之念頓宜放輕，逆順境界即菩
> 提，若覰得破，即此火宅塵勞，便是當人出三界之處。一段風光
> 橫拈豎用，只在尋常日用之中，頭頭開正眼，法法盡歸宗，除此
> 之外，貧道別無開示。囑囑。[98]

祇園關照她的身體安康與否？修行功夫下得怎麼樣？應對塵勞俗緣有沒有被外境所奪而忘失體悟，一一問之，世間法、出世間法都問到了，細膩體貼、關照入微之情溢於言表。而另一封信的開頭是：「接手扎，乃知道人世念漸疏，悲哀盡淨，慰甚，慰甚」。[99]另，有「尊體違和，切

93　《祇園語錄》卷上〈示瑞宗〉，頁 430 中。

94　《祇園語錄》卷上〈當湖陸夫人參〉，頁 427 中。

95　《祇園語錄》卷上〈題庚長徐居士像〉之〈又夫婦同贊〉，頁 432 中。

96　《祇園語錄》卷上〈題茂時孫居士家慶圖〉，頁 432 上。

97　《祇園語錄》卷上〈題月輝禪人悼亡詩〉，頁 432 中。

98　《祇園語錄》卷上〈復朱老淑人〉之〈又復〉，頁 430 上。

99　《祇園語錄》卷上〈復朱老淑人〉，頁 429 下。

須保重,蓋心安則身自安矣」[100]、「且喜老居士玉體清勝,然道人亦須保養為要」之起首語等等,[101] 都從身心的關懷連接到修行的關懷,並提示其安心、安樂之道,在在都與修行為核心。更有一封是:

> 讀來諭,貧僧無念中亦不能無掛念耳,若執幻妄為真實,迷頭認影,了無出期,古云:狂心一歇,歇即菩提,妙淨明心,本非外得,一朝猛省,則生死情關,頓然逆裂,始知真妄不二,動靜皆如,顛倒情塵,自能瓦解冰消矣。[102]

祇園以「貧僧無念中,亦不能無掛念耳」,將一位悟者的關懷表達得真切無比。而且每每在信末都有囑囑、至囑、山僧之望、是所願也等等叮嚀語,讀來倍感溫暖親切。又,平日婦女關心煩憂的無非兒女家庭,她的日常生活即是這些事,所以祇園對其直接親切的點示「兒孫之念,頓宜放輕」,將逆順境界都當成修行的助緣,這種對女性修行的親切語,也表達在〈示瑞宗〉中:

> ……故一向在世情逆順境界上為正事,不知此境界是生死根本,若一生打交輥不開,則不覺,不知虛生浪死,所以山僧教人參究看話頭,深下疑情,念念不忘,心心不昧,一切閒忙動靜、呼奴使婢,抱兒弄女、應酬之中,重下疑情,畢竟如何是我本來面目,二六之時,疑來疑去,忽來疑破話頭,団元來與佛祖同鼻孔出氣,誠為火宅塵勞中女丈夫也。囑囑。[103]

從文字中可看出,瑞宗是一位女居士。祇園提醒她要在一切順逆境界,包括「一切閒忙動靜、呼奴使婢,抱兒弄女、應酬之中」等等這些女性日常生活之事上,參究話頭、深下疑情,念念不忘,時時修行。這些話便是針對女性生活狀況而說的修行親切話,並期許她能成為「火宅塵勞中女丈夫」,與佛祖同一鼻孔出氣。

　　祇園為女性修行者說相應於她們生活狀況的修行方式,在無有男女差別相中,開悟成就,做個塵勞中的女丈夫,這是對女居士的關懷。

663

陸、禪教化與性別智(上)／第八章　伏獅女禪

100　《祇園語錄》卷上〈復朱老淑人〉之〈又復〉,頁429下。
101　《祇園語錄》卷上〈復朱老淑人(因乞)〉之〈又復〉,頁430上。
102　《祇園語錄》卷上〈復朱老淑人(因乞)〉,頁430中。
103　《祇園語錄》卷上〈示瑞宗〉,頁430中。

又，〈祇園行狀〉有段記載，表達的就是對出家弟子的細膩關懷：

> 徒輩有臥疾，躬持湯藥，親自撫摩。有欲省親，勸其孝敬勝于奉
> 師。或有忤俗，必委曲調和，俾其悔悟。以是及門徒眾，咸望之
> 凜然，親之藹然，久之幡然，願執事終身者也。[104]

她對出家弟子臥病時，親持湯藥，撫摩關照，此時自然對同為女身的弟子更有一層感同身受的體會，再應之她所教化的：修行即在日常生活之中，一切閒忙動靜，皆是參究之機。又，對出家弟子與俗家父母的關係，也勸她們要「孝敬勝于奉師」，對照她參學期間，雖有出塵志，但仍然等到父母去世、安排好婆家之事後才正式出家的情況，可見她關心弟子日常修行，還關照到她們對俗世孝道的處理，不要因為出家而蒙不孝之名。如果遇到弟子有違俗異行，也「委曲調和，俾其悔悟」，顯現堅持中卻細膩調柔。所以及門的徒眾對其「望之凜然」，這自然是因為法門峻烈的緣故，但卻「親之藹然」，便是這一份於無念中又不能不掛念的細膩關照使然。

或許是因為以女性為主、為入門弟子之故，語錄中有幾則生病的開示，都是對女性而發的，又或許祇園身為女性禪師，女弟子信眾更容易在面對生病這種可能關乎生死的時刻，將其痛苦心情對祇園訴說求助，對此，祇園於無念亦不能無掛念啊！這一點，正是顯現祇園對女修行者的特別相應處，亦是女禪的精神所在。

嗣法弟子之一的怡然，有一次在病中請開示，祇園向其云：

> 怡然病中請開示，師云：「山僧無一法污汝心田，單拈一條白
> 棒，若向山僧棒頭豁開正眼，始知立命安身，若得一知半解，如
> 何抵得生死，要親到不疑之地，方為穩當，方知我不欺汝。復示
> 偈云：宗門中事貴真參，二六時中莫放寬，拶得一身白汗出，自
> 然四大得輕安」。[105]

祇園在親進湯藥，關照身體時，必然會為女弟子明明白白指示相應的修行法要，平時棒下要能豁開正眼，病時依然得須真參實究，否則一知半

七優曇華：明末清初的女性禪師

---

104 《祇園語錄》卷下〈祇園行狀〉，頁 439 中。
105 《祇園語錄》卷上〈怡然病中請開示〉，頁 426 下。

解，遇到病魔一點也派不上用場，有肉身便會生病，重要的是，要能心開意解，知立命安身處，親到不疑之地，這才是穩當，也方能不受生死擺弄，此時「掙得一身白汗出，自然四大得輕安」，生死都可超越了，生身之病自然輕安無礙。

對女居士生病時，亦是如此叮嚀。有一次，吳老夫人生病，兒子吳仲木來乞法語開示，祇園說得更清楚：

> 吳老夫人病中，令郎仲木居士乞法語開示。乃云：「願夫人將四大五蘊、名聞利養、順逆境界、病苦厄難，憂悲苦惱，萬緣一齊放下，直得淨裸裸、赤灑灑，胸次中空，牢牢地單究本來面目，朝參暮究，日用如是行持，一旦豁然猛醒，生死情關，頓然迸裂，踏著本地風光，自然心病身病俱消，方為廓落超方，為女中丈夫也」。[106]

將四大五蘊、名聞利養、病苦厄難等等順逆境界，萬緣一齊放下，就牢牢地單究本來面目話頭，朝暮日用時時行持，一旦豁然醒悟，「生死情關，頓然迸裂」，心病身病俱消，即是本地風光，即是女中丈夫。出家弟子與她同住同參，隨時有棒喝之教，女居士身處俗世家庭，特別需要放下萬緣，所以祇園細細叮囑吳老夫人這一點。生病之人特別無依無主，尤其在閨閣之中，夫人由兒子來乞開示，祇園之法語貼切入裏，勸慰提點，並以「女中丈夫」來殷殷鼓勵，正是在細膩關懷中，仍貫以解脫修悟之實，讓她們能真正超越生死困頓。所以不管對出家或在家弟子，祇園都要她們將參究之事融攝於日用行持中，遇病境時，剛好萬緣放下，一心參究，這也就如同她信中對朱淑人身體違和時的叮嚀一樣。

語錄尚有一首〈題月輝禪人悼亡詩〉，觀其內容，月輝禪人應是女性：

> 欲明向上一著子，如月光輝應薦取，絕句佳章墨正濃，齊眉舉案歸何處，知歸處，吟隨機應悼亡空，眾生迷倒不能契，鐵鞋一踏證無生，誰信渠濃元不死。[107]

665

陸、禪教化與性別智（上）／第八章　伏獅女禪

---

106 《祇園語錄》卷上〈吳夫人病中令郎仲木居士乞法語〉，頁 427 上。
107 《祇園語錄》卷上〈題月輝禪人悼亡詩〉，頁 432 中。

月輝禪人者，應是當時女詩人黃德貞，字月輝，是詩文俱佳的才女，早寡，作有蕉夢百詠、悼亡詩等，[108] 祇園之偈頌便是針對其悼亡之作而題。面對自己丈夫的死亡，女性哀痛欲絕，祇園直言要其「薦取」向上一著，就如前面對生病者所言，萬緣放下，努力參究，這才是踏證無生的唯一法門，否則絕句佳章再好，齊眉舉案何在？今日空自悲悼亦是不知前路，就在此「歸何處」上參究，不循之入迷，猛然精醒，才知「渠濃元不死」，這真是絕然警語，正是禪家本色。昔日祇園亦是夫死守寡之婦，今日她見月輝之悼亡，以「歸何處」的話頭來點撥，以「元不死」的境界來慰藉指示，更以自身經驗來啟化前路。雖然語錄中亦曾對男居士有生死之事的點化，但夫死悲悼之心，祇園與月輝等女性之間，更有感同身受之相契，但祇園並未沈浸在相契中，她要明白不欺地為女性指示一條解脫路。

　　祇園對女性弟子生病時的慰藉鼓勵，女性弟子生病時，亦請其開示尋求道法與心靈之安頓。身體對女性而言是極私密之事，身體病了，更多是屬於女性獨有的疾苦，而此私密之身之疾都不得不需要讓他人檢視，身心所受之痛苦，相形之下愈大愈深，也愈脆弱，祇園並非醫生，但她自己的開悟、禪法，她「女中丈夫」之鼓勵，都給生病中的女弟子一種修道見證，她同為女性之感同身受以及可以「躬持湯藥，親自撫摩」之貼近與貼心，對女弟子來說都是很大的安慰，無怪乎她關照生病的弟子，弟子生病時亦尋求她的安慰開導。而對於夫死之女性，曾也是寡婦的祇園，亦是感同身受地直指無生之道。

　　自己生病是面對死亡，親人死亡亦是面對死亡，這些生老病死之事正是苦迫交逼之時，也正是修悟的動力，語錄中呈現女性在生病、死亡這二個面向上祇園對她們的教化。一則細膩關懷，一則實以向上一路，這便是祇園在法法平等中，別有一番對女性修行者的細膩關懷，在細膩關懷中，又直指解脫之道。

---

108 袁國梓纂修《嘉興府志》卷十七、人物一、列女、黃德貞，頁689。

（三）對男性：謙遜後退，柔軟自信，警醒不可被文海詩江浸

反觀祇園對男居士的回信，在〈復哀仲吳居士〉中：

> 接手扎，知闔府迪吉安和，為慰。來諭更求開示，居士猶在光影
> 門頭者，豈不薦取，山野前日棒頭落處，若果棒下見得親切，于
> 日用中秉一口金剛王寶劍，臨機涉事，一斬斬斷，誰敢當鋒，果
> 然到此地位，萬派千溪皆渤澥，七金五嶽盡須彌，此外更無別
> 囑，呵呵。[109]

在〈復吳稺仙居士〉信前也是「尊使到知，老居士闔府起居佳勝，為
慰」。吳哀仲之前應該已參問過祇園。一樣來信，一樣是修行的開示，
參照於給朱淑人的信，在此「闔府迪吉安和，為慰」，就顯得端重有
禮、有所分寸。然後就直言「居士猶在光影門頭者，豈不薦取？」，對
境界的判斷一樣自信俐落。而祇園給他的其他二封信更是直接指示教法
而已。

有時候這種端重有禮，還形成一種「謙遜式的柔軟自信」，例如說
完教法，就言：「山野拙語，宜付丙丁」。[110] 並有「山僧質鈍」（〈復
鄭居士〉）、「山僧才識謭劣」（〈復鄭雲渡居士〉）、「杜門藏拙，
以度時耳」（〈復吳稺仙居士〉）、「山僧才輕德薄」（〈復檀越董帷
孺居士〉）等一些謙遜之詞。[111] 這些男性居士多為當地士大夫，學貫古
今，對文字學問本身，祇園有她的看法，在〈復鄭居士〉言：

> ……要了此事急須努力加參，不可被文海詩江所浸，不妨向棒頭
> 豁開正眼，掀天揭地，佛祖同儔，可為居塵出塵之大丈夫也。山
> 野質鈍，數語也，是缽盂安柄，愚見如此，不知高明何以誨山僧
> 也。呵呵。[112]

祇園並非無文之人，觀其語錄詩偈，有時清雅脫俗，有時氣象萬千，朱
彝尊《靜志居詩話》、沈季友《檇李詩繫》還將其詩選入，只是她對解
脫生死、與佛祖同儔的修行悟道，看得比「文海詩江」更有價值罷了，

---

109 《祇園語錄》卷上〈復哀仲吳居士〉，頁 431 中。
110 《祇園語錄》卷上〈答澉浦吳哀仲居士〉之〈又〉，頁 431 上。
111 《祇園語錄》卷上，頁 430 下、431 中。
112 《祇園語錄》卷上〈復鄭居士〉，頁 430 下。

所以面對這些滿腹文海詩江的士大夫們，當然如前面所論，以悟者本色示之，當機棒喝，無分男女，而且還老婆心切地點醒他們「不可被文海詩江所浸」。除此之外，她還退得遠遠地說「山僧質鈍，數語也，是缽盂安柄，愚見如此，不知高明何以誨山僧也，呵呵」，「呵呵」二聲，直是耐人尋味，反而顯露一種退後謙遜，卻凌空躍起，寓自信於無形。尤其是鄭雲渡居士請她為《華嚴經》、《法華經》題跋，她回復云：

> ……山僧才識讜劣，偶爾成文，明眼人前一場笑，……請著精采，驀忽撞破，血從何來？經是誰書？龍女誰做？……居士要行持此事，還宜一火焚卻，不留一字，更為痛快也。復偈云：法華未舉現全身，筆底橫流血染經，月朗當空映法海，臨書妙用一毫吞。[113]

依然是參話頭的教示，點示「血從何來？經是誰書？龍女誰做？」（此經應是有人發心以血寫成），所以她另有〈題血書華嚴經〉：「華嚴華界廣無量，上人滴血收華藏，一字一筆一法門，不可思議轉法輪，遮那妙體無生滅，一真實際剎那成，迅筆一揮親薦得，轉經為己任縱橫」，[114] 一旦實相現前，就是轉經而不是被經轉，因此在信中給這些一跋再跋的文士們當頭棒喝：「一火焚卻，不留一字，更為痛快」，指示實相，痛快淋漓之前，也不妨來個「山僧才識讜劣，偶爾成文，明眼人前一場笑」，退後謙遜一番，卻談笑自若。退後謙遜可免無謂爭端，可免世人對立妄想，何況自信乃悟者本然，本無需擺個固定姿態，進是自信，退也是自信，所以這樣的禪姿，是悟者的隨緣妙用，也應該是一位女性禪師面對一向是社會主流者的男性的一種應世之道，一種性別智與作略。

這種既謙遜又自信的應世的方式，在面對佛教禪林的爭議上，也如是出現。祇園一生苦行二十餘年，在伏獅弘法正盛時，還有謝事退院、「藏鋒納鞘，隱遯度時」之舉，[115] 表現出謙遜內歛的個性，而在禪法教授上卻法門嚴峻，棒喝迅捷，當機大用。所以石車圓寂前，有假冒石車

---

113 《祇園語錄》卷上〈復鄭雲渡居士〉，頁 430 下。

114 《祇園語錄》卷上〈復鄭雲渡居士〉，頁 431 下 -432 上。

115 《祇園語錄》卷上〈師誕日〉，頁 425 下。

法嗣源流者，祇園「不畏虎狼，隻身挺出」，清拓源流，[116] 顯現祇園在法上的堅持與自信。另一方面，對於當時禪林的許多爭議：

> 閱諸方語錄涉攻訐毀訾，則掩卷不觀，謂三教一家，初無二義，況在法門同條共貫，不可參差，自取罪戾。[117]

密雲與其弟子法藏，以及相關弟子們之間的法諍，在當時引起禪林沸沸揚揚的風波，這段文字無法知其確指何事，但應與這段時間的法諍有所關連。重點是，祇園痛心於佛門內部的紛爭訾罵，對這些攻訐採取「掩卷不觀」，退後不爭的態度。或許就因為如此，祇園語錄找不到她對清源流、佛門、時事之說明議論，[118] 只是純於體現修行本事，或者說是記載語錄的弟子秉持師教，只在〈祇園行狀〉中點到為止而已。所以對男居士、禪林、時事，這種屬於主流場域的人事物，祇園有這樣的處世之道。

面對女性修道者時，禪林中一面倒地強調「無男女相」之教，但祇園獨獨沒有在這方面多所著墨，展現「無男女相」亦無「無男女相」的自在。因為她自身參學開悟、弘法教化即是「無男女相」的示現，讓女性有有為者亦若是的勇氣，可為「女中丈夫」，伏獅門下讓女性能平等地接受與男性一樣的禪法，一樣的修行的道場，就是平等平等的示現，根本不必對此再三費舌強調，亦已然失去強調的意義了。

另一方面，在法法平等中，對僧俗女男，她的禪法教化一律平等無別、直截了當，但卻對女性弟子卻有特別細膩的關懷，有著「於無念中不得不掛念」的感同身受與親切溫暖，並由此直接貫串於弟子的行住坐臥、修行、生病、省親之時，而且還樣樣直指解脫之道。所以當時祇園的教化並不拘限於女性，只是對女性而言特別親切。而對沈浸於文海詩河中的男居士，她常常採取謙遜後退的策略，於棒喝直指之時、警醒不為文字所縛之時，亦展現無限後退的柔軟自信，一來示現悟者本色，一

116　《祇園語錄》卷下〈祇園行狀〉，頁 439 中。

117　《祇園語錄》卷下〈祇園行狀〉，頁 439 中。

118　《祇園語錄》看得出涉及時亂的只有三處：一者在〈復表嫂〉之〈又復〉：「……近來世亂紛紛，如之奈何，此際只有參究工夫為最……」。一者在〈小參陞座〉：「質可徐公，其生也忠肝義膽，其死也豁徹靈明，穎異過人，真是豪傑，世間希有」。一者〈題曹居士像〉（殉難）。這些也都點到為止，幾乎無時事論述可言。

來化其鋒執，可進可退，以為處世應機之道。

可見她自身成為「無男女相」的示現，以女身成就，因此在教化論述上，不必於此多所著墨，另一方面亦能在教化應機上，「無無男女相」地特別關懷女性，化消男性可能的偏執與對立。其他女性禪師所展現的女禪特質，不一定都如祇園一般，但她這種「無「無男女相」」的女禪性別智，屬於無形而化，最是樸素；屬於自身成證，所以也最核心，為女性禪師所共有。

第四節　義公之禪教化

《義公語錄》在詩偈五則之外，陞座法語只有二則，開光等法語三則、佛事十則，內容很少。義公在世時乏人記錄，許多法語因此散失不少，其法弟一揆秉著傳信不傳疑的精神，一字不易地出版，冀由「一花可識無邊之春，勺水可分圓滿之月」來呈現義公之悟教，[119] 是以，亦依此意來觀察義公之禪風教化。

陞座法語二則，是陸仁宇居士等人請法，當時有僧問「人境奪與不奪」四句，所謂「奪人不奪境」、「奪境不奪人」、「人境兩俱奪」、「人境俱不奪」，最後再加「向上事」之問：

> 僧問：「請問和尚，如何是奪人不奪境」？師云：「渡水穿雲取坎行」。進云：「如何是奪境不奪人」？師云：「打開不夜城」。進云：「如何是人境兩俱奪」？師云：「太極從來在這裏」。進云：「如何是人境俱不奪」？師云：「自起還自倒」。進云：「四句以蒙師指示，如何是向上事」？師云：「退後看」。[120]

義公以「渡水穿雲取坎行」、「打開不夜城」，一者直行顯境，一者橫開顯人。以「太極從來在這裏」，以太極混沌，顯人境俱奪，但還有根源作用在；「自起還自倒」，則顯人境俱在，但自起自滅，虛幻無實。問向上事，她簡單一句：「退後看」，將事破事，非常直截了當。接下

---

119 《義公語錄》一揆〈跋〉，頁6。
120 《義公語錄》，頁1中。

來，義公以壯闊的氣象，呈現悟者的大作用：

> 乃卓拄杖云：「看看木上座，打開八字，放大寶光，照耀諸人，如天普蓋，似地普擎，有如是自在，具如是威德，過去諸聖於無量劫來，勤苦受盡，所得祕要法門，今將普示大眾，不用纖毫心力，若是手親眼辯底，遣得便行，一出一入，全開全合，一縱一奪，有賓有主，可與日月同明，可與山河永固，智山壽山剎那現前，正當恁麼時，因齋慶讚一句，作麼生道」？喝一喝云：「離中虛，坎中滿」。[121]

從「木上座」拄杖，帶出悟者的自在與威德，這份「大寶光」是勤苦受盡所得，今日無私普示大眾，若能親切體證，自然出入開合、縱奪主賓，自在光明。展現光明照耀的壯闊氣象。

第二則是元宵節被請陞座說法，她曾謙遜推辭再三，並有伏獅門冷之言，應該是在伏獅上堂陞座的：

> ……良久，云：「南瞻部洲打鼓，北俱盧州陞座，西牛賀州說法，東勝神州參詳，且道說什麼法？古人道：幽鳥語如簧，垂柳金線長，煙收山谷靜，風送野花香，永日瀟然坐，澄心萬慮忘，欲言言不及，林下好商量。既言之不及，又商量箇什麼？若道有商量，古人恁麼道？若道無商量，古人恁麼道？大眾且作麼生商量」？喝一喝云：「處處燈光燦爛輝，優游不夜天中月」。下座。[122]

她以「欲言言不及，林下好商量」，引出有商量也不是，無商量也不是的壁立萬仞、雙遣雙破語，來點撥大眾。喝一喝所下的結語，有燈火有明月，既燦爛又優游，既是為元宵節慶所下的注腳，也是顯露透空體性之光明大作用。比之之前的光明照耀，這份光明細密而悠閒。

又，義公入方丈室的法語：

> 進方丈。師震威一喝云：「不入虎穴焉得虎子，三世諸佛於此轉大法輪，歷代祖師於此提持宗印，明眼衲僧自救不了，今日珂上

---

121 《義公語錄》，頁1中。

122 《義公語錄》，頁1中。

座到這裏，又且如何施設」？按拄杖云：「寶劍全提光燦爛，英
賢相敘樂昇平」。[123]

此方丈，應該是伏獅禪院之方丈室，方丈是住持所居，也是寺院弘法的
核心，義公進方丈後，震威一喝，展露弘法氣魄，並以拄杖點出教化之
力，如寶劍全提，光耀燦爛。還有英賢道友來欣樂相敘、成太平之世。
弘法需入世，入世需居塵，居塵才能應眾教化，才能入妄顯真。而出世
與入世，真與妄，都是相對之相，凡所有相皆是虛妄，修道者於此亦是
合融不分、真妄不二的，但修行過程中，不免要分成兩段，初始是離妄
求真，自我解脫，再轉入發心弘法，度眾濟世，終至自救即度眾，濟世
即度己，入世即出世，出世即入世。從義公言不入虎穴焉得虎子、自救
不了之語來揣測，她似乎於自救、度人之間正處於轉換之間，正勇敢地
邁向入世度人之路。

義公在伏獅七年中，有一年元旦開春，她真確地提到要弟子參個
「無」字：

元旦示眾。放下身心，萬事休，單提無字在心頭，团地一聲轟霹
靂，橫開一口驗宗猷，以竹篦劃一劃云：「大眾還會麼」？擲竹
篦作聲云：「向這裏薦取」。[124]

她要弟子放下身心萬事，單提「無」字話頭，時時提起疑情。義公還劃
劃竹篦、擲下竹篦，以形以聲來點撥。這「無」字話頭，是個著名的話
頭，從趙州狗子無佛性公案而來，[125] 歷來禪師常用此公案教化，並單拈
一「無」字，起疑情，尤其是提倡參話頭最著名的禪師大慧，就經常以
「無」字來教化起疑情：「……但只舉狗子無佛性話，佛語、祖語、諸
方老宿語，千差萬別，若透得箇無字，一時透過，不著問人」。[126] 義公
此處所言「單提無字在心頭」，就是這個話頭。我們當然不可單以此則

123 《義公語錄》，頁 1 下。

124 《義公語錄》，頁 1 下。

125 頤藏主集《古尊宿語錄》卷十三，趙州從諗禪師之語：「有僧問：「狗子還有佛
性也無」？師云：「無」。學云：「上至諸佛，下至螻子，皆有佛性，狗子為什麼
無」？師云：「為伊有業識性在」，《新纂卍續藏》冊 68，頁 81 上。

126 《大慧普覺禪師語錄》卷二十八〈答呂舍人（居仁）〉，《大正藏》冊 47，頁 930
上。

法語，即遽言義公唯以無字話頭來教授弟子，況且禪師教化應緣多端，也會視弟子之機緣來取擇話頭，但可以確認的是，拈一字一句來起疑情參話頭，是義公的教化方式，就如祇園以「父母未生前本來面目」話頭來教化一樣，這是她承自密雲、祇園教法而來的方向，而「無」字話頭應該是義公所常用的。

有一次，鑄造的大鐘入院，陞座法語：

> 鑄大鐘進院，陞座云：「高懸洪鐘，含藏萬象森羅，虛繫寶架，信施鈞樂同昌，懸起也，今古模範，遐邇安寧，扣擊也，響應寰區，幽冥拯拔，恁麼則名從何得？聲從何起？名不自名，聲不自聲，聲若自聲，不待撞而自鳴，名若自名，不待鑄而自成，既然如是，名也聲也，都從檀越信心中流出，大眾還知麼」？擊拂子云：「娑婆本教體，盡在此聲中」。下座。[127]

義公藉鐘之名之聲，用說理的方式來闡釋名與聲的空性，並歸之於檀越信心。顯現佛法之教皆可從日常所見、萬象紛呈中體會，她於參話頭中亦能明暢說理。

這段過程中，語錄還記載其所作之佛事：臘八，義川請她到般若庵，為準提菩薩開光。祇園忌辰之祭拜、鑄大鐘進院、施主送法鼓而作偈、西禪堂掛板而示眾。並曾為義川法兄封龕，還為了一禪人之封龕、起龕、舉火，恒然庫頭師舉火等。這期間還曾到杭州靈隱寺，寫下〈登靈隱茅蓬望飛來峰〉詩，也與般若庵的義川彼此密切往來。舉她為了一禪人封龕時所云，來看其教化一端：

> 了一禪人封龕，了人唯了己，了己大事畢，亦無虛亦無實，非假非真是甚底？卓拄杖云：「直下頓除凡聖見，更無長短與人看」。隨掩龕云：「封」。[128]

她根據了一之名，彰其已了己之大事，此大事亦無虛亦無實、非假非真，直下頓除凡聖、長短之相對見與相。

從這些法語來看，其教化語句具有壯闊的氣象與明暢的說理，壯闊

---

127 《義公語錄》，頁2中。
128 《義公語錄》，頁2中。

氣象常具光明意象，有大明照耀，有細密悠閒，這份光明意象，應可作為義公弘法的象徵。她本身以參話頭來修行，亦以參「無」字等話頭、起疑情來教化弟子，這是臨濟本宗禪法，也是義公傳承祇園，祇園傳承於石車、密雲的禪風。

另一方面，義公曾參學於繼起，繼起是三峰派漢月之徒，以講究五家宗旨為特色，所參者偏向參究公案，與密雲以較簡捷之話頭來參、強調棒喝作用，略有差異；前者偏向細密宗旨，後者較為迅捷直下。從有人問義公「人境奪不奪」四句、她寫源流頌古用設問自答、下轉語的方式，或可窺知，她亦常運用臨濟宗旨來教化，這應該是受繼起禪風影響，但即使如此，也皆在臨濟禪風範圍。

因為語錄缺乏機鋒對話的記載，所以無由得知義公棒喝使用的明顯狀況，但從這些法語內容來看，臨濟棒喝仍在義公手上，「卓柱杖」、「震威一喝」、「擲竹篦作聲」等等，皆隨緣運用著。

第五節　一揆之禪教化

《一揆語錄》所記載的法語以「示眾」為主，並有少部分的機鋒、問答，詩偈中亦能體得禪思之一二，故以下將依此作為主要材料。其示眾之所，可知者有參同庵、伏獅禪院、般若庵三處，在般若禪院打禪七、到伏獅禪院為圓通大士開光、於參同庵除夕示眾、參同庵釋迦文佛開光、復住伏獅陞座說法。在討論一揆禪教前，先敘論師門長輩、士人居士對其之觀察評價，來與語錄之言行互證相輔。

一、師長、士人之譽

一揆師承嗣法於祇園，但真正親近祇園的時間，卻只有短短的三、四年，所以在祇園座下出家前，她就受兄長子麟的鼓勵教導，因兄長故得以與聞地方禪宿之教，祇園去世後，她更勤學不已，廣參諸方，得到頗多師長之讚嘆，也結交許多同參女禪師。〈一揆行實〉曾談到一揆出家後：

> 彼時林泉老師辭世，碧光菴心傳老師，禾中大尊宿也。師參謁

後，語居士云：「又添一箇法堂」。自明禪師與茂時公交契，稱師為法門棟梁，有偈喜贈。如古南牧老和尚、隱菴息老師翁，尤加讚嘆，其為師家深許如此。[129]

心傳、自明、牧雲、隱庵息等禪師，對一揆都有很好的評價，期望她成為法門棟樑，其中牧雲禪師有〈一揆禪師像贊〉，就列之於一揆語錄之首、一揆肖像之後，其贊云：

鴛湖之水，清澈以流，人以秀出，椒英其尤，
聞獅子絃，入象王窟，立雪有勵，面壁非默，
衣缽在手，林上隱蹤，請師墻像，蔭我蒼荼，
克勤克孝，靡夏靡冬，厥操可嘉，厥化方隆，
棠棣華翩，蕡蔔香濃，一機孤峻，千聖參同。[130]

牧雲，名通門，號澹翁，晚號樗叟。是密雲的弟子，故是一揆法叔公輩，曾住持梅里之古南禪院，智慧深廣，法辯縱橫，又有閒雲野鶴之性格，詩詞頗佳，行書亦秀勁，一時士人咸相與親。[131]古南與伏獅禪院同在梅里，所以他對祇園相當護持，是祇園最為欽重之師門長輩，一揆也曾參學於他。牧雲作此贊時，是一揆遷祇園、義公塔院至參同庵，並從伏獅禪院退位那一年，所以牧雲才曰：「請師墻像，蔭我蒼荼」、「克勤克孝，靡夏靡冬」，讚賞一揆勤學於法門，報答師恩之盡心盡力，個人資質英尤秀出，修行能堅忍勵志，亦能隨機轉用，繼承法脈後，即隱蹤林下，善體菜根香濃，機鋒高明孤峻，在參同庵弘揚千聖以來一脈相承之法。

為參同庵寫記銘的王庭，字監卿，號言遠，又號邁人，梅里人，少負文名，順治六年進士，曾任四川按察史、江西右布政使等官職，「廉介不苟，所至以清惠稱，罷官歸，足跡不入城市，嘗衣布袍行田間，人

129　《一揆語錄》〈一揆行實〉，頁 16 中。

130　《一揆語錄》，頁 7 上。第四句之「椒」字或為「俶」。「立雪有勵」之「勵」字，原文模糊，只見左為「力」字，「力」上方有一橫從左而來。

131　楊謙《梅里志》卷十一釋道，有牧雲小傳。頁 149。余霖《梅里備志》卷五，釋道，亦有牧雲傳，而且較為詳細。《中國地方志集成》鄉鎮志專輯冊 19（上海：上海書店，1991 年），頁 309-310。

不知其二品大僚也」。[132] 他回歸鄉里後，起初：

> ……遂初杜門謝客，以明道著書為己任，郡守袁公重之，請主講
> 席於希聖堂，能發前賢所未發，范學博刊其講義行世，中丞趙公
> 玉峰見之，歎曰：「宗風不墜，賴有斯人矣」。公制義堅凝陶刻
> 自成。……年八十七卒，崇祀鄉賢祠。[133]

在鄉里著書、講學，甚得尊重，這是從儒家面向來看，而遍觀《梅
里志》，王庭頗能關心護持佛法，清初梅里之佛教發展常見其跡履，曾
為古南禪院作過多篇記文，也為伏獅禪院重建作記，少時伏獅已成名
藍，於祇園、義公、義川、一揆等伏獅門下師徒狀況，禪院之起落興
衰，都頗為清楚。他在〈參同記銘〉曾云：

> ……蓋祇園傳法凡七人，一揆其著也，維祇園為金粟石車之子，
> 為臨濟三十二世孫，現女身相，建立宗旨，四方學侶雲臻，並時
> 無兩，而一揆拔萃於百人會中，有智過於師之譽。[134]

祇園七位嗣法弟子中，一揆應該是出家資歷最淺的，所以可能因為戒臘
的關係，嗣法位置居於最末，那時伏獅門庭熱絡，四方參請學者雲集，
然而一揆卻能出類拔萃，有智過於師之譽。依他的觀察：

> ……予觀一揆得法二十餘年，絕名聞利養之念，訓率諸學者，惟
> 以戒律為先，而本分提撕，必歸于第一義，濟下宗風，克興女
> 中，參同之名遂人重，遠近之來者受之，後之賢者守之。子麟之
> 志，于斯大慰焉，宜記而傳之，使有永也。[135]

一揆能「絕名聞利養」，以戒律為先，與徒眾清淨隱修，在佛法上必歸
於究竟義而教化。為義公語錄作序的高以永，也目祇園與一揆是當時能
直趨上乘、傳名師法脈、啟悟後人的傑出女禪師。作《一揆語錄》序的
施博對其有這樣的評價：

> ……參同尼一揆禪師語錄，深嘆其為乘願之菩薩也，師為石車和
> 尚的孫，祇園大德法嗣，向知其履踐超卓，不愧古人，而其說法

---

132 司能任《嘉興縣志》卷二十三，列傳三，頁 109。
133 楊謙《梅里志》卷九、仕宦，王庭，頁 777。
134 《一揆語錄》，王庭〈參同記銘〉，頁 15 中。
135 《一揆語錄》，王庭〈參同記銘〉，頁 15 下。

又單提向上，絕去廉纖，如此豈非所謂行解相應者乎？真末法之光明幢矣。良由師既得法後，復參請于木老人古南和尚，不肎自足，其徹法源底宜哉。今參同已成，簪席法子多得人，余與師之兄子麟氏交最久，故知之深輒，弁數言于語錄之首，以見今日固有末山妙總其人者云爾。[136]

施博，字易修，別號約庵，崇禎間庠生，是位習靜有得，究心聖道的民間著名講學者，[137] 根據康熙、袁國梓《嘉興府志》云：

> ……少有遠志，不嗜進取，鼎革時涉患難，習靜有得，後讀易至家人卦，復悟聖道不離倫常日用，啟迪學者兼重知行，不拘一轍。順治辛卯，倡里人為朔望會，以求教于四方高賢明越，蘇常間有志斯道者聞聲踵至，……晚年學益醇粹，弟子日進，升座講學，環聽者盈戶，多感奮有省。……[138]

施博之講學，兼重解行，不拘一轍，環聽者盈戶，多有感發，應該是位德高望重的學者。在一揆的修證過程中，除了受祇園之法教外，其兄長子麟亦是她的先導，而施博與子麟相交最久，所以對一揆的狀況知之甚深。他認為一揆「履踐超卓，不愧古人」，說法又「單提向上，絕去廉纖」，是行解相應的乘願菩薩，於法門勤學不輟，得祇園之印可，又再參請於牧雲。根據〈一揆行實〉，她參學對象不只牧雲，嘉興附近之著名禪師都曾親詣廣參，確實於法門勤學精進。

二、勇猛履踐，參究話頭

一揆承自祇園門下，以參話頭為主要的教悟方式。修行人參究話頭，會選定一個話頭來長期琢磨，這個話頭便稱為「本參話頭」，有時是老師指示，有時是自己抉擇，選取的關鍵在於與自己相契，易引發疑情者為好。祇園第一次與一揆見面時，就問其本參話頭為何？一揆回答：「誰」字。「誰」字話頭，簡單而廣泛，於日常生活處處拈得起，

---

136 《一揆語錄》，頁7中。
137 俞汝言《俞漸川集》卷一〈施約菴先生七十壽序〉，《天津圖書館孤本秘籍叢書》冊13，集部（北京：中華全國圖書館文獻縮微複製中心，1999年），頁513。
138 袁國梓《嘉興府志》（四）卷十七、人物二，頁708。

例如睡覺的是誰？喝茶的是誰？踏步的是誰？作夢是誰？行、住、坐、臥的是誰？感受的是誰？起心動念的是誰？甚至是念佛者是誰？[139]一切行止都可以參究、提撕。一揆出家前以「誰」字為本參話頭，弘法時，示眾法語裏亦時時提點弟子要「提起本參話頭」，有一次還具體提到「一歸何處」話頭：

> 示眾，汝等諸人欲明生死大事，特來相依貧道，求出世因，直須?命一番，雖則眾中也有久參者也，有初進者，蓋為生死心不切，提起則有，不提則無，念話頭過時，所以不能透悟，而今不要你們操持常住錢糧，又不要你們外邊攀緣涉世，只要你將簡「一歸何處」，晝參夜參，無論閒忙動靜，無論逆順喜怒，遇飯喫飯，遇茶喫茶，孜孜汲汲，切切拳拳，如鐵橛子相似，稍有雜念起時，即舉本參話頭，如金剛王寶劍，直下看這雜念從何處起，咬定牙根，豎起脊梁，工夫自然成片，參到不舉自舉，不提自提，胸次中覺得氣氛悶悶，推之不去，盪之不散，此際工夫再不可放手，亦不可執著坐相，如若睡魔起時，便下單抖擻精神，向本參上追究，急切提撕一回，睡魔自然退矣。自要發簡勇猛，千期萬期以悟為期，若能如恒常不息，那怕甕中走卻 ……，更說一偈，話頭提起利如鋒，犯者從教絕影蹤，劣性初調頻著力，牧童鞭策莫相容。[140]

有僧問趙州：「萬法歸一，一歸何處」，趙州答云：「我在青州作一領布衫，重七斤」。這是禪門很著名的問答，之後也就經常被用來作為參究的話頭。一揆叮囑弟子要將個「一歸何處」話頭，晝參夜參、閒忙動靜、逆順喜樂、吃飯喝茶等等一切時、一切動，都要孜孜汲汲，切切拳拳於本參話頭上，如果稍有雜念一起，就要再提起話頭，話頭如金剛寶劍能斬斷心念之起、心念之雜，要將心念收攝於話頭疑處，讓「犯者絕影蹤」，己心之劣性才能調柔，才能專注於疑情。而話頭要參到「不舉

---

139 「念佛者是誰」？這個話頭在講禪淨雙修時，特別盛行。是禪門參話頭引入淨土念佛的一個現象，也由此來強調禪門不避念佛，禪淨不異。這也有其道理在，但「念佛者是誰」？畢竟是「話頭」，並非念佛，所以兩者的修行指向與方式仍有差異。

140 《一揆語錄》，頁8中。

自舉，不提自提」，疑情形成一片，此時會覺得氣氛悶悶，疑情「推之不去，盪之不散」，此時即是用著功夫了。這是一揆教授參話頭的功夫話。

這個參究的過程，需有勇猛履踐的心，所以一揆再叮嚀：到此切不可放手輕忽，要「發個勇猛」，繼續抖擻精神向前，再向本參上參究，到時候自然能開悟見實相。她直接真切地舉出實際狀況，要弟子不一定要坐著，如果睡魔干擾就要下座提振精神，讓本參話頭依然繼續著，這種「牧童鞭策莫相容」的勇猛精進，一揆經常強調。有一次她警眾云：

> 警眾。既為如來弟子，圓頂方袍，必要立向上志，發堅固心，莫辜負佛祖建立垂慈之德，若辜負國王外護水土之恩，莫辜負父母師長養育剃度之情，莫辜負自己辭親割愛出家之志，莫虛消信施，莫虛度光陰，無常老病不與人期，轉眼便是來生，莫被閻羅老子索你飯錢，縱有親爺親娘，救你不得，縱有相契善友替你不回，閻羅王不怕你口尖舌快，牽入六道四生，悔之晚矣。所以古云：此身不向今生度，更向何生度此身。何不趁此力強健，四大安康，猛烈一番，討簡明日。今幸處閒居靜室，明淨僧堂，粥飯不缺，茶湯穩便，汝等若不做工夫，真為下劣愚癡漢矣。二六時中，將簡話頭頓在面前，豎起脊梁，開著兩眼，如貓捕鼠，不容走作，念茲在茲，默默參究，須辦一片恒常不退之志，晝夜無間，逆順一如，汝等祇為看得生死事輕，所以被無明煩惱，雜念分飛，障閉悟門，或昏沈散亂，攪作一團，或有頭無尾，中道而止，或參到無滋味處，便要丟手，此乃參禪人最忌之病。若能依我說話，自然有發明日子。珍重。[141]

一揆先以出家人修行本懷來提醒弟子，要立向上志，發堅固心，不要辜負佛祖、國王、外護、水土、父母、師長、護法等人之恩，也不要辜負自己辭親割愛出家的志向，要好好珍惜目前大好時光，否則無常老病一到，無人可替，無人能救。所以要大家「猛烈一番，討簡明日」，要有

---

141 《一揆語錄》，頁8中。

「恒常不退之志」。接下來她依然再提點參話頭的要領：一切時間中都要將話頭提起，如貓捕鼠，不容話頭失卻，晝夜無間、念茲在茲，默默參究。但也要對諸如睡魔昏沈散亂、無明煩惱雜念紛飛、有頭無尾、中途棄參等等參禪之病，加以克服，這樣參究才能成片，才能有破參的機會。在一次除夕日示眾時，她藉外面鑼鼓震天，大家穿新衣新帽、貼新門聯等除舊佈新的動作來教化弟子：世人換外觀之新，卻不懂內在無明之舊仍在，所以出家人要除的舊是：內在無明之舊：

> ……惟我道人家明明歷歷，一切平常也，無新衣新帽也，不換舊裝新，但把一年三百六十日，從頭記取一遍，莫有臭糟甕不曾洗淨？莫有陳年宿債未曾償還？莫有母胎帶的習氣未除？莫有無始以來業根未拔？一向灰灰頹頹懶怠過了逗？到臘月三十日，畢竟要椿椿檢過，不可留一毫污于心田，切須盡底掀翻，通新換一副勇猛利智，提起本參話頭，日日新又日新，只管如斯進步，方是斬新一句，如何得應箇時節去？參同院裏起樓臺，如把青蓮石上栽，爆竹聲中殘臘去，梅花香裏送春來。珍重，歸堂。[142]

她要弟子簡點自心：這一年來心念宿債、習氣、業根是否都除拔了？是否懶怠不夠精進？在這除夕迎接新年之際，她要弟子徹底掀翻，日日新又日新，換一副「勇猛利智」，將本參話頭提起，勇猛精進，不要懶怠。

能勇猛履踐，就要是「生死心切」，要將生死大事看得重，看得透，才能有了脫生死之大志，才能勇起精進之心，她於解制示眾時，就說「惟以生死二字」貼在額前：

> 解制示眾，孤掌不浪鳴，獨樹不成林，建法幢立宗旨，須要大家著力，今日解開布袋口，放出水牯牛，一任東行西行，切忌犯他苗稼，若論辦道之功，本無結解。茲因末法澆漓，多諸識見，操履日微，偷心不死，所以三七日，畫地為牢，無繩自縛，我也無奇言妙句，搜索枯腸，只要汝等將無量劫來，攀緣妄想，得失是非，一齊放下，惟以生死二字，帖在額前，結也如是，解也如

---

142 《一揆語錄》，頁8下-9上。

是，聚也如是，散也如是，不分動靜，去來不辨，冷暖飢渴，棄
揲這一生不著，若不明白，決定不休，能具如大志，自然有到家
時節。琛上座與眾在此，一期攪擾，無以相酬，欲與諸人索些飯
錢，償還空王庫內，有麼？有麼？眾無語。師卓拄杖云：和盤托
出無人會，分付東風自主張。[143]

大家要著力勇猛，之所以只有識見，沒有真實履踐，都因「偷心不
死」、攀緣妄想等等放不下，所以才會輪迴生死。所以她提醒大眾，要
放下一切是非得失，不論結制解制、聚散去來、動靜冷暖渴，這一切都
放下，只是努力參究，要有若不開悟，決定不休的大志。這種細細密
密、真真切切的提醒，要弟子生死心切，萬緣萬下，勇猛精進，真實履
踐地去參究話頭，在一揆示眾法語中特別明顯。

她要弟子勇猛精進、真實履踐，而履踐的是參究話頭，也就是要放
下與解縛：

……請琛上座，到此作箇坐禪底樣子，琛上座別無長處，祇要與
諸人解黏去縛，拔楔抽釘，人人鼻孔撩天，箇箇腳跟立地，一切
處透得過，見得徹，不被境緣所轉，不被言語所滯，須知各各自
有本地風光，不假他人著力，解脫門八字打開，正法眼當陽顯
示。祇如把斷要津，不通凡聖，諸人畢竟從甚麼處入？琛上座
不惜眉毛，通箇消息，豎拂子云：「見麼」？擊一下云：「聞
麼」？既是聞見分明，且如何是徹證一句？擲拂云：「絲綸拋向
清波裏，且待鯨鯢上釣來」。拽拄杖，歸方丈。[144]

琛上座，是一揆經常使用的自稱語，一般禪師常自稱山野、山僧，以
「上座」稱，有不以住持自居之謙。修行的一切皆在「解黏去縛」，能
透徹諸法空性，便不被境緣所轉，自是打開本地風光。而從什麼處得入
呢？一揆以豎拂、拂擊之色、聲來顯，要大眾從親身之聞見分明處入，
將不落凡聖之高妙，著實地踏在親身履見上。「不落凡聖」、「聞見分
明」、「箇箇腳跟立地」幾乎是禪師共有之語，但襯在一揆處處要大家

---

143 《一揆語錄》，頁8上。
144 《一揆語錄》，頁7下。

猛烈一番，討個明白，若不明白，決定不休的法語，顯得特別具有勇猛地「著地履踐」之意義。所以從這些示眾法語可看出，她著力於參話頭之功夫、修行心志之砥礪，充滿著勇猛真參之教示。

三、公案棒喝，點到為止

至於公案之運用，一揆顯得著墨不多。她曾提舉僧問疏山：「如何是冬來意」公案：

> 示眾，吾宗無語句，亦無一法與人，衲僧分上，本無說長道短，但是今晚普茶，若道施主設底，又是監院來請，若道監院設底，又是施主所供，此意作麼生會？諸人若緇素得出，拈餅剝菓，酬恩有分，其或未然，一隊盡是德山羅漢。昔有僧問疏山：「如何是冬來意」？山云：「京師出大黃」。若有人問琛上座：「如何是冬來意」？即向道：「朔風凜凜撲入寒」。大眾，明日立冬了，且如何是冬來意？眾無語。師云：「山僧有箇頌子與諸人說：月色朦朧樹影微，冬來消息少人知，疏山一句分明道，劈面提持不識渠。識得渠，釋迦彌勒盡皈依，且道承誰恩力？驀拈拄云：「惟有這條拄杖子，東土西天不受拘」。[145]

在無語句下，說個這，又是那，說個那，又是這的禪機語句，來點撥平時已參話頭的弟子們。並隨時節因緣，在近立冬時，舉「如何是冬來意」公案，亦是要切入弟子正被疑情收攝的心，如果此時疑情打成一片，自然能在語句下觸悟，可惜「眾無語」、「不識渠」，一揆只得驀拈拄杖，要大家好好參究了。除此之外，為釋迦佛祖開光時，舉佛陀拈花，迦葉微笑之公案，問：「大眾且道世尊拈華與山僧豎拂，是同是別」？[146]重陽示眾時，舉趙州「喫茶去」公案問意旨？[147]等。她似乎沒有得到太多回應，無怪乎她於此都點到無止，沒有真參實悟，舉公案談轉語，都是枉然。

---

145 《一揆語錄》，頁8上。

146 《一揆語錄》，頁9上。

147 《一揆語錄》，頁7下-8上。

七優曇華：明末清初的女性禪師

她有公案頌古，但只有十則，所頌之公案為：世尊初生、世尊陞座、世尊睹明星、女子出定、善財採藥、僧問法眼如何是佛法、婆子燒庵、瑞巖主人公、竹篦子、文殊三處度夏。

　　在示眾法語中，弟子們並沒有關乎臨濟四料簡、奪境奪人、第一句、末後句等禪門宗旨之問，也少有「下轉語」式的教授。倒是語錄中另有「答問」一類，是「下轉語」式的問答，內容為：一組「古南室中垂十問」、二組「僧問」。其中一組「僧問」便有四賓主之問。古南，牧雲也，其室中垂十問，一揆下轉語，頗顯一揆被勘驗印證之意。其他二組僧問，應是來人請益，一揆下轉語，顯禪機之用。牧雲之室中垂十問如下：

【陸八 -1】古南老和尚室中垂十問

序號	古南之垂問	一揆之回答
一	雪子落紛紛，為甚變成雨？	一點水墨兩處成龍。
二	河路既通，楓橋船為甚不到？	作麼作麼。
三	既作村僧理合隨緣，為甚只想山中？	親言出親口。
四	一錢為本，萬錢為利，早晚時價不定，為甚滯貨不脫？	甜瓜徹蒂甜，苦葫連根苦。
五	久旱逢甘雨，物情皆喜，為甚石敢當只是不肯點？	兩重公案。
六	昨日雨，今日晴，覆盆之際，尚可容光，庭前竹子，心裏日月如何照臨？	從來不覆藏。
七	路逢劍客須呈劍，且道函人矢人相遇，要得投分，呈個甚麼即得？	飢餐渴飲有甚難。
八	炙背可以獻天子，大好笑事因甚留在典籍？	好事大家知。
九	相看兩不厭，只有敬亭山，祇如敬亭山，還具甚麼眼？	瞎。
十	色斯舉矣，翔而後集，山梁雌鳥為甚又撞入網中？	瞞人即得。

二組僧人所問，第一組有四問，第二組有十問，列出如下：

【陸八-2】第一組：僧人四問

序號	僧問	一揆之答
一	兩頭坐斷，中間除之，云何安立？	主山前案山後。
二	雪覆千山，因甚孤峰不白？	向上看。
三	猛虎以肉為命，云何不食其子？	好食不屑飽食。
四	斷頭船子下楊州，甚麼人把柁？	切忌道著。

七優曇華：明末清初的女性禪師

【陸八-3】第二組：僧人十問

序號	僧問	一揆之答
一	如何是透法身句？	好陣涼風。
二	如何是學人自己？	高聲問來。
三	如何是飯根得旨？	九九八十一。
四	路逢道人不將語默對，未審將甚麼對？	兩眼對兩眼。
五	行住坐臥不離這個，如何是這個？	提撕不起。
六	忽遇三軍圍繞時如何？	正是出頭時。
七	如何是賓中主？	信手拈來無不是。
八	如何是主中賓？	得意回來對月吟。
九	如何是主中主？	莫教打落當門齒。
十	如何是賓中賓？	簷前啼鳥送殘春。

　　第二組僧人十問之後四問：賓中主、主中賓、主中主、賓中賓，即是臨濟四賓主之問。牧雲之垂問，應該是她參學諸方，廣學禪林參究公案、下轉語等修行方式後，被老師勘驗、印證。二組僧人之問，則可能是面對以公案、下轉語為修行方式的學人來參，予以隨緣展現而已。一揆皆以下轉語之回應，機鋒多端，顯得簡潔利落。但是這種方式，卻與她示眾法語時的教化風格頗為不同，也正襯顯她教授弟子以真實履踐為重。換言之，她的教化與其本門：祇園之禪風較為切近，也應該與其重視戒律、冷淡家風之性格有關。

對於棒喝之作用，一揆也是點到為止，例如喝一喝、卓拄杖、驀拈拄、拽拄杖、豎拂、擊拂、擲拂、以拂子指點等，多作結語式的點啟。棒喝作略原是臨濟家風，所以一揆還是有〈贈在初上座拄杖〉：

> 德山以此驗人，究竟阿誰受屈，拈起縱奪自由，把住群英莫測，為因知痛者希，未肯等閒便擲，而今敵手相逢，領取三遭六十。[148]

此詩偈似乎可以隱見一揆拄杖之用希的心情。能知痛者希，即是指能深入法門、努力修悟者少，因為修悟深入，才能知確棒喝作用，也才能領受棒喝截繼、點撥之縱奪大用，否則只知皮肉之痛，都非真知痛也，非但不解棒下作用，更是枉費禪師作略，所以一揆見弟子眾等「知痛者希」，便「未肯等閒便擲」，將拄杖之用收攝起來。明末清初由密雲興起之臨濟禪風，再度發揮棒喝之大作用，但也曾引起漢月等人之批評，認為會造成表演式的弘法流風，徒有誇張、不著邊際的形式，沒有蘊實的內涵，我們無法知道一揆是否回應這樣的批評而有所反省，但從她拄杖「未肯等閒便擲」，並深切勸戒弟子要真實履踐、參究話頭來看，她了解棒喝作用的時機，用其所當之處，施於所當之時，既然弟子未到此處，棒喝自然無有亂施之理，雖然棒喝在手，縱奪自由，但無有用武之地，也是無可奈何。而這當中我們不免感受到一種悟者的寂莫。

即使在常會運用到棒喝的機緣問答上，也沒有棒喝之用，只是以輕巧言語，銳利地點撥。三次機緣問答如下：

> 僧參，師問甚處來？僧云：「進澤」。師云：「曾進也未」？僧喝。師云：「喝後聻」。僧頓足。師云：「除了頓足別道一句」。僧擬議，便禮拜。師云：「鷂子過新羅」。
>
> 師入堂，一婆子出禮拜。師云：「見個什麼道理」？婆云：「青天皎皎，天下太平」。師云：「閒言語」。婆云：「一念不生」。師云：「正是生了也」。
>
> 一日喫飯次，師云：「終日喫飯，不曾咬著一粒米，意旨如何」？眾皆默然。師云：「今日失利」。傍有一僧出，便喝。師

---

148 《一揆語錄》〈贈在初上座拄杖〉，頁 10 下。

云：「已遲八刻」。[149]

僧參者，一揆每每予以後設一問，直至僧需擬議，露出破綻，顯現仍然無法當體呈現。婆子來禮拜，一揆也是以問來驗，再「閒言語」破之。婆子再拈個語句，被一揆透底破徹。喫飯時，僧因一揆語而出喝，「已遲八刻」，一揆銳利地為他定調。來者動作頻頻，一揆皆以語言設問來點破，透露出一股冷簡銳利之機鋒。

所以這些公案問答、機鋒轉語、棒喝之用，在一揆真實履踐的教化下，顯得較少出現，同時也是因為一揆對當時禪林時風有所反省，希望身處其中的弟子們不染時習，普明〈一揆行實〉裏談到其師：

> ……常見末法掠虛失真，工文詞為家私，習機鋒為了當，平素訓徒，一以真操實履為要，莫以文采口滑為工，常云：「閻羅老子不怕你口快」！拈高鋒祖師語：「開口動舌，無益于人，戒之莫言，舉足動步，無益于人，戒之莫走，舉心動念，無益于人，戒之莫起」。書于座右，自警警徒。[150]

一揆對當時禪風以「工文詞」為才能，「習機鋒」為了當，造成語言文字氾濫失真、蹈虛浮誇之風氣，有所警惕反省，所以要弟子「莫以文采口滑為工」，能真操實履，切切實實地參究才是。

參究公案與話頭都是當時禪門修行之大宗，公案之參究常伴隨禪門宗旨之琢磨、頌古拈古之作、下轉語之點撥，公案、宗旨、轉語、別語、頌古等都有往語言文字路上走的趨向。另一方面，棒喝之用雖顯峻烈直截，但被時人認為易成顢頇籠統，一揆少以公案、下轉語來教化，弟子亦少有禪門宗旨之問，棒喝之用亦甚平淡，只專在參話頭之功夫提點、修行心志之砥礪，一方面避免語言文字之巧執、一方面避免形式蹈虛之浮泛，顯然都往真實履踐之風格上走，所以弟子言其師「實悟實修，實心實行」，[151] 寫序的施博所謂其說法「單提向上，絕去廉纖」之內涵亦即在於此。

---

149 《一揆語錄》，頁 13 下。

150 《一揆語錄》〈一揆行實〉，頁 16 下 -17 上。

151 《一揆語錄》〈一揆行實〉，頁 17 中。

四、敬守清規，冷淡家風

一撲之真實履踐，展現在修行自處則是冷淡平懷，在團體共修上，則以敬守清規、冷淡家風為教化。

語錄中有好幾次一撲表達以「冷淡平懷」自處。曾經有位徐居士來訪，未遇一撲，留下偈語，讚美伏獅師徒從金粟（指金粟寺、石車、密雲之法脈）而來，後聖前賢元不二，一撲和之云：

> 不須相見已知君，一句當陽賓主分，遁跡深林惟養拙，冷看世事若行雲。
>
> 既到家鄉罷問程，管教玉石切須分，雖然具隻超方眼，莫認黃花當白雲。[152]

一撲從「分明」、「莫錯認」來說，傳承金粟，既回家鄉，雖不須相見、罷問程，但一句也切須分明，一眼也不得錯認，這份「分明」之心，讓一撲「遁跡深林惟養拙」，不以世人之聰明為分明，而以遁拙為分明，因此能「冷看世事若行雲」，世事紛然雜鬧，以冷然澄靜之心分明照見，皆成行雲流水，飄忽無根。因分明而遁跡養拙、冷看世事，就是朝向清淨之行來實踐。康熙二年（1663）她到金粟寺受具足戒，有位大蓮聽和尚贈偈二首，有「伏獅門下能翻擲，一任袈裟覆大千」、「千里神駒更著鞭」之期許，一撲次韻云：

> 袈裟誰是得真傳，今日當陽不用宣，九十九峰環寶座，禹門三級浪滔天。
>
> 冷淡平懷不記年，任他閒臥懶施鞭，祖翁田地何勞問，到處風光得自便。[153]

冷淡平懷，不記歲月遷變，閒臥任他，縱是千里神駒，也懶施鞭，只是自行自便，到處風光。有一次閉關禁足九十日，她寫下〈禁足〉：

> 九旬收足且偷閒，欲了殘經對月看，有耳不聞塵俗事，薰風透戶

---

152 《一撲語錄》〈徐居士過訪不值留偈、附原韻〉，徐居士原詩為：「後聖前賢元不二，伏獅金粟總難分，從看大地霑靈雨，誰識青天無片雲」。頁 10 中。

153 《一撲語錄》〈金粟受具大蓮聽和尚贈偈次韻二首、附原韻〉，原贈二偈為：「衣到曹溪便不傳，亦無實法為人宣，伏獅門下能翻擲，一任袈裟覆大千。」、「霜寒雪冷不知年，千里神駒更著鞭，金粟山頭重勘過，宗風戒月自孤圓」。頁 9 下。

憶高賢。

自愧才疏遁古溪，抱疴終日掩雙扉，藤蘿密密無人到，林鳥時談
向上機。

冷看浪走法門衰，畫地為牢自活埋，倏忽夏回秋又杪，剛剛學得
一癡呆。[154]

不聞塵俗事，終日掩雙扉，只在薰風林鳥間，憶高賢、談上機，自愧才
疏，出離遂遁於古溪，「冷看浪走法門衰」之冷看，相對於法門衰亂，
也可看出含著對禪門亂象之澄明反省。

　　所以一揆「冷看」、「冷淡」之平懷，飽含著澄明清淨、隱遁出離
與反省。當她由此來教化弟子、住持道場時，即如〈自敘行略訓徒〉所
言：

　　……余出家時孫氏嫁貲、盛門分產，悉皆捐棄，僧俗耳目共知。
　　二十六年法門辛勤，中有十年興建土木，漸成蘭若，皆出于十方
　　檀護信心中來，所以日夕訓誨徒輩，若非忘形死心，堅持戒行，
　　何能俾其永遠不朽，欲報佛祖，必敬守清規，真實履踐，冷淡家
　　風，千古不泯，遵此數語，方可同居，俾世世守之，毋負我一生
　　苦志也。[155]

一揆出家時，歸還娘家、夫家之資財，在〈行實〉亦很清楚地記載她
「將盛門授產返還盛氏，孫門嫁貲仍歸孫氏，赤條條不留一物，親戚共
嘆莫及，而生敬焉」。[156]出家人修行為自度度他，參同庵之漸成蘭若也
皆由檀護共同護持，所以她教誨弟子要能「忘形死心，堅持戒行」，
「敬守清規，真實履踐」，保持冷淡家風，才能上報佛恩，下化眾生，
世世守之，將佛法傳揚下去。當她第二度來到伏獅禪院主法，伏獅似乎
處於「列派分疆」之時，她言：

　　乙卯冬，檀越請師復住伏獅，陞座拈香云：「此一瓣香花開金
　　粟，果結梅溪，昔年蕩盡家私，今日眾前拔本，蓺向爐中，端為
　　供養前住伏獅上祇下園先老和尚，用酬法乳之恩」。斂衣就坐，

---

154 《一揆語錄》〈禁足〉，頁9下。

155 《一揆語錄》〈自敘行略訓徒〉，頁18上。

156 《一揆語錄》〈一揆行實〉，頁16中。

乃云：「九年辭退歸林下，豈肯重來作主人？祇為靈山舊公案，當陽拈出辨諸人，莫有傍不甘者出眾相見」？良久，云：「其或未然，細與諸人道破，去聖時遙，魔強法弱，所以琛上座一生效古風規，不與時人鬥勝，正好衲被蒙頭，杜門養拙，不意潯溪梅里檀越護法深念祖庭聲墜，列派分疆，法道異端，豈能坐視？再三堅請，復住伏獅，琛上座勉遵台命，即得應箇時節，不過列職安眾，嚴整一番，然而衲僧家作用，貴乎德性仁慈，履踐真實，精持戒行，敬守清規，心同杲日之明，志若冰霜之冷，庶是法門當家種草，堪與佛祖血脈貫通，且道恁麼人行恁麼事」？震威一喝云：「吼斷群狐蹤影絕，禪林從此清如鏡，分付西堂與副寺，隨緣住止遵其令」。卓拄杖，下座。[157]

「一生效古風規，不與時人鬥勝，正好衲被蒙頭，杜門養拙」，這就是其隱遁、清淨之冷淡平懷，但面對祖庭聲墜，不能坐視，所以再復住伏獅，列職安眾，嚴整一番，即使是如此，其所教化者，亦是在「冷淡家風」上，所以這次回伏獅，一方面表露自己隱遁之心跡，也表露「衲僧家作用」是在：德性仁慈、履踐真實、精持戒行，敬守清規，心如日明，志若冰霜。她自己應世是「冷淡平懷」，教誨徒眾亦是「冷淡家風」，所以不管叮嚀參同庵徒眾，或欲振起伏獅祖庭，都是依此而言真實履踐、戒行清淨、敬守清規之教誨。

當參同庵之釋迦牟尼佛塑成、開光時，代表具體化完成道場之核心典範，這對寺院來說是件大事，必是弟子信眾一時雲集，鬧熱不已，一揆卻藉此表達「造殿塑佛，實不為鬧熱門庭」：

師云：「紫磨金色之身，天下名藍古剎若大若小庵寺，阿誰不供養者？豈特參同啟模作樣有何奇異過人？祇緣末法時輩，善觀世尊旃檀之妙相，不向世尊血脈上流通，然而琛上座造殿塑佛，實不為鬧熱門庭，欲令諸仁者閒忙動靜之中，薦取拈華之旨，觸目遇緣，悟佛知見。……[158]

157 《一揆語錄》，頁9上。
158 《一揆語錄》，頁9上。

一揆以澄明冷淡之心志，點出塑像之真義，各地名藍古剎、大小庵寺都不缺釋迦佛像，又多建了參同庵之佛像，所為何事呢？不為添金添彩地熱鬧門庭，只為讓弟子能向「世尊血脈上流通」，於閒忙動靜之中，薦取拈華之旨，觸目遇緣之時，參究勝意之旨，悟入佛之知見。在一片熱鬧慶祝之開光典禮，一揆仍然不忘叮囑弟子有保有「冷淡家風」之澄明，不要隨末法時風：只執外在形相，不向體性修證，要能有勇猛精進，真實履踐地參究禪法。

她五十歲生日時，徒眾要慶生，她作〈辭諸親法眷慶壽 拙偈三首〉推辭：

> 默報劬勞五十秋，未嘗片刻去心頭，一毫端上知根本，不逐時人借意酬。
>
> 覷破諸方慶大壽，縱經百歲有何奇，簡中不著閒名相，那記生辰與死期。
>
> 庚逢盛暑愈該辭，燭麵糕桃不及時，耕得心田平似掌，腳跟點地大家知。[159]

生日為母難日，一揆對此「未嘗片刻去心頭」，除此之外，諸方慶壽、時人酬酢、或生或死，這些皆是閒名相，知根本者是覷破不逐的。最後一揆又從務實面講了一個不是理由的理由：以自己生日在盛暑（六月一日），熱烘烘的燭麵糕桃是不合時節的來推辭。重要的是悟者「耕得心田平似掌」，一片平常、腳跟點地，這些是大家已知，也是平時教化、共行的修行真諦。一揆對自己壽慶的推辭，正是她對修行純粹之堅持，也就是冷淡家風之教化。

這份冷淡平懷、冷淡家風，在修行上則是真實履踐、參究話頭，在具體的日常生活上，則是重視戒律與清規。所以一揆談起冷淡家風時，也都會強調「精持戒行、敬守清規」，這也是真實履踐的根本所在。清規戒律一方面是保障修行之精勤，一方面是讓大家在道場能安心修行，〈一揆行實〉談到她能「御下老者安之，少者懷之，周其衣單，均其勞

---

159 《一揆語錄》〈辭諸親法眷慶壽 拙偈二首〉，頁12上。

逸，隨才器使，各得其宜」，即使「間有負恩，亦不之校」，[160] 有中流砥柱，安眾公平之能。特別的是，還有幾次都提到叢林規約，有一次在參同庵打禪七時，悉遵「報恩規則」：

> 己酉季秋，請適南師翁同子麟老居士到參同糾眾打七，悉遵「報恩規則」，鉗錘甚嚴。師時遭訶斥，禮下彌恭。其時普明雖先付囑，與法源僻居黎里禁足，不及躬逢其盛，為一、惺元兩法弟各得力醒發焉。[161]

此次禪七請一揆之兄子麟居士與適南禪師來主持，一揆不拘身份，與弟子們一起參禪，「時遭訶斥」，卻禮下彌恭，顯現出極為勤學謙柔、以身作則、真實履踐的精神，而所謂訶斥者，是禪師之平常手段，無關責罰，端在點撥啟悟。這次禪七，一切遵從大叢林報恩寺的清規來修行，以一個小庵院，能執行大叢林規約，一揆要大家精持戒行、敬守清規之心志可見一斑。所以她在臨終前，更以「雲棲規約」作為參同庵住眾之規約：

> ……至六月絕粒，半月飲水過日，預知大限將至，卻醫禁卜。十七日邀子麟老居士至榻前，分付法門後事，語不及私，老居士即錄「雲棲規約」呈覽，師云：「可刊在板，一挂山門，一挂佛殿，一挂齋堂」。[162]

「雲棲規約」指的是袾宏（1635-1615）在雲棲寺制定的〈雲棲共住規約〉，袾宏，號蓮池，弘揚淨土法門，特別重視戒行清淨，他將雲棲寺住持得極為嚴整有則，讓在寺院的僧人能合戒合律地共住共修，安心修道，受到時人相當高的評價，在戒律不振之時風下，為叢林建立典範，也是明末清初戒律復興風潮的重要人物。一揆的老師祇園也曾到雲棲寺「見蓮大師遺風不墜，戒律精嚴」，[163] 感受到嚴守戒律，行解相應的重要。一揆亦是如此，所以她請子麟將此「雲棲規約」，刊在板上，分別掛在山門、佛殿、齋堂，以作為參同庵之共住規約。

---

160 《一揆語錄》〈一揆行實〉，頁 16 下、17 上。

161 《一揆語錄》〈一揆行實〉，頁 16 下。

162 《一揆語錄》〈一揆行實〉，頁 17 上。

163 《祇園語錄》卷下〈行狀〉，頁 438 下。

語錄中有一則名為〈禪堂規約〉者，觀其內容，應該是禪堂打禪七的修行公約，可惜的是，似乎只是序言，條列式的規約內容並沒有被記載列入，其序言內容如下：

夫參禪做工夫，貴乎真實，古德云：「七日不悟，斬卻老僧頭去」！然諸人元要尋常動靜中，將個本參話頭，綿綿密密、晝夜無間，四威儀內，不令散失，所以進堂，或一七或二七，晝暮策勵，正擊傍敲，或見色聞聲，或棒頭喝下，驀然桶底脫落，放下千劫擔子，通身慶快，便是真實受用。若一向茫無所知，止要七日內討個分曉，縱有上根利智領略得來，也是門庭邊事，未是到家消息。烏飛兔走，迅速流光，不得悠悠忽忽，這一期內必要了此大事，未悟者要悟，已悟者必實證，然說證說悟，不過對迷而言，踏者本來田地，悟之一字亦無著處。坐香規約，雖不能全達先聖儀式，聊立數條，謹列于後。[164]

此序言皆在砥勵弟子參禪要真實履踐，可見「坐禪規約」的目的，即是在幫助修行者能實證了悟，一揆所謂冷淡家風、敬守清規的目的，也是如此，所以第一句即言「參禪做工夫，貴乎真實」。然後她再提點弟子，將本參話頭，綿綿密密地不令散失，進禪堂時，不管是一七或二七，都要時時刻刻策勵自己，才能在某個時節因緣下，「驀地桶底脫落」。不僅進禪堂如此，更要平日便時時參究，不得悠忽浪過，才能了此大事，未悟者要悟，已悟者必實證。最後她不忘遣之而曰：「悟之一字亦無著處」。此序言寫來句句實篤，沒有空言高調，尤其面對當時禪林踏虛失真，戒律鬆弛的局面，一揆這麼強調規約，為參同庵建立起嚴整的清規，不因庵院小而隨便，可見她在弘法上的用心與見識。

雖然未看到規約內容，但可以想見應該不外乎齊整身心，收攝身口意使之清淨的規定，所以重要的是立此規約背後一揆「敬守清規、冷淡家風」的心志，以及從序言中再度看到她真實履踐之教化。

一揆之禪法教化，勇猛精進、真實履踐是核心地說，將之展現於禪法教授，也會展現於個人自處上，成為澄明、隱遁的冷淡平懷，而這種

七優曇華：明末清初的女性禪師

---

164 《一揆語錄》〈禪堂規約〉，頁 13 中。

精神化入道場共修、延續法門時，一揆特別強調敬守清規、冷淡家風，一方面是對戒律之尊重，一方面則是對出離心之強調，兩者都著重於清淨之行，冷淡家風是一種精神，敬守清規則是具體實踐，這也就是王庭所說「絕名聞利養之念，訓率諸學者，惟以戒律為先」、施博所言「履踐超卓，不愧古人」、「行解相應」之處。而一揆對清淨行的強調，多少是出於對當時禪門逞虛論諍的反省，所以並非獨善之意，而是一種對修行純粹的堅持。

第九章　季總女禪

第一節　季總之禪教化

　　譚貞默曾言季總「說法浩浩」、「塵說、剎說、熾然說、無間歇說」,[1]嚴大參曾言「視其語意,則指月話月,通教通宗」,[2]一般而言,所謂教者,是指教義、教理,宗者,指禪教、修悟實踐,但二者無法截然切割,觀《季總語錄》屬於對眾說法者,有上堂、小參、示眾、機緣、法語,以及某些詩書、雜著。如果將「教、宗」簡化成:論說教理與禪教點撥的話,上堂、機緣部分,多為機鋒點撥、示境啟悟之語,屬於「宗」的部分多,而示眾、法語、書問等,屬於「教」的部分多,亦即說理者多,小參,則各自參半,然如此劃分,只是取其大約狀況,因為說理時亦參有機鋒,機鋒者亦入有說理,但不管如何,季總之弘法,縱橫出入於教與宗,說理與機鋒兼具,確實有「通教通宗」之能,尤其說理部分,有悟境現呈之高妙、參究話頭之理則、無常苦迫之提醒,也有楞嚴經徵心之教,亦有六度戒行之實踐、格言式的善行修身之道,細密周圓、貼實生活,正也是嚴大參所謂「世法佛法同見,龍潭虎窟交參,夢中拈棒,智海埋人,是其作略」。[3]而且就其文字形式之呈現,有幾篇或齊言式,或四言、六言、七言參差,或辭騷體等的長篇偈頌文字,即如「為僧須自勵之示眾」、「端午示眾」、〈竹拄杖頌〉、〈示眾禪者偈〉、〈喃喃語〉、〈悼祖風辭〉等,都是文質具佳的精彩作品,本節重點雖不在此,但隨文閱覽當見其文采斐然。

　　由此,以下分析季總禪法教授時,先呈現時人對她在教化上的讚譽。再一一分析禪法內涵,從宗而教,而宗中有教,教中亦有宗,亦即

---

1 《季總語錄》譚貞默序,頁441中。
2 《季總語錄》嚴大參序,頁442中。
3 《季總語錄》嚴大參序,頁442中。

有：點撥禪教所形成的整體風格：「開闊通透，穩健大器」。修道證悟功夫之開示：「參究話頭之教化」、「《楞嚴經》見地之教化」。對女性參禪的貼切引導：性別智的善用。以及日用細密萬行之教化：「佛法世法一念圓，菩薩萬行喃喃語」。其中關乎女性參禪的教化部分，會相對於季總對男性的教化，雖屬禪法教授部分，但因為牽涉到季總的性別智，頗為關鍵重要，故在性別智處論述。

一、時人讚譽：優曇花現，說法浩浩

季總來到江南弘法，是順治八到十五年之間（1651-1658），即使在四十多年後的康熙三十八年（1699），超永為女禪師子雍語錄所寫的序談到江南多有能建立門庭、精通至理的女禪師時，他舉出四人：祇園、繼宗（季總）、惟極、印月，季總便在其中：

> ……本朝所推重金粟乘祖嗣祇園剛、龍池微祖嗣繼宗徹、雪竇雲祖嗣唯極致、天童奇祖嗣印月霖，諸禪師建立門庭，鉗錘後學，著奇操偉業，精通至理，其所持說，雖碩學名德，莫能難焉。俱各傳續其人，乃相率折節，為勤儉程猷經用，風教盛行江浙齊楚，樹聲保社，規模嚴肅，彬彬然大有可觀也。[4]

可見並非江南出生、從南嶽而來又回到南嶽的季總，在此地已經引起相當的重視與影響，甚至留下女性禪師的典範。

在江南的這段期間，季總時常與當地禪林寺院、僧人、居士相往來，得到禮遇尊重，從語錄來看，居士們的護持特別顯眼，因為居士常能為文讚歎，像《季總語錄》寫序者有五位，皆是居士：譚貞默、嚴大參皆是嘉興人，葉紹顒，是蘇州吳江人。張銖，署名「吳郡南山弟子」，題於「檇李」，所以不是蘇州，即是嘉興人士。王相說，署名「海陵鞠劬居士」，海陵即泰州古稱，季總住持普度庵之所在地：興化，即隸屬泰州。所以這五人分別是蘇州、嘉興、興化人士，也正是季總雲跡所到之處。其中譚貞默、葉紹顒皆為進士，擔任官職，而嚴大參、葉紹顒兩人還承繼法脈為臨濟下三十二世，若不論出家在家身份，

---

4 《子雍語錄》超永序，頁 819 上。

他們即是季總的師伯長輩，這些居士多為江南佛教有名望之人，與季總有所來往，折服其修證，推崇其說法妙捷。她到慧燈禪院開堂時，就由葉紹顒領銜等三十位居士護法聯名公告〈眾護法請住蘇州慧燈禪院開堂啟〉，他們也都是蘇州著名的士大夫，這些居士的來歷史籍多有記載，除此之外，還有許多散見於語錄中的居士，更重要的是，也出現一些夫人們與季總互動往來，例如高彙旃夫人、錢叔嘉夫人、黃君略夫人、項翰林夫人、錢牧齋夫人、錢復先夫人、孫孝若夫人等等，她（他）們向季總或問法，或延請上堂、供養，季總也敦敦誨教、啟發入道。他們對季總的推崇，主要表現在語錄的序文上，所以以下就此來探明之。

第一篇序文是譚貞默所作，譚貞默（1590-1665），字掃庵，嘉興人，明崇禎元年（1628年）進士。曾任工部虞衡司主事、大理寺左寺副、太僕寺少卿、國子監司業兼祭酒。為憨山弟子，都署名「曹溪憨祖受持弟子」，專精修習佛法，尤以準提法之修持四十餘年而不輟，又字梁生、福徵、道一。他與季總有所來往，季總曾作〈次韻答譚掃菴居士〉詩，[5]譚氏對季總的評價，認為她可以上比大慧座下的女禪師無著妙總，兩人同為臨濟兒孫，足以並稱「先後宗門兩大總持」：

> 只今南楚繼總禪師，毓生名公世族同，積年真參實悟同，龍池萬如和上記莂，與徑山妙喜老人囑付同，從上淵源，徑山前有佛果，龍池前有天童，其為滴骨滴髓，臨濟兒孫同，是知繼總徽聲，固足爭光無著，為先後宗門兩大總持也。[6]

無著鋒機銳利，折服許多閒人，季總不僅可以與之爭光，季總之說法浩浩，更可以還視無著，而得未曾有：

> 迺繼師之竿頭進步者，在說法浩浩中還視無著道人，實為得未曾有。自花開南嶽、果結禹門以來，江北江南，竿幡隨建，橫擔栁栗，到處踏毘盧頂上行，向優缽曇邊現，眼筋舌骨，喝月挈雲，塵說、剎說、熾然說、無間歇說，幾於石室盡寫金言，草堂悉書貝葉矣。……即此具見豹斑，令人陡然決背矣。[7]

5 《季總語錄》卷四〈次韻答譚掃菴居士〉，頁 465 上。
6 《季總語錄》譚貞默序，頁 441 中。
7 《季總語錄》譚貞默序，頁 441 中。

或許無著之法語未能完整留存，也或許確實無季總般的說法浩浩，總之季總活生生地展現在譚氏面前的、展現在語錄內的法語與機鋒，隨立隨破，既流暢又穩重，浩浩通透，可使眾生截斷眾流，亦可乾坤函蓋，所謂「踏毘盧頂上行，向優缽曇邊現」、「眼筋舌骨，喝月拏雲，塵說、剎說、熾然說、無間歇說」，顯然譚氏認為季總在說法上非常自在與無礙。

嚴大參是費隱通容之法嗣，嘉興人，得當世多位大師：憨山、天隱、雪嶠、密雲應許，有〈普明寺牧牛圖頌序〉、三和牧牛圖頌及一些經典序文等詩文，《五燈全書》卷七十一有傳，為臨濟三十二世，號轆轢居士，「隱居數十載，闡揚正法，高風遠播，衲子參隨，不絕于路。興復普明古剎，傾家破產，頭目髓腦，委頓其中，有所弗惜，後竟成禾中一大寶坊」。[8] 是個有修有證又能護持佛法的大居士，季總曾作〈語別嚴轆轢道人〉詩，[9] 嚴氏還曾「偕徐敬可過訪」：

> 轆轢道人偕徐敬可居士過訪，道人指士云：「此位徧參知識底」。師云：「參底事作麼生」。士無語。師云：「將謂將謂」。士云：「嚴道人塗汙人」。師云：「他已沒量罪過」。[10]

徐敬可，即是徐善，他與兄長徐彬，字忠可，都是修學佛法的士人護法，他們的大哥徐肇森就是女性禪師寶持之俗家丈夫。[11] 季總也曾作〈贈忠可徐居士〉、〈贈敬可徐居士〉，[12] 可見彼此也有來往。嚴氏邀敬可過訪，想必是介紹認識，這樣的舉動也表示嚴氏對季總有一定程定的認肯，所以他才在序中以「優曇缽華現」來比喻季總為難逢之大善知識：

> 從古有言，優曇缽華三千年一度現，大善知識五百世許相逢，且曇華作麼現？知識作麼逢？滿眼煙波難泊岸，釣竿未舉早先知，

8 超永《五燈全書》卷七十一，頁 351 上。

9 《季總語錄》卷四〈留別嚴轆轢道人〉，頁 465 上。

10 《季總語錄》卷二，頁 451 上。

11 他們的父親在明末殉難，明亡後，徐氏兄弟都不入仕途，轉入佛門。這些情形以及他們與寶持的關係，請參見前文寶持之修悟行傳、傳承與弘法網絡篇章。

12 《季總語錄》卷四〈贈敬可徐居士〉、〈贈忠可徐居士〉，頁 465 上

莫道世間無駿骨，追風現有季法兄。[13]

優曇鉢華，難得開花，在佛經裏常被用來比喻佛出世，而季總的出現可算是「曇華現、知識逢」，所以「莫道世間無駿骨，追風現有季法兄」，季總就是當今「追風駿骨」的大善知識。嚴氏提舉「優曇鉢華」喻，或許無意在「女性」上著眼，但對佛門女性常有此喻，例如季總寫〈觀音巖〉即有「優鉢華開何處地，幾番風過寶林香」句，[14] 所以依女性禪師作為女性的角度來說，這個比喻特別貼切。

嚴氏對季總到江南弘法時的盛況，作了描寫，並肯定她律己甚嚴、領眾肅然，不濫印可：

> ……餠錫到處，士紳仰慕，四眾雲臻，莫不延請弘揚法道，棒喝交馳，雷奔電掣，說法利生，度籌盈室，會下多有省發者，師不濫印焉。嘗曰：「不二法門，嚴戒律者已寡，大千界內，真悟者益稀」。故師律己凜如嚙雪，領眾肅若嚲枚，毫無假借，不似當今宗匠，亂搭東瓜印子，妄囑匪人，良足重也。[15]

以「棒喝交馳，雷奔電掣」說法利生，得到「士紳仰慕，四眾雲臻」，大家紛紛延請弘揚法道，會下「多有省發者」，但她不因此以佛法作人情如當時禪林風氣般浮濫印可，反而是律己凜嚴，領眾嚴肅，這也是為何嚴氏曰其「深蓄厚養，氛明今古，具有古德氣概」。[16] 因此嚴氏看到季總的語錄稿本，主動恭請付梓，讓有目者共睹：

> 丙申秋日，師來訪余，出慧燈語錄，讀之如食哀家梨，令人爽口快心，又如入山陰道中，令人應接不暇，又如杲日當空，光芒閃爍，令人不得正眼相覷，余請付梓，使有目者，共睹曇華出現，有識者，咸欽知識相逢。[17]

讀季總語錄，又爽口快心，又應接不暇，又光芒閃爍，令人不得正眼相覷。對於季總的弘法作用，嚴氏又曰：

---

13 《季總語錄》嚴大參序，頁 442 中。

14 《季總語錄》卷四、詩偈、〈觀音巖〉，頁 463 下。

15 《季總語錄》嚴大參序，頁 422 中。

16 《季總語錄》嚴大參序，頁 422 中。

17 《季總語錄》嚴大參序，頁 422 中。

視其語意，則指月話月，通教通宗，口談筆談，眼聾耳塞；觀其機智，則匝地清風，三軍勇冠，不圖打草，且要驚蛇；察其炤用，則一聲哮吼，狐狸膽落，覿面相呈，無形無影；至若獨泛孤舟，垂絲千尺，遍遊江海，擺撥鯨鯢，是其氣魄也。世法佛法同見，龍潭虎窟交參，夢中拈棒，智海埋人，是其作略。復為贊曰：「頭角完全不住行，千山萬水覓知音，有人不解尋消息，都盧落塹墮深坑」。[18]

他認為季總之弘法語意，通教通宗；其機智，清風匝地，勇冠三軍，直搗無明根處。其紹用，威震時截斷透脫，相呈時無影無形。其弘法之行，獨行遍遊，擺撥江南大德，氣魄不讓。其作略，世佛法佛同見，空智廣大，行夢中佛事。所以嚴氏除了讚許季總行持嚴謹外，對其教化時之語意內容、機智、紹用、氣魄、作略，都相當佩服。

葉紹顒（1594-？），字慶繩，號季若、妙安居士，法名行承，江蘇吳江人，是江蘇才女沈宜修（1588-1635）之夫葉紹袁（1589-1648）表弟，[19] 紹袁、紹顒兩人同窗苦讀，天啟五年（1625）同年考中進士，感情甚篤。[20] 紹顒以進士歷官御史，巡按廣東，至曹溪南華寺，禮拜六祖塔時，引發宿因，遂知悟道解脫之事，因而投入參究，在朝宗通忍（？-1648）座下有省，受其付囑為嗣法，為臨濟下三十二世，《五燈全書》卷七十一有傳。他還敦請朝宗來曹溪興復南華寺，相當關心曹溪祖庭。後來歸吳，即隱居避世三十年，以禪悅為生。今南華寺內仍存有葉紹顒署名、崇禎乙亥（1635年）仲春的詩碑：「一滴曹溪五派開，瑞雲琪樹護香臺，幾年獵隱傳衣後，此地壇經轉法來，月寂風幡無動

18　《季總語錄》嚴大參序，頁 422 中。

19　葉紹袁之女：葉紈紈、葉小紈、葉小鸞、葉小藂，與母親沈宜修都是當時蘇州著名的才女，沈、葉兩家出現許多有才學的女子，她們母女則是吳江（蘇州）才女群的佼佼者。

20　葉紹袁《午夢堂集》，清初順治十八年的版本內有葉紹顒序〈重訂午夢堂集序〉，談到兩人同席而學：「憶昔與家虞部仲韶兄比廬而居，同席而學，其時覃精伏生之書，每一義就，余文細君書之，仲韶兄文亦請嫂氏書之，蓋數年如一日也」。兩人不僅同席讀書，而且皆有妻子相伴，此言彼寫，兄弟之情、夫妻之間以義相濡，情深心契。葉紹袁原編、冀勤輯校《午夢堂集》下冊（北京：中華書局，1998 年），頁 1092。

相，山空花雨靜塵埃，還思三匝當時事，攬轡聊向一宿回」。[21]葉氏除了為季總寫序外，季總還留下一則〈示葉季若居士〉的開示法語，葉氏一樣也親見季總上堂說法之大用：

> 瑤天慧目，耀古輝今，性地覺華，香郊馥闥，是以森羅象景，白晝鳴雞，粉粹虛空，青天霹靂，架鐵船於大海，截斷紅塵，翻玉浪於雄峰，沖開碧落，極底冰清骨格，還他故物，無邊彩絢風流，原是當家，此惟季總禪師足以當之。余每過慧燈禪院，見師具大人相而為說法，一句當陽，千峰落色，機先者著，別聖攢眉，痛棒纏施，血流遍地，迥出毗盧之頂，笑拈帝釋之華，推倒南嶽峰，吸盡龍池水，……憑靈鳳以翔翔，祇有恁般，也大奇特，天下太平，余心暢快。[22]

「性地覺華，香郊馥闥」，正是稱讚女性覺悟者，能冰清骨格斷紅塵，悟入本心實相，也能無邊風流現彩絢，當家演法度眾，所謂「具大人相而為說法」。而「一句當陽，千峰落色」、「機先者著，拶聖攢眉」、「痛棒纏施，血流遍地」，則喻指季總之教化、機鋒、棒喝作用之大之透。

張銖也是極為稱揚季總之說法能力，在這些稱揚中更有「見者都謂勝優曇，爭歡重來古佛」之語：

> 今我季總和尚，……始省於南嶽，繼嗣法於龍池，楚水吳山，雲蹤殆遍，單瓢隻杖，萍跡著奇，凡所至止之鄉，靡不飯投恐後。歲在甲午，師開堂於吾蘇橫塘慧燈禪院，道風既被，法雨同霑，見者謂勝優曇，爭歡重來古佛，傲民稽顙，外道傾心，時節因緣，迥超今古，覿面則機鋒峻捷，豎拂則意句新玄，痛棒橫施，獨軼千賢之隊，眉毛揚起，俯臨萬仞之岡，洵哉盡大地為墨，以虛空為量，不足喻法道之弘廣也。[23]

七優曇華：明末清初的女性禪師

---

21 此詩碑位於曹溪南華寺六祖塔之周圍牆上，筆者於民國94年2月到南華寺時見到，抄錄並拍下照片。

22 《季總語錄》葉紹顒序，頁442下。

23 《季總語錄》張銖序，頁422下。

季總從南嶽而來,「雲蹤殆遍」走遍大江南北,「單瓢隻杖,萍跡著奇」一瓢一杖萍跡獨行,頗為奇特。而且她的見地悟處,引起大家的注意與敬重,也折服不信者,讓外道傾心,「凡所止之鄉,靡不皈投恐後」,紛紛留她下來開法,最後才正式被請到蘇州慧燈禪院。而見到季總的人都認為她是「勝優曇」之出現、古佛之再來,這是相當高的讚美,也是特別有意義的讚美,尤其對女禪師來說。「優曇缽花」之形喻有著女性特質之意味,而「古佛再來」之讚歎則拋掉性別差別見,給予最究竟之位,一者是性別的,一者是超越性別的。如前面嚴氏一樣以「優曇缽花」來形容季總,而且不只一人如此,是「見者都謂」,可見當時有許多人心中面對季總時浮現「優曇缽花之現」的印象與讚美,這種「花」的印象與讚美,在聲聲以「季總和尚」、「季法兄」這些「預設男性之稱謂」來敬稱季總的大德居士心中,無形地透露出他們都意識到季總是一位女性,而且這種意識也無需隱藏,他們在序文裏也都清楚表達,季總就是一位女性禪師。

張鉌形容季總弘法能迥超今古,覿面時「機鋒峻捷」,豎拂說法時「意句新玄」,當棒喝橫施、眉毛揚起時,能超賢越聖,氣勢高臨,以悟者的大氣象啟悟眾生。

在興化的王相說更認為季總化行大江南北,皆以本分接人,直指全彰:

> ……悟傳今龍池萬老和尚為三十一世,大闡宗風,祖庭復振,而大江以南,踞猊座唱道者,得人稱最盛,如季總禪師,家世名族,生長富貴,慧根猛利……今化行大江南北,皆以本分接人,拈提向上,侍者錄其語成帙,余讀之知單傳直指,掃絕枝蔓,大機大用,當體全彰,是真有得於語言文字之外也。而所謂大道不分男女相,於茲益信,棒頭有眼明如日,於師益親,捧是錄者,須向己躬下追究,勿在言句上咬嚼,方不辜負季總禪師。[24]

---

24 《季總語錄》王相說序,頁 443 上。

他也因此應響「大道不分男女相」之教，而「於茲益信」。這是欣逢女性禪師者，最基本的反應，也是最有意義的反省。

有一次葉紹顒問季總「巴陵三轉語」：

> 葉季若居士問：巴陵三轉語，和尚作麼生會？師和聲便喝。
> 士云：「『如何是提婆宗』？陵云：『銀碗裏盛雪』，意旨如何」？師云：「來說是非者，便是是非人」。士云：「『如何是吹毛劍』？陵云：『珊瑚枝枝撐著月』，又作麼生」？師云：「非公境界」。士云：「『祖意教意是同是別』？陵云：『雞寒上樹，鴨寒下水』，又且如何」？師云：「也祇道得一半」。士云：「那一半請師不悋」。師云：「任從滄海變，終不為君通」。士云：「和尚莫是末山再來」？師云：「又被風吹別調中」。[25]

問著問著，季總為第三句下評斷為「祇道得一半」，葉氏請她指教另外一半，季總縱橫在手，收放自如地曰：「任從滄海變，終不為君通」，氣勢穩健，機鋒輪轉，讓葉氏不得不吐出一句：「和尚莫是末山再來」之歎語。

當時序來到民初，震華法師所著之《續比丘尼傳》著錄了季總，其中談及季總之弘法：

> ……機語捷給，儼然匠首，所至士女繞座，爭求垂示，其筆扎之清新，詩歌之峻拔，一時膾炙人口。……[26]

季總之弘法「儼然匠首」，所到之處，士女繞座爭求開示。而季總曾到興化普渡庵住持，所以震華法師之《興化佛教通志》亦同時著錄之，法師談到他見到季總語錄的感受：

> 余編續比丘尼傳得三總師焉，一為梁之湖州弁嶺峰總持，二為宋之平江資壽寺妙總。三為清之昭陽普渡庵季總也。普渡庵在東營一鋪，即今之普陀庵。是季總花開南嶽，果結龍池，化雨徧洒，使閨秀名媛多知味道參禪，搔拂之下，翻身掉臂而去者，大有人

---

25 《季總語錄》卷二，頁 450 上中。
26 釋震華《續比丘尼傳》卷四，頁 67。

在，視弁嶺資壽之道振一方，不可同日語矣。季總有語錄四卷，入嘉興續藏，其上堂法語拈頌酬對諸作，落落大方，脫盡窠臼，大有尊宿遺風，與邑婦女之有著述者，余求之未見，獲睹季總語錄，直以吉光片羽視之。[27]

震華法師編著許多僧傳史書，其中《續比丘尼傳》更是有功於佛教女性，當他編者興化地區的佛教志時，求之婦女著述而不得，後來獲睹季總語錄，直以吉光片羽視之，也因此他注意到歷史上有三位名字有「總」字的女禪師：梁之總持、宋之妙總、清之季總。而季總有語錄留存，其教化狀況因能較清楚呈現，她教導閨秀名媛參究悟道，於中有所得者大有人在，回視前二總師更有勝處在，與譚貞默所論，「宗門兩大總持」而季總乃更竿頭進步者之評論類同。季總之上堂法語「落落大方，脫盡窠臼，大有尊宿遺風」，法師對之評價很高。

在清初這些士大夫居士的親見下，季總弘法之風範得到見證，近三百年後，震華法師觀睹語錄文字，亦有尊宿遺風、儼然匠首之譽，就如譚貞默所說：「吾檇李非無佛稱尊之地，赤肉團上無位真人往往出現，更喜象王一行，狐蹤斷絕，其為人天利益詎可思議哉！」[28]江南佛教鼎盛，名師輩出，季總從南嶽來此，如非真參實悟、志行嚴明、教化傑出、說法捷利，怎可得到這些名重當時的士人居士之讚揚呢？既然無位真人往往出現，更喜多一象王行邁，讓狐蹤斷絕，利益人天。綜觀這些居士的讚歎，都集中在季總的說法啟悟上。季總來到江南，於己而言，是入法叢度眾，於江南人士而言，她展現的女禪悟者之本色與說法浩浩之闊通、古德之氣概，如千年的優曇花出現，引起眾人的讚服皈敬，視為典範。

二、開闊通透，穩健大器

季總在善護庵受請上堂時，對弘法自在穩便有：「竿木隨身行宇宙，逢場作戲自超群」句，[29]在禪門表達弘法自在者多用「竿木隨身，

27　釋震華《興化佛教通志》卷十、〈季總尼〉（臺北：新文豐，1986 年），頁 402。

28　《季總語錄》譚貞默序，頁 441 下。

29　《季總語錄》卷一，頁 447 中下。

逢場作戲」，季總加上「行宇宙」、「自超群」，顯現一份弘法的開闊與大器。一次上堂時曰：

> 請上堂。返照回光達本源，玄機直透劫初前，千尋海底搖金錫，萬仞峰頭駕鐵船，木馬嘶時風匝地，泥牛吼處浪滔天，箇中識得無生句，此土他方應有緣。[30]

在千尋海底、萬仞峰頭，徹頭徹底，開闊通透地弘法利生，以無生句，於此土他方應緣說法。季總從南嶽來到江南，兩個不同的時空因緣，她曾在上堂說法時以此為機鋒：

> 上堂。欲知佛性義，當觀時節因緣，山僧昔住祝融峰頂，提柄鈯斧，未免灰頭土面，今日杭州市上，斬新拈出，又復拖泥帶水，大眾且道灰頭土面是？拖泥帶水是？驀拈拄杖，卓一下云：「萬古碧潭空界月，再三撈摝始應知」。下座。[31]

灰頭土面與拖泥帶水這兩個意象，在禪門頗為普遍，可為徒增障礙纏縛之意，可為弘法入塵不避穢雜之意，而此時用在季總身上特別貼切，因為南嶽祝融峰頂與江南杭州市，一有山、一多水，自然一灰土滿面、一泥水通身。她隨拈隨設已身狀況為機鋒問：南嶽杭州兩端何者是？季總拄杖一卓，以祖師言句展出一幅闊開時空，水月澄影之氣象。[32]

《季總語錄》裏有她在江南寫給自己俗家兄弟的二封書信〈寄衡陽劉氏兄弟〉，除了表達對家鄉的思念外，特別談到弘法的心境：

> 別來數載，如電光中眨眼相似，世事遷流，更可知矣。遙望家鄉，又不知作何景況也？貧衲竿木隨身，逢場作戲，楚水吳山，殆將歷遍，所謂天地與我同根，萬物與我一體，腳頭腳底，橫三豎四，那管通身泥水，百結拖地。法華禪師頌云：「屎臭薰天亦偶然，法華爭敢為君宣，鼻中若有通天竅，一任橫行不著穿」。

七優曇華：明末清初的女性禪師

---

30 《季總語錄》卷一，頁 447 上。

31 《季總語錄》卷一，頁 446 下。

32 「萬古碧潭空界月，再三撈摝始應知」，是汾陽善昭在首山座下，「師出問曰：「百丈卷席意旨如何」？曰：「龍袖拂開全體現」。曰：「師意如何」？山曰：「象王行處絕狐蹤」。師於言下大悟，拜起而曰：「萬古碧潭空界月，再三撈摝始應知」。有問者曰：「見何道理便爾自肯」？曰：「正是我放身命處」。《續傳燈錄》卷一，《大正藏》冊 51，頁 469 上。

盡大地無不是箇清淨道場，了無罣礙，所念人人有一大事因緣，在聖不增，在凡不減，迴脫塵根，高超言象，遇緣應物，觸處圓成，萬變千奇，不離本際。[33]

竿木隨身棒喝，逢場作戲度眾，一路以來，遍歷楚水吳山，季總以莊子語言：「天地與我同根，萬物與我一體」表達悟者自他不隔、體性一如的法界觀，「盡大地無不是箇清淨道場」展現悟者開闊自在、了無罣疑之心地，一者是空間、自他之間的融合開闊，一者是自心的自在開闊。

這樣的境地，腳頭腳底、橫三豎四，雖曰逢場作戲，也是無所不用其極地指點信眾，即使通身泥水、百結拖地也不管，只要啟悟大眾「在聖不增，在凡不減」的覺性。另一封信則曰：

世人如石火電光，眨眼即是來生，時節不相饒，光陰疾如駛，祇如貧衲，見參請者，不論久參晚進，無非全體大用，覿面提持，醍醐毒藥，隨人領解，蓋為迷越裳之路，聊作指南之車。……[34]

不論久參新學，季總都是「全體大用，覿面提持」，是醍醐？是毒藥？則隨人領解，只望聊作眾生之指南。對徒眾通於久參，也通於新學，通於醍醐，也通於毒藥，通透於法，也通透於人，這種全體大用是開闊而通透的。有一次，徒眾參究多時，她一直未開口開示，後來才在示眾時曰：

示眾。山僧許久屏卻咽喉唇舌，一任諸人鑽龜打瓦，何故？心不負人，面無慚色，今日無端被諸人推到者床子上，要求開示，教我說箇甚麼即得？雖然事無，一向不見道：天地與我同根，萬物與我一體，叵耐百姓日用而不知，且道過在甚麼處？大眾，道本無壅，人心自昧，昭昭於心目之間，而取之弗及，晃晃於色塵之內，而捨之弗得，愈隱愈露，轉動轉寂，光明炬赫，迴脫情塵，絲毫瞥起，天地懸隔，豎起拂子云：「還會麼？若向者裏會得，徹證無生法忍，不妨睡正穩，一任日輪高」。[35]

---

33 《季總語錄》卷四，書信、〈寄衡陽劉氏兄弟〉，頁 469 上。

34 《季總語錄》卷四，書信、寄衡陽劉氏兄弟〈又〉，頁 469 上。

35 《季總語錄》卷二，示眾，頁 448 下。

本是無事，所以無示可開，只是「被諸人推到者床子上」，只好「竿木隨身，逢場作戲」，她亦以「天地與我同根，萬物與我一體」開闊之境界切入，指示道悟在人人心中，光明通透，只是「道本無壅，人心自昧」。在無事中展現開闊的境界，再步步推演，既提顯又破轉，以「還會麼」引問，最後歸結日高穩睡之大自在，開闊通透中也顯得穩健自在。

　　季總在江南四處被延請說法，有寺庵道場，亦有居士供養之靜處，因為遠從南嶽而來，經常在上堂時被問及：生緣何處？以何為法？有何技倆？如何教化？如何傳燈祖印？等這類藉「生緣傳法之問」來參究、呈境的問題，連她自己寫的〈自讚〉也舉出此問：

> 無中卻生有，向外揚家醜，不喫趙州茶，寧呷曹山酒，
>
> 能令一喝下，須彌山倒走，問著生緣處，白棒當頭摟。[36]

以「白棒當頭摟」回應「問著生緣處」，正是機鋒棒喝。在慧燈禪院開法當天，她上堂自云：

> 當日眾檀護恭請上堂⋯⋯。師云：「親自禹門駕鋄舟，姑蘇城外放金鈎，半竿穿破平江月，四海獰龍一釣收，還有負命金麟麼？出眾相見」。⋯⋯問：「震法雷，鳴法鼓，請和尚現大人相而為說法」。師云：「你還見麼」？「如何是無人相」？師云：「柳色黃金嫩」。如何是無我相？師云：「梨華白雪香」。「如何是無眾生相」？師云：「玉樓藏翡翠」。「如何是無壽者相」？師云：「金殿鎖鴛鴦」。[37]

「禹門駕鋄舟」，鋄舟表示嗣法傳承，也正是弘法之船，故「姑蘇城外放金鈎」，到蘇州慧燈禪院來開法，下金鈎度有情，穿破平江水中月，開大門展大度，四海獰龍齊收伏，也展現一種開闊之境相。接著，當學人要她「請和尚現大人相而為說法」，大人相者悟者相，而對女性禪者來說，又須多勘破大眾一層「尊男相、卑女相」之心相，亦即破遣將大人相也等同於男子相的這層迷霧，所謂大人相即非大人相，是名大人

36　《季總語錄》卷四〈自讚〉，頁 468 中。

37　《季總語錄》卷一，上堂，頁 444 上。

相，這是《金剛經》的論說方式，也是空性的道理，所以覺悟，在心不在相，當體即是，於是季總以「你還見麼？」反問，指示學人迴心自觀「相與無相」之旨，學人遂以《金剛經》的無我相、無人相、無眾生相、無壽者相探問，季總也一一點撥。季總開堂即以「半竿穿破平江月，四海擸龍一釣收」展現得開而闊之，並蘊含水月空靜的通透。學人再問：「祖印拈來傳與誰」時：

> ……進云：「已㭊慧燈成古剎，祖印拈來傳與誰」？師云：「普天匝地」。僧托開兩手云：「學人大開方便門去也」。師云：「腳跟下好與三十棒」。……乃云：「打殺南山虎，驚飛北海龍，破砂盆，斬新扶起，吹毛劍，特地拈來，若是英靈漢子，不消一拶，直下承當，活卓卓地，不受羅籠，全彰玅用，脫體無依，到者裏真饒澄潭月影，靜夜鐘聲，隨扣擊以無虧，觸波瀾而不散，好與三十棒，祇如山僧怎麼批判，且道明甚麼邊事，還有人分析得出麼？不見道：『劈開華嶽連天秀，放出黃河六月冰』」。卓拄杖一下。上首白椎云：「諦觀法王法，法王法如是」。下座。[38]

這份禪法的傳承要傳予誰呢？季總答以「普天匝地」，並且打殺驚飛南山虎、北海龍，顯出寬闊有力。有眼目者，便能直下承當，到達「澄潭月影，靜夜鐘聲」，可隨扣無虧、觸波不散，將悟境的靜動相融之態表達得很精美，也同時開顯自己的動靜之相，讓學人看透、分析，顯現開闊又通透的風格。

在這段上堂法語中，季總還擺出擂臺，揭呼有志之士：「還有負命金麟麼？出眾相見」！她穩坐法堂，大開法門，大有豎起戰帖、立起標杆，正面迎接的氣勢，禪門論法如法戰，以法理、悟境來分高下，不涉刀槍實彈，卻有血流成河之喻，法戰不為分出高下，只為啟悟覺性，所以所豎之戰帖，不是與對方爭戰，而是要開大門，接引眾生，迎接眾生，共此解脫之道。這種語句，一般禪師教化時亦會出現一二，而《季總語錄》裏卻經常看到這類語句，例如：「眾中有具金剛眼者，請出相

---

38 《季總語錄》卷一，上堂，頁 444 上中。

見」[39]、「眾中還有唱和得者麼？不妨出眾相見」[40]、「還有出自丹穴者麼？試出來鼓翅看」[41]、「還有作家戰將麼？請出相見」[42]、「還有通方作者麼？出眾緇素看」[43]、「雖然到者裏，還有與山僧相見者麼」？[44] 等，看得出來，這些話雖然語式相同，但主詞卻有活潑的變化，所謂金剛眼、唱和得者、出自丹穴者、作家戰將、通方作者等，這些名相並非單指獨出，每每是依之前所提之喻詞，例如：

> 師至當湖善護菴，一音禪師同眾檀護請上堂。當湖善護別人間，八面玲瓏著眼看，凡鳥等閒難泊近，玉簫品出舞祥鸞，還有出自丹穴者麼？試出來鼓翅看。[45]

依「凡鳥等閒難泊近，玉簫品出舞祥鸞」之語，立「出自丹穴者」之標杆，整句貫串而下，宣說得非常流暢穩健。可能是因為季總四處被延請上堂，每處所居之時日不多，這種立標杆、開大門的方式，是最直截了當，最快引入學人進入狀況的。總之，季總每每穩坐法堂，呼揭「出眾相見」，要大家大方地以法與她相見，形成她弘法時一種穩健大器的風範。

有一次，適逢季總誕辰，當天信眾請上堂：

> 師誕辰。請上堂。妙性圓明絕覆藏，普天匝地露堂堂，人人盡有金剛眼，指出庭前桂蕊香，眾中有具金剛眼者，請出相見。問：「仙苑瑤觴春滿宴，禪關紫氣瑞盈眸，慧燈永永法王座，雨露天邊沐好秋，正與麼時，未審和尚如何施設」？師云：「風行草偃」。進云：「自從認得曹溪路，了知生死不相干」。師云：「也須照顧腳跟」。乃云：「但能頓歇馳求，便領現前受用，磨礱三尺劍，待斬不平人，縱橫在我，殺活繫誰，智照無私，纖塵不立，到者裏，不妨虎口裏橫身，一任驅耕奪食，流聲名於萬

39 《季總語錄》卷一，上堂，頁 444 中。

40 《季總語錄》卷一，上堂，頁 446 上。

41 《季總語錄》卷一，上堂，頁 447 上中。

42 《季總語錄》卷一，上堂，頁 445 中。

43 《季總語錄》卷一，上堂，頁 445 下。

44 《季總語錄》卷一，上堂，頁 446 中。

45 《季總語錄》卷一，上堂，頁 447 上中。

七優曇華：明末清初的女性禪師

世，傳祖道於千秋，立時俗之標格，作法門之牓樣，其或未然，祇知事逐眼前過，不覺老從頭上來」。[46]

這次季總用：「眾中有具金剛眼者，請出相見」，亦如上所論，顯現穩坐法堂，大開法門之氣勢。學人問：在慧燈法王座上，「未審和尚如何施設」？季總答「風行草偃」，一派開闊氣象。她或鼓勵學人也或展教化境界曰：「磨礱三尺劍，待斬不平人，縱橫在我，殺活由誰」，正是於法自在，穩健大器。到昭陽普度庵時，她亦拈出禹門與衡山，以「一滴曹谿萬派通」來為信眾通之透之：

> 住昭陽普度菴，脫塵上人同李夫人洎眾優婆夷等，請上堂……，師云：「亘古稀奇事不窮，斬新高唱禹門宗，衡山機用同拈出，一滴曹谿萬派通，眾中還有唱和得者麼？不妨出眾相見」。問：「慧劍劈開天地暗，一輪明月皎虛空，當陽法戰親臨敵，犯座高陞是若何」？師云：「昃日當天」。進云：「未陞座已前又作麼生」？師云：「疏風遍野」。進云：「學人禮拜去也」。師云：「許你伶俐」。問：「南嶽開華，禹門結果，未審和尚唱誰家曲」？師云：「一月映萬川」。[47]

季總上堂即同拈禹門與衡山，並指示禪法一源而來，萬派皆通透。「眾中還有唱和得者麼？不妨出眾相見」，季總又開出大門，給大眾一個穩健有力的覺性呼喚。學人問起：陞座說法時？答曰：「昃日當空」，再問：陞座說法前，答曰：「疏風遍野」，而「和尚唱誰家曲」？曰：「一月映萬川」，季總對自己弘法的境相展現，是昃日當空照，是疏風遍野吹，也能水月澄靜，萬川俱現，皆是開闊通透之境。

有時開闊通透也以否定的方式表達：

> 解冬退院上堂……大眾解制後還知山僧去向麼？卓拄杖云：「扁舟一葉過吳門，腳跟曾不動埃塵，拋綸擲釣非吾事，舞棹呈橈我不能，轉柁觸翻千尺雪，放篙撐破五湖水，從教纜挂枯椿上，恣與虛空打葛藤」。蕉以拄杖作圓相，云：「除此現成公案外，別

陸、禪教化與性別智（上）／第九章　季總女禪

46 《季總語錄》卷一，上堂，頁 444 中。
47 《季總語錄》卷一，上堂，頁 446 上。

無一法繼傳燈」。下座。[48]

之前說「半竿穿破平江月，四海獰龍一釣收」，今日說「從教纜挂枯椿上，恣與虛空打葛藤」，之前說：「親自禹門駕銕舟，姑蘇城外放金鉤」，今日說：「拋綸擲釣非吾事，舞棹呈橈我不能」，這正是通有通無之處。有一次季總受一音禪師邀請到善護禪院上堂，一音，正是女性禪師祇園的法嗣弟子，所以善護禪院應是女禪修行之道場。季總一上堂，先以「一棒一條痕」的冂頭棒來點化，接著學人問：

> 問：「……今日和尚大冶洪開，煆煉凡聖，未審何人搬柴、何人運炭」？師云：「無眼耳鼻舌身意者」。進云：「恁麼則打鼓弄琵琶，相逢一會家，祇如不受爐錘底來，和尚作麼生下手」？師便打，問：「新開爐鞴即不問，舊日乾坤事若何」？師云：「風不來樹不動」。……進云：「舊日乾坤應自在，新開爐鞴事如何」？師打云：「也少者一錘不得」。……乃云：「爐鞴通紅，瓶盤釵釧鎔為一金，鉗錘紗密，大小遍圓，打成一片，人人塵淨光生，箇箇魂消膽落，等閒舒一指，搕瞎達磨眼睛，舉一步蹋碎釋迦腦蓋，有時拈一莖草作丈六金身，千聖躋攀無路，有時將丈六金身作一莖草，萬靈景仰無門，我為法王於法自在，大眾且道具甚麼神通得恁麼穩便」？驀拈拄杖，卓一下云：「竿木隨身行宇宙，逢場作戲自超群」。[49]

大冶、爐鞴，正是錘煉弟子、弘法教化之意。大冶洪開，何人搬柴運炭？答曰：「無眼耳鼻舌身意者」。如果遇到「不受爐錘底」如何下手？季總便打。再問「舊日乾坤」，季總答曰：「風不來樹不動」。問：「新開爐鞴事如何？「也少者一錘不得」，便是以棒喝、否定句來截斷妄念，鏟除壅塞。季總接著以「瓶盤釵釧鎔為一金」、「大小遍圓，打成一片」來說，自他不隔、平等融合，人人塵淨光生，現出開闊之義，等閒舒一指、舉一步，便可瞎碎達摩、釋迦，隨時隨物可隨拈隨化，千聖無路可攀，萬靈無門可仰，於法自在，即是開闊通透。而行腳

---

48 《季總語錄》卷一，上堂，頁 446 上。

49 《季總語錄》卷一，上堂，頁 447 中下。

江南江北，隨處受請上堂，即是行宇宙，逢戲場，季總以「竿木隨身行宇宙，逢場作戲自超群」作結，為自己的弘法作一註腳，身心境都展現開闊通透之意。於法自在，自能通透萬端，她到太倉積慶庵時，值佛成道日，有人問：「燈燈續燄事如何」：

> 師至太倉，佛成道日，眾檀請上堂，……問：「祖祖相傳即不問，燈燈續燄事如何」？師云：「金翅鳥王當宇宙，箇中誰是出頭人」。……乃云：「正覺山前，明星現瑞，輝騰今古，積慶中，眾目全彰，爍破乾坤，明明不覆藏，歷歷無遮護，抹去羶狐涎，潑開凡聖路，虎穴魔宮，隨心瀟灑，須彌大海，任我翻騰，如龍得水，似虎踞山，佛祖到來，管教他無容身之地，且道釋迦老子還有出頭分也無」？卓拄杖云：「枯木堂前休錯過，白雲堆裏好商量，朔風連日通消息，獨讓寒梅遍界香」。下座。[50]

「金翅鳥王當宇宙，箇中誰是出頭人」展現開闊宇宙，孰為出頭人之境相。並舉釋迦睹明星悟道，輝騰今古，與積慶庵之大眾，眾目全彰，爍破乾坤，亦是開展明明歷歷的開闊之境，接著「虎穴魔宮，隨心瀟灑，須彌大海，任我翻騰」，於法自在通透亦顯現出來，這種自在，即使「佛祖到來」也無他容身之地。這與之前到善護禪院瞎碎達摩釋迦之言相同，以訶佛罵祖表達於法自在，不過通觀語錄，季總較少使用這一類較極端卻是禪門通用的教化方式，即使使用重點也非在顯機鋒之利處，反而是在擴開境界、穩重自在上，也因此她的教法在開闊通透中，更顯得那麼幾分的穩健大器。

開闊通透，於法自在，她向函蓋禪人開示時，很明白的表達禪師教化時的這種氣概：

> 示函蓋禪人。師家垂手，如石火電光，眨上眉毛，白雲萬里，直須坐斷十方，橫身宇宙，眼蓋乾坤，口吞佛祖，冰凌上走馬，劍刃上橫身，一機一語，如珠走盤，納須彌於芥孔，擲大千於方外，縱橫在我，殺活繇誰，應須如是，始有衲僧氣，若祇逡逡巡巡，湉湉湎湎，依稀光影，有甚了期，山埜恁般語話太急，和盤

---

50 《季總語錄》卷一，上座，頁 445 中。

> 托出，且道托出箇甚麼？卓筆云：「分明記取」。[51]

這段開示法語，季總自言「山埜恁般語話太急，和盤托出」，向弟子明白點出悟者教化時的核心氣象。禪師教授時，與學人以心相呈、直接了當，不是知識傳授、思考論辯，所以皆在石火電光之間，「直須坐斷十方，橫身宇宙，眼蓋乾坤，口吞佛祖」，季總亦以寬闊的境相點出悟者教化的心境，而「一機一語，如珠走盤，納須彌於芥孔，擲大千於方外」等言即顯「縱橫在我，殺活繇誰」於法自在、通透萬端之用。

季總經常提點信眾學人們悟者開闊的境界，她展開萬象山河大地，而這種開闊境界是包含境與心的，如前面季總引莊子語：「天地與我同根，萬物與我一體」，也如她向黃君略夫人開示時云：「虛空粉碎，大地平沉，便見盡十方世界是自己全身，自己全身是十方世界」，[52]在示眾時亦云：

> 示眾。世界虛空總一體，群靈萬象悉同宗，此非耳目所能到，心識忘時道自通，大眾且道：主山高，案山低，鶴脛長，鳧脛短，作麼生得同宗共體去？良久云：「一氣不言含有象，萬靈何處謝無私」。喝一喝。[53]

世界虛空一體，群靈萬象同宗，心識空時，自然通透悟道，一體同宗。所以在為張黃甫、徐仰齋二位居士開示時云：

> 示張黃甫、徐仰齋二居士。山河大地，明暗色空，日月星辰，森羅萬象，迷者認為外物，悟者消歸自己，一切時中，若能無事於心，無心於事，自然物我一如，隨處自在，不見僧問風穴：「語默涉離微，如何通不犯」？穴云：「常憶江南三月裏，鷓鴣啼處百華香」。居士若向者裏開得隻眼，不但世法佛法一念圓融，即風穴老子亦一時收下，到者裏山河大地，明暗色空，日月星辰，森羅萬象，向甚麼處者，居士試道道看。[54]

---

51 《季總語錄》卷二，法語，頁451上。

52 《季總語錄》卷二，法語，頁452上。

53 《季總語錄》卷二，示眾，頁449下。

54 《季總語錄》卷二，法語，頁152中。

山河大地、森羅萬象，迷者以為外物，悟者消歸自己，「無事於心，無心於事，自然物我一如」，即是自他無別，無自無他，也就能世法佛法圓融，聖者祖師齊收。為如心如性二禪人開示時，講得更清楚明白：

> ……故曰：「欲識佛性義，諸法從緣生」，若能對境無心，雖終
> 日擾擾，何曾動著一絲毫，故無事於心則顯智，無心於事則理
> 明，理明則物物頭頭，何取何捨，智顯則念念心心，何妄何真，
> 蓋以境之通塞，繫心之迷悟，何與於物哉。……[55]

無事於心則顯智，無心於事則理明，理明，萬物無取無捨，智顯，心念何妄何真，心與事無礙、真與妄無著，心源通透，萬境亦為之通透，也因為通透，在言語、文字中也同時顯出穩健大器，這種悟境氣象，是季總的教法內容，也是其教法之風格。

季總到江南弘法，步涉長江南北，江浙一帶，隨請上堂，逢場演法，她對自己有「竿木隨身行宇宙，逢場作戲自超群」之喻，在啟悟學人時，經常以「物我一如」為理、示境，呈現開闊通透之氣象，這種氣象並不以鋒利為重，而是以穩健大器為實，恢恢乎，行宇宙，示萬象，片雲千山，通透乎，通此彼，透心境，明印萬川，自有其我為法王，於法自在處，而「眾中有具金剛眼者，請出相見」的提呼，是開大門，迎大眾，穩健大器的風範。這種開闊通透、穩健大器的風範，不僅貫串於季總機鋒啟悟，也呈現於她的說理示法，更以戒行修為、日用萬行鋪展出來。

三、參究話頭之教化

季總為臨濟門下，她自己參話頭開悟，所以其修行教法以參究話頭為核心，以機鋒、棒喝、公案等方式來啟悟，即使外圍橫說豎說，核心部分都在啟悟學人參究話頭，悟入實相。所以她強調要能參究開悟最為重要，說玄識理都是輔助，不要輔助不成，反而耽誤時間，誤入歧途。依此開出五點：一、貴通妙悟正脈，莫向玄解歧路。二、生死前路茫

---

55 《季總語錄》卷二，示眾，頁 451 下、452 上。

茫，信取目前自己。三、參話頭功夫與念佛禪。四、直下無迴避處，祇貴違得便行。五、機鋒棒喝之下，回光照知落處。

（一）貴通妙悟正脈，莫向玄解歧路

在一次除夕小參時，季總開示云：

> 除夕小參。參禪貴通正脈，莫向外邊涉獵，縱饒得些玄解，也是眼中金屑，說甚西來大意，未免平地喫跌，自己一箇鼻孔有氣，教誰出洩，觸處昭然，獨露擬議，早已隔絕，善惡都莫思量，脫體迴然超越，靈機自覺無多，功力不久不徹，莫把自己家珍翻比外來瓦礫，現成一段風光，愚人妄自扭捏，倒樹須要搜根，少去尋枝摘葉，得路便爾歸家，要無別傳秘訣，會則途中受用，不會沉淪永劫，蓦以拄杖打圓相云：「若向者裏透過，方得大休大歇，大眾還有透得過者麼？一年將盡夜，萬里未歸客」。[56]

她要徒眾了知「參禪貴通正脈」，此正脈即是參究悟道。修行要直入悟門，參究要通透核心，認取自家寶珍覺性，她從外圍的「涉獵玄解」，到參究時的「尋思擬議」都加以破斥，要學人直下心源根處，莫妄自扭捏，直搜根處倒樹，莫只尋枝摘葉，得路便直歸家，莫空繞路尋野。所以參禪貴在通透核心正脈，直下與實相相應，並了知修行之目的在於妙悟、解脫生死。她對如心、如性二禪人的法語云：

> 示如心如性二禪人。欲脫生死，當求妙悟，欲求妙悟，必須參究，提起疑情，念念無間，自有豁然時節。……[57]

直指欲脫生死，當求妙悟，欲求妙悟，必須參究話頭，念念無間，提起疑情。有些學人參禪，卻忘失悟道解脫，而愈走愈遠，她對僧人開示時曰：

> 示眾。學有內外，事有緩急，究宗達本曰內，世諦學解曰外，外所以當緩，內所以當急，急而行之，於內則有證悟之實，緩則置之，於外則無岐路之迷。今之學者不然，醉詩文於莫返，耽技藝

---

56 《季總語錄》卷一，小參，頁448上中。
57 《季總語錄》卷二，示眾，頁451下、452上。

而不回，應赴為終身之業，習誦為名利之資，甚之，則又有流於不可言者，嗚呼，學不究竟，非學也。僧不至道，非僧也，但有五德之名，徒具六和之相，益己之功既缺，利人之德全虧，辱此圓頂，玷污方袍，不識自心之何似，焉知祖道之嘉模，豈只辜負聖化，抑且埋沒己靈，既昧正因之路，空招來世之愆。況無常苦逼，時不待人，祇恐名利未遂而身先盡，學問未通而命已亡，費盡百端心力，忽然一旦俱空，良可悲夫，故須篤志離舊，刻期證悟，梵行惟潔，道業惟精，庶不為生死魔軍之所管轄也。苟不孜孜實學，兀兀真參，則無常卒至，何以支撐，後悔莫及，請熟思之。[58]

季總這篇示眾語，講得語重心長，有痛有責，苦口婆心，理情兼至，頗有穩健真切之風。季總提醒僧人要在悟道上篤實真參，莫誤入迷途。所謂究宗達本者，是修道之重點核心，應該速急趨入，方能證悟，世諦學解者，是外圍知解，可緩慢置之，以免誤入歧路，浪費生命。但是當時卻有許多僧人「醉詩文於莫返，耽技藝而不回，應赴為終身之業，習誦為名利之資」，更甚者，還有「流於不可言者」，季總遂發出嗚呼之嘆，認為僧人如果不能至道，非僧也，辱此圓頂方袍，辜負先聖祖師，也埋沒己靈。看來季總強調修行重在妙悟，亦是痛心於僧人多務世諦外學，諸如詩文、技藝，或以經懺法事為終身職業，以習誦唸經為名利之途。

對僧人如此，季總亦觀察到居士學道者「不是見地偏枯，便為知解籠罩」，所以提醒他們要真參實究、悟道解脫，在〈與黃樵雲居士〉云：

山埜寓姑蘇有年，每見縉紳居士參究此道者，不是見地偏枯，便為知解籠罩，真參實究者屈指全無，昔日龐居士、楊大年、李駙馬輩皆操履真實，見道穩密，此等流亞，無復再見。……邇來宗乘似盛實衰，惟居士現宰官身行法門事，勘破自己日用，不負靈山囑托，凡遇師匠，慎勿輕意放過，須當取彼所長，勵我所短，

---

58 《季總語錄》卷二，示眾，頁449上中。

則道學淵源，自然透頂透底。……[59]

每見縉紳居士在參究禪法時，不是見地死寂無用，便是落於知識理則、機鋒文字上追索，未見一人能真參實究者，禪門宗乘似盛實衰，像往昔龐居士等，雖現居士身，卻能真操實履者，已不再見。所以她期許這位擔任官職的黃居士能在日用中參悟，遇明師亦要參訪。就如她在〈示眾禪者偈〉亦言：

> ……生佛本來齊，迷悟兩分岐，達法心開悟，拒師原自迷，一團世俗心，豪無欽信倪，祇責他長短，不知己是非，茫茫隨業識，涉獵閒文字，自心障自心，非業成業地，共師住千年，不知佛法意，誠哉知道難，知己尤不易，一中邪師毒，萬劫縈桎梏，擇師第一功，參隨自勉勗。[60]

一方面警示涉獵閒文字，只是自心障自心，一方面提醒選擇明師的重要。這種被知解籠罩的弊病，她也向申漢培居士提醒：

> 示申漢培居士，居士夙具般若深智，早年知有此事，然不得實受用者，患在聰明太過，於古宿機語上得些理路，便為了當，殊不知縱有入處，不過途路之樂耳，要須懸崖撒手一回，方始受用，得古人言句，著如來偈，云：即今認取主人翁。山埜不覺失笑，何故？不見道，認著依然還不是，況以生滅心測度如來無上知見，唐喪光陰，無益有害，古人云：「毫釐有差，天地懸隔」，直須猛著精神，透出重關始得。[61]

申居士是位久修參禪之人，但卻無法實際受用，季總認為問題出在太過聰明，只在古宿機語、如來偈句上尋得理路，只在文字語言上認知玄理，這些都是浪費光陰，與悟道無益，反而有害，所以她要申居士，猛著精神「懸崖撒手一回」，亦即參究話頭，在心性上下功夫才是正途。這就是只在知解文字上下功夫，造成繞路迂迴，而無法直下悟門。

　　對此，她為項翰林夫人開示時，也叮嚀女修行者要以悟道為上，不要受謬誤之言所哄弄：

---

59 《季總語錄》卷四，書信〈與黃樵雲居士〉，頁469上中。
60 《季總語錄》卷四，雜著，頁470上。
61 《季總語錄》卷二，法語，頁451中。

示項翰林夫人。禪學者悟門也，非四禪、八定、五度、九次之別，惟洞明心性，了脫生死，得大自在者之門徑也。古人云：「我此門中，不論禪定解脫，祇圖見性」。又云：「參禪須求妙悟，若不妙悟，無由出離生死大海」。今時道流謬以口耳，哄弄閨閣，不求妙悟而脫生死，祇蓋滑稽謗大般若，以致埋沒己靈，辜負先聖，可不哀耶！……參須真參，悟要實悟，至發明後，更能操守保護，乃為道器。[62]

參禪即是要悟道，悟道才能洞明心性，了脫生死，才是得大自在者之門徑，縱然禪定功夫次第多端，但重點都在妙悟見性，若不妙悟，無法出離生死大海。當時有些道流，還哄弄閨閣女性，可以不求妙悟能脫生死，季總認為這是滑稽之言，毀謗般若之語，不僅害人害己，還埋沒己靈，辜負先聖，實在悲哀！這些道流如何哄弄女修行人「不求妙悟而脫生死」的？是以培福、佈施等功德？作佛事懺儀？讀經誦念？我們不得而知，但可以推知，是以一些心外之法、不必參禪的方式來哄弄，季總使用「哄弄」一詞，看得出是針對女性而言，所以她以女性禪師的身份正可糾正視聽，加以澄清，以免女性因身處閨閣，見聞受限，而妄受謬論之害，季總要大家務必了知修行要能參禪悟道、真參實悟，才能了脫生死。

季總強調參禪是為妙悟見性，除了這是修行者的本色目的外，應該也是針對當時修行者的一些不正確觀念而來，不管是僧人、男女居士之修行參禪，都有誤入迷途之盲點，這些盲點最主要就在太著力於世學知解，為知解籠罩。有些僧人多在詩文、技藝、法事經懺中打滾，男居士籠罩於見地偏枯、知解玄理、機鋒文字的歧路，女居士被修行不必悟道的謬論所限所哄弄，因而或忽略或迷惑或錯認參禪的根本精神，因此季總強調悟道、妙悟的重要性，讓修行者能回歸正途，莫向知解歧路，通透正脈方向，驀直而去，才能了脫生死。

---

62 《季總語錄》卷二，法語，頁452上下。

（二）生死前路茫茫，信取目前自己

入修行之門，就是要悟道了生死，而能入修行之門者，季總提出一「信」字，她向高彙旃夫人開示：

> 示高彙旃夫人。入海不避蛟龍，信利在江海也，入山不懼虎兕，信利在山陵也。世諦且爾，況學道乎？然學道參禪豈有他術邪？不過穩辦一信字耳。《華嚴經》云：「信是道元功德母，信能必到如來地」。古德云：「欲超生死，必須妙悟，妙悟匪他，惟自信耳」。蓋生死如雪，妙悟如日，日出而雪自消，無明是暗，妙悟是明，明來則暗自謝。以此觀之，非信無繇悟入，非信安能久固，今道人既具信根，但當發勇猛心，著精進力，譬如遠客還故鄉，久久行去，自然到家。……[63]

她要高夫人能穩辦一個「信」字，有信即能不懼不避、勇往直前，有信就能成辦，而此「信」字，並非信他，而是「自信」，信自己本具佛性，信自己能悟道解脫，信自己本來即佛，信自己必能到達如來地，由此自信證入菩提，即是妙悟。所以她引古德之語：「欲超生死，必須妙悟，妙悟匪他，惟自信耳」，生死無明如雪如暗，妙悟是日，日現光明，雪與黑暗，自然消失無蹤。而自信能入妙悟，能讓妙悟久固不退。具備信根，自然能發勇猛精進心，努力參究。她向錢叔嘉夫人開示時亦云：

> 示錢叔嘉夫人。我祖師門下，無一法與人，不過教人信取目前自己而已，道人既見山僧掛簡選佛牌，便好單刀直入，攝取巍科，自知眉毛橫眼上，鼻孔大頭垂，佛語祖言豈得已哉，若稍留欣厭，便成大病，所謂不離幻妄而證真常者，良可味也。[64]

祖師門下，無一法與人，只是教人「信取目前自己」，既能自信、信自，便能勇猛精進，單刀直入，參究法門。若無自信，取此捨彼，欣彼厭此，反成蒙昧。

勇猛精進，來自自信、信自，也來自對生命無常苦迫的感受，所以

---

63 《季總語錄》卷二，法語，頁 451 中下。
64 《季總語錄》卷二，法語，頁 451 下。

季總經常提點學人，生死轉眼到，只有悟道解脫才能解決此事，在〈示眾禪者偈〉云：

> ……業浪滔滔滾，真機耿耿蒙，身世暗推遷，命根日剝削，一旦無常至，然後抱佛腳，閻老實無情，緊要隄防著，莫謂死尚遠，將此付高閣……[65]

不要以為死日尚遠，而將悟道之事擱置，業浪滾滾，命根日減，等無常到來，空抱佛腳也無用。給自己俗家兄弟的信也談到：

> ……眾兄弟皆是英靈漢子也，須知有此段大事，人生必要了明者，不然生死到來，前路茫茫，無本可據憑，何保得不入驢胎馬腹？但願諦信無疑，則一念回光，便同本得，那時方知我不汝欺……[66]

生死到來，無憑無依，徒有隨業識輪迴生死矣，所以要明此大事，即要勇猛精進於妙悟解脫。除夕小參時也曰：

> 除夕，小參。一年三百六十日，看看忙到今宵畢，不愁生死祇愁貧，業障重重心上結，幽途輪轉幾時休，一味昏迷循舊轍，勸君努力脫塵埃，免使今生和本折，凡聖等倫元不殊，貴在當人直下瞥，莫待無常殺鬼臨，再出頭來甚時節。[67]

生死昏昧，業障結重，輪迴無休，但眾生終日盲忙，卻不愁生死祇愁貧，所以她敦敦勸戒大眾「莫待無常殺鬼臨，再出頭來甚時節」。端午節示眾時，她也以時節遷變來警示：「今日五月五，龍舟江上舞，旗飜前夜風，聲振去年鼓，時節不相饒，光陰不我與，未明心地人，須念生死苦」[68]，示眾時云：「況無常苦逼，時不待人，祇恐名利未遂而身先盡，學問未通而命已亡，費盡百端心力，忽然一旦俱空，良可悲夫」[69]等，季總為了讓學人於妙悟正脈上勇猛精進，一再地以生死苦迫、茫茫無路來提醒，讓學人正視自身的處境。

---

65 《季總語錄》卷四，雜著〈示眾禪者偈〉，頁 470 中。
66 《季總語錄》卷四，書問〈寄衡陽劉氏兄弟 又〉，頁 469 上。
67 《季總語錄》卷一，小參，頁 448 上。
68 《季總語錄》卷二，示眾，頁 449 下 -450 上。
69 《季總語錄》卷二，示眾，頁 449 上中。

就禪師而言，說生死論輪迴，亦是應機、應現象而說，若直取平等空性，亦能掃空澄明，例如在一次中元小參時：

> 中元，小參。踢破玄關透鐵圍，懸崖撒手便知歸，性天朗耀頭頭鑑，心月圓明處處輝，差別路中須踢過，涅槃城裏已忘機，箇中何處著生死，說甚輪迴是與非。召大眾云：「徹上座恁麼告報，設有旁不甘者出來道：『其如地獄未空何』？果然癡人面前不可說夢」。[70]

踢破玄關、撒手懸崖，心性朗耀圓明，雖踏過差別路，到此卻已忘機，無生無死，無輪迴無是非，說至此，季總召大眾自設言問：若有人出來道：「既是如此，為何地獄未空」？季總一句「癡人面前不可說夢」，自遣也遣他，二邊俱破，果然圓明朗耀，乾乾淨淨。這種高妙語境，季總展演地極為自然，但似乎為了更貼近學人，季總對此相當收歛，反而是運用更多精神與言句在學人自身盲點、迷惑處，說生死苦迫，說勇猛精進，說玄解錯謬，示貴通正脈，而且還說得細密整致，浩浩暢暢，苦口婆心。

（三）話頭參究與念佛禪

如何修行可以悟道呢？禪門宗派各有不同的面向入處，依臨濟教法，即是參公案話頭。季總自己在修行時，是看山茨所編《南嶽禪燈錄》而志見山茨，後來山茨指示參究「一口氣不來，向何處安身立命」？從此發起疑情，之後也一次次的參究而至開悟。所以季總之參禪教化是以參話頭為主，但在語錄裏幾乎沒有看到季總提及要大眾共參何個話頭或各別參何話頭（只有一次，提到指示李三夫人看城東老母公案[71]），或許是語錄未記錄到，也或許是因季總到處弘法，每居一處並不長久，有隨時要走的準備，因此她或隨順學人自己的本參話頭，或個別指定話頭使之參究，這樣的方式也較符合個人心性之不同，使之容易起疑情。

七優曇華：明末清初的女性禪師

---

70 《季總語錄》卷一，小參，頁 448 上。

71 《季總語錄》卷四，書問〈與李三人〉，頁 468 下。

而祖師公案的運用，季總上堂、示眾時較少主動以祖師公案話語來作為點撥學人的方法，最多是學人設問，對祖師公案之機鋒展現，主要是集中在語錄的拈古、頌古部分，亦即不是當機對眾之時。少引用公案來上堂說法，並不表示她不熟悉這些公案，或是她不以公案話頭來教化，正好相反，她修行之入處即是讀公案、參話頭，悟道之法亦在此，更是以此為教化，而她所面對的修行人也是以此作為平常修行生活之實踐。所以她以此法來教授，卻不在祖師公案上打轉，不常拈出祖師公案來以古問今、下轉語、下註腳，即使自己或學人拈出，也都點撥學人要迴光返照，還觀己身，這樣的情況，呈現出季總弘法時，應眾棒喝之真切，語句機鋒之新穎，簡捷直下，不見積累成文，不落祖師窠臼的風格，正如張鈇序文對其讚賞：「覿面則機鋒峻捷，豎拂則意句新玄」之意[72]，這在論及機鋒棒喝時，會有更清楚的呈現。然在少用祖師公案中仍有其特別運用之處，這個運用之內容與對象都與性別角色有關，於此，將別立節次申明之。

季總對參話頭的修行方法、修行過程宣說的相當清晰而實在，也常常伴隨著之前所論的生死苦迫、勇猛精進的提醒，她在示眾時曰：

> 示眾。若論宗門一事，別無奇特，所貴發勇猛心，著堅固力，痛念無常，參明大事，自然摸著諸佛鼻孔，透過祖師關棙，不到大休歇田地，不肯息肩停轍，方有少分相應。無奈佛法衰微，人心下劣，罔知己靈，不存正念，此皆邪毒入心，淺根薄福之流，汝等諸人各宜精進，將話頭如一座須彌山，頓在面前，忙閒動靜，觸不散，蕩不開，綿綿密密，不斷不續，參來參去，銕壁銀山，自然㘞地，不可坐在無事甲裏，古人云：莫止忘形與息心，此箇難醫病最深，直須提起吹毛利，要剖西來第一義，瞠開眼兮，剔起眉，反覆看渠，渠是誰，若人靜坐不用功，何年及第悟心空，此皆藥石之言，切須記取。[73]

亦如前論，季總提醒學人要參禪妙悟，而妙悟貴在發勇猛心，痛念無

---

72 《季總語錄》張鈇序，頁 442 下。

73 《季總語錄》卷二，示眾，頁 448 下、449 上。

常，此生必明此一大事。接著她開導參話頭的方法：將話頭如一座須彌山頓在面前，時時刻刻參究，不散不開，綿綿密密，不斷不續，形成如鐵壁銀山似的，等到時節因緣一觸，自然噤地，豁然開解。但切莫只專注於靜定而不參究，「不可坐在無事甲裏」、「莫止忘形與息心」，這是無法開悟的，要以吹毛劍，剖西來義，起疑情，破疑情。她向黃君略夫人開示時，亦是如此：

> 示黃君略夫人。脩行學道皆有悟門，不可盲修瞎學，虛喪天日，
> 必欲明此無上玅道也。須具大信心，發大勇猛，立大志，願把生
> 死二字貼在額頭上，不得向意根下卜度，單提一句無義味話，真
> 參實究，參來參去，參到百尺竿頭，無進步處，不顧危亡，拼命
> 一搽，直得虛空粉碎，大地平沈，便見盡十方世界是自己全身，
> 自己全身是十方世界，庭前柏樹子、麻三斤、乾矢橛、青州布
> 衫、鎮州蘿蔔，乃至千七百則，一串穿卻，雖然到者裏，始好喫
> 山僧痛棒在，其或未然，有寒暑兮促君壽，有鬼神兮妒君福。[74]

修行要有悟門，須具大信心、大勇猛、立大志，生死心切。接下來就是參究話頭的心上功夫話：提一句無義味話，參來參去，參到心無可進，所謂銅山銕壁在前，於此不顧危亡，勇猛拼命一搽，直得「虛空粉碎，大地平沈」，悟境現前，十方世界即自身，自身即十方世界，自他無執無別，到這裏，一切公案話頭、祖師機鋒就能通透清楚，也才開始能真實受教於禪師棒喝，否則之前無頭無腦的，都在死胡同裏，做一些末節瑣碎之行。

關乎參禪不能死在定境無事中，而無慧觀，她為如心如性二禪人開示時亦提到：

> ……若執坐以為工夫，何異守株待兔，是以古人有打車打牛之
> 話，坐佛殺佛之呵，黑山鬼窟之責，生坐死臥之譏，故知行住坐
> 臥，動止忙閒，皆可做工夫，但坐中歛念，易得寧靜，然禪亦非
> 歛念取靜參得，故曰：「欲識佛性義，諸法從緣生」。若能對境

無心，雖終日擾擾，何曾動著一絲毫。……[75]

牛車不走時，打車？還是打牛？這個「打車打牛之詰、坐佛殺佛之呵」，便是懷讓與馬祖的公案，所謂「磨磚不能成鏡，坐禪豈能成佛」之詰？「黑山鬼窟」，即陷入定境，沒有智慧力用，不能解脫。「生坐死臥」，是六祖慧能偈語「生來坐不臥，死來臥不坐，元是臭骨頭，何為立功過？」亦是表達執取禪坐定境、歛念取靜並非開悟之道，季總利落地連舉幾個祖師言句，要弟子不可以執坐為工夫，要懂得境上修證，方能發顯智慧。

　　這些參話頭的功夫話，層層推進，頗見次第，但修行是自覺現成，離卻次第，只因眾生分別心重，只好以次第來引進，最後豁然放下，原來無事，所以她向冰、繼二禪人云：

　　示冰、繼二禪人。此事如青天白日，無絲毫障礙，直下了得，便平貼貼地，古人云：道簡覿體現成，早是埋沒汝了也。明心見性，早是委曲汝了也。立地成佛，早是鈍置汝了也。若向佛祖未扃已前薦得，猶是鈍漢，那堪向他屠橛子上，橫咬豎嚼，有甚交涉？所以道祇為分明極，翻令所得遲，所以垂一言半句，止要截斷人心意識，摟空人生死窟，使他懸崖撒手，脫體無依。今時人生死心不切，世情事太熟，動輒心意識先行，自作障難，愛有理路處入、有義味處鑽，殊不知理路義味上，博量得來，暫時途路之樂，轉眼即沒交涉，況明眼人前，祇博一笑。今與汝道，大事未明，必須猛著精彩，將本參話，拌命提撕，功積力久，時節若至，其理自彰，腳跟頓斷紅絲線，舌上潛消十字文，翻身一躑，倒跨三腳驢子，向舜若多神鼻孔內眼睛裏，橫出豎入，管教得大自在，豈不慶快平生乎！勉旃勉旃。[76]

悟道之事，明明朗朗，直下了得，說道體現成、明心見性、立地成佛，都是委曲學人了。但修行人總在祖師句下鑽研，徒然無功，「生死心不切，世情事太熟」，妄想分別總擺在面前，自成障礙，愛從鑽入有理

---

[75]　《季總語錄》卷二，示眾，頁 451 下、452 上。

[76]　《季總語錄》卷二，法語，頁 451 下。

路、有義味處，殊不知這些理路義味只是無明分別而來，於覺性無關。為了讓眾生止歇妄想，祖師以一言半句的話頭來讓學人截斷心念，功積力久，打成一片，懸崖撒手，斷離黏著，悟境現前，見著本來面目，得大自在。季總從體性現成說，從功夫次第說，從學人障處說，從解脫自在說，大事已明，「管教得大自在，豈不慶快平生乎」之言，讓人感受到無限的鼓舞。

季總以悟者禪師過來人的身份，來引導學人參究話頭，有時會拶拶正在參究的學人，掃除其自障自礙處：

> 示湛水道人，初參人祇貴死盡偷心，參箇話頭，如銅墻鐵壁，要鑽鑽不透，相似日用中，如貓捕鼠，如雞抱卵，工夫自行逼拶，一拶拶到結角羅紋處，忽得団地一聲，方與此事相應。若初參人，便有許多哆哆喃喃底說話，於自己分中有何所益？徒障悟門，為害不少。如來偈「本有光明」云云，且問你底光明在甚麼處？那箇是你大廳堂，莫道道不得，直饒道得一句，正是頭上安頭，不見僧問趙州：「狗子有佛性也無」？州云：「無」。你看者無字上，著得你底光明麼？著得你底大廳堂麼？何不朝朝暮暮，如透銅墻鐵壁去，如貓捕鼠去，如雞抱卵去，一朝山門前佛殿後，撞破露柱也不知。[77]

參個話頭，要分別心死盡，專注於無意義句，當疑處打成一片形成銅墻鐵壁，鑽也鑽不透，正是用上功夫時，須再進一步，輕重平衡，如貓捕鼠，如雞抱卵般，過與不及皆不是，拶到關鍵處，一時雙破，悟境現前，才是相應。這位湛水道人之前可能與季總談及如來偈曰「本有光明」、「大廳堂」等言語，季總依此直拶其處：如果不在功夫上用心，只是繞牽無主、拾人牙慧似地到處「哆哆喃喃底說話」，徒障悟門，「哆哆喃喃底」，用得極為傳神，話語有執，語質自然牽雜妄別，不能悟道，佛言亦成殘羹餿飯，所以季總以「本有光明」反問湛水自身「且問你底光明在甚麼處？那箇是你大廳堂」？更再破之「道得一句，正是頭上安頭」。「無」可破一切，作為話頭相當猛利，季總直提趙州的

---

77 《季總語錄》卷二，法語，頁 452 下。

「無」字話頭，要湛水道人在「無」字上看有什麼「你底光明」、「你底大廳堂」，這些都是修道之外的事，要直入參究本身，方是悟道之處。

　　除了以上這些或對大眾或對學人各別的參話頭教化外，季總還作有〈參禪偈六首〉，以及〈念佛偈六首〉，前者是參話頭的教化，完整縝密，層層推進地將參話頭的功夫境界呈現；後者則是結合念佛與參禪，以「念佛者誰」入手，以悟道為核心的念佛法門，亦即念佛禪。其〈參禪偈六首〉如下：

　　話頭疑處須猛烈，打破虛空要見血，不向此回下毒手，千生萬劫應難徹。

　　話頭疑處見空王，疑到忘機露寂光，自是面門常出現，無形無影貌堂堂。

　　話頭疑處俗情除，貴在承當無欠餘，栗棘金圈吞吐盡，堂堂獨露豈非渠。

　　話頭提起絕狐疑，殺活縱橫顯大機，手把金剛王寶劍，魔來佛往一齊揮。

　　話頭疑處咬枯根，咬斷枯根見不存，滋味淡然須吐卻，始知遍界獨稱尊。

　　話頭疑處透生死，一透直入無彼此，看破秤錘原是鐵，塵塵剎剎絕終始 [78]。

參話頭必然要起疑情，第一偈，從入手態度來言，須勇猛精進地參究，否則千生萬劫也難開悟。第二偈，強調空性正見，疑到忘機。從「空」入。第三偈，貴在當下承當，吞卻一切葛藤，一心參究。從「有」入。第四偈，以話頭斬除一切，顯出機用，魔佛齊斬，空有皆破。第五偈，參至枯寂淡然，亦須咬斷枯根，才能扭轉鼻頭，活將出來獨稱尊，再破「空有皆破」之枯根。第六偈，透破生死，打破一切時空、自他之差別，豁然見性。空有如如。

78 《季總語錄》卷四，詩偈〈參禪偈六首〉，頁 466 下、467 上。

季總從空諸一切，忘機空寂而「無形無影貌堂堂」，直下承當，無有欠少，顯出「堂堂獨露」，此時再將空有二邊一齊斬卻，再斷「斬卻之寂枯」處，真正顯出大作用，透出生死，返回如如佛性。第一偈是提點參究之勇猛精神，之後的五偈則是參究時的層層細微進境：空、有、空有皆破、破「空有皆破」、法性如如。而每一偈之首句末「須猛烈」、「見空王」、「俗情除」、「絕狐疑」、「咬枯根」、「透生死」又都點出參話頭、起疑情之功大點：空性遣執，這也是正見所在。由此看來，季總在參話頭的功夫教授上，確實真切細密到家。

而〈念佛偈六首〉如下：

> 念佛須教審是誰，分明覿體露全機，但得淨念常相繼，九品蓮邦處處歸。
> 念佛聲中須自薦，回光看破娘生面，等閒一句都忘卻，心佛不離這一念。
> 念佛迢迢拽轉來，五葉蓮華當處開，枝枝葉葉俱剪盡，心佛眾生一處埋。
> 念佛一聲即到家，何須特地趕多嗟，西方大道如弦直，擬涉思惟路轉差。
> 念佛心中絕點塵，莫將迷悟辨疏親，自性彌陀渾不覺，只是花前月下人。
> 心心念佛自純清，珠山寶樹茂榮榮，苦海愛河無住處，于無住處見平生。[79]

念佛從參究「念佛者是誰」始，而非只是我口念佛，佛與我相隔萬里。第一偈，能審「念佛者誰」這個話頭，分明覿見體性，如能專意淨念相繼，即能歸向九品蓮邦。淨念相繼，尚有淨穢別，佛尚在心外，尚有歸向之途，淨土仍在外境。第二偈，更進一步，能自薦得「念佛者誰」，回光看破本來面目，佛號非佛號都忘卻，心佛不離這一念，佛已收攝入心。第三偈，轉身而回，剪盡雜雜蔓蔓的枝葉，蓮華不在十億佛土遠，就明明白白地開在當處，心佛眾生三者皆空卻。當體即是。第四偈，

---

79 《季總語錄》卷四，詩偈〈念佛偈八首〉，頁 467 上。

心佛眾生既空，起念相應彌陀之大悲，念佛一聲即是到家，蓮華即在當下，西方大道坦直，如涉思惟分別，將歧出轉遠。

第五偈，從空入、心入。念佛心中無有一絲分別對待，心、佛、眾生無有差別，也沒有眾生是迷，佛是悟之分別，直入自性彌陀，如對此不覺，只是為被幻色虛影所迷之人。

第六偈，從有說、境說，心心自純清念佛，極樂世界榮景華麗與苦海愛河也是無差無別，皆是因緣所生，於緣生無住處即是實相所在。

前四偈，念佛的層層細密功夫，從淨念相繼、心佛不離這一念、心佛眾生了無差別，無差別境中，起念一聲佛，即是彌陀家亦是到自性家。後二偈，由心性言，直指「自性彌陀」，由境相言，直指「無住處」。而念佛心、心念佛，不管是「絕點塵」、「自純清」，都是「心佛眾生一處埋」了無差別。

季總同時寫作了〈參禪偈六首〉與〈念佛偈六首〉，可見當時佛教的修行法門仍是禪與淨土為主流，而且觀之後來的發展，此時的淨土法門應該有愈趨興盛、超越禪法之跡，也這當然也肇因於禪門修證的衰微，語言文字與真修實證之間形成巨大鴻溝，因而產生虛狂浪名的風氣，讓許多有識之士寧願轉向篤實簡要的淨土法門所致，這也是歷代以來一直強調禪淨雙修的原因之一。所以身為禪師的季總當然會面臨學人信眾有修學淨土法門的需求，要予以教導，因為開悟的方法可以多途，開悟的內容只有一種，悟者自然能隨眾生之需求，依悟境隨順其途而教，這應該是其寫作〈念佛偈六首〉的用心，就如其有偈言：

> ……要聽一偈：「一點圓明處處同，包含法界等虛空，棒頭可使三關透，喝下能令五教通，東澗水流西澗水，南山黯起北山紅，千江萬派無差別，盡入如來性海中」。[80]

就悟者而言，一點圓明，處處可同可通，棒頭喝下，能透三關，也能通五教，千江萬派無有差別，都在解脫之路，同入如來性海。而就季總來說，不管運用那個法門，皆是要眾生解脫開悟，她從參話頭悟入，以參話頭、棒喝教化，這是順理成章之事，而禪門特別強調悟道的特色，更

---

80 《季總語錄》卷二，示眾，頁449下。

因此貫串入她的〈念佛偈六首〉，她在〈山居〉詩第五首亦有言：

> 坐來石上卻清幽，月皎長空雲已收，人在夢中誰識夢，蟬隨秋喚
> 不知秋，心灰豈羨蓮華國，念淨何妨翡翠樓，信道自身元是佛，
> 人間何事覓封侯。[81]

心寂，則不羨清淨蓮華國，念淨，也無妨妙嚴佛土境，自身原是佛，即
是佛，居寂處華，皆是自心佛土，皆是如幻現成。寫南嶽勝景〈彌陀
峰〉：

> 彌陀祇在翠微間，覿體西方絕往還，自是獨尊無兩相，擬思皈奉
> 隔重關，
> 巍巍坐斷千巖石，歷歷張開萬木顏，要有拈來親切句，華香鳥語
> 絕追攀。[82]

要見彌陀體性，需絕往還，有擬思皈奉之心，已隔重關，何是親切句：
「華香鳥語絕追攀」，這亦是禪門截絕斷分別之要旨。寫給〈顧孟調居
士六十賦贈〉亦云：

> 會爾初年五十餘，算來甲子近何如，光陰有限頻頻惜，妄想無邊
> 漸漸除，
> 淨土覺華禪水灌，識田愛艸慧刀鋤，百千萬劫都空過，莫使今生
> 又涉虛。[83]

「淨土覺華禪水灌」，正是季總為老居士修淨土法門之開示，所以季總
念佛法門的體會與教化，顯示出的是念佛禪的內涵。

（四）直下無迴避處，祇貴迸得便行

季總的話頭禪教化，參究之最後一著有「一朝迸裂」[84]、「劈破渾
圖」[85]之說，而她更常提點學人的是直下承當，挺身直入，迸得便行，
在心念自尋對立，相提相養時，要學人能兩邊俱消，徹底放下也徹底

---

81 《季總語錄》卷四，詩偈〈山居〉其五，頁462中。
82 《季總語錄》卷四，詩偈〈彌陀峰〉，頁463中。
83 《季總語錄》卷四，詩偈〈顧孟調居士六十賦贈〉，頁465下。
84 《季總語錄》卷四，書問〈與式玉王居士〉，頁468下。
85 《季總語錄》卷二，示眾，頁453上。

承當，徹底放下，即是迸裂劈破，立即徹底承當，即是迸得便行。而「迸得便行」更見放下的大作用。這比諸之前她強調不可「坐在無事甲裏」、「黑山鬼窟」類同，但更貼進關鍵處。回看季總自身，這種迸得便行之力用，應該正是她弘法「竿木隨身行宇宙」之行，「逢場作戲自超群」之超，擴行宇宙，尊自超群，而實無佛可成，眾生可度。

在寄給興化沈居士的信中：

> 貧衲於貴邑少緣，不克久居與居士面商簡事，悵甚。泰州期中安靜，僧舍頗潔無勞，致念居士參究，雖有簡入頭，然向上一路，猶太遠在，須知古人一期方便，直下無你迴避處，祇貴迸得便行，不存軌轍，始可捉他淨名龐老敗缺，稍涉遲疑，白雲萬里，豈可今日明日存想究竟？縱然悟去，堪作甚麼？古人云：「莫守寒巖異草青，坐卻白雲終不妙」。惟居士自勉之。[86]

迸，高遠、分明、超越之意，所謂「迸得便行」，便是直下清楚的超越向前。這位沈居士應該是季總到興化普渡庵時有所接觸的，季總轉到泰州時與他通信連繫。沈居士參究話頭，雖有入處，季總實在地告知：「向上一路，猶太遠在」，希望他能切入核心：「直下無你迴避處，祇貴迸得便行，不存軌轍」，話頭疑處凝成一片，身心全體在此，無所迴避，此時「迸得便行」，方能證入法性。並真切地提醒他稍涉遲疑分別，便千差萬別了，所以「豈可今日明日存想究竟」，「今日明日存想」之詞，用得頗好，將落在妄想分別的追求心念指示出來，因為即使是追求悟道之想，但「追求」之念落在分別對待上，亦是無得清淨。而且這種存想究竟之念，會讓智慧偏於枯竭，無有作用，若只陷在疑情中，亦非悟道本意，所以季總才曰「莫守寒巖異草青，坐卻白雲終不妙」。對葉紹顥（字季若）居士開示時亦云：

> 示葉季若居士：祖師門下直捷單提，貴乎全身擔荷，稍涉遲疑，便不堪了也。不見陸亘問南泉，龐蘊參馬祖，一撥便轉，何等痛快，何等直捷，彼既丈夫，我亦爾，豈肯讓伊獨賢哉，頃承老護法不忘靈山付囑，光顧法席，一接見間，便知根器不凡，靈骨鳳

---

86 《季總語錄》卷四，書問〈寄興化沈居士〉，頁 468 下。

其，然身居富貴，宿習偏深，雖有金剛種子，莫不為之汩沒矣，但當全身靠倒，不顧危亡，挺身直入，忽然囤地一聲，乃知從前作用，總是無礙法門，不惟勘破龐蘊諸老，直饒歷代祖師、天下老和尚，齊立下風有分。[87]

季若以進士歷官御史，後來參禪學道，季總稱其根器不凡，但宿習偏深，所以她舉陸亙、龐蘊等居士與祖師參究的公案為喻，指示不涉遲疑，「全身靠倒」、「挺身直入」之心性關鍵，這個關鍵不涉階次，不入功夫，就是全整放下，全整放下也就是「直捷單提」、「全身擔荷」，此時放下過去法門作用，卻也翻成「從前作用，總是無礙法門」。至此自在作主，不只勘皮龐蘊諸老，歷代祖師亦齊立下風。

在普渡庵開法時，亦舉公案讓學人參究，要學人「遶得便行」：

進普渡庵，脫塵上人同李夫人洎眾優婆夷等請上堂，……且道現前大眾與七賢女相去多少？若向者裏，遶得便行，不勞向外馳求，自然得大受用，其或未然，擊拂子云：「神威顯出騰蛟鳳，電眼揮來錯過他」。[88]

她舉七賢女公案示問，讓平時已在參究話頭的學人能有所入，有所觸，季總同時提點「若向者裏，遶得便行」，心下直行，不去捉取相對分別，自然放下翻身，悟入法性。如果無法如此，即是當面錯過，即使蛟鳳在前，亦無得見睹。在給李三夫人的信中言：

……嘗欲道人看城東老母公案，地與時遙，不知近日體究如何？山僧有箇頌子，聊為舉似，蓋以良驥追風，或借勢於鞭影也：「繡戶臨芝絕品評，何須開宴待瓊英，十分春色遊人醉，一種天香透骨清」。向者提得便行，可謂天上天下唯我獨尊，不見有佛可成、有眾生可度，來去自由，如鳥飛空，豈不暢快平生耶？倘其不然也，須自加鞭策始得。[89]

季總之前讓李三夫人參城東老母公案，今日寫信又給個偈子，拶觸之，

87 《季總語錄》卷二，法語，頁 451 中。
88 《季總語錄》卷一，頁 446 中。
89 《季總語錄》卷四，書問〈與李三夫人〉，頁 468 下。

七優曇華：明末清初的女性禪師

要夫人能「向者提得便行」，但能悟道，不見有佛可成、有眾生可度，來去自由，人生大事即解決矣。如果尚未到達此地，無法完全放下，提得便行，只得繼續鞭策在階次方法上下功夫。一次示眾時云：

> 示眾。氣轉洪鈞，陽回大地，冰河發燄，枯木生輝，埜鳥謳謌，山華含笑，正所謂般若法身，頭頭顯現，真如佛性，處處昭彰，果然直下承當，便可超凡入聖，其或未然，不是一番寒徹骨，爭得梅華撲鼻香。[90]

悟道者看山河大地，物物活出自己，生機蓬勃，處處皆般若法身，處處皆真如佛性，因為完全放下，直下承當，即是超凡入聖。如果不是，就得再經歷一番老老實實的修行過程。

這樣「遉得便行」的開示時時出現，這是季總對學人在悟道關鍵處的提點，也無形中體現她在弘法行止的心境，在她離開江南某處（可能是嘉興），向嚴大參道別時，曾有〈留別嚴轂轆道人〉詩：

> 聖制相將期又終，何妨飛錫去凌空，濯盂就澗囊懸樹，舞棹橫波帆滿風，
>
> 撩起便行無彼此，得緣方住任東西，一番法器難忘卻，明月天涯處處同。[91]

此事應該是指季總帶領眾人結制，期滿後各分東西之時，她以「撩起便行無彼此」來比喻自己遊化四方，四處受請的狀況，雖然有聚有離，有止於此行於彼，來來去去，但就如同法性一般這當中「無彼此」，也才能「任東西」而「處處同」。撩得便行，是完全的承擔與作用，季總就是如此行化江南，也帶點悲願，帶點飄灑與氣慨。

（五）機鋒棒喝之下，回光照知落處

嚴大參曾云季總：「棒喝交馳，雷奔電掣，說法利生，度籌盈室，會下多有省發者」，[92] 表達對季總棒喝機鋒之教的佩服。葉紹顒亦言每

90　《季總語錄》卷二，示眾，頁 449 下。

91　《季總語錄》卷四，詩偈〈留別嚴轂轆道人〉，頁 465 上中。

92　《季總語錄》嚴大參序，頁 422 中。

過慧燈禪院見其「具大人相而為說法,一句當陽,千峰落色,機先者著,刜聖攢眉,痛棒纔施,血流遍地」,[93] 季總師承臨濟教法,自然多以機鋒棒喝來啟悟學人,她向函蓋禪人開示云:

> 示函蓋禪人。師家垂手,如石火電光,眨上眉毛,白雲萬里,直須坐斷十方,橫身宇宙,眼蓋乾坤,口吞佛祖,冰凌上走馬,劍刃上橫身,一機一語,如珠走盤,納須彌於芥孔,擲大千於方外,縱橫在我,殺活繇誰,應須如是,始有衲僧氣 ,若衹逡逡巡巡,湿湿涾涾,依稀光影,有甚了期,山埜恁般語話太急,和盤托出,且道托出箇甚麼?卓筆云:「分明記取」。[94]

師家垂手,在石火電光中,「一機一語,如珠走盤」,能納可擲,縱橫在我,殺活繇誰,才是悟者大用、衲僧氣概,若是逡巡依稀,皆非自在。季總和盤托出這等垂手心得,亦可在她自己棒喝機鋒下窺得這等氣概。以下兩則機緣問答,皆問及季總生緣來處,一者僧問,一者季總以此來問:

> 僧參,問:「和尚那裏來」?師云:「要知山僧來處,先喫三十拄杖」。僧便喝,師便打。[95]
>
> 雪中,僧至,師問:「南嶽峰頭,雪擁三際,姑蘇城裏,行人絕蹤,正恁麼時,撥轉乾坤,與我通箇消息」。僧云:「萬里長空,一朝風月」。師云:「未在,更道」!僧擬議,師喝出。[96]

僧問季總來自何處?季總先以口頭之棒施之,僧以喝,展現自己的境界,季總便打。口頭之棒、實棒先後而出,一者納之,一者擲之,一者欲引示斷,一者亦斷亦引。第二則是季總先問,僧答之,季總:「未在,更道」,驗定,截斷,遠拋擲出,而在與不在,或有那麼點味道,再試、再觀、再引之,此時僧擬議,擬議即違,季總當下喝出,截斷擬議。季總應學人之機,如珠走盤,納擲截引,縱橫在己。又,一優婆夷來參問:

---

93 《季總語錄》葉紹顒序,頁442下。

94 《季總語錄》卷二,法語,頁451中。

95 《季總語錄》卷二,機緣,頁450上。

96 《季總語錄》卷二,機緣,頁450上。

優婆夷參，師問：「參甚麼話頭」？婆云：「萬法歸一」。師云：「一歸何處」。婆拜下，捏師足一下。師云：「學來底」。婆云：「和尚莫壓良為賤」。師指淨缾云：「因甚喚作淨缾」？婆擬議。師打出。[97]

「萬法歸一，一歸何處？」是完整的一個話頭，季總問參何話頭，婆子只答前句，後句便被季總搶答去了，這一搶，截斷婆子之心，端看婆子是否可回光返照，從此悟入否？婆子拜下捏足，擺出樣子，「學來底」季總再破，婆子有話可說，季總便轉機輪，指淨瓶為機，婆子一擬議，已白雲萬里，需要再一番寒徹骨了。觀音誕時上堂，有僧來問：

觀音誕上堂。問：「觀音大士未降母胎，向甚麼處安身」？師卓拄杖一下。進云：「已入母胎，為甚卻藏頭露尾」？師云：「莫謗他好」。進云：「已出母胎，作麼生施設」？師便打。問：「一輪紅日現萬里，絕纖塵時如何」？師云：「那裏學得者虛頭來」。僧遶身一匝。師云：「腳跟下，不穩在」。進云：「蹋著稱錘，硬似銕」。師云：「祇恐不是玉」。僧便喝。師云：「再喝喝看」。僧展兩手。師云：「果然弄虛頭」。……[98]

「觀音未降母胎，向甚麼處安身」？季總卓杖，當體即安。「已降母胎，為甚卻藏頭露尾」？季總：「莫謗他好」，謗是謗毀，怎會謗好？又伸又屈。「已出母胎，作麼生施設」？季總便打，就是如此實在地施設。接下來不管是問、遶身一匝，季總以「虛頭」、「不穩」、「祇恐不是玉」破遣之。僧再喝，季總「再喝喝看」活之，僧展兩手，還是未在，季總又實又虛地曰：「果然弄虛頭」。季總對眾之機鋒顯得相當穩健，有伸有屈，有破有活，有虛有實。有一次解制上堂，有士人來參：

解制上堂。問：「古人云：『東去西去，直須向萬里無寸草處去』，祇如萬里無寸草還有為人處也無」？師云：「正好喫棒」。進云：「泊不問過」。師云：「親言出親口」。進云：「與麼則人人徭息」。師云：「立定腳跟好」。進云：「等閒垂

97　《季總語錄》卷二，機緣，頁450下。
98　《季總語錄》卷一，頁444下。

一釣，驚動碧波鱗」。師云：「離鉤三寸，道取一句來」，士彈
指一下。師云：「一釣便上」。問：「和尚今日上堂也是無風起
浪，某甲到此已是拖泥帶水，出格一句請師道取」。師便打，士
翻觔斗而出。師云：「弄精魂漢」。……[99]

士人以「萬里無寸草還有為人處也無」啟問，季總口頭棒喝，或截或
引。「親言出親口」、「立定腳跟好」，以穩健來點撥，再隨著士人所
問，勘之：「離鉤三寸，道取一句來」。士彈指一下，季總：「一釣便
上」，破士人所造之境，士人再要個「出格一句」，季總便打，士人翻
觔斗而出，落得「弄精魂漢」的下場。

季總曾有〈竹拄杖頌〉，竹拄杖即禪師啟悟之棒，即季總行宇宙之
隨身竿木，雖只寫棒，但亦可視為包括喝及一切禪師教化工具，〈竹拄
杖頌〉：

龐侗一概，無枝無葉，硬骨稜層，七凹八凸，
其心雖空，針拶不通，凌霜傲雪，不變其容，
生荊棘林，長頑石壁，無陰陽地，卓卓安立，
用時活潑，能縱能奪，全生即殺，全殺即活，
指西劃東，勢若飛龍，挑回明月，撥轉虛空，
往往來來，全憑渠力，把住時，聖凡乞命，放行時，瓦礫生色，
通身作用自天然，倒弄橫拈許誰測。[100]

拄杖心空無枝無葉，卻硬骨凌霜傲雪，喻禪師棒下心空，卻不假人情，
卓立於無陰陽地，絕一切對待。用時活活潑潑，縱奪殺活全體作用，生
即殺，殺亦活，勢如飛龍，撥轉虛空，把住時，聖凡俱收，放行時，全
現全顯，「通身作用自天然，倒弄橫拈許誰測」。

這些變化多端，全體作用的棒喝啟悟，純然是學人與老師當下以心
呈心的內容，老師能見學人心識，給以適當之或破或立等啟悟，讓學人
直下趨入，抽離師生身心與時空，意義所剩無幾。然而從這些機鋒棒喝
下，我們仍能看到季總經常在學人呈境、問話下，穩健地點撥「回光返

99 《季總語錄》卷一，頁447下。

100 《季總語錄》卷四，雜著〈竹拄杖頌〉，頁470上。

照」，截斷學人之馳求妄立，如遇援引祖師公案言句者，亦是如此，無形中形成不務積累、轉語，不落窠臼的簡捷風格。例如：

> 問：「昔日僧問趙州：『親見南泉是否』？云：『鎮州出大蘿蔔頭』。意旨如何」？師云：「情知你吞吐不下」。[101]

學人問「僧問趙州」公案的意旨如何？季總就來個回光照之：你吞吐不下。而且還拶動學人，看他如何？又：

> 問：「金牛每至食時，异飯桶作舞，大笑云：『菩薩子喫飯來』。意旨如何」？師云：「不是飽餐人不知」。僧後問長慶，慶云：『大似因齋慶讚』。又問大光：『未審因齋慶讚，意旨如何』？光作舞，僧禮拜，光云：『你作麼生會』？僧亦作舞，光云：『埜狐精』。此意如何」？師云：「字經三寫，烏焉成馬」。[102]

當學人第一問時，季總早就拋一句：「不是飽餐人不知」，要學人回光自照，莫在別人語句下功夫。沒想到學人又以前面公案之後續發展（與長慶、大光的對答），再啟問季總，季總只好以逸待勞：「字經三寫，烏焉成馬」，離道太遠，要回光照了好幾回還照不到呢！葉紹顒居士來問：

> 葉季若居士問：「巴陵三轉語，和尚作麼生會」？師和聲便喝。士云：「如何是提婆宗？陵云：『銀碗裏盛雪』，意旨如何」？師云：「來說是非者，便是是非人」。士云：「如何是吹毛劍？陵云：『珊瑚枝枝撐著月』，又作麼生」？師云：「非公境界」。士云：「祖意教意是同是別？陵云：『雞寒上樹，鴨寒下水』，又且如何」？師云：「也祇道得一半」。士云：「那一半請師不悋」。師云：「任從滄海變，終不為君通」。士云：「和尚莫是末山再來」？師云：「又被風吹別調中」。[103]

季若問巴陵三轉語，季總「和聲便喝」，以喝聲，截斷識流，截斷知解，截斷祖師公案，季若仍在馳求別人答案的對錯高下，續呈巴陵對

---

101 《季總語錄》卷二，機緣，頁 451 上。
102 《季總語錄》卷二，機緣，頁 451 上。
103 《季總語錄》卷二，機緣，頁 450 上中。

「如何是提婆宗」、「如何是吹毛劍」、「祖意教意是同是別」的轉語來問，季總先以「來說是非者，便是是非人」讓居士回光照己。「非公境界」，直指其人斷其念。季若不照顧自己，別人的事還沒問呢！「也祇道得一半」，季總出個勾子引之，讓居士再活一下，結果季若還是要求另一半，「終不為君通」，季總一以貫之，穩健大刀再截斷之，還是要他回照自身。季若再三繼問，不問完不死休，難怪季總總要勸戒居士莫陷於文字玄解中。祖師公案之參究本為幫助學人速入悟境，但積累太多太厚，不在這當中周旋，好像便不能悟道，徒增玄解智障，反成學人包伏，所以季總用此方式來對待祖師公案，讓語錄展現出沒有包伏、積累公案的情境。

　　有時是學人自己呈偈，例如無心道者：

> 無心道者呈偈，有「獨露孤峰頂上月」之句。師云：「即今月在甚處」？者拍香几。師云：「者箇是檯子」。者云：「和尚莫謾某甲」。師云：「保福道底」。者擬議。師喝出。[104]

無心有「獨露孤峰頂上月」句，禪師殺活自在，季總當然不在文字境界上著眼，要學人面面相呈，回照當下，所以問學人當下之月，來迴轉、勘驗。當以貞道者來參時呈偈：

> 以貞道者參，呈偈云：「堪笑從前枉用工，離波覓水苦無窮，如今親見當人面，華在舊時紅處紅」。師云：「如何是汝當人面」？貞云：「和尚喫飯也未」？師云：「與汝甚交涉」？貞云：「分別不少」。師云：「囫圇吞箇棗」。貞無語。師便掌。次日，呈南泉三不是頌。師接得，問云：「是箇甚麼」？貞云：「昨日被掌，至今背脊猶疼」。師云：「死了燒了又作麼生」？貞擬對，師便喝。復示頌云：「覓心不得誰為佛，觀佛無蹤誰是心，去此二途能見徹，兩眉依舊可憐生」。[105]

以貞有「如今親見當人面」句，季總以「如何是汝當人面」？實實在在地回照回去。以貞有些境界，老師問我當人面，我也得看老師喫飯了

---

104 《季總語錄》卷二，機緣，頁 450 中。
105 《季總語錄》卷二，機緣，頁 450 中。

沒？季總穩穩地再回照之：「與汝甚交涉」。之後「分別不少」、「囫圇吞箇棗」，以貞無語、擬議，季總的掌與喝，季總點撥鎚煉這位修行者，季總有一首〈贈以貞道人〉對其頗有讚許：「世間同隊幾同修，獨羨君能得自繇，截斷情關如水冷，了知苦海若雲浮，襟懷灑落塵緣累，骨格英奇佛祖伜，勘破箇中男女相，乾坤何處不風流」，[106] 看來這位以貞道人是位女性修行者。

在示眾時，季總自己引古人言，也回光返照，勘問大眾：

> 歲朝示眾。爆飛千尺燄，嚮過萬重雲，一氣洪鈞轉，梅華幾點春，新年頭，佛法早已露布了也，大眾，古人道：「但得雪消去，自然春到來」，且道雪向甚處去？春從甚處來？孰樞紐是？孰橐籥是？若向者裏著得隻眼，不妨龍吟霧起，虎嘯風生，……[107]

季總舉古人言，連問幾個根本處：「雪向甚處去？春從甚處來？孰樞紐是？孰橐籥是」？要大眾在此著眼。學人曰：「恁麼則有意氣時添意氣，不風流處也風流」。季總云：「如何是汝風流處」？[108] 學人進云：「恁麼則七尺烏藤行活計，一條白棒展全機」。季總云：「如何是你底活計」？[109] 就如在圓明寺上堂結尾：「輥甚雪峰毬，打甚禾山鼓，葛藤千七俱拈卻，明明一句超今古」，[110] 千七祖師公案葛藤皆拈卻，她跟學人要一句明明超今古之句。也如她在沈夫人誕日時所開示的：

> 沈夫人誕日。請上堂。冥通三界，洞徹十虛，函蓋乾坤，包羅萬象，道有則纖塵不立，道無則遍周沙界，擬心湊泊，白雲萬里，著意馳求，風塵匝地，若也回光知落處，一輪明月正當天。……[111]

道有，纖塵不立，道無，遍周沙界，修道要能絕超相對，擬心分別即歧，馳求外境即遠，風塵匝復纏縛，不得解脫，「若以回光知落處，一

---

106 《季總語錄》卷四，詩偈〈贈以貞道人〉，頁 464 中下。
107 《季總語錄》卷二，示眾，頁 449 中。
108 《季總語錄》卷一，頁 446 下。
109 《季總語錄》卷一，頁 446 上。
110 《季總語錄》卷一，頁 44 中。
111 《季總語錄》卷一，頁 447 上。

輪明月正當天」，如果能迴光知落處，自然月輝明淨，顯法性光明。季總機鋒棒喝的啟悟方式多端，面對學人問題，並非全然使用迴光自照，面對祖師言句公案，也並非全然不下轉語，但她經常截斷學人識流、截斷學人引祖師公案話語之心，回撥學人自身，回撥得穩健，截斷得簡捷，這是相當明顯的。

四、《楞嚴經》見地之教化

季總在「端午示眾」時以《楞嚴經》的見地來談修證，形式為五言、五十六句：

> 今日五月五，龍舟江上舞，旗旛前夜風，聲振去年鼓，
> 時節不相饒，光陰不我與，未明心地人，須念生死苦，
> 緊緊握蒲劍，挺挺騎艾虎，勦六賊巢穴，息三塗酸楚，
> 漫然不施功，茫茫三界旅，譬如隙中塵，擾擾誰為主，
> 就陰息紛紜，如繫駒伏鼠，未滅眼中翳，空華將復翳，
> 狂心不暫歇，歇即止息所，聞爾趨寂然，卻攣而得僂，
> 不識常住心，二邊墮見取，於斯二無礙，澤雉出樊宇，
> 十步一啄食，百步一飲渚，頡頏天地間，無喜亦無怒，
> 爾我林下人，有志超佛祖，噇飯了打眠，世事不聞睹，
> 無在無不在，七微自規矩，無還無不還，八辨自盲瞽，
> 合覺被覺瞞，背塵為塵圍，唯有一月真，瞿曇未相許，
> 奪卻善財藥，截斷文殊語，此簡九還丹，能瘳諸毒蠱，
> 吞卻如砒霜，吐卻成蜜乳，拚得窮性命，佛祖不如汝，
> 於此蓮然醒，杲日正當午，於此若不醒，錦麟臥網罟。
>
> 驀拈拄杖，卓一卓云：謹白參玄人，急急如律呂。下座。[112]

這篇端午示眾頗為特別，以《楞嚴經》之七處徵心、八還辨見、妄為明覺等來論不落二邊、常住真心之見地。

112 《季總語錄》卷二，示眾，頁 449 下、450 上。

從端午時節之龍舟、旗旛、鼓振略顯機鋒始，先以光陰易逝、生死苦迫警戒，接著以握蒲劍騎艾虎，比喻勦六賊、息三塗之勇猛精進，否則不知修道，在三界茫旅，只是塵擾無主。

接著，指出心要不落二邊，直體清淨常住心。妄心起伏，所以要止息之，如果是色、受、想、行、識（五蘊）上的止息，那只是「繫駒伏鼠」，暫時的壓制，只會外寂內搖，空華又將復紛紜，而狂心不歇，即妄作妄為，狂心止息，卻只是暫時壓制，甚至墮入頑空，反成障礙，一者狂心不歇，一者墮入頑空，都是有見有取，並非無礙無執，唯有超脫二邊，了知本覺清淨心，即是本覺佛，才是真正無礙。季總以莊子《養生主》之澤雉出藩宇來比喻這個無喜無怒、自在無礙的境界。並提醒當場的修道者，由此超佛越祖、不落煩惱，自由自在。

繼而，季總以七處徵心、八還辨見來闡明《楞嚴經》所說的不墮二邊、不妄立主客體。七處徵心，是佛陀問阿難「心在何處」，阿難連舉七處，[113] 皆為佛陀所破解，最後一切執著破掉，直心、本心顯現，所以季總說「無在無不在」，無在，無心可執也，無不在，本覺之自在作用也。八還辨見，是佛陀一一指出八種可見之境相皆可還其作用之本體，[114] 但見之作用卻無處可還，亦即本覺清淨心之作用，是普遍大用，而無可執。所以季總云：「無還無不還」，無還，無見可執，無不還，本覺之自在作用也。所以空有圓具，無執大用皆具，由此來行菩薩萬行。

《楞嚴經》：「性覺必明，妄為明覺，覺非所明，因明立所，所既妄立，生汝妄能，無同異中熾然成異，異彼所異，因異立同，同異發明，因此復立無同無異，如是擾亂，相待生勞，勞久發塵，自行渾濁，由是引起塵勞煩惱」。[115] 本覺清淨心是必明，無有相對主客體，但

113　徵心七處為：心在身外、心在身內、心潛伏根裏、心在內也在外、隨所合處，心即隨有、心在根塵中間、一切無著即為心。

114　八還辨見為：明（明還日輪）、暗（暗還黑月）、通（通還戶牖）、壅（壅還牆宇）、緣相（緣還分別）、空（頑虛還空）、鬱字（原字為「左土右字」）（鬱字還塵）、清明（清明還靈）。

115　般剌蜜帝譯《大佛頂如來密因修證了義諸菩薩萬行首楞嚴經》卷四，《大正藏》冊19，頁120上。

眾生卻在此徒增一「明覺」作用要來覺此本覺，但因這些一增，卻又要再造一個「所明」的客觀、所照的對象出來與之相對，是謂「因明立所」。所以季總所謂「合覺被覺瞞」，即是已妄為明覺，此明覺又要照「覺」，季總不從對立來言「因明立所」，而言「合覺」，想與覺合，意思亦同，表示已相立成主客體了，如此一來，即被覺（妄為明覺之明覺）瞞，從此塵緣煩惱妄生。而「背塵為塵圍」亦同此意，本覺清淨心，無有塵非塵之分，立個塵，而要背離之、掃除之，亦是徒增主客體、相對立相，已離開本覺清淨心。所以佛陀告訴文殊云：「本是妙明無上菩提淨圓真心，妄為色空及與聞見，如第二月，誰為是月？又誰非月？文殊，但一月真，中間自無是月非月」。[116] 所以季總曰：「唯有一月真」，表達此本覺清淨心：「本是妙明無上菩提淨圓真心」。接下來從「瞿曇未相許」之後，季總開始回到禪宗「超佛越祖」式的大氣魄語句：本覺清淨心，得自證自悟，佛陀無法相許於你。既證道解脫，佛祖亦不如汝，善財之舉目所見無非藥，文殊之如利劍之智慧語，都是戲論，可奪卻截斷。亦可說，善財之遍地藥、文殊之智慧語，都可為你所用。這樣的修證如同九還丹，能療無明煩惱，法性光明就如端午，杲日正當午。依著九還丹語，季總最後拈拄杖，還以「謹白參玄人，急急如律呂」道教式語言，催促大家拚得性命，勇猛精進參究。教化語句甚為活潑。

《楞嚴經》本覺清淨心等見地，對禪門的啟發頗大，亦廣為流行，因為禪宗之證入真常妙心、本具佛性、即心即佛等境界語，與此經的本覺清淨心等境界頗為相契故。所以季總以此來教化也有其禪門背景在。又，此經有菩薩二十五圓通法門，其中最著名的是觀音耳根圓通，季總語錄亦記載三次與觀音有關的教化：觀音誕上堂、觀音成道日上堂、觀音成道日小參。其中觀音成道日上堂云：

> 觀音成道日，上堂。問：「龍池一滴起根源，南嶽家聲震大千，師子座前重獻瑞，圓通一句請師宣」。師云：「穿過髑髏了不知」。進云：「如何是圓通體」？師云：「慈雲香散千峰雨」。

---

116 般剌蜜帝譯《大佛頂如來密因修證了義諸菩薩萬行首楞嚴經》卷二，頁112中。

「如何是圓通用」？師云：「寶鐸聲傳萬里風」。進云：「恁麼則有意氣時添意氣，不風流處也風流」。師云：「如何是汝風流處」？僧便喝，師云：「好喝」。僧禮拜，師便打，乃云：「觀世音菩薩向山僧拄杖頭上來也。大眾還見麼？說盡無生般若，談遍圓通妙義，大眾還聞麼？若也共見共聞，則鐘鳴鼓響，總皆入理之門，柏短松長，盡是真如境界，大丈夫兒向者裏捏碎虛空，騎聲盡色，孤峰頂上橫眠，卻在十字街頭垂手，十字街頭垂手，原在孤峰頂上橫眠，隨方應現，觸處圓通，雖然，且圓通一句畢竟作麼生道」？卓拄杖云：「天共白雲曉，水和明月流」。下座。[117]

學人從圓通體、圓通用來問，再問風流句時，季總即回光指向其落處：「如何是汝風流處」？並指示鐘鳴鼓響、柏短松長皆是入理之門、真如境界，由此能證悟即能孤峰頂上與十字街頭如如不二，獨眠與垂手亦如如不二，自在無執與行菩薩萬行亦是如如不二，亦即前面所言「無在無不在」、「無還無不還」之空用具圓，而這樣的見地亦表現在下一部分將論及的：世法佛法一念圓，戒行修為、菩薩萬行之教化上。季總運用楞嚴經見地來教化，有經典理則論說亦有修證功夫境界，而季總說法浩浩之通宗通教，亦展現無遺。

五、世法佛法一念圓，菩薩萬行喃喃語

　　季總之教化，禪法說理兼具，通宗通教，其中較側重於「教」者，即是關乎戒行修身之嚴謹、佛法世法之關係、日用相應、菩薩萬行與修證的教誨，這部分的教化，呈現出情理皆備、細密叮囑、為時代弊病下針砭之心，就因這種細密敦敦、苦口婆心，還讓她略帶自嘲地為自己的多言不已題個〈喃喃語〉之名，也舖陳出季總開闊通透、穩健大器的禪風。

---

117 《季總語錄》卷一，頁 446 下。

（一）為僧須自勵，收攝身心成法器

　　嚴大參談到季總棒喝機鋒、說法利生時，雖然會下多有省發者，但「師不濫印」，她還曾曰：「不二法門，嚴戒律者已寡，大千界內，真悟者益稀」，相當重視嚴於戒律、真參實悟，所以「師律已凜如嚙雪，領眾肅若啣枚，毫無假借」，[118] 自身亦是戒行嚴肅，所以語錄中亦多處可見其對僧眾戒行實學之重視。

　　戒律之嚴謹有助於真參實悟，所以季總教誨弟子悟道為上時，常是戒行與參悟互持，叮囑戒行時也必然作為悟道之前行，尤其對以修行為志的僧眾，她為新戒子開示時云：

> 新戒求開示。卓拄杖云：「一法若有，毗盧墮在凡夫，萬法若無，普賢失其境界，於此明得，盧行者，高沙彌，揚眉有分，其或未然，莫怪山僧葛藤」。驀召大眾云：「會麼？參禪不持戒，縱使廣智多聞，未免被八風所動，五欲所牽，何能超出三界，證大涅槃，故經云：『聰明不能敵業，乾慧豈免輪迴』。受戒不參禪，假饒六度齊脩，萬行俱備，報感人天，終須墮落。當斯季運之時，佛法澆漓，人心淡薄，在家出家，罕有發淨信者，間亦有之，旋見退墮，或值善知識開示，勸令受戒參禪、脩因布福，便百計推辭，設若生死無常到來，你還推辭得麼？若推辭不得，將此深心奉塵剎，是則名為報佛恩。……[119]

盧行者，指六祖慧能未出家前；高沙彌，指藥山惟儼「榮枯之問」能直現法性無執的一位俗姓高的沙彌，一者居南蠻之地、居士之身，一者是尚未受戒的出家人。季總舉這二人，表達悟道為上，不受身份之拘限，而如何悟道呢？不落兩邊，直下即了，如果於此無法承當，就得從參禪受戒說起，要能禪戒兼修，亦即具備普賢菩薩之德性：大行實踐。參禪不持戒，縱然廣智多聞，也會被自身五欲、八風所牽纏，連三界都無法超出，何況證涅槃？所以參禪妙悟，不能沒有六度萬行之修為，成為乾慧枯智。但如果只受戒不參禪，無慧無悟，也終須墮落。而季總這樣

---

118 《季總語錄》嚴大參序，頁422 中。

119 《季總語錄》卷二，示眾，頁449 下。

的教戒，是痛時人之弊而來的，「佛法澆漓，人心淡薄」，能發淨信者希，即使能起，亦旋即退墮，即使有法有師能提示，亦百計推辭。所以她要新戒子們能悟道戒行具足才是。在一次示眾時，季總期許僧眾須自勵，收撿身心成法器，她以六、七言句式警戒云：

> 示眾，
>
> 既為僧，須自勵，收撿身心成法器，
>
> 學道真誠入聖流，生死海中期汝濟，
>
> 苟圖衣食逞閒遊，浪蕩隨緣生邪計，
>
> 不若居家作俗人，免他神算并人議，
>
> 空門物，施主財，為崇道業施將來，
>
> 未了復身還信施，何能越得馬驢胎，
>
> 近賢智，遠庸鄙，善念日增惡日止，
>
> 毫釐繫念成業因，三塗苦報從茲起，
>
> 心地不明誓不休，應期妙悟超凡類，
>
> 參隨一似活死人，方得心空出三際，
>
> 若還不信我語言，閻老無情君莫怪。[120]

學道入聖流，自度亦度人，施主財施是尊崇道業而來，也期望得到明師濟渡，如果不能，反而閒遊浪蕩於衣食之間，妄生邪計，倒不如做個在家人來得心安理得。如果道業無成，所受之供養，甚至要以驢胎馬腹加倍復還他人，所以她要僧眾「收撿身心成法器」，近賢遠鄙，善念相繼惡念止，應期妙悟超凡類，心地不明誓不休，接著隨舉參話頭功夫，一參再參，參得似活死人般，才得悟入實相超出三界。季總從信施供養、因果業報來著眼，強調要對得起自己，對得起信眾，成為法器，自度度人。又，示眾云：

> 示眾。……嗚呼，學不究竟，非學也。僧不至道，非僧也，但有五德之名，徒具六和之相，益己之功既缺，利人之德全虧，辱此圓頂，玷污方袍，不識自心之何似，焉知祖道之嘉模，豈只辜負聖化，抑且埋沒己靈，既昧正因之路，空招來世之愆……，故須

---

120 《季總語錄》卷二，示眾，頁449上。

篤志離舊，刻期證悟，梵行惟潔，道業惟精，庶不為生死魔軍之所管轄也。苟不孜孜實學，兀兀真參，則無常卒至，何以支撐，後悔莫及，請熟思之。[121]

僧，不至道，非僧也，悟道為上，悟道則要智行兼具，不能辱此圓頂方袍之相，要具五德六和，益己利人，要能刻期證悟，梵行清淨，孜孜實學真參，方不落入生死輪迴之中而後悔莫及。能悟道始能說法度眾，季總對於僧眾的敦敦教誨，望其能成法器，以證悟為上，梵行德性也要具足，而這樣的教化在〈喃喃語〉中舖陳了出來。

（二）世法佛法一念圓融

季總上堂說法時，常以「物我一如」開闊出禪機，通透出悟境，諸如「世界虛空總一體，群靈萬象悉同宗」等，而「此非耳目所能到，心識忘時道自通」，[122] 要心空無執方能入此實相，因此，若論實踐修道，面對世法時，亦要如是事事圓融，物物通透，不是佛法與世法分成兩半，方能與之相應，季總在為如心如性二禪人開示妙悟為上、不可執坐時，亦已談及於此：

> 示如心如性二禪人。……故知行住坐臥，動止忙閒，皆可做工夫，但坐中斂念，易得寧靜，然禪亦非斂念取靜參得，故曰：「欲識佛性義，諸法從緣生」，若能對境無心，雖終日擾擾，何曾動著一絲毫，故無事於心則顯智，無心於事則理明，理明則物物頭頭何取何舍，智顯則念念心心何妄何真，蓋以境之通塞，繫心之迷悟，何與於物哉。……[123]

雖終日擾擾，能對境無心，就事言，無心於事；就心言，無事於心，心無妄真，境無取舍。這樣的提點對並非以修行為本業的居士，特別受用，所以她亦向黃、徐二位居士如此開示：

> 示張黃甫、徐仰齋二居士。山河大地，明暗色空，日月星辰，森羅萬象，迷者認為外物，悟者消歸自己，一切時中，若能無事於

---

121 《季總語錄》卷二，示眾，頁 449 上中。

122 《季總語錄》卷二，示眾，頁 449 下。

123 《季總語錄》卷二，示眾，頁 451 下　452 上。

心，無心於事，自然物我一如，隨處自在，不見僧問風穴：「語默涉離微，如何通不犯」？穴云：「常憶江南三月裏，鷓鴣啼處百華香」。居士若向者裏開得隻眼，不但世法佛法一念圓融，即風穴老子亦一時收下，到者裏山河大地，明暗色空，日月星辰，森羅萬象，向甚麼處者？居士試道道看。[124]

森羅萬象，悟者能消歸自己，無事於心，無心於事，自然物我一如，世法佛法一念圓融，即能隨處自在，不必一定居處山林寺院。居士，身處由無明交雜建構的世間網絡中，需要面對各種責任、權利、名利、家庭、酬對、人際、親族、欲樂等等情狀環境，若沒有出家跳脫之舉，世法與佛法之間的落差更大，修行更為不易，但若以為避居隱修即是佛法，亦非正見，也非居士生活可以做得到的，修行要能順緣就事，所以季總要居士先放下「世法與佛法成為兩半」、「居士處俗世，修行不易」之心，就事練心，雖終日擾擾，卻無事無心，她寫給周雲卿居士的信亦如是說〈與周雲卿居士〉：

向承賜顧，蓬壁生輝，造次登龍，過辱寵優，謝謝老居士，夙具善根，智量過人，若究心此道，應如泗洲見大聖，不知有何世務紛紜于本分事膜不相關，將謂世法佛法分作兩橛，不見僧問歸宗：「如何是佛」？宗云：「吾言恐汝不信」。僧云：「和尚誠言，安敢不信」？宗云：「即汝便是」。僧云：「如何保任」？宗云：「一翳在眼，空華亂墜」。請看是何道理？蓋迎賓送客，抱子弄孫，至於折旋俯仰之間，若能直下薦得，即佛法尚不可得，況世法耶？山僧書至此，不覺擲筆大笑，且道笑簡甚麼？言多去道轉遠，惟居士就焚之。[125]

季總以祖師之言說：不知有何世務紛紜與本分事不相干者，亦即修行人見世事紛紜，都是參究悟道之處，都是六度萬行之處，都是非妄非真、如如融攝之事。因為萬物同體、物我一如，因為即心即佛，別無他心他佛，因為佛法尚不可得，何況世法？既然世法不可得，亦是如幻，何

必立妄而成障？所以季總要周居士於「迎賓送客，抱子弄孫，至於折旋俯仰之間」能直下薦得，法性如如，這是不落階次而言，若落階次，這些時間、事物也都是修心練心之佳處。即使不落階次言直下薦得，季總也不覺擲筆大笑！因為講直下薦得也已落在階次中矣。佛法世法一念圓融的教法，是實相之法，通乎出家與在家，即使是出家僧人，亦需於終日擾擾而對境無心，無境於心，方能合道，但相對之下，此法對居士而言，是最為恰當適合的，因為居士面對的環境更紛紜雜亂，能不揀擇境相而依境修行，依境開解，能無心於事，無事於心，這是最為方便，也最為猛利直截的。

七優曇華：明末清初的女性禪師

（三）〈示眾禪者偈〉與〈喃喃語〉之菩薩萬行

　　季總語錄有一篇〈示眾禪者偈〉，一篇〈喃喃語〉，前者為五言詩偈，後者是四言、五言、七言、八言不等的偈語，二篇篇幅都頗長，〈示眾禪者偈〉內容有證悟的開示，亦有修身、擇師等教戒。〈喃喃語〉則花了很大篇幅展現如格言式的修身之教，但頭尾亦有很重要的證悟開示，相對而言，〈示眾禪者偈〉較偏重智證之言，〈喃喃語〉則較偏重善念戒行修為之語，但這並不表示〈喃喃語〉之修證語少於〈示眾禪者偈〉的，而且〈喃喃語〉那些日常修為之教，實以其佛法修證內涵，即成菩薩之六度萬行。因此這二篇教化都可以展現季總在戒行修為上的重視，以及其與證悟的密切關係。

　　先分析〈示眾禪者偈〉，其內容為：

　　　　欲渡生死海，須　般若舟，一念回機處，諸妄即時休，妄盡心如如，輪迴始斷流，般若因師悟，剗心未足醻，生佛本來齊，迷悟兩分岐，達法心開悟，拒師原自迷，一團世俗心，毫無欽信倪，祇責他長短，不知己是非，茫茫隨業識，涉獵閱文字，自心障自心，非業成業地，共師住千年，不知佛法意，誠哉知道難，知己尤不易，一中邪師毒，萬劫縈桎梏，擇師第一功，參隨自勉勗，形儀似端嚴，浮情實諂曲，扭捏投人意，珷玞豈是玉，本色人難得，宛有凌霄勢，面不阿附人，心不藏異計，不辨塵勞境，寧知聖義諦，任性逐情塵，千生驢橛繫，自誇心機巧，能令萬事曉，

寧知障染心，不是超凡表，作善無豐約，隨心成大小，住相輪迴生，離塵生死了，萬行得其宗，菩提在掌中，關板無多子，久長人可通，清淨理不入，濁惡心爭空，業浪滔滔滾，真機耿耿蒙，身世暗推遷，命根日剝削，一旦無常至，然後抱佛腳，閻老實無情，緊要隄防著，莫謂死尚遠，將此付高閣，急處放些緩，強處放些弱，日用句相應，生死能自若，了身心如幻，即是大圓覺，為報修行人，是義應當學。[126]

這篇偈語，可分為如下幾個部分：

始言，般若妙悟的重要。生死茫茫，若能一念回機，入般若法船，妄休心如，能斷輪迴苦流。

接著，表達明師、擇師的重要。眾生與佛本無異，因迷悟而別，要能達法心開，需有明師指引，而明師能指引也因自心能明道，否則拒師、隨業、是己非他、涉獵閒文字等反而是自心障自心，即使共師住千年也是徒勞無功。所以自心亦要明，亦要有擇明師之識見，所謂「擇師第一功」也，否則一中邪師毒，不僅學道不成，反誤入歧途，無得解脫。季總舉一情狀表達邪師之態：形儀似端嚴，但實是諂曲投人意。而明師本色人是「宛有凌霄勢，面不阿附人，心不藏異計」，重點放在能不隨俗阿附，能以道示人。

再而，轉向「境與心」來談，心不辨塵勞境，是不明，不明豈可知聖義諦，但心若逐塵順情，是隨業輪迴，心若機巧鑽營，也是染塵障道，不是真正的般若智慧。善行大小不在物質豐簡，而在「心」之大小，心空即大，所以「心」要離塵，離塵則明則大，生死也可了。離塵之清淨心，是萬行之宗，握此關鍵，如菩提在掌手，依此去行萬行，即是菩薩行，即是心空離塵、明白自在。

接著，以業識滔滔、生死無常迅速來警戒，要大家把握光陰，真實用功。

繼而，季總以很貼切的實踐功夫來提點眾禪者：急處放緩、強處放弱，亦即調練、休歇妄心，並能與日用常相應，亦即將佛法透入世法，

---

126 《季總語錄》卷四，雜著，〈示眾禪者偈〉，頁470上、中。

口口時時在道中。一休歇，一隨緣，頗有一收一放之功。

最後，提舉一大圓覺境：生死能自若，了身心如幻，即是大圓覺。入生死，而不被生死所拘，有身心，了身心如幻，緣起與妙有合融，便是大圓覺之境。

以入般若為始，以大圓覺為終，其中有明師、擇師之叮囑，心境關係之示明，而歸於明明白白「清淨心」。並示以生死無常之警戒，以休歇安心與隨緣日用為功大。其內容具含教與宗，有淺有深，有理有用，有心有境，有入法有擇師，有明師有邪師，有入手處，亦有關鍵處，季總說法之通宗通教亦由此展現出來。

〈喃喃語〉此篇，「喃喃」一詞，在季總語錄中還出現過一次，為湛水道人開示參話頭時曾曰：「若初參人，便有許多哆哆喃喃底說話，於自己分中有何所益，徒障悟門，為害不少」。[127] 顯然哆哆喃喃底說話，是指牽雜不清、嘮叨無益，甚至還會障道之語言，季總以此來標目自己的話，顯然也在自嘲自己的囉唆與嘮叨，在明眼人面前只是喃喃自語、多此一舉，甚至應該就此焚去的東西。

但觀諸季總對當時禪門宗乘似盛實衰、發淨心者少，不肖者多，而作〈悼祖風辭〉來看，她的所謂喃喃語，必然是不得不眉毛拖地、苦口婆心，從次第法上著眼，細細檢點一些應世修為之事，讓學人能夠不蹈空虛言，而能重視真操實履，即使未能悟道，也是有德有品之人，即使未成法器，也是謹言慎行之人。而就另一角度而言，這些應世修為之行，即是普賢菩薩之六度萬行，季總在為新戒開示時就曾云：「一法若有，毗盧墮在凡夫，萬法若無，普賢失其境界，於此明得，盧行者，高沙彌，揚眉有分，其或未然，莫怪山僧葛藤」，[128] 因為學人未明，所以季總要來一段喃喃「葛藤語」，說空性，說萬法，萬法即在人事應對上，即在行住坐臥上，即在日常修為上，所以這些所謂道德修為之事，即是菩薩六度萬行。今先觀〈喃喃語〉：

> 當知學道，如牧牛法，慎勿縱緩，犯人苗稼，

---

127 《季總語錄》卷二，示眾，452 下。

128 《季總語錄》卷二，示眾，頁 449 下。

生死心當切，世緣殊可罷，看箇話頭，心心無間，

當離憒鬧，安處寂靜，宜遠雜遝，志圖見性，

宜寡言詞，多語者賤，宜省緣慮，多事者亂，

無見小利壞良心，無因小害損善念，

毋見人非退己善，毋自作尊退人道意，

毋以微善而不作，毋以小惡而不禁，

聞善言當拱聽，臨禍患當安詳，

見不平毋動氣，遇侮慢毋動嗔，

處友必須乎澹，絕交毋出惡聲，

聞過莫憚改，聞諫當自醒，

非切己事莫往，有益善者當行，

人家無伴慎勿久坐，在處逢人不宜戲論，

當大事毋急卒，遇小事毋輕忽，

無要緊事莫舉，無利益事莫談。

好事宜先人後己，過失宜責己恕人，

無許露人隱事，無障昧人美行，

毋為事難而辭，毋為患難而退，

毋以妄身作業，不可縱性壞事，

口不宜傳人非，耳不宜聽人短，

見諍宜息，見難急救，

重義疏財，損己利物，

出言須和氣，行事宜誠實，

問辨當虛己，論事須達理，

捨戲玩具，遠惡律儀，

莫親邪辟人，莫習惡知解，

貧乏無苟求，從容無妄費，

理不可自是，事不可固執，

凡事宜方便，為人無刻薄，

語默宜尊重，舉止貴安詳，

當親良友，宜擇明師，

見人須謙遜，交易宜平穩，

奉己宜約，待老宜寬，

在下者宜慈愛，不慈愛同廢物，

在上者須孝敬，不孝敬類犬馬。

當患道德不充，毋以聲利自累，

當治心於未萌，毋順情以致亂，

究道研真，老病應當益壯，

親師擇友，曉夕不可憚勞，

切忌胸中存物，虛室自然生白，

切莫意下染塵，鏡清斷不匿髮，

當觀此身不久腐爛，應不移時，自心因塵而有，無塵體亦無依，

觀身量等虛空，則不見有身而為生死，而生死亦同虛空，

安心還同法界，則不見有心而為起滅，而起滅亦同法界，

當信悟道在剎那，不費纖毫力，若假纖毫力，即同有作意，

慢則心輕，信微則志弱，凡障深厚，實難湊泊，

天下無愚人，不納言者愚，天下無真病，不受藥者病，

病愈而藥不除，其病轉深也，言納而愚猶在，其言不聖也，

然則余固非聖其言，皆私淑諸聖也，有心當世者，不以人廢言可

也。[129]

　　季總首先以「學道如牧牛」的觀點切入，牧牛的過程從牧童如何駕
馭牛隻免犯人苗稼，以及牧童與牛之間的種種互動關係，都需要一再的
蛻變翻轉，這是調練心性的過程。所以整首〈喃喃語〉也可視為調練身
心的教化，尤其是較著墨於應世的善行修為上。

　　標舉學道如牧牛後，即要學人生死心切，看破世緣，悟道解脫，而
如何悟道呢？季總依然提出她作為臨濟禪師的本分教化：心心無間，參
個話頭。短短幾句，看在學人眼裏，應該已攝入她的禪法教化矣。

　　接下來的「當離憒鬧，安處寂靜，宜遠雜遝，志圖見性」，遠離憒
鬧雜遝，安處寂靜修道，是戒行專修之教，並在此處藉由戒行之教，逐

---

[129] 《季總語錄》卷四，雜著〈喃喃語〉，頁469下-470上。此處分段，為筆者所分。

漸從佛法修證轉向日常應世、善行修為之教上。

後面所接「宜寡言詞，多語者賤」等等，一直到「在下者宜慈愛，不慈愛同廢物，在上者須孝敬，不孝敬類犬馬」皆是善行修為之教。

從「當患道德不充，毋以聲利自累，當治心於未萌，毋順情以致亂」，由世間道德修為逐漸再轉回佛法治心之處，「究道研真，老病應當益壯」之後即回到佛法修證上。

接下來的這段佛法修證語非常重要，它將前面細密的善行修為，實以根本性精神，今分析如下：從參悟要精進，不因老病而廢，要親師擇友，時時勤勞。再說心空、不染塵，鏡清，物昭明。接著從身心的無常性來論：身會腐爛，故無常，心依身塵而有，身無常，故心亦無常。由此身心無執，再論「身與虛空、生死」、「心與法界、起滅」：從身來談生死，因為身無執，身量等虛空，身空故生死亦空，而生死亦同虛空。從心來論起滅，因為心無執，法界亦如幻，心安還同法界，無心故起滅亦空，而起滅亦同法界。更進一步者在於最後句：「而生死亦同虛空」、「而起滅亦同法界」，將空境寂靜處轉活出來，讓空境更精純，讓緣起更具作用，使緣起性空圓具起來，也就是〈示眾禪者偈〉之「生死能自若，了身心如幻，即是大圓覺」，也是「端午示眾」所引《楞嚴經》見地之「無在無不在」、「無還無不還」，而菩薩六度萬行之實踐即由此而出。所以之前所舉的各種善行修為，就事來看，有莫行、當做、不宜、須宜等心行，亦即具有起滅相，然而於此，不見有心而為起滅，而起滅亦同法界，由此季總所舉之種種善行修為則有空性之內蘊，更具空力而成菩薩萬行。

在一行一言、密密喃喃道出善行修為、菩薩萬行之教化，季總再點破之，標舉「悟道在剎那」，無有作意階次，並再叮嚀要能信自己，志趣解脫，否則慢心輕視，難以入道。

最後，以納言與愚、受藥與病的關係來說，兩者是相對存在、互依互存，皆是空性。所以喃喃語能悟道，即是真言，真言不能悟道，即是喃喃語也。末了，以己言非聖言，是私淑諸聖言，期許世人不以人廢言。

菩薩行有所謂六度、四攝，六度即般若、精進、持戒、忍辱、禪

定、布施，四攝即布施、利行、愛語、同事，審視這些細密、格言式的善行修為，諸如「宜寡言詞，多語者賤，宜省緣慮，多事者亂」，是禪定；「無見小利壞良心，無因小害損善念」、「毋以微善而不作，毋以小惡而不禁」，是戒行、善念、善行；「毋見人非退己善，毋自作孽退人道意」是精進；「聞善言當拱聽，臨禍患當安詳」是精進、禪定；「見不平毋動氣，遇侮慢毋動嗔」是禪定、忍辱；「處友必須乎澹，絕交勿出惡聲」是戒行；「聞過莫憚改，聞諫當自醒」是精進；「非切己事莫往，有益善者當行」是戒行、利行；「人家無伴慎勿久坐，在處逢人不宜戲論」是戒行；「當大事毋急卒，遇小事毋輕忽」是禪定；「無要緊事莫舉，無利益事莫談」是戒行；「好事宜先人後己，過失宜責己恕人」是利行；「無訐露人隱事，無障昧人美行」是戒行、利行；「毋為事難而辭，毋為患難而退」是利行、精進；「毋以妄身作業，不可縱性壞事」、「口不宜傳人非，耳不宜聽人短」是戒行；「見諍宜息，見難急救」是般若、禪定、利行；「重義疏財，損己利物」是布施、利行；「出言須和氣，行事宜誠實」是愛語、戒行；「問辨當虛己，論事須達理」是智慧；「捨戲玩具，遠惡律儀」、「莫親邪辟人，莫習惡知解，貧乏無苟求，從容無妄費」是戒行；「理不可自是，事不可固執」是般若；「凡事宜方便，為人無刻薄」是利行；「語默宜尊重，舉止貴安詳」是戒行、禪定；「當親良友，宜擇明師」是精進；「見人須謙遜，交易宜平穩」是戒行；「奉己宜約，待老宜寬」、「在下者宜慈愛，不慈愛同廢物，在上者須孝敬，不孝敬類犬馬」利行、愛語、報恩。「當患道德不充，毋以聲利自累，當治心於未萌，毋順情以致亂」是戒行、精進與禪定。這些都在菩薩的六度四攝之中。而從這些善行修為、菩薩行中亦可看出，關乎戒行者多，可見季總對弟子特別重視嚴身謹行的教誡，也正呼應之前為僧需自勵，收檢身心成法器之言。

就如〈示眾禪者偈〉裏「作善無豐約，隨心成大小，住相輪迴生，離塵生死了，萬行得其宗，菩提在掌中」，心空離塵是萬行之宗，而〈喃喃語〉則細密地展出「日用相應」的菩薩萬行，也正是「世法佛法一念圓融」行。在南嶽灰頭土面，來江南拖泥帶水的季總，舉起拄杖喝下，振去年鼓聲，飄前夜風旗，全體作用，「半竿穿破平江月，四海獰

龍一釣收」[130]、「一月影臨千澗水，片雲風度萬重山」，[131]有著開闊通透之風範，而〈喃喃語〉等貼近日常修為、菩薩實行之教化，更舖就她穩健大器之基石。

六、對當時禪風之傷悼：深可痛悼兮，法幢傾顛

語錄有一篇頗為特別的騷體辭賦〈悼祖風辭〉，是感慨當時禪林祖風之衰微，季總是個頗為關心禪林狀況的女禪師，她在多處法語、書信中都表達對當時參禪者不能發淨信，無真參實悟，見解偏枯，謬論處處，只以名聞利養為目的等狀況的憂心，深感古風不再，〈悼祖風辭〉便是抒發此感之作，並以不忘靈山付囑，奮發振起，自勉勉人：

> 一華五葉兮，天下芬芳，分宗裂派兮，海內汪洋，
> 金丹點鐵兮，信篤者化，寶劍揮空兮，命盡者亡，
> 棒喝交馳兮，直釣獰龍，針線綿密兮，生陷大蟲，
> 惡水未潑兮，俊鶻凌空，鞭影擬動兮，良馬追風，
> 今不夢見兮，古人大全，深可痛悼兮，法幢傾顛，
> 心燈寢耀兮，誰續燄燄，祖脈壅塞兮，誰決涓涓，
> 獅子窟中兮，狐兔紛擾，栴檀林內兮，荊棘連綿，
> 受栴檀之薰炙兮，吐伊蘭之臭氣，披獅子之皮鞈兮，噴野干之沫涎，
> 哀後生之蔑聞兮，真詮教外，悲軌持於疏鈔兮，繩索重添，
> 醉佩衣珠兮，甘馳貧里，幼失怙恃兮，傭作市廛，
> 流音律而忘返兮，益進益狂，捨定慧而投迷兮，自漫自妨，
> 輕生死之不究兮，殊為至愚，昧心光之未明兮，誠然可傷，
> 不久華屋兮，盡作魔宮，易見寶坊兮，翻為利場，
> 世道衰微兮，滔滔末法，孰為大力兮，再挈單傳，
> 不忘靈嶽之付囑兮，愍孤露而護覆，丕振少室之弘猷兮，淪狂瀾而朔源，

---

130 《季總語錄》卷一，頁444上。

131 《季總語錄》卷二，示眾，頁453上。

可令大法兮，卷已復舒，抑使心印兮，彼彼共懸。[132]

季總從禪門一花五葉之開展寫起，這是禪門廣弘天下的開始，機鋒作略，有速疾有綿密，有殺有活，總在心與心相呈，要眾生了悟實相，出生死窠臼。但殺活未下，祖師大德往往頓然超脫，這樣的全體而入，「今不夢見兮」！法幢傾顛、心燈寢耀、祖脈雍塞，「深可痛悼兮」，在痛悼之餘，誰續燈燄燄？誰決涓涓？

接著她點出傾顛寢耀之狀況：身處佛門中人，卻成紛擾之源，受佛法栴檀之薰陶者，卻吐臭氣，披天人師之獅子衣者，卻噴野狐沫，這是對禪門師眾的身行作為之痛砭。而在教法上，真實教義罕聞，只落於僵化格套的注解、公案、頌古等上，徒增伽鎖，這是對教化僵硬無實的悲哀。在修行者的戒行修為上，「醉佩衣珠，甘馳貧里」，、「流音律而忘返兮，益進益狂」，沒有實質修行，捨定慧而投迷，還自漫自誇，徒然成為塵網裏一份子而已。對生死茫昧之不覺，對無明貪執之不明，甚為可愚，也甚為可傷也。眼看如此下去，不久之後禪林道場，將盡成魔宮利場。季總對當時禪林這樣的風氣現象，既悲且痛。在傷痛中，季總「孰為大力兮，再挈單傳」之呼，頗顯其振起壯心，她是自期也是期許大眾，不忘靈山付囑，愍法流孤露，振起禪門，挽救狂瀾，重朔古源，將大法重舒，使心印共懸。

晚明清初之禪林確然有許多亂像，尤其禪門內人事紛諍，你來我往地特別明顯，再加上朝代更迭，政治的參入更讓禪門與士大夫、朝廷之間，有著更多的複雜因素，而見之可愚，感之可傷，痛悼悲哀，是季總對當時禪林亂象的心情，但她卻也充滿承繼祖風之歷史感，有悲愍眾生，大力振起、挽救狂瀾之心志，在痛悼中仍有興復之期許。

此悼辭不知何時所作？但應該不是在江南後期之作，因為季總後來擬歸南嶽、歸隱山林之心境時時顯露，已不在此振起壯心中矣，但觀季總此辭，對其在江南弘化之深入，以及對傳承禪法之責任感，以真參實悟眾度之用心，應可窺知其梗概。

---

132 《季總語錄》卷四，雜著〈悼祖風辭〉，頁 469 中下。段落為筆者所分。

第二節　季總之性別智：善用女性公案

一、自稱、他稱與大丈夫之稱呼

　　就性別角度來看，稱謂保留著文化累積，呈現社會的性別心向，觀察女性禪師如何被稱呼，這些稱呼的性別指涉為何，是一個有趣的面向。

　　季總的自稱，常是貧衲、山僧、山野，也曾自稱煙霞道者，[133] 也有以道場名自稱而曰：慧燈；而語錄裏唯一季總自己寫的（自讚），內容並無指涉自己的女性性別，語錄的其他內容也是如此。僧之本義並非必指比丘，只是依俗預設為比丘而已，貧衲、道者等都無關性別，所以季總在自稱上，不是使用無關性別者，就是運用預設男性的稱謂。[134]

　　他人稱呼季總時，語錄有禪師、季總和尚、季法兄之稱，這分別是無關性別、預設男性以及偏向男性的稱謂。有個特列是在語錄之外的《衡岳志》，在「季總禪師」之後，稱其為「衡陽陳婆子」（季總俗家丈夫姓陳），直接表達出她的性別與家庭倫理的角色，顯然這是當地鄉野俗呼之名，也留下夫姓符碼，但也因此襯顯語錄運用偏向男性的稱謂，其實隱含著對女性禪師的敬意[135]。

　　另一個觀察點是「大丈夫」的用法。季總曾向弟子信眾開示云：「大丈夫兒，向者裏捏碎虛空，騎聲盍色」，[136] 這些弟子信眾有可能是女性，或男女皆有；向葉紹顒居士示法語時，舉陸亙問南泉、龐蘊參馬祖而曰：「彼既丈夫，我亦爾，豈肯讓伊獨賢哉」，[137] 是舉男性例子來

---

133 《季總語錄》卷四，〈壽體泉沈居士夫人五十看菊拈祝〉末後二句：「煙霞道者無私祝，聊借鴛湖拱壽觴」。頁 465 中。

134 所謂「預設男性」的稱謂，是指有些稱謂，字面上並無性別指涉，但社會上運用時，會被預設為男性，所以當有女性需要使用這個稱謂時，就會在此稱謂前加上「女」字，例如醫生，被社會預設為男性，若出現女性時，自然會被稱為女醫生，若是男性，則直指為醫生，不會稱男醫生。

135 禪宗語言本有俚俗、直白、開放、親切、不避粗野的特質，所以語錄中亦有以「婆子」、「娘娘」等來稱呼禪宗女性，如燒庵婆、台山婆、末山娘娘等，而並無貶抑之意。

136 《季總語錄》卷一，頁 446 下。

137 《季總語錄》卷二，法語，頁 451 中。

對男居士與自己說：我亦爾（丈夫）。佛教對「大丈夫」或「丈夫」之用法，並非一定是男性，而是指勇於修道、修證有成之人，只是這些勇於修道的人多為男性，遂直截以男性稱謂來指涉，所以亦屬於預設男性的稱謂，而顯然季總以這種預設男性的稱謂來通指勇於參悟的男女。

綜合觀之，從稱謂的角度來看，不管是自稱、他稱、大丈夫的用法，季總或他人都以禪門傳統方式來稱呼，亦即運用男性、預設男性或無關性別的稱謂來稱呼身為女性的季總；其中直接以男性名相表達的就屬「季法兄」與「大丈夫」之稱，比丘尼或女性禪師彼此之間，以法兄、法弟相稱，比丘稱比丘尼亦稱法兄弟等情形，這都很明顯是以男性名相，將本需中性或超性別的意涵，匯歸入男性主軸，所以整體而言，從這些女性禪師的稱謂，是看不出她的性別，甚至還會以為是男性。

女性禪師的出現，確實在啟發女性在悟道上的自信，有所大用，因為離開稱謂，他人評價她時，除了從證悟上來讚嘆她之外，也多會從性別處來稱美之，例如譚貞默視她與無著妙總為「先後宗門兩大總持」，而且在說法能力上，她還比無著更進一步；嚴大參以優曇鉢華現來喻其弘教；王相說更由此而言「所謂大道不分男女相，於茲益信」。女性禪師一音住持的善護禪院，請季總來院開爐，這裏的學人亦以此而問：

> 善護禪院一公院主，同諸護法紳衿請就院開爐。上堂，問：「鑪鞴已就，四眾雲臻，和尚作麼生煆煉」？師打云：「一棒一條痕」。……問：「掀天揭地逞風流，大道無分男女儔，白璧定從山上採，赤珠端向海中求。今日和尚大冶洪開，煆煉凡聖，未審何人搬柴，何人運炭」？師云：「無眼耳鼻舌身意者」。……[138]

顯然她作為女性禪師的性別問題，並沒有因為她使用傳統稱謂而消失不見，相反的，時人見到她，請她上堂說法，多會由此切入而曰：「大道無分男女儔」等等，顯然她的存在召喚出人們對這個議題的衝突與矛盾，但也從她得到答案，成了證明「大道無分男女」的活教材。

---

138 《季總語錄》卷一，頁 447 中。

二、對女修行者的教化

（一）大道本自現成，何分女相男形

季總對女修行者開示時，會主動提及「大道不分男女相」，沈夫人誕辰，請她上堂說法：

> 沈夫人誕日。請上堂。……師云：「大道從來本現成，何分女相與男形，忙忙業識無時住，滾滾塵緣不暫停，富貴功名風裏燭，金銀田土日中冰，須明靚體無生忍，雲在青天水在瓶」。……[139]

沈夫人誕辰請上堂，此時的大眾，必然有沈夫人與其女性家眷們，所以女性數量應該不在少數，甚至可能佔了大多數。季總先以一音定搥，用平等現成之義來安定女修行者的心，接著再啟發她們：業力紅塵翻纏不停，即使再大的富貴、再好的功名都敵不過它，終至煙消雲散，唯有真心修道，明心見性，則知法住法位，實相自明。季總實實在在地顯露：「大道從來本現成，何分女相與男形」之教化，讓這些女眾拋卻自卑之見，自信入道，自肯悟道。

季總〈贈以貞道人〉詩偈云：

> 世間同隊幾同修，獨羨君能得自繇，截斷情關如水冷，了知苦海若雲浮，襟懷灑落塵緣累，骨格英奇佛祖侔，勘破箇中男女相，乾坤何處不風流。[140]

這位以貞道人應該是女性，而且是從婚姻中脫出的女性。季總先讚賞她能截斷情關，灑落塵累，更從她的性別入手，讚許並教化她「骨格英奇佛祖侔，勘破箇中男女相」，具備佛骨佛格，不陷入女相卑弱業重、離道較遠之迷思，不落入男性為尊之概念，雙破男女相，成證無男無女，成證實相空性。然而，不只如此，季總最後還期許她能從「空」出「有」，「乾坤何處不風流」，展現悟境之大用，如果用性別來說，此時是男是女，就作男作女，風流處處，也就處處風流。

---

139 《季總語錄》卷一，頁 447 上。

140 《季總語錄》卷四〈贈以貞道人〉，頁 464 中下。

（二）善用女性公案

在語錄裏，除了專門以公案來作詩偈的拈古頌古外，季總的開示法語較少使用公案來提問，在說法浩浩之中，例如有舉陸亙參南泉、臨濟無位真人、佛陀夜睹明星、龐蘊難難難、七賢女、女子入定等等公案，但依語錄的份量來看，其公案使用的比例並不多，而且很多都只是拈提其題，或藉此開出其自己的教化語句，很少在公案話頭上繞參下語，倒是學人居士有以四料簡、末後句、三轉語、棒、賓主、奪人境等臨濟宗旨來問，但季總多予以回機轉照，將之點撥至學人自身，不隨之陷於陳套舊式中。所以觀季總修行過程，是以公案話頭入，也以此悟入，但在教化時卻沒有太圍繞於公案上，也因此形成句意新玄，不積累成文，不落窠臼的風格。

在這些不多的公案中，卻有二類公案被季總作特別的善用，這二類公案，筆者將之稱為：女性公案與男居士公案。所謂女性公案，也可稱為女公案，就是以女性人物為角色的公案，例如天女散花、女子入定、燒庵婆、臺山婆等。男居士公案，即是以男居士為角色的公案，例如龐蘊、維摩詰等，後者將於季總對男居士的教化再討論，在此先以女性公案來論。

季總在運用女性公案時，開示的對象都是女修行者，包括比丘尼、女居士，而且公案的對答內容常會有較清楚的呈現，但這並不表示對女性說法時一定只用女性公案，季總也會使用其他非女性的公案來教化女修行者，但對法眾為男性時，則沒有使用女性公案的情形，所以所謂善用女性公案其意即在於此，如此一來，在師／法／徒的關係上，即是女性禪師以女性公案來教化女性，形成女性／女性／女性的同性連結，這樣的連結在修道的應機契入上必然有所幫助。

季總語錄的女性公案，除了在對眾說法裏出現，拈古、頌古中亦有，這二種文類本來就是以公案為核心所作的解悟詩偈。拈古之公案共有十二則，頌古的公案共有四十七則，在拈古中屬於女性公案者有：「趙州路逢婆子」、「浮杯與凌行婆」、「玄機女道者」三則，佔十二分之三；頌古裏屬於女性公案者則有：「女子入定」、「七賢女」二則，佔四十七之二。女性公案本來就較少，季總的拈頌古裏也並未全然

收入，所以與整體公案比起來所佔的比例不高。從這些一共五十九則的
拈頌古看來，季總本身對女性公案之外的公案也相當熟悉，並不偏廢，
一方面是因季總之教化對象並非局限在女性，一方面是對屬於臨濟宗的
季總而言，參究各式公案是修悟過程的常態，只是如實呈現而已；另一
方面，對悟者而言，物物通透，處處觸機，也沒有偏廢之理。而這些拈
頌古並非對眾開示之語文，屬於開放性的教化，無從判定其對眾的性
別，所以以下討論時，就不把在拈頌古內的女性公案納入。

　　以下便將這些女性公案以及對法眾、教化的內容羅列出來，而且為
了呈現較完整季總為女修行者的教化，所以儘量不避累冗整段引出。但
必須說明的是，當稱為某夫人、優婆夷時，其為女性則無誤也，但如為
出家人，從法名並無法判別其性別，那麼就依戒律來推論，她們為季
總之出家弟子，應該是比丘尼。在分辨上比較困難的是使用道者、道人
稱謂的人，這二個稱謂在語錄中顯示，用於女性者多，指帶髮修行的女
性，但偶而又有用在男居士的例子，不過基本上它是指稱專致修行的
人。季總使用女性公案時，就有一則是對明心、明性二道者所宣說，這
二位道者應該是在家修行者，但無法明確其性別，故羅列時將之列於後
面。又有一則是總持如慶喜的女性公案，舉問者似乎是比丘，將之列入
最後一則。

　　這些女性公案教化共有七則：七賢女遊尸陀林、師子端因尼來參、
月上女出城、城東老母、七賢女遊尸陀林、舍利弗與天女散花、總持如
慶喜。其中七賢女公案出現二次：

1、七賢女遊尸陀林——對普度庵脫塵上人、李夫人洎眾優婆夷等說

住昭陽普度　　，脫塵上人同李夫人洎眾優婆夷等，請上堂，拈
香祝聖畢，……問：「南嶽開華，禹門結果，未審和尚唱誰家
曲」？師云：「一月映萬川」。進云：「恁麼則湖水連天碧，
薰風匝地香」。師云：「那裏得者消息來」？尼一喝。師便
打。……問：「不是心，不是佛，不是物，是箇甚麼」？師卓拄
杖一下。……乃豎拂子，召大眾云：「會麼？會，則干戈永息，
天下太平，不會，徒向山僧口裏討鹽討醋，山僧昔年在南嶽刀耕
火種時，收得些榾柮，今來普度菴中，與汝等當陽拈過，非圖續

燄連煙，且要大家知有，遂舉七賢女遊屍陀林，一女云：『屍在
者裏，人向甚麼處去』？一女云：『作麼？作麼』？諸女一時契
悟，且道現前大眾與七賢女相去多少？若向者裏逢得便行，不勞
向外馳求，自然得大受用，其或未然」，擊拂子云：「神威顯出
騰蛟鳳，電眼揮來錯過他」。[141]

這是季總到普度庵開法上堂時的一次開示，請法的人是「脫塵上人同李
夫人泊眾優婆夷」，看來普度庵應該是尼庵，而脫塵上人應該是比丘
尼，這次在場的是一群女修行眾，有比丘尼亦有女居士。面對這群女
眾，季總與之機鋒問答後，作總結時提舉「七賢七遊屍陀林」公案，講
七位女子來到墳場因而契悟的公案，這個公案季總只拈出關鍵的一段對
話，其原來的內容為：

世尊因七賢女遊尸陀林。一女指尸曰：「尸在這裏，人在甚處
去」？一女曰：「作麼，作麼」。諸姊諦觀，各各契悟。感帝釋
散花曰：「惟願聖姊，有何所須，我當終身供給」。女曰：「我
家四事七珍悉具足，惟要三般物，一要無根樹子一株，二要無陰
陽地一片，三要叫不響山谷一所。帝釋曰：「一切所須，我悉有
之，若三般物，我實無有」。女曰：「汝若無此，爭解濟人」。
帝釋罔措，遂同往白佛。佛曰：「憍尸迦，我諸弟子大阿羅漢，
不解此義，唯有諸大菩薩，乃解此義」。[142]

「七賢女遊尸陀林」的女性公案，重點在悟者是女性，而且這七位女悟
者之悟，超越阿羅漢，而所悟的內容與性別無直接關係，也並非藉性別
來啟悟。當七位賢女來到墳場，見活潑潑的生者與彊死的死者外現同一
體相，但實際已天差地別，這當中差異何處？那個活活潑潑的跑到那
裏去了？所以一女指屍體曰：屍體在此，人在什麼處？一女曰：什麼！
什麼！這樣的疑惑，讓她們諦觀思惟，最後各各契悟。然而怎麼契悟？
這是千差萬別，萬般不同，無法從字面得知，但契悟什麼？總是佛法實
相，亦可從她們向帝釋索取的三樣東西來了解，亦即「無根樹」、「無

---

141 《季總語錄》卷一，頁446上中。
142 瞿汝稷編《指月錄》卷一，《新纂卍續藏》冊83，頁406下。

陰陽地」、「不響山谷」，這三樣東西都指向離斷二邊，亦即空性實相。季總拈舉這則公案時，並未提到帝釋供養七賢女之事，只將重點放在七賢女一時皆契悟上，並點撥一句：「且道現前大眾與七賢女相去多少」？這句公案點撥，正是季總提女性公案來教化的用心所在，核心所在，一方面讓對法眾：女性能因公案裏的女性角色，產生典範作用，見賢思齊，奮發參究，認肯成佛修道，不是夢事，了生脫死，也非難事，所以季總才說「與汝等當陽拈過，非圖續燄連煙，且要大家知有」，並為女性舉女性公案，提醒一句「相去多少」，讓在場的女性修行者，生有為者亦若是之想，放下執取，邁得便行，得大受用。

2、師子端因尼來參──對沈夫人等說

> 沈夫人誕日。請上堂。冥通三界，洞徹十虛，函蓋乾坤，包羅萬象，道有則纖塵不立，道無則遍周沙界，擬心湊泊，白雲萬里，著意馳求，風塵匝地，若也回光知落處，一輪明月正當天，復舉吳山師子端禪師因尼來參，端以紅粉塗面。尼輒驚悟。師云：「大道從來本現成，何分女相與男形，忙忙業識無時住，滾滾塵緣不暫停，富貴功名風裏燭，金銀田土日中冰，須明靚體無生忍，雲在青天水在瓶」，蕣召大眾云：「祝延一句又作麼生委悉」？擊拂子云：「芙蓉露滴筵鋪錦，丹桂香飄地布金」。下座。[143]

有位沈夫人，應是富貴人家的夫人，她生日時來到寺院，請季總上堂說法，此時可能也有眾多女眷相隨，季總向她提舉師子端禪師的公案，這個公案主角是一位比丘尼與宋代師子淨端禪師（1030-1103）：

> 師抵郭南，見上方超和尚，有一尼師來參。師云：「待來日五更三點入來」。師侵早紅粉搽面而坐，尼入見，驚而遂悟。超和尚有頌附：「堪笑吳山老禿奴，巧粧紅粉接師姑，茫茫宇宙人無數，那個男兒是丈夫」。[144]

淨端禪師因見舞獅，有所警悟，之後常穿著如獅皮的彩帛，被稱為端師

143《季總語錄》卷二，法語，頁 452 下。

144《湖州吳山端禪師語錄》卷下，《新纂卍續藏》冊 73，頁 78 下。

子，其教法脫卻軌範，行為坦蕩不拘，是個散聖型的禪師，就這則公案來看，亦是如此。有位尼師來參訪師子禪師，禪師要她明日五更再來相見，時間一到，禪師將自己臉上塗脂搽粉，端坐在堂，五更是天未亮將亮之時，在此天色未明之際，又不是看得很清楚，也並非看不清楚，就如禪門的參話頭，最是有其可疑處，而尼師心識慣性，其所擬見者是個男性比丘尼，不料入見，竟是彩妝女人，瞬時之間男是女？驚疑不定，心識所擬，霎時疑破，由此驚而遂悟；悟個什麼，凡所有相皆是虛妄，凡所有擬，皆是妄作，心識外相亦復如是。師子禪師以男相轉成女相，破己之男相，也破尼師之男女俗見，尼師因而契入根本，頓斷執別而有所悟。此男女俗見，是男尊女卑，男主女從，所以要破的是卑劣想，亦是尊貴想，這段公案真所謂見佛悟道，見婦人相亦能悟道也。而那位超和尚的頌詩亦相當有趣，「那個男兒是丈夫」？現象上丈夫是男兒，但是有男兒相可得乎？丈夫一定是男兒嗎？就如師子禪師有男兒相可得乎？既無男兒相，女人相亦不可得。這個女性公案不僅主角是女性，內容也與性別執取有關，是個關乎男女相的精彩公案，與天女散花有異曲同工之妙。

當時沈夫人誕辰，想必是來寺院或設齋或進香祈福，而且不僅是祈福，還請季總上堂開示佛法。季總首先展現道之非有非無，而修行者最重要的是心念無執，不假外求，一旦有執有求，即已天差地別，若能回光返照即是本然自在處。依此，季總舉師子端因尼來參之公案，一方面正顯遣性別之執，盪性別之相，亦即道無男女相之義，一方面亦隱喻參悟解脫，放下一切，回光返照，無智亦無得，便可「一輪明月正當天」也。所以所謂「回光落處」，一語雙顯，應之於悟道參禪，即是佛性本然，應之於誕辰生日，即是落地成女之時，成女成男皆是外相緣起，成女亦非女，是男也非男，不應執也無所執；佛性本然，染污與修證亦是緣起，染污不得，修證不無，一心放下，如實自在。而就季總接下來的「大道從來本現成，何分女相與男形」句，更可了知季總藉這個公案，特別著意於鼓勵沈夫人等女性，不拘女形，認取大道。所以這個祝壽延年的日子裏，勸戒她們業識忙忙，滾滾紅塵不曾停，富貴功名與金銀財產皆無常易謝，唯有悟道才得自在。

3、月上女出城──對沈夫人說

> 示沈夫人。橫按鏌鎁，山河大地風颯颯，單提正令，魔軍外道絕
> 行蹤，衝開萬里青霄，椎碎銀山鐵壁，處處盡彰華藏界，頭頭獨
> 露法王身，無邊福智莊嚴，萬億神通顯，於此薦得，不假外求，
> 原是本有，其或未然，更為你葛藤一上，不見舍利弗入城，見
> 月上女出城，舍利弗問云：「大姊何處去」？女云：「如舍利弗
> 與麼去」。舍利弗云：「我方入城，汝方出城，何得言如我與麼
> 去」？女云：「諸佛弟子皆依大涅槃而住是否」？舍利弗云：
> 「是」。女云：「諸佛弟子既依大涅槃而住，而我亦如舍利弗與
> 麼去」。於斯明得，埋沒己靈，於斯不明，辜負先聖，且道畢竟
> 如何？雲在嶺頭閒不徹，水流澗底大忙生。[145]

這位沈夫人不知與之前之沈夫人同否？這一篇是季總為她單獨開示的法語，季總要她直下薦取本有佛性，如果於此不能證取，季總只好為學人架設「葛藤」，提舉月上女出城的公案來舖明其道，讓學人順著葛藤得以參究「一上」。季總把這段公案的對答呈現得很完整，與一些公案總集內容相差無多，例如《指月錄》云：

> 因入城，遙見月上女出城。舍利弗心口思惟：「此姊見佛否？知
> 得忍不得忍否？我當問之」。纔近便問：「大姊往甚麼處去」？
> 女曰：「如舍利弗與麼去」。弗曰：「我方入城，汝方出城，何
> 言如我恁麼去？」女曰：「諸佛弟子當依何住」？弗曰：「諸佛
> 弟子依大涅槃而住」。女曰：「諸佛弟子既依大涅槃而住，我亦
> 如舍利弗與麼去」。[146]

月上女是佛經所載的一位境界很高的女子，有《佛說月上女經》。這段公案是舍利弗要入城，月上女要出城，兩人相遇，舍利弗以外境的去來不同而問，而月上女以涅槃寂靜之體同而答，所以同住同去亦同來。這個女性公案是以高明的女性悟者為主角，依此形成既定性別觀的張力，而其內容跟性別議題並無直接關連。季總提拈公案後，為避學人順著葛

145　《季總語錄》卷二，頁 452 下。

146　瞿汝稷編《指月錄》卷二，頁 413 下。

藤卻留在葛藤上，所以再運用截斷兩邊的方式：「於斯明得，埋沒己靈，於斯不明，辜負先聖」，如果由此公案而悟，以為此公案為悟道不二法門，即為凝滯，實不明心性佛性本顯，如果不能由此公案領悟，以為這公案無用，也是辜負先聖賢女。如此塞住學人因此公案而生的「有、無」之執，再逼顯「且道畢竟如何」？句點撥，看學人是否能無明死而大道生，不落二邊，又能妙用無窮。這樣的啟悟手段在禪門是相當常見的，但伎倆雖同，臨場當機，師生相呈，還是很能展現啟悟的力量。

4、城東老母——對李三夫人說

> 前承道愛，情出格外，遙憶慈容，宛如覿面，泰州居止頗靜，無勞分慮，嘗欲道人看城東老母公案，地與時遙，不知近日體究如何？山僧有箇頌子，聊為舉似，蓋以良驥追風，或借勢於鞭影也：「繡戶臨芝絕品評，何須開宴待瓊英，十分春色遊人醉，一種天香透骨清」。向者提得便行，可謂天上天下，唯我獨尊，不見有佛可成，有眾生可度，來去自由，如鳥飛空，豈不暢快平生耶？倘其不然也，須自加鞭策始得。[147]

這是季總給李三夫人的一封信，談到季總之前曾指示她參究城東老母公案，這個公案內容如下：

> 城東有一老母，與佛同生，不欲見佛，每見佛來即便回避，雖然如此，回顧東西，總皆是佛，遂以手掩面，乃至十指掌中，總皆是佛。[148]

城東老母不願見佛，還以十指掩面，卻總是處處見佛，這個故事本有愚蠢老婦之意，但在禪林就不同了，它成了一個經常參究的公案。這個公案並非以超越性別為內涵，而且公案之面相變化較大，但因為公案主角是女性，所以禪林參究拈頌時，特別會就女性性別來作文章，例如雪竇對此曾言：「他雖是箇老婆，宛有丈夫之作，既知回避稍難，不免吞聲飲氣，如今不欲見佛，即許你，切忌以手掩面。何以？明眼底覷著，

---

147 《季總語錄》卷四，書問〈與李三夫人〉，頁468下。
148 瞿汝稷編《指月錄》卷 ，頁407上。

將謂雪竇門下，教你學老婆禪」[149]。福嚴容云：「老姥不欲見佛，天然氣槩，東西總皆是佛，氣　天然，於此見得，老姥即佛，佛即老姥，不然有寒暑兮促君壽，有鬼神兮妒君福」。但同樣在女性性別上作文章，卻不見得都是認肯的，例如清化嶧則云：「雪竇失却一隻眼，殊不知老婆猶帶脂粉氣在，見個黃面老子即便迴避，若見山河大地又向甚處迴避？」[150]那麼究竟是評斷老母「有丈夫之作」是，還是「猶帶脂粉氣」是？這個女性公案之不定性就特別地強，這也是禪宗教化的特殊處，要殺要活，總在禪師手上靈活運用，能靈活運用者即是。對女修行者運用女性公案教化，本有見賢思齊之意義在，但在此見賢乎？見不賢乎？或已無見賢見不賢之糾葛了，這都在禪師手中，也在參究悟入者心上。季總給城東老母公案讓李三夫人作為本參，並關切她參究得如何？在夫人參究功夫持續中，季總並再提舉個頌子，讓李三夫人能就此契入，並指點她提得便行，兩邊截斷，了此大事，即可暢快平生。

5、七賢女遊尸陀林──對超禪、超聖說

示超禪、超聖。舉七賢女玩賞春。一女云：「我與姊同游屍陀林」，諸姊云：「屍陀林皆是死屍，臭穢有何可觀」？一女云：「汝但同游，中間自有奇特」。到彼，見諸死屍，一女云：「屍在這裏，人在甚麼處」？一女云：「作麼，作麼」，諸姊諦觀，悉皆悟道。感天帝釋散花供養，女曰：「空中散華者何人」？答云：「某天帝釋，見諸姊悟道，特來散華供養，凡諸姊所需，我皆供給」。姊曰：「我家四事七珍悉皆具足，唯愛三般物，一要無根樹子一株，二要無陰陽地一片，三要叫不響山谷一所」。帝釋云：「一切珍寶我皆有之，此三般物而我實無」。女喚云：「帝釋」。帝釋應諾。女云：「汝道無是甚麼」？帝釋遂隱去。

師云：「水底木人吹鐵笛，雲邊石女織金梭，三般物是祖翁物，何必忙忙賤賣他，雖然如是，且道畢竟歸于何處？一月影臨千澗

149　瞿汝稷編《指月錄》卷一，頁407上。

150　這二則皆見集雲堂編《宗鑑法林》卷四，城東老母；《新纂卍續藏》冊66，頁298中。

水，片雲風度萬重山」。[151]

這則公案是對超禪、超聖提舉的。季總承萬如之法，其弟子法名應該是以「超」字行，就如語錄記錄者為侍者超祥，所以這二位應該是季總的出家弟子，亦即比丘尼。季總為她們提舉七賢女公案，比起之前為普度庵的脫塵上人、李夫人等優婆夷所舉的更完整細膩清楚，將帝釋散華，七賢女要求三物「一要無根樹子一株，二要無陰陽地一片，三要叫不響山谷一所」之情節也納入，但前後面與一般公案總集所載有所不同，一般是：帝釋不知所措，便一起請教佛陀，佛陀曰：「憍尸迦，我諸弟子大阿羅漢，不解此義，唯有諸大菩薩，乃解此義」為結。但季總部分沒有這段情節，而是換成當帝釋表示無這三物，女子叫喚：「帝釋」，帝釋應答，女則曰：「汝道無是什麼」？帝釋便隱去。前面，亦多了七賢女原為賞春，卻前往屍陀林的過程，增加賞春與死亡的對比性。

七賢女所提三物，皆是指涉離斷二邊，不落有無之意，所以「無根」、「不響」、「無陰陽」，意指實相空性，帝釋不知，以「無」此三物回之，此「無」是「沒有」之意，而七賢女啟問：「無」是甚麼？此「無」則是佛法緣起空義。七賢女要的三物與「無」之啟問，都指向實相空義，帝釋茫然不知，只得隱去。

提舉公案後，季總針對這三物作偈語點撥。木人怎會吹鐵笛？何況又在水裏，石女如何織金梭？何況又在雲邊；所以木人、石女皆象徵空性，這是禪門常用的象徵，而與七賢女的三物意涵相同。禪門在運用木人、石女之象徵時，或讓他們跳舞唱歌，或讓他們呵笑生子等等形色動作，這就是象徵此「空」非頑空，而是實相空，實相空能起大用，空愈大，功用愈大，因為超越有無，是在有無中超越，並非滅除有無，因此季總也曰木人吹笛，石女織梭，即空有一體融攝，所以這些是佛佛相傳，祖祖相受的「祖翁物」；今季總也來教化傳受，這種成聖作佛的實相妙義，在語句上卻輕易道出，而且此道彼也道，心上功夫卻無感無覺，似乎在嘴皮上賤賣掉了，所以還是得向弟子們提問：「且道畢竟歸于何處」？此問一出，未有回應，季總便以禪境作結：「一月影臨千澗

---

151 《季總語錄》卷二，法語，頁 453 上。

水，片雲風度萬重山」，一月影與臨千水、片雲風與度萬山，影風皆虛幻，臨水度山是其大用，所以亦是木人吹笛、石女織梭之另一種表達。

6、舍利弗與天女散花——對明心、明性二道者說

> 示明心、明性二道者。昔日維摩室有散花天女，機辨縱橫，得大無礙。舍利弗問：「何不轉卻女身」？天女云：「我從十二年來，求女人相了不可得，當何所轉」？須臾間，天女忽變作舍利弗，以舍利弗變作天女，卻問舍利弗：「何不轉卻女身」？舍利弗云：「我今不知此身，當何所轉」？須臾，天女運大神力，彼此轉變，還復如故。為是神通妙用，為是法爾如然，於此若明，回天關，轉地軸，促無量劫為一日，延一日作無量劫。男子身中從定入，女子身中從定出，女子身中從定入，男子身中從定出，非同非異，無自無他，其或未然，一把柳絲收不得，和煙搭上玉闌干。咄。[152]

就如前言，此二位道者究竟是男性還是女性，無法確認，但依前面這些女性公案所舉都是對女性修行者，而且公案內容都頗清楚的狀況來看，這則開示都能符合以女性公案來為女修行說法的狀況，而且在天女散花公案後，季總再以男子身中入定，女子身中出定，女子身中入定，男子身中出定，這種男女身互為出入定的教法，顯然都是在突顯男女身相之如幻，鼓勵教化女性。

　　季總對明心、明性提舉的女性公案是天女散花，這個公案是相當典型也最著名的「求女人相了不可得」的公案，藉由舍利弗與天女的對話，很清楚得將佛法對性別的看法表達得淋漓盡致。季總很清楚地表達公案內容，這個故事出自《維摩詰經》，後來成了禪門參究的公案之一，在《指月錄》的內容為：

> 舍利弗因維摩詰室有一天女散花次，問言：「汝何不轉卻女身」？曰：「我從十二年來求女人相了不可得，當何所轉」？即時天女以神通力變舍利弗作天女，乃自化身如舍利弗而問言：「何不轉卻女身」？弗以天女相答：「我今不知何轉而變為女

身」。天曰：「舍利弗若能轉此女身，則一切女人亦當能轉，如舍利弗非女而現女身，一切女人亦復如是，雖現女身而非女也」。即時攝舍利弗身，還復如故。而問言：「女身色相今何所在？」舍利弗言：「女身色相無在無不在」。天曰：「一切諸法亦復如是，無在無不在」。[153]

於此相比，季總所提舉的雖有一些簡省，但該表達的都表達了，而且意句點明得極好。首先季總就標立散花天女為一位機辨縱橫，得大無礙者，給心中還有男女執相的舍利弗一點顏色瞧瞧，將他變女變男。季總講述完公案，更點出天女之神變與智慧，是神通妙用，也是法爾如然，既放且收，如如自在，為公案作了簡明精妙的結語。

接著再指示二位道者，若能於此明得，心即解脫，於時空中也能自在，還特別拈出男女身中互可出入定的變化，更見破除男女相之堅執，明男女相之虛幻，呈現法爾如是，也展現悟者之變化自在。所謂非同非異、無自無他，兩邊離卻，也兩邊自在。季總突顯天女之神變自在，其實已超越性別的問題，而是解脫的問題，所以她才說於此明得，「回天關，轉地軸」，開合時空。而她藉由男女相之幻變來教化，引導女性入悟道之途，正是應女性契機。

此外，尚有一女性公案是學人主動問起，此問者性別不明，但因是女性公案，又與季總本人有些關涉，所以還是觀察之。當時季總是到太倉積慶庵上堂，有人啟問：

> 師至太倉，佛成道日，眾檀請上堂，問：昔日總持云：如慶喜見阿閦佛，一見更不再見，且道與世尊睹明星悟道，還有優劣也無？師云：龍眠自有衝天志。進云：當陽一句無私語，放出千年露地牛。師云：逢人切莫錯舉。問：祖祖相傳即不問，燈燈續燄事如何？師云：金翅鳥王當宇宙，簡中誰是出頭人。進云：蹋斷曹谿空劫外，乾坤何處不稱尊。師云：你還未夢見在？僧喝。師便打。乃云：正覺山前，明星現瑞，輝騰今古，積慶荃中，眾目全彰，爍破乾坤，明明不覆藏，歷歷無遮護，抹去壁狐涎，潑開

---

153 集雲堂編《宗鑑法林》卷四，《新纂卍續藏》冊 66，頁 296 上。

凡聖路，虎穴魔宮，隨心瀟灑，須彌大海，任我翻騰，如龍得
水，似虎踞山，佛祖到來，管教他無容身之地，且道釋迦老子還
有出頭分也無？卓拄杖云：枯木堂前休錯過，白雲堆裏好商量，
朔風連日通消息，獨讓寒梅遍界香。下座。[154]

總持是達摩的女弟子，這段公案是達摩要弟子各提所悟解者，總持所回
答的語句，當時達摩許以得「肉」，雖不如慧可的得「髓」，但也還並
非初淺的得「皮」。學人將總持所悟來與佛陀相比，所比不倫，似乎有
意在隱喻男女性別在悟道上之優劣。季總沒有落入圈套，不在優劣中與
之爭得短，也未在性別上著眼，以「龍眠自有衝天志」應之，龍雖眠，
志本然，也暗喻女性雖現女形，佛性具在也。學人更進一步要季總放馬
出來，展露本事。季總抑之，要他莫錯舉。機鋒語句一問一答，禪師觀
機、伺機、引機、應機，所謂有來無對，無來有對等等相對應，無非是
要讓學人自悟本心。而語句背後的心象，有時可在語句文字上尋得，有
時則不能，所以徒自文字尋索，未盡全面，這是觀察機鋒本應具有的常
識。

　　學人轉而再問傳承問題：「燈燈續燄事如何」，季總反問「誰是出
頭人」？是你？是他？頗有引蛇出洞之意。果然學人心有所執而上勾，
自言「何處不稱尊」。季總再以「否定」、「疑」勘驗之，此時僧喝，
師打，喝打之間，僧是否有悟？不得而知。

　　季總為此作了總結：「積慶莘中，眾目全彰」、「如龍得水，似虎
踞山」，皆顯現自身悟境與大用，而「佛祖到來，管教他無容身之地，
且道釋迦老子還有出頭分也無」？前面學人拿女禪師總持與佛陀相比，
今日女禪師季總與佛陀來對看，結果是「佛祖到來，管教他無容身之
地」，今日在積慶庵上堂者為季總，法王說法是季總，有因有緣集此
會，在印度的佛陀當然無有因緣處，所以自然「無容身之地」，此段文
句顯露女性禪師季總的悟者自信與悟者本然，間接離卻性別問題，以悟
者平等平等、因緣如是如是來看待。那麼佛陀有沒有出頭的分呢？此話
並非真的要得到什麼正確答案，也沒有什麼正確答案，只是要引動當場

154 《季總語錄》卷一，頁 445 上。

的學人，再伺機教化而已。可惜當場無人反應，季總遂以詩作結，要大家莫要錯過人生，莫要錯過修行，一旦消息來了，成佛作祖遍界香。

　　季總運用的女性公案相信不只這些，這只是語錄呈現出來的而已，而季總對女性的教化，並不局限在女性公案，也沒有必要如此，這是很清楚的，例如對高彙旃夫人開示時，舉世尊睹星開悟：

> 示高彙旃夫人。……今道人既具信根，但當發勇猛心，著精進力，譬如遠客還故鄉，久久行去，自然到家，不見昔日世尊棄王宮，入雪山六年參究，一朝睹星，忽大悟云：「奇哉，一切眾生皆具如來智慧德相，皆因忘想執著不能證得」。道人向者裏一覷便透，不妨與世尊同一受用，苟或不然，二六時中切莫放過。[155]

季總並曾與她有一段機鋒對答：

> 師茶次，舉杯問高彙旃夫人云：「不觸不背，喚作甚麼」？云：「自古重陽九月九」。師云：「放汝三十棒」。[156]

季總喝茶舉杯，勘問高夫人所謂「竹篦子話」。又有對黃君略夫人開示法語，羅列許多公案、話頭名，表達一悟百透，千七百則公案都可一齊穿串：

> 示黃君略夫人。……單提一句無義味話，真參實究，參來參去，……庭前柏樹子、麻三斤、乾矢橛、青州布衫、鎮州蘿蔔，乃至千七百則，一串穿卻，雖然到者裏，始好喫山僧痛棒在。……[157]

由此可知季總不可能受限於女性公案上。又有對王士英夫人的開示亦是如此說：

> 示王士英夫人。……驀頭打破疑團，便見世尊拈華，迦葉微笑，是甚麼宛脫丘，然雖如是，且道千七百則，畢竟明得甚麼邊事？千峰勢到嶽邊止，萬派聲歸海上消。[158]

所以季總對女性的教化並不局限於女性公案，因為應女性之機也並非一

155 《季總語錄》卷二，法語，頁451中下。
156 《季總語錄》卷二，機緣，頁450中。
157 《季總語錄》卷二，法語，頁452上。
158 《季總語錄》卷二，法語，頁452下。

七優曇華：明末清初的女性禪師

定得靠女性公案。但從這些例子可以看出，季總對女性提拈非女性公案並不多見，而且多只是提舉其題，這種只舉題的情形，也出現在對男性以非女性公案教化時，這與運用女性公案時那麼清楚完整的講述，有著天壤之別。這些狀況都是顯示季總特別善用女性公案來教化女性的性別智所在。

體察到季總對女修行弟子的這種用心，特別拈出「女性公案」一類來彰顯之，就「法」與「徒」來看，是女性（女性公案人物，女性）與女性（受法者，女性），這些女性公案裏的女性角色，容易讓女修行人產生有為者亦若是的認同感，讓她們能夠更貼近這些公案人物的心靈，進而更能體會公案的內涵精神，何況許多女性公案的精神常常是關乎「大道無分女形男相」的機鋒，常常是境界高妙的女性，將視女性為障重、卑微、附屬的男性整頓一番的顛覆過程，這一點更能貼近女性處境，讓女修行者放下自身的卑微感，建立悟道的根本自信。而且從這一點透入，打破女性的根本分別心，也即能一透萬透，更具銳利之契悟之機。但除了見賢思齊、破男女相之價值外，禪法核心的教化並沒有因此偏廢，例如城東老母公案即是個明顯例子，藉由性別來點撥無關性別的禪法內涵。

為何這些女性公案會被比較完整的呈現？可能是季總開示時本來就說得清楚，也可能是參禪、公案對女性來說較不熟悉，尤其是女居士，所以更需要多點背景、公案內容的說明，以幫助她們的了解。也或許與季總的語錄編撰記錄者侍者超祥、超遠有關，她們應該是季總的比丘尼弟子，由於季總善用女性公案來教化她們，對這些公案自然熟悉親切，所以記錄時就增補仔細一些。

就目前資料留下的二則季總的老師山茨對她的開示，其中一則，山茨連舉二個公案來指點季總，這二個公案皆屬女性公案：大慧問妙總（庄上喫油餈）、舍利弗與天女：

> 偈語見處，似不出記憶揣摸得來，非親證親悟語。何則？……不見大慧和尚問尼妙總曰：「古人不出方丈，為甚麼去庄上喫油餈」？尼云：「和尚放某甲過，方敢通個消息」。慧云：「我放過你，試道看」。尼云：「某甲亦放和尚過」。慧云：「爭奈油

儓何」？尼喝一喝，拂袖而去。爾試理會看。如舍利弗與天女公
案，非唯錯會，兼且不識語脈，謬解之甚，何不看天女曰：「我
從十二年來，求女人相了不可得，當何所轉」？此等說話，如握
靈蛇珠，圓活自轉，橫縱無礙，不留朕跡，爾若果到求女人相了
不可得，則頭頭上了，物物上彰，居俗亦得，為尼亦得，何有淨
穢之間哉？……159

山茨認為季總對舍利弗與天女公案「非唯錯會，兼且不識語脈，謬解之
甚」，可見之前季總已在參究此公案，若能到「求女人相了不可得」之
境界，則能處處通透，物物顯真，無淨穢之執，在家出家皆無礙矣。由
此看來，山茨讓季總參究女性公案，並連舉二個女性公案來開示，指點
參究「女人相」之機，可見頗有應其女性性別之機的用意，而季總應該
也從老師那邊體會到這點用心。

　　修行有其時節因緣，這些因緣不必只在一端，所以女修行者不一定
要參女性公案才能開悟，因為以女性公案來教化，只是契應其性別這一
機而已；然而，有應機便有其契悟處，所以對女性以女性公案教化亦不
失為一種契悟處。所以男性禪師對女修行者以女性公案教化，必然有其
應機之用心，而女性禪師以女性公案來教化女修行者，除了應機之用心
外，應該還有一種同其心、同其感、同其情之感受；應機，尚有彼此之
距；同心同感同情，即是同在一境也，因此其契悟之機會更利更順。所
以同樣使用女性公案，山茨以女性公案來教化季總，與季總以女性公案
來教化女弟子信眾，有著極大的差異，這種差異就在「師」（講法者）
與「徒」（受法者）的連結上，季總以同為女性來連繫，而形成師／
徒，即女性／女性，這樣的連繫，必然能啟悟女弟子的自信自肯，在男
性禪師與女性禪師數量差距甚大的歷史現狀下，這種機緣頗為難得珍
貴。

　　於是師／法／徒，即是女性／女性／女性的連結，季總作為女性禪
師，面對到女性修行弟子信眾，她感同身受性別在女性心靈上的或隱痛
或烙痕或分別執取，而這也正是悟道的契機所在，也讓同為女性的弟子

─────────────

159 《山茨語錄》卷三〈示尼繼總二則〉，頁 364 中下。

發為自信，形成典範意義，同樣的，女性公案亦有這樣的效果，所以她善用女性公案來教化女性，讓女性從中參究入無在無不在、非異非同的解脫自在境界。

（三）信取自己

對修行要具有自信自覺，在之前論季總的參話頭功夫時已有論及，而有關這樣的教示有二則，巧得是，這二則都是對女居士開示的，她向高彙旃夫人開示時曰：

> 示高彙旃夫人。入海不避蛟龍，信利在江海也，入山不懼虎兕，信利在山陵也。世諦且爾，況學道乎？然學道參禪豈有他術邪？不過穩辦一信字耳。《華嚴經》云：「信是道元功德母，信能必到如來地」。古德云：「欲超生死，必須妙悟，妙悟匪他，惟自信耳」。……[160]

此信心是「信能必到如來地」，穩辦一信字，學道、妙悟就能順當。另一則是對錢叔嘉夫人的開示，也曰「信取目前自己」：

> 示錢叔嘉夫人。我祖師門下，無一法與人，不過教人信取目前自己而已，道人既見山僧掛簡選佛牌，便好單刀直入，擬取巍科，……[161]

季總對這二位夫人開示「自信」時，並未以此特指為女修行者所需，但因為對象為女性，也頗有應女性之機，特別要女修行者信取自己之意。另外，對黃君略夫人開示，亦連帶提到須具大信心：

> 示黃君略夫人。脩行學道皆有悟門，不可盲修瞎學，虛喪天日，必欲明此無上妙道也。須具大信心，發大勇猛，立大志，……[162]

〈壽李夫人七十〉詩偈有云：

> 何必山邊與水邊，閨中須信有神僊，種桃閬苑三千歲，茹藥人間七十年，
>
> 別室幽蘭香發遠，中庭丹桂蕊方妍，白雲解得青山意，萬里飛來

---

160 《季總語錄》卷二，法語，頁451中下。
161 《季總語錄》卷二，法語，頁451下。
162 《季總語錄》卷二，法語，頁452上。

擁壽筵。[163]

「何必山邊與水邊，閨中須信有神儦」，強調解脫自在不在外境，閨中也自有自在處，也是信閨中自己，能自在解脫。而在未特定教化性別的〈喃喃語〉中亦有「慢則心輕，信微則志弱」語，亦顯示信取自己，是通乎性別的教化。

這些信取自己的教化中，有特定對象者都為女居士，而對男居士卻未見於此有特別的叮囑，所以季總對此似乎有應女性之機的特別教化處，不過若論及應機，其應機之處，或許也只是基於個人特質，不一定絕對是應性別之機，這一點是必須清楚說明的。

（四）機鋒、悟境的女性描寫

季總教化女弟子時，總會貼切於她們的身心狀態、日常生活，所以在提舉參究處、描寫悟境時，以女性身心事物為喻，今舉二例呈現之。

在給李三夫人的信中，除了關心她參究城東老母公案的狀況，還提個偈頌，這樣的教示是要給已在參究公案的人一點觸引，讓她有風可追，有鞭影可趁起，季總的偈頌是：

> 繡戶臨芝絕品評，何須開宴待瓊英，十分春色遊人醉，一種天香透骨清。[164]

這個頌子頗為特別，文句充滿著貼切女人生活的「女人味」，有非常明顯的應女性之機，繡戶、瓊英、春色、遊人醉、天香、透骨清，但「絕品評」、「何須開宴」，則勘破之，前二句勘破繁華自繁華，後二句以春色、醇醉、透骨清香來喻顯契悟境界。

季總曾為一位黃夫人，題其行樂圖讚，此圖應是畫黃夫人日常悠閒生活的描繪，而且應該有她憑欄之像：

> 者箇夫人知不知，一身隨處露雙眉，欲知叉手藏鋒句，盡在憑闌不語時。[165]

一身露雙眉，有一處二現之妙用意，這一處是空幻處，所以曰個「知不

163 《季總語錄》卷四，詩偈〈壽李夫人七十〉，頁464下。
164 《季總語錄》卷四，書問〈與李三夫人〉，頁468下。
165 《季總語錄》卷四，讚〈黃夫人行樂圖〉，頁468中。

知」。前二句，描寫夫人之身貌，也寫出道之體用。因為體如幻，體不生，所以「欲知叉手藏鋒句，盡在憑闌不語時」，句在不語，不語即藏鋒，後二句既寫如幻、不生之理，也寫黃夫人憑闌不語的形象，此讚寫來理象相參，而且貼合畫中主角黃夫人之形象，可謂以描寫女性形象來喻顯參究機鋒的佳作。

但是這種方式的描寫並非對所有的女性必然如此，有時只是點到為止，並沒有特別明顯，如〈示錢牧齋夫人〉：

> 鴻鈞轉處露陽春，好聽鶯啼綠柳陰，驚起渠儂無背面，一輪依舊落西林。[166]

此錢牧齋夫人不知是柳如是否？頗有可能。第二句「好聽鶯啼綠柳陰」，也個「綠柳陰」不知是否相關？而此句的鶯啼、柳蔭也微微地有女性的意象在。又如〈與高夫人〉：

> 萬里青霄絕點塵，一輪明月耀乾坤，茫茫宇宙人無數，幾箇如君開頂門。[167]

則是全然沒有所謂的女性意象。又有〈超月優婆夷行樂圖〉：

> 不是僧兮不是尼，六門面面鐵牛機，當軒突出無回互，午夜堂前月正輝。[168]

亦沒有特顯其女性意象部分。〈贈以貞道人〉後四句：

> 襟懷灑落塵緣累，骨格英奇佛祖侔，勘破箇中男女相，乾坤何處不風流。[169]

又特別從破男女相來談，撇開傳統的女性意象來寫（但不一定就成為男性意象，只是有可能成為預設男性意象）。諸如此類可知，季總面對女弟子時，很自然地也很有機會地，依弟子女性性別之生活形態、身心狀況來作為機鋒、悟境描寫的承載語詞。但這樣的悟境描寫是靈活變化的，並非必然如此。

---

166 《季總語錄》卷四，詩偈〈示錢牧齋夫人〉，頁 467 中。
167 《季總語錄》卷四，詩偈〈與高夫人〉，頁 467 中下。
168 《季總語錄》卷四，詩偈〈超月優婆夷行樂圖〉，頁 468 中。
169 《季總語錄》卷四，詩偈〈贈以貞道人〉，頁 464 中下。

三、對男居士的教化

嚴格來說，季總語錄中並未特別顯現對男居士有性別議題的教化，例如大道無男女、破除男女相等，但從教化內容來看，在對比之下，似乎有一些別於女性者在，今就觀察所得以二點明之。

（一）善用男居士公案人物

季總除了善用女性公案外，對於男居士的教化，也特別善用了男居士公案。這些男居士以士大夫為核心，他們與禪林來往互動頻繁，互相影響，是禪林一群重要、顯性的修行人與護法，這一點是閨門中、庵院裏的女居士無法比擬的，所以每每談及居士，都隱含預設為男居士，便是此理。季總來到江南，當然也與這些男居士相往來，並受到他們的讚譽、護持，所以經常有機會為他開示法要、指導參禪。一般而言，季總在對大眾或單對男居士開示、說法時會拈舉公案，但不多，在這些公案的使用上，昔日男居士悟道之人物、公案經常被季總拈來啟發男居士，例如〈贈倪伯屏居士〉：

> 眼中金屑謾勞評，水近高樓適埜情，室擬維摩空未得，學期龐老悟無生，
>
> 迴環竹樹詩增韻，遠映谿山畫有聲，識得箇中消息子，宰官居士亦聞名。[170]

維摩詰居士是佛教中最有名的在家居士，其境界可比文殊，是個大乘菩薩。而龐蘊也是中國著名的以男居士身悟道，季總便以維摩詰、龐蘊來點撥倪居士。又有〈張權始居士來欈李賦此以贈〉第二首：

> 一天雨雪詩腸潤，萬里關山智眼收，龐老覺華吹更發，玅香今日滿山樓。[171]

亦是以龐蘊來比喻期許他。又對葉紹顒開示：

> 示葉季若居士：祖師門下直捷單提，貴乎全身擔荷，稍涉遲疑，便不堪了也。不見陸亘問南泉，龐蘊參馬祖，一撥便轉，何等痛

七優曇華：明末清初的女性禪師

---

170 《季總語錄》卷四，詩偈〈贈倪伯屏居士〉，頁 465 下。

171 《季總語錄》卷四，詩偈〈張權始居士來欈李賦此以贈〉，頁 465 上。

快，何等直捷，彼既丈夫，我亦爾，豈肯讓伊獨賢哉，……不惟
勘破龐蘊諸老，直饒歷代祖師、天下老和尚，齊立下風有分。[172]

陸亘與龐蘊都是居士身，他們分別參問南泉、馬祖有所徹悟。所以季
總曰「一撥便轉，何等痛快」，而「彼亦丈夫，我亦爾，豈肯讓伊獨
賢」？所以期許同為男居士身的葉紹顒能門下直截擔荷。陸亘參南泉事
為：

> ……又一日。問泉曰：「弟子家內缾中養一鵝鶒，漸長大，出缾
> 不得，如今不得毀缾，不得損鵝，和尚作何方出得」？泉召曰：
> 「大夫」。亘應諾。泉曰：「出也」。亘從此開解。[173]

陸亘由此公案豁然開解，契道悟入，成為南泉之法嗣。而龐蘊參問馬祖
事為：

> ……後參馬祖。問：「不與萬法為侶者，是甚麼人」？祖曰：
> 「待汝一口吸盡西江水，即向汝道」。士於言下頓領玄旨。呈頌
> 曰：「十方同聚會。箇箇學無為，此是選佛場，心空及第歸」。
> 自是機鋒電掣，諸方無禦。[174]

待汝吸盡西江水，即向汝道！龐蘊在此句下頓悟玄旨，也成為馬祖法
嗣。季總就是提拈這二個公案向葉紹顒開示，讓他見賢思齊，勇猛精
進，居士身亦是悟道身。在寄給興化沈居士的信言：

> ……須知古人一期方便，直下無你迴避處，祇貴邃得便行，不存
> 軌轍，始可捉他淨名龐老敗缺，稍涉遲疑，白雲萬里，……古人
> 云：莫守寒巖異草青，坐卻白雲終不妙，惟居士自勉之。[175]

淨名即維摩詰居士。季總為沈居士開示參究話頭的功夫，一旦悟入，便
可「捉他淨名龐老敗缺」，不僅看透這些悟者的玄機，還可以捉他們尾
巴，遊戲一番。她拿維摩詰、龐蘊作典範，作觸媒，也作墊腳石。就像
季總在一次上座時，較仔細地開示陸亘瓶中鵝的公案，並再究問：

> 上堂問：慧日高懸，千山竝秀，滿目英賢，誰是作者？……復舉

---

172 《季總語錄》卷二，法語，頁 451 中。

173 朱時恩輯《居士分燈錄》卷上，陸亘傳，《新纂卍續藏》冊 86，頁 583 上。

174 朱時恩輯《居士分燈錄》卷上，龐蘊傳，頁 580 中。

175 《季總語錄》卷四，書問〈寄興化沈居士〉，頁 468 下。

> 陸亘大夫問南泉和尚曰：「學人缾中養一鵝，鵝漸大，出不得，如今不毀缾，不得損鵝，和尚作麼生出得」？泉喚大夫，陸應諾，泉云：「出也」。陸從此開悟。師云：「陸大夫弄巧成拙，若不是南泉，未免缾破鵝飛，自傷己命。且道喚出後如何」？萬里鵬翔遠，千年鶴共飛。下座。[176]

季總舉此公案，再勘論勘論陸大夫，說他「弄巧成拙」、「自傷己命」，這便是「捉他敗缺」也，而悟者對祖師公案的撿點勘論，無非是要啟悟弟子而已，並非真在批評高下。

因為這些士大夫居士是禪門中重要的修行者與護法，所以他們的修持也左右著禪林興盛與否，季總曾在〈與黃樵雲居士〉信中談到對當時男居士：

> 山埜寓姑蘇有年，每見縉紳居士參究此道者，不是見地偏枯，便為知解籠罩，真參實究者，屈指全無，昔日龐居士、楊大年、李駙馬輩皆操履真實，見道穩密，此等流亞，無復再見。……[177]

季總又舉龐居士與楊大年（974-1020）、李駙馬（988-1038），後面兩人都是北宋人。楊大年，名億，即北宋文學西崑體的大家；李駙馬即李遵勗，字公武，他們二人為好友，都是朝廷大臣，又都好參禪悟道，與當時著名禪師石霜楚圓、慈明常相往來問道，禪宗典籍留有許多他們問答機鋒。[178]季總舉這三位以前的男居士意在相較當時縉紳居士參究此道者，未能如他們三人般真實履踐。而觀察以上例子可知，季總在提舉這些居士時，大都只是點題其名，並未如開示女性公案般詳細講述內容。

對於當時有志參究的男居士們，季總每每以男居士公案人物來砥勵他們，如維摩詰、龐蘊、陸亘、楊大年、李遵勗等人，用意就是在應機施教，使興起見賢思齊、有為者亦若是之志。

---

176 《季總語錄》卷一，頁 445 上。

177 《季總語錄》卷四，書問〈與黃樵雲居士〉，頁 469 上。

178 彭際清《居士傳》卷二十〈楊大年李公武〉，《新纂卍續藏》冊 88，頁 217 下-218。下。二人在宋史皆有傳記。

（二）警戒文字知解之障

　　參禪修道常會有陷入知解堆裏，產生障病，這在論「貴通妙悟正脈，莫向玄解歧路」部分已談及，而季總在針砭這個問題時，都是在為居士開示之時，就如前面所引〈與黃樵雲居士〉所言：「山埜寓姑蘇有年，每見縉紳居士參究此道者，不是見地偏枯，便為知解籠罩，真參實究者屈指全無」[179]，見地偏枯、知解籠罩，前者指見地偏於空寂，後者指陷在文字知解裏面。為申漢培居士開示時也曰他：「患在聰明太過，於古宿機語上得些理路，便為了當，殊不知縱有入處，不過途路之樂耳，⋯⋯得古人言句，著如來偈，云：即今認取主人翁。山埜不覺失笑」。[180] 在〈與陳方三居士〉詩：

> 識得當人舊主翁，仲尼鼻孔本來同，掃除文字閒枝葉，悟徹良知脫有空，
>
> 予欲無言俱漏泄，吾無隱爾露真風，直須嚼出其中味，道學從教一貫通。[181]

她要陳方三居士能掃除文字閒枝葉，並能嚼出其味，道學一貫通。士人多以儒入，儒釋之通透正是其先天之課題，但能勘透這關鍵，即能「仲尼自鼻孔本來同」。〈贈敬可徐居士〉亦是：

> 稔識浮名似幻如，遠離人境結精廬，庭前修竹堪藏月，簾下環谿任走魚，
>
> 明眼早知三要旨，忘心頓貫五車書，莫將世事空牢係，漢闕秦宮盡古墟。[182]

「忘心頓斷五車書，莫將世事空牢係」，季總期許他能對文字知識、歷史世事，有更通透的領悟，如此一來，參禪悟道才能順暢而入。

　　季總對當時男性居士的教化，善於運用悟道之男居士公案人物來啟發他們，也常在稱讚他們飽讀詩書時，為他們擴清文字知解上的執著，針砭勿在古人言句上找樂處，不僅無助悟道，更添阻障。

---

179 《季總語錄》卷四，書信〈與黃樵雲居士〉，頁 469 上中。

180 《季總語錄》卷二，法語，頁 451 中。

181 《季總語錄》卷四，詩偈〈與陳方三居士〉，頁 465 下。

182 《季總語錄》卷四，詩偈〈贈敬可徐居士〉，頁 465 上。

就體性來說，季總之教化並無因性別而有差異，所以其方法亦是可以多樣化的，而不必局限於某一種形式，只是因為其女性禪師之身份，她的弟子信眾自然聚集比一般男性禪師更多的女性，而男性居士之信眾亦所在多有，因此其在性別智教化上，自然會更貼近於女性修行者，這是她作為女性禪師一種特質，季總將此特質展現為：善用女性公案，形成「師／法／徒」之連結，是以同性之女性（女性禪師）／女性（女性公案）／女性（女修行者）的因緣相連繫，產生共感共成、勘破性別執著、形成自信典範之效。另一方面，同時為她們破除性別偏見、女性劣弱之想，有「大道本自現成，何分女相男形」之教，並強調信取自己，也由此以女性生活狀況來作機鋒、悟境的描寫，以熟悉的情境來啟發女修行者。相對的，季總對男居士的教化，也能善用見賢思齊式的男居士公案人物來啟發，並特別對他們太過沈陷在文字知解上的警戒。

從教化面來看，季總為女性修行者強調「大道本自現成，何分女相男形」與「信取自己」之教，為男居士警戒沈陷文字知解之害，由果推因，或可由此襯顯季總所面對的女性修道者較怯於悟道的自信，而自卑於女相的劣弱；而男性修道者尤其是男居士之病，則在容易陷入文字知障之中，環繞在知識見解，無法放下身段，直接實踐佛法。而季總對男女修行者各自的障礙，展現她的性別智觀察，並對症下藥，加以教化點醒。

季總的性別智教化，以女性公案、男居士公案來啟發女性及男性的修行者，這是依不同性別採取不同的見賢思齊方式，以增加悟道效果，尤其她自己女身成證，對女性來說更是活生生的證明，具有啟發信心的大功用，而以女性生活的事物來作機鋒、悟境的描寫，也是以能貼近女性經驗來讓教化更為有效。對女性而言，女性公案的善用，不僅實踐當時參究公案的悟道方式，也能一舉勘破女修行者怯於悟道、卑於女劣之想，遣除女性自我的性別偏見，打通女性心脈，確立女性自信，導引女性悟道，具有區別、貼近、引導性別的特質，是季總性別智教化的主軸與特色。

季總徹禪師，衡陽陳婆子，這是《衡岳志》為她留下的一個稱呼，即使指出她的女性身份，但也冠了夫姓，所以重點全在名相背後的心

靈。在稱謂上，季總隨順禪門中性或偏向男性的稱謂法，然重要的是，身為女性，季總深入自我心靈，尋求解脫之道，在南嶽修悟，曳杖到江南，展現她的弘法教化，也展現她對女修行者的性別智用心，當時她是被當時江南佛法之盛所呼喚？是被當時女禪之盛所吸引？不管如何，她的出現為明末清初的女禪教化注入極有特色的一章。

柒

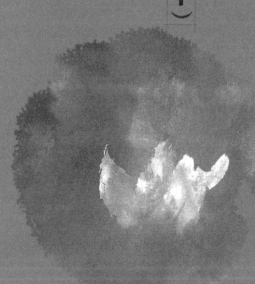

禪教化與性別智（下）

第十章　寶持女禪、祖揆女禪

第一節　寶持之禪教化

　　《寶持語錄》有上下卷，上卷記載在嘉興妙湛禪院、海鹽南詢禪院的上堂開示；下卷是機緣、頌古、詩、真讚、書問。都是她的禪法教化展現，今將依此析論其禪法風格。

一、壁立萬仞，句下雙遣

　　寶持在〈示門下諸生〉時曾自言其門風：

> ……當知我此門風，壁立萬仞，一眼覷破，即世情、世味、五欲、三毒，百種煩惱，一一覓起處不得有，祇有一回飲水，一回咽耳，金風體露，月面全彰，當圖徹底掀翻，俟魔氛少息，當執手共說無生話也。[1]

　　「壁立萬仞」，禪門常用之語，比喻絕去對待，無攀緣附條之處，我執執取是根本煩惱處，修行貴在一切放下，所以在層層往上進修中也是層層的破執，臨到高處，下面已是萬丈深淵，險惡無比，此時心中最深沈濃重的執取才能逼顯出來，唯有「懸崖撒手」，才能臻至妙境。而禪師的問與答亦是如此，讓學人在話下無法依語妄執，尤如壁立萬仞之無攀附處，又能破學人心念執著，尤如壁立萬仞，自己攀附自己也不可得，此時學人如能當下認取「懸崖撒手」，就能得個放心處，悟入實相。漢月曾有〈參禪四十偈〉表達他對修行階次的看法，其中〈壁立萬仞〉、〈懸崖撒手〉分別是：

> 鳥飛不度目前高，百尺深潭腳未牢，蓦地一聲雷送尾，打翻星斗出重霄。

---

1 《寶持語錄》卷下〈示門下諸子〉，頁713下。

攀躋不住突然翻，千里黃河徹底渾，踢盡皮毛和骨節，更無消息向君論[2]。

學人要往天高之處再高，往深潭之底再深，上下都無著處，在時節因緣下、禪師點撥下，「驀地一聲」更將打翻，出到天外天。此時更是攀躋不住，一旦突然翻身轉句，徹上徹下，身心徹盡，既是撒手，自然「更無消息」可論，而無消息自然是好消息。漢月將盡捨的修行境界，表達得頗透徹。而禪師教化時的語句玄要精神，也在於此，表現在禪風上，則是絕去對待，徹達核心，直下全行，無有假借曲折可言，這就是寶持自言「壁立萬仞」的門風。這樣的教化能「一眼覷破」，無有執處，自然覷破，覷破什麼？覷破世情、世味、五欲、三毒種種煩惱，讓它一一無有起處，欲覓起處亦無可得，豁見本然清淨。

那麼寶持在教化上如何「壁立萬仞，一眼覷破」？她運用的是「句下」、「話下」、「下一轉語」的方式，就如她寫信給龔夫人：

> 連日大雨滂沱，爐邊無賓主句，竟不曾提起，直是可笑。今者天晴日出，狸奴白牯俱各舞爪張牙，未曾有一些子好意思，舉似知己，未審晏坐時，還記得箇一轉語否？若能撩起便行，未跨船舷，自然過量，庶不負一段樂法深心耳。[3]

「無賓主句」、「狸奴白牯」都是指禪門公案語，一者不曾提起，一者舞爪張牙，一者大雨滂沱，一者天晴日出，是實情語亦也可以是境界語。而對修行的指點，她叮嚀龔夫人「還記得箇一轉語否」？在公案參究時，要能「撩起便行」，無牽無執。「撩起」與「放下」等義，能懸崖撒手才能撩起便行，而這些須在孜孜不倦地公案參究時，讓身心在「轉語」下轉身，翻然脫執。轉語，是啟悟弟子的方便之法，所以此轉語要有其玄妙變化，這也是臨濟宗旨的玄要語句之功能，要學人「言下悟道」。如何在言下、下一轉語而悟道呢？百丈禪師有個著名的公案：

> 師每日上堂，常有一老人聽法，隨眾散去，一日不去。師乃問：
> 「立者何人」？老人云：「某甲於過去迦葉佛時，曾住此山，

---

2 《三峰藏和尚語錄》卷十二，頁184中。

3 《寶持語錄》卷下〈與龔夫人〉，頁713上。

有學人問：『大修行底人，還落因果也無』？對云：『不落因果』。墮在野狐身。今請和尚代一轉語。師云：「汝但問」。老人便問：「大修行底人，還落因果也無」？師云：「不昧因果」。老人於言下大悟。告辭師云：「某甲已免野狐身，住在山後，乞依亡僧燒送」。師令維那白槌告眾，齋後普請送亡僧。大眾不能詳，師領眾至山後巖下，以杖挑出一死狐。乃依法火葬。[4]

「不落因果」轉成「不昧因果」，此　轉語，讓老人言下大悟，得脫野狐身。轉一個字，得破徹執心，言為心相，相破心隨破，語言與悟道的關係如此，諸如此類，因言而悟的例子在禪門不勝枚舉。所以寶持運用下一轉語的方式來啟悟弟子，是來自禪門傳統，也是來自漢月、繼起重視玄妙語句之師承。

承著禪門、繼起的這種啟悟方式，寶持之語錄充滿這類型的教化，即參究公案的公案禪，她大量引用祖師公案問答，亦不會拘限於臨濟宗公案，有世尊拈花、迦葉倒杆等佛陀時代的公案，有禪門未分五宗前達磨與梁武帝問答、馬祖一喝、趙州庭前柏子樹等公案，有法眼、雲門宗之前的雪峰公案，更有雲門宗文偃之示眾語、曹洞宗洞山麻三斤、溈仰宗香巖上樹、臨濟宗臨濟之三頓棒、黃龍三關等等公案。所以學人曾問五家之宗旨：

> ……學人問：「閃電未收轟霹靂，峰巒繞露海雲遮，如何是臨濟宗」？師云：「開口見膽」。學云：「水底泥牛畊白月，雲中木馬驟清風，如何是雲門宗」？師云：「不許眨眼」。學云：「金烏東上人皆貴，玉兔西沈佛祖迷，如何是溈仰宗」？師云：「別無道理」。學云：「無漏國中留不住，月華影裏見還難，如何是曹洞宗」？師云：「風吹不入」。學云：「春入洞庭南岸碧，鳥啼西嶺月生東，如何是法眼宗」？師云：「一切現成」。學云：「謝師答話」。師打云：「逢人不得錯舉」。乃云：「無上法王，有微妙大總持門，曩劫逮茲，迥無變異，古今該攝他不得，凡聖轉換他不得，釋迦掩室，智不能知，淨名杜詞，識不能識，

---

4 《百丈懷海禪師語錄》，《新纂卍續藏》冊69，頁6。

總上座一向愛把不定，似蚯蚓吐油，捏著便出，汝等還有不動聲色，向父母未生已前入得普門三昧者麼？若也入得，始知過去正法明，即是現前觀自在，非一非異，無古無今，生既不曾生，滅亦未嘗滅，應緣靡不周，露出廣長舌」。喝一喝。下座。[5]

寶持以「開口見膽」、「不許眨眼」、「別無道理」、「風吹不入」、「一切現成」五句，來說臨濟、雲門、溈仰、曹洞、法眼等五宗之宗旨。所謂「無上法王，有微妙大總持門」、「普門三昧」，雖然五宗各有風格，但悟者可以總持各門各宗之法，應用無方，古今凡聖智識都無法拘限之。所以引用九峰禪師的話[6]，俏皮地表達「一向愛把不定」，可以總持各宗，「似蚯蚓吐油，捏著便出」，應緣而出，所謂「應緣靡不周，露出廣長舌」。所以寶持以公案禪教化時，具有不拘某宗、總攝各宗之觀點。

以參究公案語句來教化，有時是學人問，有時是她與祖揆相參，有時舉揚公案作頌古，有時是自問，當學人無應，她甚至會代云，為之「下一轉語」來調練弟子。轉語巧妙有多端，寶持則多以破執、雙破雙遣，形成「壁立萬仞」之境之勢來教化，她在說法時就這樣強調：

> 結制日，眾請上堂。喝一喝云：「就地掘開爐　，為煆精金，信手奮起鉗鎚，何辭鈍鐵，明明不覆藏，歷歷無虛假，既無你棲泊處，亦無你迴避所，以一處真，千處百處一時真，一句透，千句百句一時透，何須限短期長，裝模做樣，開鑿人天，摧碎空外，縱殺活于魔宮虎穴，肆予奪于爐炭鑊湯，然後群靈景仰，千聖歸降，然雖如祇，如古人道末後一句，始到牢關，把斷要津，不通凡聖，你諸人又向甚處出氣」？連喝兩喝，下座。[7]

弘法鍛練弟子，佛法實相是明明歷歷，不藏無假，但「既無你棲派處，

---

5 《寶持語錄》卷上，頁 706 中下。

6 超永《五燈全書》卷三十三、明州九峰鑒韶禪師：「上堂，山僧說禪，如蚯蚓吐油，捏著便出，若不捏著，一點也無。何故？祇為不曾看讀古今因緣，及預先排疊勝妙見知等候。陞座，便磨唇捭嘴，將粥飯氣，熏炙諸人，凡有一問一答，蓋不得已，豈獨山僧，看他大通智勝如來，默坐十劫無開口處，後因諸天梵天及十六王子，再三勸請，方始說之，卻不是秘惜，祇為不敢埋沒諸人，山僧既不埋沒諸人，不得道山僧曾陞座。參」。頁 716 下 -717 上。

7 《寶持語錄》卷上，頁 706 上

亦無你迴避所」、「把斷要津，不通凡聖」，凡也遣，聖也破，把斷兩邊，雙遣遣破，壁立萬仞之境已現，還要問「你諸人又向甚處出氣」？在無可捉取處，跟你要個活處！此時如能句下通透，下得一轉語，即能一句透，千句百句一時透底，然後「群靈景仰，千聖歸降」。她將句透與心透連為一氣，句悟與悟道亦是同門，所謂「古人道末後一句，始到牢關」等，以「末後一句」形容悟道的最後關卡，可見語言文字，尤其是語言與悟道之間的密切關係。「壁立萬仞」之絕去對待，雙遣遣破，是調練之勢，也是實相本然，她說：

> 當晚小參，小菴小舍小叢林，木石同參聽法音，不向虛空安耳穴，免招意地更沈吟，諸人適來聞鼓陞堂，聽板止靜，總不違時失候，何常錯用工夫，斷臂安心，自是老胡造孽，掩泥布髮，莫笑然燈誑人，你若無求，彼即絕伎，山僧今日雖出頭來，秖要息事，不貴多事，乃顧左右云：「歸堂」。[8]

古來祖師大德各種悟道因緣，五花八門，寶持直指這些都是造孽、誑人，以破聖者之執、破求悟之執，從「聞鼓陞堂，聽板止靜」來講修行不能錯用工夫，修行不在求個「有」，而「秖要息事，不貴多事」，息事，即破一切執，這是她「出頭來」弘法的核心所在，也是她直下調練弟子之處：

> ……諸仁者，大溈恁麼道，大似一尺鏡，納千里之像，雖然真空絕跡，其奈海印發光，安知夜明簾外，影跡猶存，古鏡臺前，色香未泯，直須得失俱喪，始能絕跡絕塵，是非杳忘，方可透聲透色，所以經云：「佛說一切法，為度一切心，我無一切心，何用一切法」。遂擲下拄杖云：「你若辨得，天下橫行」。[9]

寶持強調：得失俱喪，才能絕跡絕塵，是非杳忘，才能透通聲色之實相。不落有無二邊，才是真空，我無一切心，無一切法，這種雙破雙遣的方式，顯得直截了當，直指核心。破人法兩端，是壁立萬仞之境，才有脫然活出的機會，所謂大死一番，才能起死回生，也才能天下橫行，

---

8 《寶持語錄》卷上，頁705下。

9 《寶持語錄》卷上，頁708上。

得大自在。

修行要在一轉語下轉身，壁立萬仞時撒手放下，既是壁立萬仞，就不能有固定模式可捉取，學人面對千機萬句，次次都是當下身心坦露，無可迴避，禪師面對學人一修一悟，每每皆要應機勘驗，一針見血，所以她云：

> 乃云：「萬瓦清霜，簡簡寒毛卓豎，一窗紅日，人人心地和融，豈是逐境遷移，隨時轉換？只為南詢門下，總不曾立箇窠臼，陷人不見。昔日曹谿和尚云：「但能轉處不留情，繁興永處那伽定」，你若硬作主宰，要與前塵抵敵，這裏無閒飯養人」。下座，以拄杖一時趁散。[10]

南詢，指寶持住持的南詢禪院。南詢門下，是不曾立個窠臼，而瞞陷學人眼目，但也不是逐境遷移，她引六祖惠能的話：「但能轉處不留情，繁興永處那伽定」，那伽定者，指佛的定力，佛行住坐臥常在定中，而且其定有大作用，面對萬相轉變，能不執留情緒，萬相繁興，也能常在定中，定與動，不矛盾而相成，立個窠臼，硬作主宰，都非修行之處，開悟，是智慧，並非聰明技巧，所以下轉語時，不是捉個主宰、機巧，與禪師的對話、自己的慣性相敵對，也不是你問我酬相唱和，而是在專注定心中，全付身心面對禪師的機鋒點撥，才能機下向上一著。所以「不立窠臼」，對重視「一轉語」教化的寶持而言，是相當重要的，而不立窠臼也非胡言亂語，所謂：

> 師云：「語不離窠臼，焉能出蓋纏，山僧恁般說話，大似欺誣亡歿，若使當門一齒下，下咬著底老宿尚在，定然別有機關」。[11]

「語不離窠臼，焉能出蓋纏」，所以轉語得要玄妙，才能見機破之，這些語句看似「欺誣亡歿」，實則如「當門齒下」之銳力，一咬到底，彷彿雙破雙遣，如果沒有當場碎裂，而能「老宿尚在」，必然別有機關在，還可再勘再勘。雙破兩邊，在作用上，說是壁立萬仞、直接了當；

---

10 《寶持語錄》卷上，頁 708 上。《六祖壇經》〈機緣品第七〉：「大圓鏡智性清淨，成所作智同圓鏡，五八七六果因轉，但用名言無實性，若于轉處不留情，繁興永處那伽定」。那伽定，指龍的定，也是指佛的定力，佛常在定中，卻有大力用。

11 《寶持語錄》卷上，頁 707 中。

在境界上，亦可說是全開全顯，覿面無私：

> 結制日，上堂。撥轉向上關，白牯貍奴，全身出現，打開無盡藏，寶几珍御，覿面無私，縱橫古木林中，舒卷白雲堆裏，明投暗合，日面月面，金不博金，正去偏來，潭北湘南，水不洗水。蕘豎拂子云：「是以祖印高提，諸佛心源，咸歸掌握」。擊一下云：「機輪繞轉，群生命脉，悉受指呼，鐵餕餡吞吐以時，金剛圈放收有地，淨　　不留一物，赤洒洒不掛寸絲，理絕玄微，情忘向背，非三賢十聖所知，豈神通變化可測，恰是燄爐不藏蚊蚋，若說長期短期，即屬遞相鈍置」，擲拂子，下座。[12]

以雙遣雙破，撥轉向上，將各種公案境界，全開顯露，就像打開無盡寶藏，也是覿面無私，不管明、暗、日、月、正、偏、北、南，都是「金不博金，水不洗水」，都是全面、純淨、圓滿，有如高提祖印，掌握心源，而教化有如機輪之千轉萬端，使眾生應緣得度，使學人「淨　　不留一物，赤洒洒不掛寸絲，理絕玄微，情忘向背」，前二句，事相境界語，全開全顯；後二句，理上心源語，雙遣雙破。如此雙遣雙破，破凡易知，破聖難了，所以寶持直下透徹地說：

> ……學人問：如何是古佛心？師云：「不越所問」。學云：「恁麼則凡聖齊平，古今無間也」。師云：「眉且不是目」。乃云：「菩薩見覺猶為覺礙，山河大地是礙，艸芥人畜是礙，屋宅田園是礙，父母眷屬是礙，乃至菩提涅槃是礙，禪定解脫是礙，直饒一一透過，了了分明，覺礙為礙，不得自在，諸人要得自在去麼」？拈拄杖云：「拄杖子踔跳上三十三天，穿過上方香積如來鼻孔，驚得聲聞緣覺諸大弟子東倒西擂，叫苦不迭，他卻迤邐歸來，依舊在繩床角畔，呵呵大笑，道我無甚覺，亦無甚礙，慣隨人轉不稱功，故名為觀自在，然雖如此，爭奈猶落在山僧手裏」。隨卓一下云：「我藉汝力，汝得我用，上下千秋，秖成獨弄」。又卓一卓。[13]

---

12 《寶持語錄》卷上，頁 707 中。

13 《寶持語錄》卷上，頁 707 下。

學人以平等、雙破來說「凡聖齊平」，寶持則以「眉且不是目」再破之。接下來從菩薩見覺、山河大地、艸芥人畜、屋宅田園、父母眷屬，乃至菩提涅槃、禪定解脫等等，一一舉出這些都是障礙所在，尤其是「覺」成為「見覺」也是「覺礙」，有覺礙則不能自在，而修行覺悟是要能自在，所以再破遣之：「無甚覺，亦無甚礙」，才能名為觀自在。而這個觀自在還能藉寶持之力有所作用，即使如此，兩者仍是獨弄為一，無有分別。所以她亦拈出「三世諸佛是奴婢，一大藏教是涕唾，且拈過一邊，秖如牡丹花下睡貓兒是箇甚麼」？[14] 這樣的話頭，都有所本，[15] 略加轉接，要讓學人言下疑悟。她取曇穎禪師相當犀利之語，呼三世諸佛為奴婢、一大藏教為涕唾，接著又言下一轉，銜接也是曇穎與谷隱參究之語：「牡丹花下睡貓兒」這麼柔美的場景，充分顯現作為一位禪師不作死句、不落窠臼的本色，亦有寶持重視禪門公案語句之風格。

　　所以寶持一再徹底的雙遣雙破，再遣再破，破凡，甚至破聖，她於〈自贊〉亦說自己：「涅槃不為榮，生死不為恥」，[16] 無怪乎她來妙湛禪院開堂日陞座時，就說：「即此用離此用，臨濟德山咸奉重，煆凡煉聖大爐錘，來者命根遭斷送」。[17]「即此用，離此用」是馬祖教化百丈的公案句，[18]「即」與「離」，非二亦非一，將「即」與「離」雙破雙遣，在她這種教化風格下，學人的執取根源處，必然斬除除根，斷送無疑。她運用現成公案語句教化，是師承於繼起，而她在與弟子商量、下

14　《寶持語錄》卷下，頁710下。

15　「牡丹花下睡貓兒」，是曇穎達觀在谷隱聰座下問道之語，後來就成其谷隱法嗣。「潤州金山曇穎達觀禪師，杭州丘氏子，首謁大陽玄禪師。遂問，洞山特設偏正君臣，意明何事？陽曰：父母未生時事。師曰：如何體會？夜半正明，天曉不露。師罔然。遂謁谷隱，舉前話，隱曰：大陽不道不是，秖是口門窄，滿口說未盡，老僧即不然。師問：如何是父母未生時事？隱曰：糞墼子。師曰：如何是夜半正明，天曉不露？隱曰：牡丹花下睡貓兒。師愈疑……」。「三世諸佛是奴婢，一大藏教是涕唾」則是曇穎達觀上堂之語。俱見《續傳燈錄》卷四，《大正藏》冊51，頁489上中。

16　《寶持語錄》卷下，頁713上。

17　《寶持語錄》卷上，頁705下。

18　百丈懷海禪師者，侍馬祖，初悟後，再參，侍立次。祖目視繩床角拂子。師曰：「即此用，離此用」。祖曰：「汝向後開兩片皮，將何為人師」？取拂子豎起。祖曰：「即此用，離此用」。師掛拂子於舊處。祖振威一喝，師直得三日耳聾，自此雷音將震檀信。見《百丈懷海禪師語錄》卷一，《新纂卍續藏》冊69，頁5下。

一轉語，是以雙遣雙破形成壁立萬仞之勢，也同時成為全開全顯之境，讓弟子言下悟入的。她有〈示圓朗悅眾〉詩：

> 堂中早晚自周旋，古佛威儀無間然，直下洞明言外旨，鴉鳴鵲噪句中玄。[19]

堂中周旋，亦即參究公案，商量、下轉語，雖然在語句中參究，但是要直下洞明言外之旨，「直下」者，即是壁立萬仞無攀附處時撒手，此時所謂臨濟三玄三要之宗旨，化然也在「鴉鳴鵲噪」中，是言，亦非言。玄妙語句化成「鴉鳴鵲噪」之聲，直下洞明的，是言外之旨，顯現寶持在公案語句下的另一種翻轉：言外之旨。而言外之旨的展現，寶持則以「就事風光，一切現成」以及一言道盡，劈脊便棒，來顯。前者仍是以語言示現，後者則是以動作、聲音，甚至也有「語言棒喝」來點悟，這是臨濟教化本色。以下將分別明之。

二、就事風光，一切現成

寶持離開妙湛禪院來到海鹽南詢禪院，入院開堂時曾言：

> ……乃云：縱域中殺活，遍剎海毒燄腥風，增一分不得，肆格外威權，盡古今冰消瓦解，減一分不得，何必拈卻炙脂帽子，褫下鶻臭布衫，[20] 然後稱毒辣手腳？南詢這裏不貴雲興餅瀉，秖圖就事風光，得者淘米著火，人工煮粥蒸飯，一任諸人橫吞豎咬，得飽便休，且道還有為人處也無？喝一喝云：「開得這張口，坐得這箇座」。[21]

所謂「縱域中殺活」、「肆格外威權」，都是指禪師之教化手段，其風格既「毒燄腥風」，又既「冰消瓦解」，「增一分不得」、「減一分不得」，是雙遣雙破也，不必拈卻、褫下個什麼。重要的是，寶持在重視參究公案語句中，卻不貴「雲興餅瀉」的語句滔滔，只圖「就事風光」

19　《寶持語錄》卷下〈示圓朗悅眾〉，頁 712 中。

20　這二句是洞山在雲門言下大悟，對雲門所說的話：「他後向無人煙處住箇草庵，不蓄一粒米，不種一莖菜，接待十方往來，盡與伊出卻釘拔卻楔，拈卻炙脂帽子，脫卻鶻臭布衫，教伊灑灑地作箇衲僧，豈不俊哉！雲門曰：爾身如椰子大，開得許大口。」見超永《五燈全書》卷三十一，《新纂卍續藏》冊 81，頁 696 中。

21　《寶持語錄》卷上，頁 707 上。

的一切現成，就事風光即在日常種種即身之事物上，如淘米著火，如煮粥蒸飯，也如參學行腳、轉身抬首。一切現成，即在一任平常之坦現，所謂一任諸人橫吞豎咬，得飽便休，也是一任諸人上腳下跟，到家便止。示現平等、無執之境界。這是寶持表露自己對教化的看法：在平常事上顯，在無執平等相上現。既是平等無執，亦無教化處，若還要問到底，是否有教化為人之處？寶持也以「就事風光」的方式來自答：「開得這張口，坐得這箇座」，此口是寶持口，也是弟子口，此座是寶持座，亦是弟子座，一切平等現成。

公案語句是言下玄妙之旨，而言外之旨，就在「事」上，就在「一切現成」，因為一切現成，平等無執，才能即事即理，由理入事，由事見理，才能成其「就事風光」。這種重視「事」的風格，在一次她改動古德偈語中也顯現出來：

> 中秋上堂。舉古德偈云：「人有心看月，月無心照人，有無成一片，心始得惺惺」。師云：「古人恁麼道，理上則有餘，事上猶不足，山僧亦有一偈，也是自己語，喜得事上也著，理上也著，今夜茶菓艱難，持作一分供養：『人有心看月，月無心照人，有無俱透脫，光明觸處生』」。下座。[22]

將「有無成一片，心始得惺惺」，轉成「有無俱透脫，光明觸處生」，她認為前者理上有餘，事上不足，而她轉化後是「事上也著，理上也著」，亦即理事俱足。「成一片」轉成「俱透脫」，將有無的力用從平面的一片，穿透超脫出來，也顯現寶持雙遣雙破的功力；「心惺惺」轉成「光明生」，也是將心的內在光明作用，轉化出外在觸處之事上光明，正顯現她了然、注重「事」之作用。亦可說她有：破兩邊，顯事用的風格。

顯於「事」者，有時是學人自身之事，有時是柴米粥飯之平常事。例如她多以學人自身之事喻顯：

> 師照問：「學人到這裏立錐無地時如何」？師云：「撒手任西東」。照云：「若然，隨緣得路也」。師云：「腳跟下是甚

麼」？[23]

修究到立錐無地時如何？表示還擔心著立錐無地，還想有個「有地」，寶持自然破她有地之想，所以點撥她「撒手」任西東，師照在句下應之「隨緣得路」，寶持便當下即事究問：「腳跟下是甚麼」？有路便可能有執，既是撒手，既是隨緣，路從何來？有路就有腳著下，所以寶持直接點入「腳跟下」讓弟子檢點，是徹底撒手？還是仍然捉住一處？又找個「路」來立錐？這種不說理，直點事，而且此事就在弟子身心上的問話，頗為直截了當。單究「隨緣得路」這四個字，並不一定代表「執於路」，而是學人答出這四個字時，身心狀態已能呈現，此時微微心向，有執無執，甚至處於有執無執之間等等狀況，必為師者所見，如為無執，是否鞏固？如為有執，執在何處？有執無執之間，又是如何？為師者都要進一步勘驗，在勘驗中協助弟子豁然句下破執。她〈示師照〉詩：

> 千聖從前喚不回，腳跟有路絕纖埃，今朝自解翻身轉，剎剎塵塵正眼開。[24]

腳跟有路，卻絕纖埃，這樣才是無立錐地、隨緣得路之腳跟下，此時才能翻身轉、正眼開。「腳跟下」事即己事，是乃即事究之。又例如：

> ……學人問：「如何是妙湛境」？師云：「自家驗取」。學云：「如何是境中人」？師云：「大家在這裏」。學云：「人在境中，境在人中」？師云：「不可拈一放一」。學云：「人境已蒙師指示，向上宗乘事若何」？師云：「道甚麼」？學云：「作家宗師，天然有在」。師云：「眼裏還著得沙麼」？……[25]

學人參問「境」、「境中人」、「人在境中，境在人中」等，寶持應之「自家驗取」、「大家在這裏」、「不可拈一放一」、「道甚麼」、「眼裏還著得沙麼」，都是貼近學人自身來點撥之。許多公案語句之參問：

> 問：木人把板雲中拍，石女含笙井底吹，不落宮商是何曲調？
>
> 師云：清風匝耳。

---

23 《寶持語錄》卷下，頁 709 下。

24 《寶持語錄》卷下，頁 712 中。

25 《寶持語錄》卷上，頁 706 下。

問：一切諸佛及諸佛阿耨多羅三藐三菩提法皆從此經出，如何是此經？

師云：不孤來意。

問：祖師心印，篆作何文？

師云：自家驗取。

問：諸佛本源深之多少？

師云：量不著，問不得，指東劃西平實處，道將一句來？

無對。

師代云：爭敢造次。

問：道人行處，如火銷水，因甚築著磕著？無對。

師代云：計較未成。

問：佛祖公案祇是一箇道理，因甚有明與不明？

師云：妄想至今猶不絕。

問：大修行人本脫生死，因甚命根不絕斷？

師云：病入膏肓。

問：人人有箇影子寸步不離，因甚踏不著？

師云：知即得。

問：若是金毛師子子，三千里外見謊訛，觀世音菩薩將錢買胡餅，因甚卻是饅頭？

師云：將錯就錯。

問：大迦葉見世尊拈花，破顏微笑，須菩提聞世尊說法，涕淚悲泣，且道笑底是？哭底是？

師云：放憨作麼？又云：賺殺旁觀。……[26]

不管是：清風匝耳、不孤來意、自家驗取、爭敢造次、計較未成、妄想至今猶不絕、病入膏肓、知即得、將錯就錯、放憨作麼等等點撥，都落在問者自身狀態，即問者身心之事來究之。有時也運用柴米粥飯之平常事來喻顯，就如前面所引，強調她的教化是就事風光時，所言：「得者淘米著火，人工煮粥蒸飯，一任諸人橫吞豎咬，得飽便休」，在一次除

---

26 《寶持語錄》卷下，頁710上。

夕晚參也曰：

> 除歲晚參。北禪烹露地白牛與諸人分歲，總上座豈可一昧減省也？不免借水獻花應簡時節，乃喝一喝云：「麤餐猶易飽，細嚼即難饑」。[27]

以麤餐、易飽、細嚼、難饑平常吃飯狀況來喻顯弟子，這正是其就事之風光。一次解制上堂開示：

> ……結制已來，與諸兄弟吹起沒煙火種，燒盡陳爛葛藤，煮不濕羹，喫無米飯，不獨一眾飽，鼾鼾地無面目漢，亦隨例得一分，日日向火爐頭，商量無賓主話，頓使寒灰發燄，漆桶生光……[28]

七優曇華：明末清初的女性禪師

吹起煙火種、燒盡陳葛藤、煮羹、喫飯等皆是就事而喻。有一年元旦，她許了四個新年新希望：

> 元旦，上堂。拈起拂子向空畫一畫，云：「歲朝把筆，諸事迪吉，一願挂杖子不生枝葉，二願草鞋跟不惹塵煙，三願粥飯頭大家得力。四願佛法藏元字不留，此是山僧新年頭，對眾所立四弘誓願，一願不成不取正覺」。復擊一下，云：「猶有這簡在」。便下座。[29]

佛門四弘誓願是：煩惱無邊誓願斷、法門無量誓願學、眾生無邊誓願度、佛道無上誓願成。寶持將之轉成以挂杖、草鞋跟、粥飯、佛法藏等修行人日常之事物來顯，並以不生枝葉、不惹塵煙、元字不留來破執，而要大家在此得力，這麼一轉，就顯現出寶持就事、顯用之風格。而「不成不取正覺」的總願，也正是她徹底破執，不落兩邊、雙破雙遣的教化方式。

寶持之就事風格是以「一切現成」為背景的，其根源又在一切無執，也因為一切現成，讓其能隨拈隨出，以學人自身、平常日用之事物來顯發，而且拈來顯得直接、清閒。有一次她與祖揆談及在董庵祇園禪師處參學時：（師指寶持）

師云：「我在董菴，曾見一學者問和尚本來面目，和尚答以：左

---

27 《寶持語錄》卷上，頁 708 中。

28 《寶持語錄》卷上，頁 706 下 -707 上。

29 《寶持語錄》卷上，頁 708 中。

眼半斤，右眼八兩。學者踴躍而去，此語如何」？瑞云：「似即似，是即未是」。師云：「請老兄代一語」。瑞云：「翻轉面皮看」。師云：「我道一切現成」。[30]

學人問「本來面目」之參究語，祇園以「左眼半斤，右眼八兩」來答。祖揆是以「**翻轉面皮看**」下代語，寶持則是以「一切現成」下語。從這兩句相對來看，立刻顯現兩人禪風方向的不同。寶持顯現的是無執與自然平等的一切現成，不必「翻轉面皮看」，直接了當，現成便是。在重陽晚參時：

> 重陽晚參。擬向高高山頂立，俗氣未除，擬向深深海底行，圖箇甚麼，茱萸酒，菊花茶，落帽當年笑孟嘉，爭似山僧都不管，任他人世亂如麻。[31]

高高山頂立、深深海底行，都被寶持破遣，就於重陽的茱萸酒、菊花茶以及孟嘉落帽典故之事相上，讓這些事相自然呈顯、隨顯而顯，隨滅而滅，這些於她無執，所以她不管，也不必管，任他人世亂如麻，「不管」代表無執，「任他」表示一切現成，在悟者看來不必強執作為，在旁人看來便顯出清閒之象。一次上堂：

> 上堂。敲空作響，擊木無聲，徒勞心手，罕遇知音，爭似一切不為底家堂穩坐，隨例喫粥喫飯，任他呼馬呼牛，千聖難與安名，一著從來自異，顧左右云：且道是那一著？良久云：機先如未薦，句後漫思量。[32]

敲空作響、擊木無聲，顯示在空性中起教化作用，而此教化是往一切現成上顯現，在一切不為底家堂穩坐，「隨例」喫粥喫飯，「任他」呼馬呼牛，千聖難與安名。

寶持在徹底破執下，就事顯用，並鋪著「一切現成」的背景。有一次檀越請上堂：

> 檀越請上堂。曠劫來事無有程途，威音那邊豈容生滅，千聖頂顛上，有佛祖窮不到底機關，諸人舌頭邊，有主賓撲不破底文彩，

---

30 《寶持語錄》卷下，頁 709 下。

31 《寶持語錄》卷上，頁 708 上。

32 《寶持語錄》卷上，頁 707 中。

法隨法行，無處不遍，心隨心用，無事不周，迺至若行若住若坐
若臥，一花一香一瞻一禮，無不皆從自己胸襟流出，無不皆從本
有道場中來，果能于此洞徹根源，說甚離相離名人不稟，吹毛
用了急須磨，[33] 恁麼也得，不恁麼也得，恁麼不恁麼，總得更說
甚麼，我是凡夫，佛為聖者，彼有神通，我無伎倆，忽然雲門
扇子踔跳上三十三天，築著帝釋鼻孔，東海鯉魚打一棒，雨似盆
傾，[34] 又作麼生商量？良久，喝一喝云：「收取口，喫飯」。[35]

無有程途，打破時間；豈容生滅，打破空間。佛祖窮不到底，打破聖
量；主賓撲不破底，打破俗情，如此雙破雙遣下，法隨法行，無處不
遍，心隨心用，無事不周，處與事之周遍，都是隨順之作用，一切行、
住、坐、臥、花、香、瞻、禮，皆從自己胸襟流出，皆從本有道場中
來，所以「恁麼也得，不恁麼也得」，一切現成如是。如果還得要說個
什麼時，就隨俗說個二分法：一是凡夫，一是聖者，舉個雲門的扇子跳
上三十三天的公案來問一問，參究參究。結果收尾一句是「收取口，喫
飯」，這正也是寶持就事顯用，一切現成之風格。而「一切現成」透化
到她日常本份生活時，就成了清閒之境。

三、一言道盡時，劈脊便棒

承前所言，寶持言外之旨的教化有二：就事顯用與棒喝作用。她隨
拈學人身心之事，點撥悟之，畢竟仍是以語言示之，還是在公案參究之
語句中，真正離開文字語言，則是她的一棒一喝一掌一卓，但這還得包
括她用文字表達的棒喝。

運用棒喝，是在「一言道盡之時」，在南詢禪院開法時她說：

……復舉僧問雲門：「一言道盡時如何」？門云：「裂破」。又
僧問睦州：「一言道盡時如何」？州云：「老僧在你缽囊裏」。

---

33 臨濟禪師傳法偈：「沿流不息問如何，真照無際說似他；無相無名人不稟，吹毛用了
急須磨」。

34 《雲門匡真禪師廣錄》卷七：「舉僧問乾峯：十方薄伽梵，一路涅槃門，未審路頭在
什麼處？峯以拄杖劃云：在者裏。師拈起扇子云：扇子勃跳上三十三天，築著帝釋鼻
孔，東海鯉魚打一棒，雨似盆傾相似。會麼」。《大正藏》冊 47，頁 553 上。

35 《寶持語錄》卷上，頁 706 上。

師云：「一人向高高山頂立，點即不到，一人向深深海底行，到
即不點，雖然腳跟各有立地處，爭奈二俱不了，設有問山僧：
「一言道盡時如何」？劈脊便棒。或有不甘底出來，某甲更有話
在，但道：「向下文長，付在來日」。下座。[36]

寶持舉了雲門、睦州面對「一言道盡時如何」的問題所作的回應，她覺
得這二位祖師，各有立地處，卻俱不了，如果是問她，劈脊便棒。以
「劈脊棒」直接顯現言外、言盡之旨。如果還有人冒出來有話要說，寶
持便開口說：「向下文長，付在來日」，直接將對方想說的話接住並企
圖拉長，但卻當下於今日處，截斷之。一來看學人還有什麼應舉，一來
若還有話，那可就多了，來日方長，可慢慢商量商量！這時已離開原來
的問題，非一言道盡之處了！一言道盡時如何？劈脊便棒。寶持禪風的
直截與力道顯露無遺。所以棒喝是為了補助語言教化，而這種劈脊便棒
的力用，也與「壁立萬仞」的語言同具「壁立萬仞」的效果：

師照問：「內不見有自己，外不見有山河，此人如何」？師云：
「政好勘過了打」。照云：「妙湛門風，果然千仞壁立」。師
云：「搆得者也未」？照云：「和尚」。師云：「月落後相
見」。[37]

一句「政（正）好勘過了打」話，是言語之棒，就有「果然千仞壁立」
之嘆了！壁立萬仞，是言語之無攀附處，一棒一喝，說棒說喝，無有言
語內容可作思議，更是無有攀附處，言語之棒、劈脊之棒都是如此。寶
持曾寫〈臨濟三頓棒〉

毒龍奮迅雨千尺，猛虎出林神鬼泣，三千剎海夜沈沈，萬象森羅
齊壁立。[38]

有如毒龍奮迅、猛虎出林之猛利，低可至三千剎海沈沈、高則是森羅萬
象壁立，使學人無有執取處，這便是寶持棒喝的最大作用。有尼問：
「臨濟喫棒意旨如何」？寶持即曰：「年深猶見血痕新」。[39] 此「年深

---

36 《寶持語錄》卷上，頁707上。
37 《寶持語錄》卷下，頁709下。
38 《寶持語錄》卷下，頁711上。
39 《寶持語錄》卷下，頁710上。

血痕」就是比喻棒喝在啟悟上的猛利，在言之外，可補足言教窠臼。因此舉凡打一棒、以拄杖一時趁散、卓一卓、於空中畫〇相等也是如此，例如：

> 學云：「江西湖南便恁麼去時如何」？師云：「教休即便休，莫待雨淋頭」。學便喝。師打云：「不信」。[40]
>
> 學人問：「世尊四十九年，不曾說一字，因甚有一大藏教」？師云：「你取山僧語那」。學云：「恁麼則寰中天子，塞外將軍也」。師打一棒云：「亂指注」。[41]

這二個棒打，都是遮斷的功能，亦即讓學人勿繼續執取，但另一方面亦有引魚上鉤之勘驗功能，若能在棒下翻轉者，又是另一番場面了，可惜，這二例的學人並無下文可知。她曾對「喝」作了說明：

> 當日晚參，城隈小院綠陰遮，歇卻身心到處家，臨濟命根原不斷，臨機一喝驗龍蛇。隨震威喝云：祇這一喝，有主有賓，有照有用，不是顢頇儱侗欺誤後人，你若分得，便請霄漢飛騰，若分不得，即便黏縛入艸，你但開口，我早識得也。學人纔出作禮。
>
> 師云：「不可連累山僧入艸」，便起。[42]

臨機一喝驗龍蛇，這震威一喝，有主有賓，有照有用，不是籠統不清，欺誤學人。這樣的說明也適用於拄棒，而且也正回答漢月對棒喝易陷籠統的擔心。有一次：

> 學人問：「趙州柏樹子話，意旨如何」？師云：「草交猶有色，花落竟無聲」。學人禮拜云：「某甲今日得箇入路」。師云：「試說向山僧看」。學人擬議，師便喝出。[43]

你說有個入路了，寶持便拿起鈎頭，看他面對此鈎，看他全部身心如何回應，若真有入處，身心全體放下，直下而去，不用擬議，見有擬議，即落在相對思議之中，寶持便將其「喝出」，讓他在直喝震聲之下，斷其思議，看是否能回光返照，解開執著的束縛。

---

40 《寶持語錄》卷上，頁706下。
41 《寶持語錄》卷上，頁707上。
42 《寶持語錄》卷上，頁707中。
43 《寶持語錄》卷下，頁709下。

棒喝，既是言外之旨，就並非一定是棒是喝，也可以泛指所有幫助學人的動作，例如她亦有叩齒[44]、以手摑口[45]等聲動，而且更有以語言來表達的棒喝：

> 師云：語不離窠臼，焉能出蓋纏，山僧恁般說話大似欺誑亡歿，若使當門一齒下，下咬著底老宿在，定然別有機關。[46]

以言啟悟，語言本身要能依對象而靈活起用，「壁立萬仞」的語言，有如欺誑亡歿之語，但實則是要啟悟學人，「若使當門一齒下」，可以是比喻咬住學人身心之言句，也可以是動作與聲音的作用，這種指涉動作聲音的語言教化，可稱為語言棒喝，具有棒喝的效果，但不是動作、聲音的真棒實喝。語錄中，寶持亦有好幾則對祖師公案表達看法的記載，其方式便是語言棒喝：

> 上堂。舉梁武帝問達磨大師，如何是聖諦第一義？磨曰：「廓然無聖」。帝曰：「對朕者誰」？磨曰：「不識」。師喝云：「這兩箇漢，青天白日，互相熱謾，當時若有靈利衲僧，待他道了，便與掀倒禪床，不獨為梁皇雪屈，亦顯中國有人，然雖如是，還知武帝放行一路麼？參」。[47]

這段達摩與梁武帝的對答公案，達摩以「廓然無聖」、「不識」，無執空性為說，寶持一喝，認為當時如有靈利僧在，「便與掀倒禪床」等等。又：

> 上堂。舉僧問洞山，如何是佛？山曰：「麻三觔」。師云：「如今叢林商量浩浩，盡道洞山答佛話，多是錯認定盤星，少能領取鈎頭意，如今衲僧要見，拈拄杖，劈脊打，云：『切忌銖銖兩兩』」。[48]

舉洞山對「如何是佛」？回答「麻三觔」的公案。當禪林商量浩浩，參究不已時，寶持則是要「拈拄杖，劈脊打」，並要說：「切忌銖銖兩

44　《寶持語錄》卷上，頁708下。
45　《寶持語錄》卷上，頁708下。
46　《寶持語錄》卷上，頁707中。
47　《寶持語錄》卷上，頁708中。
48　《寶持語錄》卷上，頁708下。

兩」，別在斤斤兩兩上計較。這些都是寶持的語言棒喝，衡諸語錄記載，寶持的語言棒喝力道更猛，不像真棒實喝大多是點到為止。

漢月當初提倡宗旨之意，主要在對治棒喝之籠統不清，寶持承接這樣的教化，但並沒有因此不運用這個臨濟禪教之特色，有時是真棒實喝，有時是語言棒喝，一棒一喝，一掀一卓，頗為簡猛有力，可算是她在重視公案語句參究時的另一個靈活轉化，所謂「一言道盡時」的另一個教化方式，再加上她於公案語句中呈現的是「壁立萬仞」雙遣雙破的風格，而棒喝之動作聲音，更能讓學人截斷心念、頓斷兩端，兩者作用類同，得以相輔相成。她有一首〈示戒珠禪德〉：「隨緣得旨復何求，覿體全彰物物週，會得箇中消息了，好來妙湛喫拳頭」。[49] 妙湛即寶持，隨緣而得實相之旨，實相得以全面彰顯，則見事事物物圓滿，會得此消息，就來寶持這裏「喫拳頭」！也就如她〈自讚〉寫自己「七尺烏藤，正令行從」，[50] 顯然寶持的教化裏，臨濟棒喝依然有力地在手。

四、一笠蕭然，冷淡自寄

寶持的語錄都是教化弟子的內容，並沒有提到她自己的修行過程，以及修持那個法門？參什麼話頭、公案？有何省發？以何機緣悟道？等等關乎她自身的問題，但從語錄中她提及的境界語等一些蛛絲馬跡，以及〈自讚〉、〈示門下諸子〉等比較直接表達自己的文字來看，寶持在教化之餘，其自身呈現的生活心境，亦即其本分安樂處，有著一切現成之蕭然自寄。

祖揆曾有一首〈妙湛尼寶持總禪師讚〉，是這麼寫她：

> 不居煩惱窟，不坐解脫阮，外不求諸聖，內不負己靈，似香象渡河能超兔跡，如金翅擘海直取龍吞，精嚴自肯，勇敢誰倫，佩靈山正印，總無著孤軍，掃蕩煙雲清宇宙，木人同享太平春。[51]

不居煩惱、解脫之窟，不求諸聖、不負己靈，性格精嚴自肯，勇敢誰倫，具臨濟法嗣，以女性禪師之身，掃蕩性別之無明煙障。所謂「無著

49　《寶持語錄》卷下，頁 712 中。

50　《寶持語錄》卷下，頁 713 上。

51　《岕華集》卷三〈妙湛尼寶持總禪師讚〉，頁 753 下。

孤軍」，其「孤」者，點出女性禪師之珍稀性，其「軍」者，點出女性禪師處境之困頓，須特別具有勇猛靈妙之性別智，以面對女性性別之質疑。由此看來，寶持以女禪師之姿勇展禪風，作讚的祖揆，亦具濃厚的女性禪師歷史意識。而「精嚴自肯，勇敢誰倫」，除了表達壁立萬仞的禪教外，亦是呈現其日常生活之心境。寶持有一篇〈自讚〉，則是如此形容自己：

> 凡不能窺，聖莫能測，鐵作面皮，虎口奪骨，七尺烏藤，正令行從，教萬象稱奇特。
>
> 謂此便是妙湛，大似認影迷頭，謂此若非妙湛，又似離波覓水，除卻離即離非，未免別說道理，涅槃不為榮，生死不為恥，烹麟煅鳳，望後昆別立生涯，奪食驅畊，笑前賢遭人指使，妙湛一無所長，隨分眠餐而已，要會靈山的骨禪，達磨打落當門齒。
>
> 丹青描未就，楮墨畫難工，靚面無遮護，秋蟾朗太空。[52]

凡聖不能窺，鐵作面皮，虎口奪骨，都是顯其壁立萬仞之風，七尺烏藤正令行從，便是一言盡處，劈脊便棒又作斗用。而是此家風，或非此家風，皆非寶持境界，寶持再以「離即離非」之雙邊否定來說本自家風。然而，可開方便門，別說一道理，於是寶持以「涅槃不為榮，生死不為恥」明己心境，以「烹麟煅鳳，望後昆別立生涯，奪食驅畊，笑前賢遭人指使」，明教化後進之用心，指劃前賢之自主，並點出「一無所長，隨分眠餐」的自身心境，亦即其本分安樂處，自形自象，則離卻丹青，無所遮護，恰如秋月朗空。

　　寶持尚有一篇〈示門下諸子〉，對弟子開示，亦表達出自己的本分安樂處：

> 宿生忍力未充，似不能知群有性，自累猶可，又累他人，冷地思之，不覺失笑。世間事如夢如幻，聚散如浮雲，去來無固必，總在大光明藏中，何去住之有間哉？一笠荒邨，蕭然自寄，在我則隨緣作主，固無怨尤，汝等初發心學道，未免寒毛卓豎。……[53]

---

52 《寶持語錄》卷下，頁 713 上。秋蟾，指月亮。
53 《寶持語錄》卷下，頁 713 中。

寶持對自己善觀群性之力，猶有未充，悟道能自安，要能安眾，則更須時節因緣之助，所以寶持「自累猶可，又累他人」之言，如實誠懇，「冷地思之，不覺失笑」之語，貞靜可愛。自己「一笠荒邨，蕭然自寄」，自可隨緣作主，但弟子們初發心學道，「未免寒毛卓豎」。一則慰勉弟子，一則表達外境荒蕭，隨緣自安。她與董庵之西堂曾有段「本分事」之對答：

> 董菴西堂過訪，師云：三年不相見，本分事如何？堂云：靚露堂堂。師云：猶是舊時窠臼。堂云：兄此問，莫有新鮮佛法麼？師云：有。堂云：願聞。師云：情懷冷淡如秋水，門徑蕭條有白雲。[54]

此董庵西堂應即是祇園弟子，只是不知是那一位？兩人三年未見，問起「本分事如何」，西堂答「靚露堂堂」，寶持認為「猶是舊時窠臼」，遂點出「情懷冷淡如秋水，門徑蕭條有白雲」，將佛法柔潤入平時日用，點出冷淡蕭然之心境，秋水白雲之景況，這樣的心景即是之前所言「一無所長，隨分眠餐」、「一笠荒邨，蕭然自寄」，亦可呼應祖揆之「精嚴自肯」，精嚴而一笠蕭然，自肯而冷淡自寄。

寶持來自士大夫之家，詩書文墨皆佳，俗世公公殉難，丈夫節義隱遁，夫婦倆從繁華至清貧，歷經世局與家庭之苦難，蕭然度日，後出家悟道，終解生命之結，所以寶持在〈贈張夫人〉信有「浮華轉盼屬雲煙，草座麻衣悟息肩」，[55]表達繁華如幻，惟有悟道方真的心境，又〈寄洛陽侯夫人〉：

> 憶昔滄桑歎別離，十年消息重相違，金樽檀板君無恙，石室蒲團我正宜，春暖未融凝鬢雪，夢醒方辨處囊錐，幾番領得殷勤意，回首中原更有誰。[56]

當年別離，十年來沒有消息，世事繁華滄桑又一輪，「金樽檀板君無恙，石室蒲團我正宜」，而年華傷逝凝鬢雪，夢醒方知作繭縛。世間之種種，如夢幻泡影，苦難亦如是，所以悟道後，苦樂皆無有掛懷，只存

---

54 《寶持語錄》卷下，頁 709 下。
55 《寶持語錄》卷下〈贈張夫人〉，頁 712 下。
56 《寶持語錄》卷下〈寄洛陽侯夫人〉，頁 712 下。

「草座麻衣」、「石室蒲團」正是「在我則隨緣作主，固無怨尤」之宜然自安處。又一次晚參時云：

> 晚參。禪不用參，道不用學，偷心屏除，隨分安樂，倦來便上繩床，一任諸方圖度。[57]

偷心屏除，倦來上繩床，一任諸方圖度，這是便是其隨分安樂。在〈和宋慈受深禪師披雲臺十頌〉第六、十首云：

> 昨日少年今白頭，滿腔熱血付東流，日長無事倚松立，笑指嶺頭雲未休。

> 淡飯黃虀飽便休，鶉衣百結任悠悠，捲來收足蒲團坐，客至從教不舉頭。[58]

歷經變化滄桑，今已東流如幻，無事倚立青松、笑指嶺頭白雲，並在淡飯黃虀、鶉衣百結，飽便休，任悠悠之本分自安處，仍有「客至從教不舉頭」之禪教氣魄，祖搩對其「勇敢誰倫」之語似乎也呼之欲出了。

　　總而言之，寶持作為臨濟門下，又師承漢月、繼起之注重禪門宗旨，重視言下啟悟，所以其教法雖有臨濟棒喝，但以參究公案之公案禪為最主要的教化方式，參究之公案極為普遍多樣，各宗祖師都有，有總攝五宗宗旨，應緣而出的觀點。參究公案時，以下一轉語之方式教化，語句之呈顯多運用「壁立萬仞，句下雙遣」直截切入空性之理，徹破兩邊，聖凡平等，並顯現全開全顯之境。在公案語句下，寶持翻轉語句成言外之旨，重視「事用」精神，以「就事風光，一切現成」之語之境來點撥學人身心，並於「一言道盡時」更有棒喝之力用，以聲音、動作，甚至更多是運用語言棒喝來截斷學人之心念執著，這也呼應她公案語句「壁立萬仞」的清絕。總體而言，她以公案禪、語下啟悟為中心，形成壁立萬仞、就事現成、棒喝有力之風格。在教化之外，身歷繁華到清貧，她精嚴自肯，一笠蕭然，冷淡自寄，是甘之如飴，亦是其本分安樂處。

---

57 《寶持語錄》卷上，頁 706 中。

58 《寶持語錄》卷下〈和宋慈受深禪師披雲臺十頌〉之九、十，頁 712 上。

第二節　寶持之性別智：直呈女佛陀

　　寶持門下的出家弟子應該都是女性（比丘尼），而以禪德、道者、道人稱呼的，如果不是比丘尼，應該也是在家（或帶髮）修行的女性。但不管如何，《寶持語錄》的上堂法語、機緣、示弟子禪者詩偈等內容，都沒有關於性別的論說與指涉，當然也沒有「道不分男女」、「道無男女相」之平等論，只是一味平常地說禪論道、參究公案。唯有在〈贈張夫人〉以及為祖揆寫的〈靈瑞和尚讚〉才看得出所面對的是女性，即使如〈寄洛陽侯夫人〉、〈董菴和尚讚〉、〈與龔夫人〉以及「請靈瑞和尚住妙湛的上堂法語」是以女性為對象而寫，在文字中仍然無有指涉性別之語句或論說。她的〈自讚〉詩、〈示門下諸子〉更是只論法要，無有性別痕跡。但是她與祖揆合著《頌古合響集》，循女禪師無著之頌古而作頌古，此舉卻已有承繼女禪師傳統之意味，可見其正視自身性別，對女性在悟道上的看法已不言可喻。

　　她面對出家弟子時，專論修行法要，未強調性別之事，這當然也因為出家之人，有超越性別、去性別之作為與觀念所致。但落於現象層面，男性禪師多過女性禪師甚多，女性在修道上被視為是較卑下的性別，所以一般而言，會提及性別平等、無男女相之論者，大都是因為面對女性修行者時，而自己是男性禪師之故，因為要鼓勵女性修行者，勿存卑劣想。而寶持作為女性禪師，面對的也都是女修道者，理應更要有「無男女相」之論，但她卻拋開「無男女相」之論，直接以女覺悟者身份，來作超越性別之示現，直接切入佛法實相本身。所以寶持對「性別」的處理方式是：因無男女相，故不必再談「男女相」與「無男女相」，將「性別」問題拋開，以女性禪師、超越性別之相來教授禪法，這是以女性禪師本身來實踐無男女相，這是屬於實踐型的直接示現，是實踐型的女性智、性別智。

　　再從寶持對女性論說而且內容有談及性別的文本來觀察，〈贈張夫人〉詩：

> 浮華轉盼屬雲煙，草座麻衣悟息肩，識病豈煩尋妙藥，解空時復感諸天，獻珠龍女當成佛，插疏龐婆好學禪，一曲無生堪共語，

臨風寄與雁頭箋。[59]

繁華人生，轉瞬皆成雲煙，雖然是草座麻衣，卻能卸下生死重擔，寶持表達修道人的本懷，其中「獻珠龍女當成佛，插疏龐婆好學禪」二句，是針對張夫人之性別與修道來說的，也唯有在面對女性時，才會用龍女、龐婆為證，作為女性可以悟道成佛的典範。顯然悟道不分男女，是悟者所知，是寶持所了，也是她親身實踐，也以此鼓勵張夫人。在〈靈瑞和尚讚〉也有「用末山機，塞灌谿口」，[60] 末山是是唐代女性禪師，寶持在此亦是以歷史上的女禪師典範來讚美祖揆。

當佛法有「道不分男女」之見時，在現象上所欠的就是女性成道者的典範，甚至佛教在這個世界創始、覺悟者：釋迦牟尼佛，本身亦是一位男性，再加上男主女從的社會架構、現象緣起裏，修道與證悟的典範無形中向男性集中傾斜，既然法與悟是平等無二，如果女性證悟者增多，自然可彌補現象緣起上的傾斜，使事相、見地能相合，而達到理事呼應、圓融之地。既然法與悟是平等無二，甚至可以從根源而起，有個女性的佛陀出現，成為女性修道的極致典範，這更能在事相緣起上達到平等一如的效果，徹底履踐出道無分男女。這一點，寶持直截了當地用「靈瑞如來」四個字，就將之端出來矣！當寶持從妙湛退院，請祖揆來妙湛開法時，上堂說法：

> 請靈瑞和尚住妙湛，兼退院。上堂，卓拄杖云：這箇所在，吉祥殊勝，千佛萬祖，次第出興，今于賢劫中，有釋迦文佛遠孫靈瑞如來，將于此座成最正覺，轉妙法輪，度無數眾，諸天八部于虛空中，吹螺擊鼓，擎香散花，瑞相既彰，各宜忻慶，未度得度，未解令解，未安者安。且道山僧落箇甚麼？一瓢水月歸雲壑，百衲麻衣臥竹關。[61]

靈瑞，即祖揆也。這個所在，即娑婆世界。娑婆世界一直以來有千佛萬祖出興，在賢劫的今日，出生了釋迦牟尼佛，二千年後，（靈瑞）祖揆承繼這個傳統，為釋迦遠孫，在此時此座，成最正覺，為靈瑞如來，而

《寶持語錄》卷下，頁 712 下。

《寶持語錄》卷下，頁 712 下。

《寶持語錄》卷上，頁 707 上。

柒、禪教化與性別智（下）／第十章　寶持女禪、祖揆女禪

要此轉妙法輪，度無數眾生，諸天於虛空中以吹螺擊鼓、妙香散華來莊嚴道場，天地各種瑞相紛呈，讓所有眾生皆未度得度、未解令解、未安者安。這是一幅典型的如來出世形象圖，有千佛、釋迦的傳承，有此時此地，有證悟，有弘法，有諸天慶讚、瑞相發顯，讓盡大地眾生皆證入正覺。而這個如來，名為靈瑞如來，亦名祖揆如來。寶持明知祖揆為女性，當她稱她為如來時，並沒有「將女身轉成男身，再成佛」的轉身之語，而是直接稱之「靈瑞如來」。自來佛經中有成佛需是男身之說法，例如《妙法蓮華經》中龍女成佛：

> 時舍利弗語龍女言：「汝謂不久得無上道，是事難信。所以者何？女身垢穢，非是法器，云何能得無上菩提。佛道懸曠，經無量劫勤苦積行，具修諸度，然後乃成。又女人身猶有五障：一者、不得作梵天王，二者、帝釋，三者、魔王，四者、轉輪聖王，五者、佛身。云何女身速得成佛？」[62]

舍利弗懷疑：八歲的龍女能夠這麼快速立刻成佛嗎？他懷疑的不是年紀太小，也不是速度，而是龍女的性別，因為女人身有五障，其中一障就是不得為佛身。以女身既不能成佛身，又豈能立刻就成佛？當下龍女即：

> 爾時龍女有一寶珠，價直三千大千世界，持以上佛。佛即受之。龍女謂智積菩薩、尊者舍利弗言：「我獻寶珠，世尊納受，是事疾不？」答言：「甚疾。」女言：「以汝神力，觀我成佛，復速於此。」當時眾會，皆見龍女忽然之間變成男子，具菩薩行，即往南方無垢世界，坐寶蓮華，成等正覺，三十二相、八十種好，普為十方一切眾生演說妙法。[63]

龍女當下以「獻寶珠予佛陀、佛陀納受」這個過程之速度，變成男子，具菩薩行，立刻往南方無垢世界成等正覺，轉妙法輪，並具佛的三十二相、八十種好。自來解此段經文者，對這個過程有不同的解讀，有曰：龍女成佛，還是得轉成男身，所以還是證成舍利弗所說的「女身不得

---

62 《妙法蓮華經》卷四，《大正藏》冊 9，頁 35 下。

63 《妙法蓮華經》卷四，《大正藏》冊 9，頁 35 下。

成為佛身」。但亦有曰：龍女本為女身，她能自變男身而成佛，正是示現以女身亦能成就各種神通變化，亦能成佛，而成佛本無有男女相之差別。[64] 但不管如何，這種轉女為男身而成佛的過程，並沒有出現在寶持稱靈瑞如來之時，所以顯然靈瑞者，是指一位名為靈瑞的女性禪師，所以靈瑞如來就是女性之身的如來，也就是一位女佛陀。

　　寶持輕輕鬆鬆地也紮紮實實地將女性推到最高成就者：佛陀。女佛陀的典範一出，就是「道無男女」最大的證明，比起《法華經》的龍女成佛還來得親切，比中國禪門裏的末山、無著等女禪師、印度神通第一比丘尼蓮華色都來得更核心、根源。

　　佛教有所謂七佛的說法，亦即我們所處的現在稱為賢劫，賢劫以前為莊嚴劫，莊嚴劫的三佛：毗婆尸（Vipaçyin）、尸棄（Cikhin）、毗舍浮（Viçvabhu），再加上賢劫四佛：拘留孫（Krakucchanda）、俱那含牟尼（Kanakamuni）、迦葉（Kaçyapa）、釋迦牟尼（Sakyamuni），[65] 釋迦牟尼佛為最近的一佛，即是在印度成佛、姓釋迦，名悉達多的釋迦牟尼。這七佛與我們所處的娑婆世界有緣，而過去、現在、未來三劫中各有千佛出世，所以寶持說「千佛萬祖，次第出興」，而靈瑞如來，是承前一佛：釋迦牟尼佛後而出，與釋迦承過去佛而出相同，遂將靈瑞如來納入這個千佛萬祖的傳承裏，也等於在千佛萬祖的行列中加入女佛陀，將其定義與範圍都予以擴大，但「千佛萬祖」本無性別之分，只因因緣上成佛這一世是男性之身而已，所以或許應該說是回復「千佛萬祖」的根源意義。根據佛經記載，釋迦牟尼佛後是彌勒在此成佛，所以彌勒佛被稱為未來佛，這個典故，寶持不可能不知道，而彌勒為未來佛是一種預記，預記也是依因緣推得，如果此時的中國禪林的女性禪師努

64　參考郭忠生〈女身受記〉：「……在這一經典的論述中，既然男女本性如幻，平等不二，轉女成男本來是不必要的，而從這一些情節來說，再加上種種神力，轉女成男應該看作是一種方便，是神力示現的一環，而不是目的」。該文考證大小乘經典中對女身五障、女身受記成佛之看法以及形成之背景因素。並云：「　《大智度論》的解說，把女性五礙看作是不了義，而且說女性五礙並沒有限制女身受記、「五礙者，說一身事」，可說在理論上更進一步的確認大乘的基本觀念」。其內容頗為持平深刻。收入《正觀》雜誌第十四期（南投：正觀雜誌社，2000.09），頁 136、152-153。

65　參考電子版《中華佛教百科全書》「七佛」。http://127.0.0.1/accelon/homepage.csp?db=ency&rr=120&t=25308593&q=25306531

力修悟，證得佛位，當然可以將此因緣轉變，入佛果位，成為在彌勒之前的女佛陀，這是可能的。從這一點來看，寶持跳脫經典的說法，以悟者的如理思惟，提出靈瑞如來之典範，不得不說是她作為一位女性禪師的智慧與超宗越格地大氣魄所成。

在寶持於妙湛禪院弘法時，祖揆曾來妙湛襄助，為此寶持在妙湛開法上堂時，曾有「謝同門」之語：

> 謝同門，上堂，佛祖心髓，人天眼目，點滴不殊，光輝相屬，大家出手共拓宗，靈瑞一花千古獨，擎拂子，下座。[66]

大家出手其同開拓佛法之門，讓未解得解、未度得度、未安者安，亦讓女性之卑劣想、被卑劣想亦成平等去分別之念。而此「寶持滴」與「祖揆滴」不殊，共匯法海，此「祖揆光」與「寶持輝」相屬，共成佛祖心髓、人天眼目、人光明藏。如是，有靈瑞如來者，亦能有寶持如來，有寶持如來者，亦能有千女佛、萬女祖的代興出現。

寶持弘法時並沒有特別在「無男女相」上討論著墨，而是以女性自身來示現實踐型的「無男女相」。更重要的是，她直呈女佛陀，提出女佛陀典範，將女性修行果位推到最平等的位置，使得在緣起事相上可以與「道不分男女」之正見相合。而此超宗越格之言，也是直截徹底之言，正是她雙遣雙破，全顯全現的禪風在女性問題上的展現。

第三節　祖揆之禪教化

一、機鋒之靈銳恣暢，如公孫大娘舞劍

（一）他人之形容

祖揆在繼起門下參悟，也承續其門風：以參究祖師公案為主要方式，雖是臨濟門下，但仍兼重五家宗旨。甚至繼起還以垂問「五宗門風」勘驗學人，祖揆亦隨每問作頌古，祖揆語錄中之公案教化亦兼攝五宗，可見她亦認同五家並重的門風。參究公案，下轉語，讓「下語」來

---

66 《寶持語錄》卷上，頁 706 上。

呈現悟境，也以「下語」來勘驗、被勘驗，也以「下語」破妄遣執。

「下語」也就是機鋒，而祖揆之機鋒輪轉，變化多端，忽正忽反，忽破忽立，忽高忽低，忽順忽逆，忽春風忽烈火等等，張有譽在《嵒華集》序就稱讚她「識得源頭」而能「口門濤涌，舌底瀾翻」：

> 我靈瑞大師，口門濤涌，舌底瀾翻，有時將全海攝入一滴，盡乾坤，乾爆爆棒打石人，祇貴實論，有時將一滴散成全海，亙古今，屙漉漉不圖入水，要見長人，果然出海自高，請看甚生標格，因他家曾向一手指天，一手指地識得源頭起處，所以把住放行，不離掌握。[67]

亦即祖揆之機鋒語句千變萬化，如濤瀾翻涌，可全海攝入一滴，亦可一滴散成全海。可實可高，標格自立，因為她已識得法性源頭處，機變縮放萬端，卻不離掌握。李模《祖揆妙湛錄》序亦稱善其說法：

> ……那知靈瑞符大師，據虎頭收虎尾，向威音巳前，早已違得便行，趕倒洞庭山，掀翻柳毅井，出世為人，唱虎丘之道，師資赤幟適出，一時吳越之間，風行草偃，始靈瑞，既妙湛，分身兩處，露刃當門，三關劈箭，平施陷虎之機，舉目提綱，力振張麟之網，語句流布，諸體畢具，一一如銕釘木札，不可齩嚼，如干將莫邪，不可嬰犯，如雲涌波譎，不可按摸，真所謂頓挫瀏灘，舞劍器渾脫者耶，豈少林得肉之人、雙徑註莊之客可得睥睨？殆高安灘頭，高高山頂立不露頂者耶！讀是錄者，一杓半杓莫亂斟酌。[68]

她先在靈瑞庵，後在妙湛禪院弘法，為學人施設各種斬破掃除無明的方法，振起各種啟悟證入佛性之力用，語句機鋒流暢四布，各體萬端具然畢呈，一一遣執破妄，讓人無妄無識，無下口處。他並用名劍干將莫邪表達其機鋒銳利不可擋，以「雲涌波譎」表達其變化莫測。甚至以公孫大娘「頓挫瀏灘」之劍舞來比喻祖揆之禪法機鋒。公孫大娘是唐玄宗時著名的舞蹈家，劍器、渾脫是當時流行的二種武舞名稱，公孫大娘將

---

67 《嵒華集》張有譽序，頁 741 上。
68 《祖揆妙湛錄》李模序，頁 715 上。

兩者結合成：劍器渾脫舞。她的舞技高超絕倫，為一時之冠，更擅長舞劍，氣勢雄妙，靈動猛利。據說草聖張旭觀其劍舞，草書功力因而長進，杜甫之樂府〈觀公孫大娘弟子舞劍器行并序〉序云：「……開元五載，余尚童稚，記于郾城觀公孫氏舞「劍器渾脫」，瀏漓頓挫，獨出冠時。……往者吳人張旭，善草書書帖，數常于鄴縣見公孫大娘舞西河劍器，自此草書長進，豪蕩感激，即公孫可矣」。杜甫因此讚嘆公孫大娘：「昔有佳人公孫氏，一舞劍器動四方。觀者如山色沮喪，天地為之久低昂。霍如羿射九日落，矯如群帝驂龍翔。來如雷霆收震怒，罷如江海凝清光。……」霍矯可射日飛騰，動可雷霆震怒，靜可凝海清光，可見其劍舞靈動與豪氣。而祖揆之禪法機鋒，就如干將莫邪劍，就公孫大娘舞劍器渾脫，甚至超越達摩時的總持（少林得肉之人）、宋代大慧法嗣之無著（雙徑註莊之客）這二位機鋒銳利的女禪師，直是讓灌溪作三年園頭的唐代女禪師末山也乎！？[69]，這段末山與灌溪之公案是：有男性禪師灌溪者，曾登門挑戰末山，結果成為手下敗將，自願擔任菜園工作三年，李模滑過總持、無著，以末山來顯祖揆，顯然意在興揚祖揆能伏人之機鋒。李模，明天啟五年進士，官至御史，明亡後，杜門隱居三十餘年，[70]據說後來削髮為僧。為人作序其言容有溢美之處，但應該不至於曲昧事實，所以其機鋒之靈銳可想見一般。

　　《祖揆妙湛錄》另一篇作序者行際，應該是位比丘禪師，他也提到：

> 惟我靈瑞符大師，賦性英特，發語逸群，既從靈嵒印下翻身，便向臨濟棒頭吐氣，孤行秀水，眾楚皆瘖，獨步東山，千峰下拜，為之後者相繼誠難，方彼前賢實亦無愧，而大師善藏其用，退席閒居，嚴冷風規，足莊僧史，今讀嵒華諸集，其玅句珠圓，雄機

---

69 高安（在江西）灘頭，指大愚禪師，是南嶽懷讓下第三世，是末山了然女禪師的老師。有志閒者來問末山：「如何是末山」？末山曰：「不露頂」。在一串機鋒問答下，志閒對末山悅誠服，自願在末山處作三年的園頭，園頭即是負責寺院裏種植菜蔬水果之職稱。後來他上堂說法云：「我在臨濟爺爺處得半杓，末山孃孃處得半杓，共成一杓，喫了直至如今飽不饑。」《宗鑑法林》卷二十六，《新纂卍續藏》冊66，頁442下。

70 李銘皖修《蘇州府志》卷八十一〈人物八〉李模，頁1979。

劍拔，走盤而盤局全輝，揮空而空輪絕跡，置之末山無著諸師語
中，俾具擇法眼者，窮歲研精，卒莫能辨。[71]

「賦性英特，發語逸群」、「妙句珠圓，雄機劍拔」、「走盤」「揮
空」等，都在讚賞祖揆之機鋒語句迅捷銳利，流暢變化。即使置於末山
（唐代大愚門下）、無著（宋代大慧門下）這些機鋒勇銳的女禪師語句
中，讓具眼高明者窮歲精研地抉擇，也無法分辨出來。他也是在女性禪
師系譜中給予超越前賢的讚美。

　　與她同參、曾經共同弘法，法緣密切的寶持應該相當了解她，寶持
亦作有〈靈瑞和尚讚〉：

> 用末山機，塞灌谿口，靈山老人，許伊哮吼，惱怒時性如雷火，
> 直欲擊碎虛空，歡喜時語似春風，隨意榮添枯朽，趁東山水上
> 行，逐西嶺雲中走，禪道脫規模，佛法絕樞紐，妙湛與伊同參，
> 未曾輕易點首，何況他家爛惡禪，要令此老輕擡手。[72]

寶持亦提到她「用末山機，塞灌谿口」，同樣對其機鋒銳利流暢給予讚
賞。特別注意的是，寶持具體地指出「塞灌谿口」，因此，有可能是祖
揆曾經或常常與男性禪師、男居士等對機論法，並展現出機鋒不讓、更
為高明的悟境與氣勢。寶持並用「雷火」與「春風」呈現祖揆之機鋒面
相，可雷火，擊碎虛空，可春風，隨意榮添枯朽。東山西嶺，實指祖揆
靈瑞庵之地點，亦有禪機脫俗靈動、生活山水閒居之喻。常相與論機鋒
的寶持，深知祖揆機鋒靈動，但對印可弟子之事卻「未曾輕易點首」，
點出祖揆對根源純粹的堅持，寶持此語，應該也是在與當時禪林法嗣浮
濫之現象作個對比與批判。

　　將她與歷史上機鋒非常銳利的女性禪師相比，還有張有譽，他在
《呫華集》序云：

> 今人未達其源，只管隨波逐浪，那知總持一見不再見，猶在擊石
> 火閃電光裏立生涯。末山路口接灌谿，也是山門外荒草堆頭行活
> 計，無著油糍邊啖哑，至今綴齒粘牙，智通浴室裏商量，反覺添

---

71 《祖揆妙湛錄》行際序，頁 715 中。

72 《寶持語錄》卷下，頁 712 下 -713 上。

> 塵益垢，爭如此老，一切不為，應用臨時，得大自在，磨礱理
> 窟，搜抉玄根，樹尼部之紀綱，剔禪宗之骨髓，如蒸牛頭之香，
> 如探驪頷之寶，如食甘露之味，如采靈瑞之華，真可謂出格全
> 提，窮源妙指。[73]

張有譽連舉總持、末山、無著、智通等女性禪師，並一一舉其機鋒而
掀翻之：總持向達摩曰：「如慶喜見阿 佛國，一見不再見」，博得
「得肉」之位，是「猶在擊石火閃電光裏立生涯」，末山對灌溪「路
口」、「何不蓋卻」等機鋒，是「山門外，荒草堆頭行活計」，無著與
大慧「不出方丈，為什麼卻去莊上喫油餈」？之機鋒，是「至今綴齒粘
牙」，智通曾在澡堂貼禪語：「道取一句子玄，乃可大家入浴」云云，
也是「反覺添塵益垢」，有譽一一踢翻昔日女大禪師們的機鋒，來反襯
祖揆「此老」，一切不為，無拘無礙，應用臨時，得大自在，磨理窟，
抉玄根，能「樹尼部之紀綱，剔禪宗之骨髓」，而不再只是如總持之得
肉而已。對祖揆機鋒之讚譽不可謂不高也。

　　由這些居士、比丘、同參對祖揆禪風之評讚，再加上祖揆留下語錄
內容數量相當豐富，應該可以看出祖揆不僅參悟有成，而且弘法時，機
鋒靈動銳利，恣暢變端，甚至與男性對機論法亦能氣勢萬鈞，智高一
疇。

（二）翻轉面皮，超佛越祖

　　祖揆師承臨濟宗風，臨濟之峻烈、棒喝門風正是她機鋒變化的主要
方式之一，而峻烈門風的表現也是多樣，翻轉、掀翻式亦在其中。繼起
以「五宗門風」勘驗學人時，臨濟宗有：賓、主、權、實、炤、用等六
問，「用」則是：「問：直須當道與人看，以何為用」？祖揆頌云：

> 展手風前出眾岐，如山如岳絕毫釐，直饒翻轉娘生面，未是他家
> 烜赫兒[74]。

提倡話頭禪的大慧，是臨濟宗很重要的祖師，他曾下一轉語云：「要作

---

73 《岞華集》張有譽序。
74 《岞華集》卷三，頁 750 下。

臨濟烜赫兒孫，直須翻轉面皮始得」，[75]「翻轉面皮」意即去無明妄想，其重點在於翻轉、掀翻之力道強烈，銳利而直截，一掀就翻天覆地、遣凡去聖，一掀全掀。臨濟禪風烈處也即在此，而祖揆知大慧此語，更直接再掀翻一次：「直饒翻轉娘生面，未是他家烜赫兒」。一次請陞座說法：

> ……苟能直下提持，便請隨時擔荷，你若半依半違，或思或算，山僧翻轉面皮來也，喝一喝云：不是心，不是佛，不是物，不是禪，不是道，三世聖人口掛壁上，歷代祖師站過一邊，誰敢當頭來呈……。[76]

如果能直下提持擔荷佛法即是，如果在此在彼，或思或算，求聖求佛的，為打破這些牽縛覆蓋，祖揆一喝，這一喝，也有截斷之用，截斷後又決然翻轉面皮，將心、佛、物、禪、道全部掀翻，三世聖人之口，一律掛在壁上，歷代祖師也讓他們罰站到一邊，一律遣除，滌盡面皮之一切，再來談法。又一次上堂，學人問起經教之事：

> 上堂。學人問：一切諸佛及諸佛阿耨多羅三藐三菩提法，皆從此經出，如何是此經？師云：三段不同。……乃云：過去諸如來一狀領過，現在諸菩薩伏聽處分，未來修學人，喝一喝云：切不可打入這群隊，超方上士，便請獨步丹霄，你若希望心不息，且在門外立。[77]

佛、菩薩、經教、過去、現在、未來都一律掀翻，讓過去如來一狀領過，現在菩薩也伏聽處分，未來修學人則在喝聲下，也頓斷翻轉，切不可加入這群隊伍。又一次她對繼起的對話下轉語：

> 僧問靈嵒：惟一堅密身，一切塵中現，如何是塵中現底身？嵒指

---

75 《大慧普覺禪師語錄》卷一：「上堂舉，興化謂克賓維那曰：『汝不久為唱導之師』。賓云：『不入這保社』。化云：『汝會了不入，不會不入』。賓云：『總不恁麼』。化便打云：『克賓維那法戰不勝，罰錢五貫，設鑽飯一堂』。來日興化自白槌云：『克賓維那法戰不勝，罰錢五貫，設鑽飯一堂，仍須出院』。雲居舜和尚云：『大冶精金應無變色，其奈興化令行太嚴，不是克賓維那也大難承當總似，而今泛泛之徒，翻轉面皮多少時也』。師云：『雲居恁麼道，未免拗曲作直，徑山即不然，要作臨濟烜赫兒孫，直須翻轉面皮始得』」。《大正藏》冊 47，頁 815 中。

76 《祖揆妙湛錄》卷三，頁 725 中。

77 《祖揆妙湛錄》卷二，頁 721 下。

> 庭前花云：這株花得與麼紅，那株花得與麼白。師云：換卻眼
> 睛。[78]

僧所問為「堅密身」之現，繼起以花紅、花白，直接呈現「塵中現」，
祖揆卻不然，以翻轉要見者之眼睛：「換卻眼睛」，不落妄想情識之
眼，即能見矣。這種翻轉式的下語，常常出現在祖揆之拈古、頌古中。
在為老師繼起誕辰設大齋會，上堂問答後：

> ……驀豎拂子云：山僧承渠威力，竭其神機，為諸仁者重說偈
> 言，乃擊一下云：「靈山古佛降生時，慶讚因齋闔國知，朝與
> 三千暮八百」，顧左右云：「大眾聞與麼道？莫怪山僧，太煞無
> 禮，更有個救處在，從來大悟不存師」。擲拂子，下座。[79]

在老師的誕辰時日，掀翻靈山古佛降生之事，還道只要救之，而總結為
「從來大悟不存師」，真是掀翻了一大片面皮。還有：

> ……乃云：三世諸佛，六代祖師，留下一個榜樣，教後人取則，
> 頭腦相似底，自然舉著便會，……奉以周旋，成茲軌範，設有個
> 倔強漢子不向他人行處行，只這閒家破具，尚無安著之所，你道
> 還肯隨人教詔麼？乃拍禪床云：佛祖位卑難久住，何妨借路即徑
> 過。[80]

這種掀翻式的語句，尤其是對「聖」之一面最為有效。當她談及諸佛祖
師是個榜樣，奉以週旋，可成茲軌範，但祖揆拍禪床，結偈曰：「佛祖
位卑難內住，何妨借路即徑過」，將佛位也掀翻。於是她便有「佛法原
來如土賤」[81]、「一大藏教是破草鞋，十地聖人是守屍鬼，二乘聲聞是擔
屎漢」[82]、「奴呼菩薩，婢視聲聞，普賢與我折華，文殊與我攜水，庶足
展拓生平，略舒意氣」之呵佛罵祖語，[83] 而自言「衲僧今古風規，慣自

七僂疊華：明末清初的女性禪師

78 《祖揆妙湛錄》卷四，頁 732 中。
79 《祖揆妙湛錄》卷一，頁 718 上。
80 《祖揆妙湛錄》卷三，頁 724 中。
81 《祖揆妙湛錄》卷二，頁 722 下。
82 《祖揆妙湛錄》卷一，頁 716 中。
83 《祖揆妙湛錄》卷一，頁 718 下。

凌佛滅祖」，[84] 表達徹底掀翻，「不借他人力用，打開自己胸襟」[85] 之禪者大氣魄與大智慧。這應該是寶持所言「性如雷火，直欲擊碎虛空」之機鋒面向。

（三）無禪可傳，隨事了事

　　祖揆語錄中有許多面對修行之事、弘法之事本身的法語，其說法呈現許多面相。佛法最核心的觀念在於緣起空性，而眾生執著，所以禪法最真切處在蕩相遣執，破至纖毫不立，遣至萬相不執，即使修道本身亦是無執，弘法本身亦是無執，祖揆在說法時就直破此處：

> ……乃云：道絕方隅，蹉過者非真豪傑，法離聞見，猛省者即大丈夫，……不借他人力用，打開自己胸襟，吐一句則玉潤珠圓，赴一機則風行草偃，山僧百不知、百不會，眼孔未能辨親疏，口門祇堪喫粥喫飯，今日被諸檀越抑逼，將來既無禪可傳，又無道可道，聊倩木上座應個時節，遂拈拄杖，卓一下云：會麼？即此見聞非見聞，無餘聲色可呈君，個中若了全無事，百億身從當處分。復卓拄杖一卓，下座。[86]

道絕方隅，法離聞見，所以打開自己胸襟後，也就能去除知、會、禪、傳、道、可道的執限、相對，所以說「無禪可傳，無道可道」。所聞所見，已非有執之聞見，聲色已非有執之聲色，全部身心無所執、無所分別，所以全無事矣。面對學人參問公案的應事對機上，也是無有安排巧設，因為一安排即是智巧，就是無明執著，並非空性解脫。眼孔不分親疏愛憎，嘴巴也只是用來吃粥吃飯，說法是被檀越抑逼、只是應個時節卓卓拄杖。若了全無事，才能展現大用大機：吐一句玉潤珠圓，赴一機則風行草偃，分身百億。這段法語以「空」立說，理事、體用皆具。在一次晚參，祖揆這麼說：

> 晚參。虛空無背面，切忌安排，大道任西東，休栽荊棘，頂門具眼，不若腳下無私，身外求閒，爭到胸中無事，翛然獨脫，卓爾

84　《祖揆妙湛錄》卷三，頁 725 下。
85　《祖揆妙錄錄》卷一，頁 716 下。
86　《祖揆妙湛錄》卷一，頁 716 下。

虛凝。有時拈起布毛吹，豈是要人悟去，有時愛把木毬輥，無非

自賣鬧多，若道別有商量，山僧無氣力與人特地。[87]

有萬法虛妄，虛妄即全體虛妄，無有正背，安排即會執取，執取就有背
向上下，所以大道任東西，切忌巧安排。悟者只是心中無事，「翛然獨
脫，卓爾虛凝」。曾有禪師拈起布毛吹一吹，有人因此即悟，所以祖揆
說「有時拈起布毛吹，豈是要人悟去」？有時愛輥木毬，只是「自賣鬧
多」，在此當下即是放下執取處，所以如還要商量公案，「無氣力與人
特地」。特地即執即遮，即有相對、割裂，並非實相佛性。這則晚參在
事相上舉此拈彼，甚為生動，把禪師「鬧多無事」的直率表露無遺。也
就如她初到妙湛開法時的結語云：

……乃云：道者家風，古今不異，三間茆屋，一味安閒，更弗向

外營求，隨分有鹽有醬，若是佛法，山僧有口祇堪掛壁。[88]

一味安閒，茆屋鹽醬，這般無事是道者家風，古今不異，既無禪可傳，
無道可道，有口就只能掛壁上了，這是祖揆以悟者之境界來說的。

這般鬧多無事，如何弘法呢？弘法也並非特意弘法，有特意即有遮
執，所以檀越請她到竹林禪院陞座說法時道：

師云：……爭似山僧隨事了事，汝為我營齋，我為伊說法，免得

已後遭人打算，乃拈拂子擊下云：竹林勝道場，區處極幽僻，山

僧偶到來，緇素共奔集，勸請為敷揚，歡喜非交遍，我與汝說

禪，汝與我齋喫，一飽忘百飢，能事俱了畢，更儱問如何，言多

轉無益，努力勤脩行，時光不可失，揮拂子，下座。[89]

這種無執之心面對世事時，祖揆以「隨事了事」來表達，事起即應，了
事即滅，無有執取、留戀、愛恨等感受，所謂無禪可傳，無道可道，只
是隨事了事而已。用「隨」字來表達無執之面相，又或有消極之誤解，
祖揆又以「要行便行，歇便歇」來表達：

小參。佛佛佛，四句百非盡超越，祖祖祖，天上天下曾唯我。禪

禪禪，神頭鬼面幾何般，道道道，達磨未明那一竅，神光特地要

---

87 《祖揆妙湛錄》卷三，頁724下。

88 《祖揆妙湛錄》卷三，頁715下。

89 《祖揆妙湛錄》卷三，頁726中下。

安心，究竟何曾覓得心，妙湛而今用處別，拈卻棒兮除卻喝，德
山臨濟過一邊，爭許豐干恣饒舌，寒則普天匝地寒，熱則普天匝
地熱，要行便行，歌便歌，切忌逡巡守途轍。[90]

閒多無事，不是不做事，而是能隨事了事，不加執取，因為不執取，所
以隨時全心全意，了時也全心全意，所以祖揆很活潑地各連用三字佛、
祖、禪、道來開頭，並一一拈卻這些名相、方式、路徑，而曰「寒則普
天匝地寒，熱則普天匝地熱」，表達全然於此中，無有對立心，無有舊
窠臼，不會只顧巡守途轍，即使是祖師之道，如此就能要行便行，要歌
便歌，這就是隨事了事之力用面。這幾則是從悟道之位來談面對弘法之
事的狀態。

　而從修道者來看，世事無常，輪迴無止，無明煩惱需斬斷，但祖揆
強調靈動之妙用，不以截斷寂滅為高：

　……陞座。有物先天，無形本寂寥，能為萬象主，不逐四時凋。
　傅大士恁麼道，秖可抱不哭孩兒守枯樁過日，未得轉變臨機，去
　來任性，所以道：欲識不遷義，須向萬物遷變處識取，欲明嘗住
　心，須向生死流轉中明取，他若起滅紛紜，我亦隨波逐浪，自然
　到處稱尊，乾坤獨步。……[91]

欲明不遷意、嘗（常）住心，需在萬物遷變處識取、生死流轉中明取，
在起滅紛紜中，隨波逐浪，自然到處稱尊，乾坤獨步。這就是對隨事了
事的無執取處而言，雖然外相隨波而逐流，但卻不同於眾生之隨波逐
流，確實地言，是因為眾生有執，常常意欲取此又捨不得彼、取彼又捨
不得此，流留顧盼，並無法真正隨波逐流，唯有無執者能隨波逐流，即
然無執，自然到處稱尊，獨步乾坤。而顯然祖揆不欲弟子陷於斷滅死
寂，要弟子於紛紜事相上修行、明取，如此方能轉變臨機，才能任意來
去。這是較偏向修道者之位來說，從變遷中了悟，自然能得力用，這是
從變動、力用之面相而言。從有力有用上來言的，還有：

　……如何不動到其中？切忌左之右之，驀拈拄杖，畫一畫云：山

90 《祖揆妙湛錄》卷二，頁 722 下。
91 《祖揆妙湛錄》卷一，頁 718 下 -719 上。

僧劈出一條廣路，普令若聖若凡，若緇若素，若古若今，若男若女，一時趣向，依而行之，但不得道：「道無方所，擬向即乖，識得無依，佛亦無住」，何也？咬人矢橛，不是好狗。山僧道：「道無方所，所向皆是，依而行之，更莫強為」。諸人若道：山僧底是，古人便不是了也，古人若是，山僧又不是了也，纔有是非，紛然失心，如何得徹見本來，冥契真理……[92]

她將「道無方所，擬向即乖」，轉成「道無方所，所向皆是」，開出所向皆是之大路，這就是有用有力之處。有力用，更莫強為，因此這個轉語，也千萬不要落入此是彼非、此非彼是之相對中。這就是放下、止息之本源。

在萬相中是要明取、悟取，不是妄取、迷取，所以在為粹賢道人忌日小參時，就從「止息、放下」這一面來說：

粹賢道人忌日，小參。幾回生，幾回死，生死悠悠無定止，自從頓悟了無生，於諸榮辱何憂喜。山僧即不然，幾回生，幾回死，生死悠悠隨所止，不須重更悟無生，榮辱何關丘乙巳，永嘉大師恁麼撩起便行，妙湛山僧不恁麼，放下便穩。你道如何是不隨人腳轉一句？向道莫行山下路，果聞猿叫斷腸聲。[93]

生死變化無定止，了悟無生，榮辱無憂喜，祖揆將之一轉，轉為「生死悠悠隨所止，不須重更悟無生」，以當體即悟來說無生，所以不需再悟，也因此能隨所止，既然是隨之止處而止，自然是放下，全心放下便是穩當。她對永嘉之「撩起便行」下轉語成「放下便穩」，這一轉語下得頗好，放下，可行可止，所以她並非反對祖師所言，也並非她不「撩起便行」，只是這麼一轉，將「撩起便行」之執轉化掉，開出「放下便穩」，打開一面，也成全了全體，因為既然放下，就能坐下，也自然能撩起便行，就如前面的「要行便行，歇便歇」之自在一般。此時，或行或歇，都不是隨人腳下轉了。又有一則法語是她生病後所說，也是表達「放下、止息」意：

92 《祖揆妙湛錄》卷三，頁 726 上。

93 《祖揆妙湛錄》卷二，頁 722 上。

……師云：……汝等還知病中有不病者麼？寒時任他寒，熱時任他熱，寒時覓熱相了不可得，熱時覓寒相亦不可得，各各依本位，世間相嘗住，且如何是病瘥藥亡一句？留取口喫飯。[94]

她運用洞山禪師的公案，講寒時全身心在寒，熱時全身心於熱，無有分別、對立，則熱相寒相皆不可得，如此則各各依本位，世間相常住。這是從「空」轉立「本位」、「常住相」，表達力用的本位與用相，所以「留取口喫飯」，嘴巴之本位就是用來吃飯的。本位，也即是隨所止、放下穩。往力用而言，也即是隨事了事、隨波逐流，於萬物遷變處識取，放生死流轉中明取。

又有一則是要弟子「直下轉身」：

上堂，十方無壁，四面無門，納僧不會，氣急殺人，山僧有個方便，真實說向諸人，不用前後相度，貴須直下轉身，復喝云：走到那裏去？[95]

舉個十方四面無所執取之境，讓學人捉不到其處，再拋個不必前、也不必後，而是「直下轉身」之法，看學人是否捉取？如有捉取，即是迷走妄取，所以「一喝」，截斷學人對直下轉身之妄想，既破妄且勘驗地道：「走到那裏去」？直下轉身非走亦非止，破遣相對，超然而出，所以若執轉身，亦落在相對矣。此則為動與止之外，超越直出之面相。

或從悟者境界來說弘法之事，多在「空」上言「無事閒多」，其力用處則在「隨事了事」。或從修道者角色來說修行之事，於不可得中，兼攝止、動雙邊，又遣或止或動，時而說靈動力用之面相，時而說止息放下之面相，時而說直出超越之面相。而時常是說此邊時兼攝彼邊，說彼邊時兼攝此邊。之所以能如此靈動，無非是應機應緣，能應機應緣者必是因為其能把住源頭，悟入法性故，所以祖揆說「縱奪隨機，權衡在我」：

……縱奪隨機，權衡在我，捏聚則聖凡罔措，分開則賓主歷然，……伏願頓超權學，直達唯心，迴入諸塵，廣興佛事。正拈

香云：此一瓣香，本無寶秘，豈有囊藏，苟非點著便知，不免重新說破……[96]

收起時，則非聖非凡，分開時，則有賓有主。說動說止，說行說歇，說無事說隨事，都有其相對之處，因為落入語言就有相對之處，唯有把住源頭者能橫說豎說，隨機權衡，可收可放，是依眾對機，而不致落入執相，更不是胡言亂語，所以禪門機鋒之靈動就在語言下破語言執，讓修行者依言啟悟，依言破言，祖揆亦是如此，而其教授，本無寶秘，無有囊藏，是她迴入世俗，廣興佛事之慈悲作用所在。

（四）燈皂飯舖，細密分說

祖揆曾以開「燈心皂夾舖」、開「飯舖」來比喻開堂說法、教化弟子，有云：

上堂。言語上，簡刮粘溼癡蠅，心性上，鑽研沒泥香象，山僧自幼不曾行腳，草鞋錢那知貴賤。近日開個燈心皂夾舖，有人來買，三文兩文隨分賣與，忽然遇著家貲巨萬底走到門裏，一眼覷破道：嗄，原來秖有這些。道了便行，大眾還怪得伊恁般話麼？你若分疏不謬，正要借伊拔本，倘或依舊零星沽販，山僧恰好一場失利。[97]

行腳的草鞋，指的是修道的過程與辛苦，而草鞋的價錢，就是修道的成果。不曾行腳，不知草鞋價錢貴賤，笑喻自己以佛法、禪法教授弟子，是全然相呈，沒有門檻，不論代價的。開燈心皂夾舖，就是比喻開堂弘法。有人來買，即是有弟子願來此修道參禪。結果祖揆三文兩文，以隨意便宜的價錢就賣了。這兒有人買，那兒有人買，都隨分賣與。忽然有位家財萬貫的人到這舖子來，一眼看破這些小小生意，於是說：嗄！原來只有這些！說完了就走。「原來秖有這些」，祖揆運用這個燈心皂夾舖的比喻，戲謔地告訴弟子：大家別只是買些小東西，在修行路上，別只是問一些無關緊要的小問題，別只在意表層的事法、規矩，要切入究

---

96 《祖揆妙湛錄》卷一，頁 715 下。
97 《祖揆妙湛錄》卷一，頁 716 中。

竟核心處，要行入廣大法流之中才是，亦即器量要大，格局要廣，成佛乃大事也。否則明眼人一見，必然一眼看破。而燈心皂夾舖的東西雖然賣得便宜，但不見得是小東西，大家別以為便宜就疏忽看輕。另一角度是：大家要啟問、修入究竟之法，不要停留在外圍上，因為究竟之法，我這兒亦有，只是乏人問津。其實燈心，是心中明燈，即是佛性明燈，可照耀普明，可破無明黑暗，得證實相法性，而此燈可相傳，如佛佛相傳，祖祖相印一樣，賣燈心即傳無盡之明燈與弟子，即傳智慧解脫之法給大眾。皂夾，是清淨污垢之物，即喻滌除無明煩惱之智慧，去卻纏縛執著，離諸妄想顛倒，得一清淨法身。所以賣燈心、皂夾，不可謂是賣小東西耶。只因價錢便宜，便被小看，所以祖揆希望弟子看透此事，展現香象渡河，有頂天立地、踏底出頭的大格局，大大地買件大東西，不要既零星又只知買小，或是把東西用小了，如此一來，自然祖揆就能大大賺上一筆，也好連本帶利賺回來，否則「山僧恰好一場失利」，虧本就虧大了。這就是以本利賺錢來比喻弟子有成，以燈心皂夾舖比喻開法教化。這種比喻方式，在禪門中亦有，例如且庵守仁禪師曾作臺山婆話之頌古：「開個燈心皂角舖，日求升合度朝昏，只因風雨連綿久，本利一空愁倚門」，[98] 也是用燈心皂夾舖比喻弘法。

　　還有一次解夏時的小參，祖揆說她開的是賣粗茶淡飯的小飯館：

> 解夏，小參。舉僧問雲門：夏末秋初，前程或有人問，未審對他道甚麼？門云：大眾退後。僧云：過在甚麼處？門云：還我九十日飯錢來。師云：雲門潑天，開個飯舖，祇是不能飽人，何故？蓋為索價太高，雖有百味珍饈，誰敢等閑喫著，玅湛今日也開個飯舖，雖則麤麤糙糙，卻能厭飽饑虛，汝等還有放膽近前者麼？
>
> 眾無語，乃云：這一隊飯蘿頭受餓漢。以拄杖一時趁散。[99]

她舉雲門與僧問答的公案，因為僧人有結夏安居之規定，即在夏日三個月（九十天）的時間，於寺院安居不外出，一心修行。這段法語就是在結夏結束時所說的，所以她舉的雲門之公案亦跟結夏有關，有僧人問雲

98　性統編《續燈正統》卷六，《新纂卍續藏》冊 84，頁 439 下。

99　《祖揆妙湛錄》卷二，頁 722 中。

門：夏末秋初，結夏已結束了，之後前程如有人問起，要如何對他說？雲門就說：大眾退後。僧云：我那裏有過錯？雲門便說：還我九十天的飯錢來。祖揆便云：雲門開個飯舖，卻索價太高，雖然山珍海味卻沒有人敢等閒吃飯，所以根本無法讓人吃飽。而她呢？也開個飯舖，雖然粗糙不講究，但卻能讓人吃飽滿足。她放出這話後，問有沒有人來吃？結果「眾無語」，她下語曰：這一隊飯蘿頭都是想挨餓的。並以拄杖一時趁散。舉雲門公案，說雲門下語太高，學人搆不上。而稱自己粗糙普通、平易近人、就俗近淺，讓人容易接受、領悟。結果，徒眾無人來領，看來祖揆也只有喊喊口號，息事寧人了。

有一次她也來索九十日飯錢了，那是開始結夏安居的小參時間：

> 結夏，小參，舉雲門示眾云：結夏得數日也，寒山子作麼生？大溈喆云：結夏得數日也，水牯牛作麼生？師云：一人向尋嘗處走，難覓蹤由，一人向異類中行，不露頭角，諸人要明下載清風，須出通身白汗，還有分得古人優劣者麼？如無，九十日飯錢，莫怪預嘗索取。[100]

她舉雲門結夏示眾語：「結夏得數日也，寒山子作麼生」？又舉大溈下語：「結夏得數日也，水牯牛作麼生」？這個參究也常出現在之前祖師語中，祖揆在此不再下語，但分析兩人之語：一者尋嘗（常）處走，一者向異類中行。兩人都難覓蹤由，讓人下不得語。祖揆讓徒眾看清楚，能遣破生死之心，直轉如銅鐵壁的無明黑漆桶，必然須有「出通身白汗」之用心過程，也才夠資格能對祖師說三道四，說此說彼地，如果沒有用心，「九十日飯錢，莫怪預嘗（前）索取」。戲以飯錢為逼，向弟子討個悟道，祖揆也真是不顧名聲，老婆心切了。

僧人之食衣住行都來自十方佈施，修行者會用此砥勵自己，避免信施難消，但禪門不那麼消極，常用缽盂飯粟、飯錢本利來指撥大道，例如雲門餅、趙州茶等，祖揆就有持盞十問，白麵、青菜、米粒、殘羹剩飯等紛紛出籠，作為勘驗學人的墊腳石，有一次上堂她說：

> 上堂。山僧門庭苦寒，無可管待，諸賢一味，秖將佛法當個人

---

100 《祖揆妙湛錄》卷二，頁 722 上。

情，你才到來，茶裏、飯裡、果盆裡、菜碟裡、竹　頭、木匙
上，那一處不是，也只望你嚥得下，設遇不辨滋味底衝口道：
「美食不中飽人　」，山僧爭好怪伊。[101]

門庭苦寒，沒什麼好的可款待，茶裏、飯裏、果盆裏、菜碟裏、竹
頭、木匙上，都是諸賢一味處，嚥得下、辨得滋味、識得法就可好好修
行了。這裏也是用餐食滋味來喻入得法味。

開個燈心皂夾舖，開個粗糙實飽的飯舖，向弟子說本說利、索取飯
錢地教化一場，一場教化。所謂三文二眾隨分賣與、粗粗糙糙，都頗有
傾囊相受、就淺近低、眉毛拖地之意。祖揆機鋒靈活，口舌翻瀾，有掀
翻面皮、呵佛罵祖的，有多閒無事、隨事了事的，亦有恣暢細密的，若
論較傾囊相受、老婆心切處，當在於其恣暢細明之法語，法語中常見其
在短句機鋒後，恣暢明白地方式分疏佛理，其分疏方式，又多是藉評斷
分疏祖師公案，再別拈一路，就如上則法語分疏雲門與大溈之語一般。
又例如有一回，她分別拈出法眼禪師、香山尼佛通禪師兩人之語，為呈
現其上堂說法樣態，不避文長地全面引用：

> 明徹道人請上堂。學人問：無明定性即佛性，幻化空身即法身，
> 因甚類之弗齊？師云：山僧舌頭短。學云：落霞與孤鶩齊飛，秋
> 水共長天一色，因甚混則知處？師云：莫取人處分。學云：不因
> 目前事，怎辨劫初機？師云：依舊草裏輥。學人問：如何是一印
> 印空？師云：鴻飛那復辨西東。學云：如何是一印印水？師云：
> 碧眼胡僧難下嘴。學云：如何是一印印泥？師云：十字縱橫不掛
> 絲。學云：未審何人用得？師云：當陽隨展握，終不藉功勳。
> 學人問：香嚴聞擊竹，靈雲見桃花，二人悟處還有優劣也無？師
> 云：耳朵兩片皮，牙齒一具骨。學云：與麼則佛佛道全也。師
> 云：因甚耳不見色，眼不聞聲，乃舉法眼禪師云：三通鼓罷，簇
> 簇上來，佛法人事，一時周畢。香山尼佛通禪師云：山僧即不
> 然，三通鼓罷，簇簇上來，拄杖不在，苕帚柄聊與三十。師云：
> 一人以禮樂經邦，一人以干戈戰亂，文事武備，不可偏廢，然雖

---

101 《祖揆妙湛錄》卷三，頁 725 中下。

如是，堯舜之君猶有化在，山僧思回上古之風，汝諸人能返樸還
淳也未？不然，聽取教詔好：三通鼓罷，簇簇上來，過後思量，
一場特地。[102]

在一連串一句式回答的機鋒問答後，祖揆舉法眼禪師的話：「三通鼓
罷，簇簇上來，佛法人事，一時周畢」。與香山尼佛通禪師：「三通鼓
罷，簇簇上來，拄杖不在，莇帚柄聊與三十」。評斷分疏為一者是禮樂
經邦，一者是于戈戡亂，一文一武。然而祖揆直上一轉，要來個上古之
風「返樸還淳」：「三通鼓罷，簇簇上來，過後商量，一場特地」，指
向言語道斷處。有商量，皆是特地，非道也。祖揆這種直舉公案或同一
公案兩種說法而來分說下語者頗多，對於擅長作拈古、頌古的她來說，
是很自然的。而這種分理分事、分文分武地評判也非實在處，有一次她
將法眼與雪竇之語，評為：「若向事上看，雪竇不如他法眼，若向理上
看，法眼不如他雪竇」。但此時「冷地忽有人出眾道：這理是甚麼所
在，說事？說理？山僧合掌向道：俊哉俊哉！我也只要你恁麼道」。[103]
嘿！祖揆分說下語處頗多，但也云分疏不得也。有時她則是結語中細密
地說：

巨宗道人薙度訖，上堂，巨宗問：如來頂相，菩薩難窺，大士悟
門，諸天罔措，學人今日脫珍御服，著弊垢衣，未審依何法以進
修？師云：宜依佛法僧。宗云：可謂恩高齊華岳，澤廣勝滄溟。
師云：此猶是讚嘆之詞。宗云：今日不得不然。師云：莫負初心
好。乃云：道人行處如火銷冰，事事絕毫絕氂，箭既離絃，無回
返勢，處處破塵，破的十方獨步，虎驟龍驤，三界橫趨，鸞翔鳳
翥，功可齊於諸聖，功不浪施，道止濟于一身，道非圓備，直得
如天普蓋，蔭覆千差，似地普擎，發生萬類，具如此廣大之心，
行如此奇特之事，三乘權學，應念頓超，九有含生，彈指咸攝，
誰是初機，誰是後學，然雖如是，且道始終端正凡聖混融一句作
麼生道？初發心先成正覺，慎行履處即真修，翻身跳出炎炎宅，

大丈夫兒得自繇。[104]

巨宗剃度之後，祖揆細密為其說「莫負初心」之意旨。要道人絕毫破塵，橫超三界，沒有人我之別，但不可只濟于一身，要有廣大之心，蔭覆千差，沒有空間之別。並是頓超三乘，彈指咸攝，沒有時間之別，而總偈為：「初發心先成正覺，慎行履處即真修，翻身跳出炎炎宅，大丈夫兒得自繇」。又，到梁溪，被請就竹林禪院時，從「弘道貴在得人，得人貴在弘道」，到「我與汝說禪，汝與我齋喫，一飽忘百飢，能事俱了畢」到「言多轉無益，努力勤修行，時光不可失」，[105] 講來細密分明。又，一次小參，祖揆從證悟境界超越有無說起，到劈出一條廣路，讓大家趣向可行，因而舉古人「擬向即乖」，下轉語成「所向皆是」，但又轉問是道古人是？或是道山僧是？接著又曰如有是非紛然之心，豈可徹見本源？但有口則能道，還要弟子試說看。舉此又反此，但還翻然又再提此而問，相當靈動。接著又言經書子史、孝悌忠貞俱是假法空言，推究語言之虛妄，但禪門有破言語之言，拄杖棒喝之用即是一端。又舉大慈禪師之語來檢點：

> 舉大慈寰中禪師示眾云：山僧不解答話，祇能識病。時有僧纔出，大慈便歸方丈。師云：大眾且道：這僧患什麼病？你道大慈還識也無？數百年來尚存疑案，山僧今日正欲指破根源，應病與藥，眾中還有善病者麼？纔有人出，師擲下拄杖云：你須喫這服始得。[106]

這僧病在何處？大慈能勘識得這僧嗎？她自己要來指破根源，應病與藥，於是舉問大眾弟子「有善病者麼」？有病者才能讓祖揆開出良藥，而且還得是個善病者才行，如是假病、偽病或已經死了，根本無法開藥。此時大眾有人出來，祖揆「擲下拄杖」說：「你須喫這服始得」。機鋒甚為迅捷，不知這人是善病者嗎？吃了這一擲，不知他是當下盲昧？還是藥到病除了！？祖揆這段法語，翻轉多次，有本有用，有舉有蓋，有收有放，有言有動，剛好又有人配合演出，讓祖揆得以開出藥

104 《祖揆妙湛錄》卷一，頁719中下。
105 《祖揆妙湛錄》卷三，頁726中下。
106 《祖揆妙湛錄》卷三，頁726上。

方，過程頗為細密精彩。諸如此類，在一向語句簡要的禪語中，這種細密式的說法，特別讓人能了解祖揆的想法。其中，圓頓唯心之旨、對禪門傳承之針貶，從禪轉淨的原因看法，都是在這種細密式的法語中呈現出來的。

（五）靈瑞時期之機鋒

《祖揆妙湛錄》所記載的是祖揆在妙湛禪院時期，內容多以上堂或是小參（或結夏、解夏、節日，或晚參等）來主，多是對眾說法的場面，一來一往地對答、總結，顯得較為細密端重，有所規模。而《呇華集》的靈瑞庵時期，並沒有「上堂」這一類，相對地是有「示眾」，但是這部分卻只是祖揆問，她自己作代語，名為「示眾」，在文字上卻未呈現對法眾，使得這樣的示眾，呈現類似文字禪形態的公案代語。不過《呇華集》在「示眾」之外，值得注目的是祖揆與學人、弟子的機緣對話，其內容顯得特別生動活潑，即使與妙湛禪院的上堂法語比較起來，也突顯出這樣的面相。《祖揆妙湛錄》在上堂法語外，就是完整的拈古、頌古，編集得較嚴整。《呇華集》在示眾代語、機緣之外，尚有許多贊語、山水詩偈、詞歌等較文學、抒發性質的內容，如果以這兩語錄來看祖揆在靈瑞、妙湛的弘法生活，靈瑞顯然自然舒閑，妙湛則是端重有則。這可能與場所有關，也可能與述敘方式有關，妙湛禪院在嘉興市，是個繁華都市，在妙湛上堂，應該是有固定的法堂處所，來往參究居士、僧人也多，作法事或被請去別處陞座之事亦有，對法眾較具顯性，語錄記載時偏重於取言，而且當然會以這些重要場所之活動為記載對象，所以看來端重。靈瑞則不然，它位於洞庭湖東山，是個山悠水遠的隱修之所，它不必有正式的上堂，祖揆與同參、弟子，甚至是老師都同修於此，輩分有上有下，甚至互相交叉，可能既是同參又是弟子，可能既是老師又是同參，所以沒有明確上下關係的對法眾，語錄以祖揆為主，所以其對法眾就相對顯得隱性。然而這對法眾一旦出現時，卻因此呈現出自然生動之態，其場景亦時而山下水邊、庭前賞月，作詩寫偈時而以湖入詩、以石入詞，配上這些自然景物，自然感受到不一樣的效果，這種效果特別襯托出祖揆機鋒之靈動活潑，頗值得拈出觀察。這種

現象，並不見得代表祖揆只在靈瑞時有如此機鋒，有可能只是妙湛之語錄未記載或未使用這種方式記載而已，但因出於靈瑞《呫嘩集》，只得權以靈瑞時期為標舉。以下就針對這些機鋒來觀察：

有一次祖揆舉古人頌語云：

> 師一日舉古人頌云：「問著曾經劈面來，衲僧不會莫針錐，叢林逐隊爭胡餅，飽得身心更有誰」？隨畫一圓，相顧學人云：「拈取去」。學佇視。師云：「有口原來不解吞」。[107]

說叢林爭著吃胡餅，說有誰飽得身心？祖揆便隨之在空中畫上一圓，是胡餅？是火圈？還是嘴巴？她看看學人並道：拈取去。「學人佇視」，其茫然可知，其黏滯可知，祖揆只好自找臺階下：有人有口不知道如何吞。一次，祖揆禮佛後：

> 師禮佛次，學人問：乾矢橛，麻三斤，殿裏底意旨如何？師隨展坐具云：侍者與我記取這一轉。學無語，師即便作禮云：迦葉師兄，應當委悉。[108]

乾屎橛、麻三斤、殿裏底都是過去祖師對「如何是佛」的回答，學人再問此，剛剛禮完佛，坐具也在前，祖揆便展坐具，並要侍者記取這一轉，此一轉為何？是展坐具？亦是包括「要侍者記取這一轉」？結果學人無語。祖揆即便作禮云：迦葉師兄應該交待明白。將責任推給大師兄迦葉了。又有一天，大夥兒行過溪邊：

> 一日溪邊行次，見捕魚，顧同行云：等閒垂一釣，容易上鉤來，且道是魚是鱉？同行云：某甲不貪香餌。師云：死水裏浸殺，有甚麼用處？[109]

到溪邊見捕魚，便以釣得是魚？是鱉？為公案話頭。結果同行表達如如不動、不願上鉤之意，祖揆反遣之：「死水裏浸殺」。有一次祖揆要童子割草：

> 師一日命童子割草，適一道者過菴，問云：「祖意明明百草頭，何得一時割卻」？師拈一株草，抖擻云：「在甚麼處」？道者佇

---

107 《呫嘩集》卷二，頁 747 上。
108 《呫嘩集》卷二，頁 747 上。
109 《呫嘩集》卷二，頁 747 上。

思，師劈面擲云：「這個所在，那許你生根」。[110]

明明百草頭，明明祖師意，是禪門常見用語，表達佛法悟道無可隱晦，是明明白白之事。這位道者來靈瑞庵見童子正在割草，但以此語連結「何得一時割卻」？大有挑戰之意。祖揆不落其窠臼，拈起一株草抖擻問：「在甚麼處」，直接驗明正身，道者所問被祖揆截斷別置，落得還得佇思回答，這一佇思，便落入前後相對，既落入兩邊，便有黏滯執取，便是草生連根，草既連根，談什麼割卻？祖揆便將那株草劈面一擲道：「這個所在，那許你生根」。輕輕的草株與斬草除根的話，同時瞬間劈面而來。又，以學人之問來答學人：

七優曇華：明末清初的女性禪師

> 學人問：「古人云：禪客相逢祇彈指，此心能有幾人知。如何是此心」？師彈指一下。學云：「不會」。師云：「能有幾人知」。[111]

學人以古人之言「禪客相逢祇彈指，此心能有幾人知」來問如何是此心。祖揆便彈指，學人曰：「不會」，果然如是，所以祖揆便云：「能有幾人知」。讓學人直接看觸所問問題之真實展現。又有一次祖揆來個劈面掌：

> 一僧問：「一舉四十九是什麼物」？師云：「東山下左邊底」。
>
> 僧云：「吽吽」。師云：「我一向小覷你」。
>
> 僧擬議。師劈面掌云：「吽吽，特舍兒擔枷過狀」。[112]

祖揆答：東山下等等，僧人作牛聲「吽吽」。祖揆虛引之，僧擬議。祖揆一見落入相對處，劈面掌之。這隻牛被逮到，要落得架上牛擔，具狀領罪。又有一天，靈瑞庭前牡丹花盛開：

> 師一日因庭前牡丹盛開，顧宗道者云：「南泉謂時人見此一株花，如夢相似，且道意在甚麼處」？宗下數語，師皆不允，乃自代云：「爭似春風處處開」。宗云：「牡丹花下睡貓兒又作麼生」？師以箸敲盌云：「花花，喫飯來」。[113]

---

110 《岙華集》卷二，頁 747 中。

111 《岙華集》卷二，頁 747 上。

112 《岙華集》卷二，頁 747 上。

113 《岙華集》卷二，頁 747 中。

「牡丹花下睡貓兒」句見達觀曇穎在谷隱聰座下問道之語，後來成其法嗣。曇穎禪師是：

> ……杭州丘氏子，首謁大陽玄禪師。遂問：「洞山特設偏正君臣，意明何事」？陽曰：「父母未生時事」。師曰：「如何體會」？「夜半正明，天曉不露」。師周然。遂謁谷隱，舉前話，隱曰：「大陽不道不是，祇是口門窄，滿口說未盡，老僧即不然」。師問：「如何是父母未生時事」？隱曰：「糞甓子」。師曰：「如何是夜半正明，天曉不露」？隱曰：「牡丹花下睡貓兒」。師愈疑……」。[114]

祖揆見牡丹花開，問宗道者南泉之語，宗道者下了數語，祖揆皆不允之，於是自代語：「爭似春風處處閒」。宗道者則轉問曇穎這段公案，祖揆以筷子敲碗，直接叫個虛貓兒「花花」來吃飯。可謂生動有趣。一次，有位會禪的居士來訪：

> 一居士自負會禪，到菴云：「近日諸方知識甚多」。師云：「曾見幾人」？士云：「領眾匡徒，比屋皆是」。師云：「不獨穿卻鼻孔，又兼換卻眼睛」。士無語。師云：「好好留取口」。……747 中

居士自認會禪，自己參究多方、見多識廣，所以言：諸方知識甚多。言下之意大有你這位女流之禪師憑什麼在此弘法？祖揆先實實在在地問：「曾見幾人」？「領眾匡徒，比屋皆是」，口氣很大。祖揆當下將這些諸方知識，以及比屋皆是的領眾與其徒通通穿卻鼻孔、兼換卻眼睛。士無語。祖揆之語一出，智慧力與自在力必然隨之而具，所以居士之氣焰被燒熄降伏。士無語，祖揆隨即讓他「好好留取口」，因為鼻孔、眼睛已被穿卻、換卻了。

　　雪竇禪師曾在洞庭東山的翠峰禪院住持過，靈瑞庵也在東山，雪竇曾作頌古百則，祖揆依其公案也作了一百則頌古，所以她於雪竇應該多有一份親切感，語錄曾記載到一則她來到翠峰禪院的機鋒：

> 師領眾到翠峰，指雪竇石刻像云：「這老漢一向口吧吧地，今日

---

114 《續傳燈錄》卷四，《大正藏》冊 51，頁 489 上。

拶教上壁去也」。眾不能答，請師代語。師云：「入石三分」。[115]
祖揆領著眾人來到翠峰禪院，指著雪竇的石刻像說：這老漢一向說話連延不絕，今天卻被逼上石壁上去了。大眾都無法下語，請祖揆代語，祖揆曾云：「入石三分」。一般言入木三分，今依一面石刻像而言入石三分，一面亦表達雪竇所留下之語言文字之深刻。有一次祖揆與大家一起翫月：

> 師同眾翫月次，一老媼云：「秖是一個月，因甚有圓有缺」？師
> 云：「秖是一個月」。[116]

這位老婦將一分成二，便問：只是一個月，為什麼有圓有缺？祖揆將二歸為一，答：只是一個月。有時她也使出「忘」功：

> 師一日拈杖云：「這個不從天台得，不從南嶽得，還有知得來處底麼」？宣道者云：「上來下去全得渠力」。師云：「未出嘗情」。超道者云：「某甲尋思去」。師云：「何不目前驗取」？宣云：「師意如何」？師云：「年深月久忘卻了也」。[117]

宣道者、超道者之答，一個被關，一個要躲，皆未離卻相對。這麼一句二句地問下來，明明叫人目前驗取，自己卻還說「忘卻了」，一翻兩瞪眼，直接了事。諸如此類，機鋒對象之形態、反應都較為清晰，有學人、僧人、老媼、弟子、道者、居士，亦有很明顯的挑戰者等等。場景與情境也較為多樣，有溪邊、賞月、領眾參訪、庭前牡丹、童子割草、禮佛次等等，足顯《嵒華集》裏的機鋒敘述，祖揆動靜之間以及其與外境人事物之連動相應，看起來都相當生動活潑。

（六）渡湖舟中二十問、持盔十問、室中垂十問

祖揆之師繼起在祥符寺弘法時，曾設有「五宗門風」垂問來勘驗學人，這種以公案機鋒垂問的方式，也是祖揆教化時的最主要形式，其中《嵒華集》卷二記載祖揆的三處垂問，雖然無有資料顯示祖揆以這些垂問設定為固定的勘驗門檻，但垂問本身本來就有勘驗與點撥之用，而且

---

115 《嵒華集》卷二，頁 747 下。
116 《嵒華集》卷二，頁 747 下。
117 《嵒華集》卷二，頁 747 下。

見祖揆記載繼起之垂問，並應之作頌古，也將自己的垂問記載下來，她或亦有比類老師作法之心吧！？

　　這三處垂問分別是：一、渡湖舟中二十問。二、持盍十問。三、室中垂十問。[118]前二種，祖揆皆自己作代云、又云。渡湖舟中二十問，是「師一日渡湖，舟中垂二十問，同行未及畲復，自代語」，[119]此時祖揆應該是在東山之靈瑞庵，此湖應是太湖，而問題中所曰「洞庭」者，應該是洞庭山。其垂問語句內容皆圍繞在太湖景物，藉景喻道而問。舟渡後「師持盍歸，復設十問」，持盍回來再問十問，這次所問皆與吃食有關，這二組垂問，各有主題，頗有特別。而「室中垂問」有十問，應該是在靈瑞庵之室內。但只有問，沒有代語。以下分別將這三種垂問與自代語製表如下：

【柒十 -1】渡湖舟中二十問并自代語

序號	垂問（一云）	代云又云
一	洞庭湖巨浪千尋，不假舟航，如何得濟？	途路中有此一問 渡來渡來
二	看風使帆，尋常手腳，忽遇旋嵐偃嶽，東去西去	我也驚 坐卻著
三	太湖三萬六千頃，月在波心說向誰？	不顧旁觀者 何必
四	落霞與孤鶩齊飛，秋水共長天一色，是甚麼人境界？	山僧惜口 這裏不是你住處
五	夜靜水寒魚不食，滿船空載月明歸，未免勞而無功，一釣須連十二鰲的具何眼目？	不別 猶有一絲在
六	釣竿斫盡重栽竹，不計功程得便休，因甚放生卻用釣來魚？	是伊不護惜 理即如是
七	謝三郎長年出沒煙波，何緣只看絲綸上，不見蘆花對蓼紅？	業在其中 意況不到

---

118 《呁華集》卷二，頁 745 下 -746 中。

119 《呁華集》卷二，頁 745 下。

序號	垂問（一云）	代云又云
八	不因柳毅傳書信，何緣得到洞庭湖，既到這裏，因甚秖見波濤涌，不見海龍宮？	退後一步 賺殺人
九	七十二峰個個隨波逐浪，東山西嶺兩兩截斷眾流，如何是函蓋乾坤句？	目前是甚麼 一合相不可得
十	縱然一夜風吹去，秖在蘆花淺水邊，月黑風狂，因甚便手忙腳亂？	境界甚危 爭政謾汝
十一	渡河須用筏，到岸不須舟，臨上灘時為甚麼更要把纜？	須到如此 也是
十二	魚以水為命，打入網子裏，因甚猶自跨跳？	通身不奈何 別無伎倆。
十三	自是不歸，歸便得，五湖煙景有誰爭，有恁麼事？無恁麼事？	山僧無二語。 能有幾個
十四	江湖無閡人之心，因甚時人過不得？	此問甚當 自古自今
十五	不貪香餌味，可謂碧潭龍，離鉤三寸道一句看？	圖個甚麼？ 恐非來意
十六	未跨船舷早與三十，而今通身在內，合喫多少？	上座自道看 笑殺衲僧
十七	萬古碧潭空界月，再三撈摝始應知，知是般事便休費，許多老力作麼？	也要伊自肯 譬如閒
十八	蝦蟆飛上梵天，蚯蚓驀過東海，畜生也使神通，衲僧到這裏因甚一點伎倆也做不得？	不欲驚眾 退己讓人
十九	河裏失錢，河裏摝，是不惜性命底所為，忽有人請和尚下水，且道圖個什麼？	如汝所問 只當兒戲
二十	三兩月來天不雨，洞庭湖水依舊滿滿也，未審什麼劫中曾欠少？	年代深遠。 卻謾露柱不得

　　大皆有：渡河乘舟問（渡河、船難、跨船舷等）、景物情境問（月、落霞、風、蘆花、山峰、煙景等結合機鋒語）、垂釣問（魚、放生、魚網、垂釣）、典故問（龍王、柳毅傳書）、狀況問（無法過河、蚯蚓驀過東海、河裏失錢、天不雨等），各類也不獨存，常是幾類共問。祖揆就環繞由這些情狀引出各種禪機之問。

序號	垂問（一云）	代云又云
一	衲僧家尊貴天然，御飯也須吐卻，如今東也隨分納些些，西也隨分納些些，成得個甚麼道理？	盋盂無底 快便難逢
二	白麵五厘一升，青菜三文一束，街頭市上無不口口相應問著盧陵米價，十個有五雙，不能酬對，病在甚處？	爭之不足 且聽諸方
三	貪他一粒，失卻半年　根阿師齋他有甚利益？當門一齒下，下咬著底，合受人天供養否？	檀越愛把不定 鼓角動也
四	盡大地撮來，如粟米粒大，黑漆盋盂裏，這夥總是一氣呵成底，祖師近在口皮邊，何故匙挑不上？	將謂是衲僧 放過一著
五	圓陀陀，光爍爍，拈起則水泄不漏，放下則囊括十虛，古來洗盋盂話即不問你，飯是米做一句作麼生道？	山僧愛問不愛畬 只當尋嘗
六	真如解脫，菩提涅槃，總是人家喫過底羮羹剩飯，雲門餅，趙州茶，也是衲僧棄下底齷齪唾餘，汝若傾將來，如以穢食置于淨器，如今要得充足用個甚麼？	一撈便骨出 某甲行腳不逢人
七	三年不喫飯，目前無饑人，祖翁田地，從此一時荒卻也則不惡，靈苗瑞草和根拔，滿眼從教荊棘生，還覺多事麼？	心不負人 鈎在不疑之地
八	利刀有蜜不須舐，蠱毒之家水莫嘗，你若沾著牙關，便見遍身紅爛，秪如吞吐得乾坤底憑甚麼全無忌諱？	令我攢眉 空尚不可得
九	千粒萬粒，盡從這一粒生，秪這一粒，從甚處生？識得來處，萬兩黃金也合消，不然他後有人索飯錢，乃搖手云：不可怨著山僧。	諾諾 為合如是，不合如是
十	於食等者，諸法亦等，諸法等者，於食亦等，如來者即諸法如義，因甚道供養百千諸佛，不如供養一無心道人？	甚麼處著此一問 汝作吾弟子不得

　　以僧人吃飯來示道喻法，其類型大致分為：受供養問、食物價問、米粟問、吃食狀況問（吃殘羮剩飯、不喫飯、吃了遍身紅爛、食與法）。由此引出禪機。

【柒十 -3】室中垂十問

序號	垂問
一	達磨不遊梁土，喚甚麼作祖？
二	釋迦不降皇宮，指甚麼作佛？
三	目前大道坦然，為甚麼不行？
四	腳底諸緣蕩盡，為甚麼不住？
五	主賓須互換，為甚麼老僧不是闍黎，闍黎不是老僧？
六	機用要臨時，為其麼曹洞秖說君臣，雲門多談事理？
七	天不能蓋，地不能載，為甚麼跳這裏不出？
八	莫見乎隱，莫顯乎微，為甚麼覷那邊不見？
九	爐鞴之所，因甚多鈍鐵？
十	良醫之門，何故足病人？

這一組則是兩兩相對的垂問，第一、二則：達摩與釋迦、佛與祖。第三、四則：大道與諸緣、行與住。第五、六則：禪門宗旨——臨濟主賓；機與用、雲門與曹洞。第七、八則：天與地、內與外；顯與隱、見與不見。第九、十則：煉鐵與鐵、醫生與病人；修道者與弘法者。

二、全佛即心，全心即佛

禪門有「即心即佛」之旨，以馬祖道一（709-788）發揮得最為著名，有大梅禪師曾問馬祖：「如何是佛」？馬祖答：「即心是佛」。大梅言下大悟。後來又有僧問：

> 僧問：「和尚為甚麼說即心即佛」？祖曰：「為止小兒啼」。
> 曰：「啼止時如何」？祖曰：「非心非佛」。曰：「除此二種人來，如何指示」？祖曰：「向伊道不是物」。曰：「忽遇其中人來時如何」？祖曰：「且教伊體會大道」。[120]

馬祖在僧人一連串追問中，遣破「即心即佛」為「非心非佛」，再遣破成「不是物」。顯現道不在言語中，言語只為悟道之用，依學人之機而點撥，並非一成不變的理論，悟後這些言句可遣可留，隨機妙用，所以因「即心即佛」大悟的大梅，後來還被馬祖考驗：

---

120 《馬祖道一禪師廣錄》卷一，《新纂卍續藏》冊 69，頁 4 下。

> 大梅山法常禪師。初參祖。問：「如何是佛」？祖云：「即心
> 是佛」。常即大悟。後居大梅山，祖聞師住山，乃令一僧到問
> 云：「和尚見馬師，得箇什麼？便住此山」。常云：「馬師向
> 我道：即心是佛。我便向這裏住」。僧云：「馬師近日佛法又
> 別」。常云：「作麼生別」？僧云：「近日又道：非心非佛」。
> 常云：「這老漢惑亂人，未有了日，任汝非心非佛，我只管即心
> 即佛」。其僧回舉似祖。祖云：「梅子熟也」。[121]

大梅因馬祖道「即心即佛」而悟，所以馬祖與「即心即佛」句在大梅心中是相結合的，但悟即一切悟，悟即得其體，外相之變遷都是了然的。馬祖派人試探大梅，說自己現在講「非心非佛」，大梅已悟入體性，不必為之所動，動與不動都無關緊要，還道遣老師一番。後來馬祖弟子南泉普願（748-834）還直接說：「不是心，不是佛，不是物」：

> 師有時云：「江西馬祖說即心即佛，王老師不恁麼道。不是心、
> 不是佛、不是物，恁麼道，還有過麼」？[122]

南泉俗姓王，所以常稱王老師。從即心即佛、非心非佛，到不是心，不是佛，不是物，實則皆指向空性解脫，只有不要讓眾生執著於前句，執著於文字上，而無法如大梅般悟入故。

而馬祖發揮「即心即佛」之旨，其意涵如何？他曾如此示眾云：

> 祖示眾云：汝等諸人，各信自心是佛，此心即佛。達磨大師從南
> 天竺國，來至中華，傳上乘一心之法，令汝等開悟。又引楞伽
> 經，以印眾生心地。恐汝顛倒不信，此一心之法，各各有之，故
> 楞伽經，以佛語心為宗，無門為法門。夫求法者，應無所求，心
> 外無別佛，佛外無別心，不取善不捨惡，淨穢兩邊，俱不依怙，
> 達罪性空，念念不可得，無自性故，故三界唯心，森羅及萬象，
> 一法之所印。凡所見色，皆是見心，心不自心，因色故有。汝但
> 隨時言說，即事即理，都無所礙，菩提道果，亦復如是。於心所
> 生，即名為色，知色空故，生即不生，若了此意，乃可隨時著衣

---

121 《馬祖道一禪師廣錄》卷一，頁 4 上。

122 道原《景德傳燈錄》卷八，「池州南泉普願禪師者」下，《大正藏》冊 51，頁 257 中。

喫飯，長養聖胎，任運過時，更有何事。汝受吾教，聽吾偈曰：

　　心地隨時說，菩提亦只寧，事理俱無礙，當生即不生。[123]

馬祖告訴大眾：各信自心是佛，此心即佛。當下即能去除卑劣之想，直
下承擔。達摩來中土所傳即是這上乘一心之法，此心，人人都有，可令
開悟。求法者，應無所求，心外無別佛，佛外無別心，不取善、惡、
淨、穢等等相對法，既不取亦無捨，就是如此呈現著。所以不是去除眾
生界趨向佛界，而是即是心，即是佛。佛證入性空實相，所以就心來
說，是念念不可得，無自性故。就森羅萬象來說，是三界唯心所現。以
無所得之心印現萬相，萬相也無所得，因此才能隨時言說，即事即理，
都無所障礙，而菩提道果亦是如此，無所得，也無所礙，所以說當生即
不生，生與不生同時。此中有心、萬物之兩面說，兩者歸於一心、唯
心，而即心即佛。一心、唯心，眾生心與佛心無有差別，祖揆在語錄亦
提到這樣的觀點，在妙湛禪院上堂開法的第一次法語即言：

　　……次拈香云：此一瓣香，縱奪隨機，權衡在我，捏聚則聖凡罔
　　措，分開則賓主歷然，爇向爐中奉，為創菴檀越、在會英賢，伏
　　願頓超權學，直達唯心，迴入諸塵，廣興佛事。……[124]

祖揆機鋒靈動，口舌翻湧，縱奪隨機，權衡在我，可收聚，可分開，之
所以如此，是「頓超權學」，去除相對性，證入無所得，不取也不捨，
直達即是心即是佛之唯心，所以她伏願大家也能「直達唯心」。此唯心
即是權衡在我之我，此我並非我執之我，而是無所得之我，此心亦無所
得之心，是即心即佛之心，如此，就如馬祖所言：「但隨言說，即事即
理，都無所礙」，而能迴入諸塵，在萬象森羅中權衡縱奪，廣興佛事，
而無所得。就因為無所得，所以祖揆也曾言：「佛佛佛，四句百非盡超
越，祖祖祖，天上天下曾唯我」。[125] 唯我，唯心也，也即是即心即佛。

　　即心即佛，佛心與眾生心了無差別，所以能曰：初發心即成正覺，
這是《華嚴經‧梵行品》所云：

　　……思惟諸法，無有休息，行無上業，不求果報，了知境界，如

七優曇華：明末清初的女性禪師

---

123 《馬祖道一禪師廣錄》卷一，頁 2 中。
124 《祖揆妙湛錄》卷一，頁 715 下。
125 《祖揆妙湛錄》卷二，頁 722 下。

幻如夢，如影如響，亦如變化，若諸菩薩，能與如是觀行相應，於諸法中，不生二解，一切佛法，疾得現前，初發心時，即得阿耨多羅三藐三菩提，知一切法，即心自性。成就慧身，不由他悟。[126]

初發心本為初始、因位，正覺是末後、果位，但因為初發心與佛心相同，皆是心心念念無所得、無所求，了知境界諸法皆如幻如夢如影如響，所以初發心即同阿耨得羅三藐三菩提，即同正覺，所以也才能說即心即佛。祖揆在為修顯上人剃度上堂，就是這麼為弟子說法：

修顯上人披剃，上堂。……乃云：欲行非常之事，必待非常之人，不用安排，何須雕琢，頭上寶華冠，乘時卸卻，髻中明月珠，就手撤開，頂門放大光明，炤耀十方世界，直得佛國魔宮輝煌震動，修羅地獄息諍停酸，不是神通妙用，皆由當人自心功德所致，故經云：初發心時便成正覺，豈俟三十二相八十種好，垂寶蓋于空中，涌金蓮于地上，然後謂之得阿耨菩提耶？果能于念念中乘般若船，游法性海，到菩提岸，據涅槃城，提挈聖凡莊嚴果位，則初心始得圓成，一眾全歸覆育，名大丈夫，是真佛子。

拈拄杖云：山僧既已說過，且道這上座有何分付？隨卓一下云：內外一如方近道，嶮夷不變足驚人。[127]

修行證道，不用安排，一切無所得，所以卸卻頭上寶華冠，撤開髻中明月珠，不必雕琢，卸除障礙，自然頂門放大光明炯耀十方，佛國魔宮輝煌，修羅地獄息諍，這些並非運用神通之力，而只是自心功德所致，因為此心即佛故。剃度出家，發心修道，因為此心無所得、無所礙之故，所以即心即佛，初發心即成正覺。何謂無所得？體證般若空性也，所以祖揆希望弟子心心念念乘般若船，游法性海，到菩提岸，據涅槃城，則因果同成，不必等三十二相八十種好等佛陀功德外相示現，即此初發心即是圓成佛心。這正是以「即心即佛」、華嚴「初發心即成正覺」來說法。此處專從「心」來談，打破「始與終」、「因與果」之差異相，表

126 《大方廣佛華嚴經》卷十七，〈梵行品〉第十六，《大正藏》冊 10，頁 88 中。
127 《祖揆妙湛錄》卷一，頁 719 上。

達「始即終」，「因即果」一合相。

即心即佛，言心即一心、唯心；言相，則萬象森羅亦全在此心，即事即理都無所礙，祖揆〈寄李老夫人〉詩十首云：

> 祖師西來，喚牛作馬，上大人前，可知禮也。
>
> 一大藏教，祗說這個，但形文彩，即屬染污。
>
> 全佛即心，全心即佛，兩既一般，刀不自割。
>
> 雪峰輥毬，禾山打鼓，喪盡家風，超佛越祖。
>
> 不屬艱難，亦非容易，塞卻鼻孔，甚處出氣。
>
> 鳬脛自短，鶴頸自長，併卻唇吻，許汝商量。
>
> 長天秋水，孤鶩落霞，趙州不會，且坐喫茶。
>
> 露濯花鮮，風搖葉落，本自天然，何煩雕琢。
>
> 離念境界，本無得失，才儗分疏，家親是賊。
>
> 文字性離，非無文字，逢著知音，分明舉似。[128]

馬祖所謂：「心外無別佛，佛外無別心」，應是祖揆此處「全佛即心，全心即佛」之意，其核心即是心即佛之旨。加個「全」字，表達即心即佛之圓滿、無礙，融攝森羅萬象、事理因果。全佛即心，呈現佛之廣大圓滿，全心即佛，呈現心之滿大圓滿，兩個面相，實為同一，本來就沒有分別，只是將「即心即佛」之內蘊萬象呈現出來，所以祖揆拈出幾個祖師禪語之境象：鳬脛「自」短、鶴頸「自」長，長天秋水、孤鶩落霞，露濯花鮮，風搖葉落，表達這些境象乃本自天然，何煩雕琢，但形文彩，即屬染污，在即心即佛之旨下，含納萬相而不可得，就如最後所言「文字性離，非無文字」，亦即「於文字離文字」。

在即心即佛意旨中內含森羅萬相，表現出全、圓之意，這在祖揆為巨宗道人剃度後上堂，說得頗為清晰：

> 巨宗道人薙度訖，上堂，巨宗問：如來頂相，菩薩難窺，大士悟門，諸天罔措，學人今日脫珍御服，著弊垢衣，未審依何法以進修？師云：宜依佛法僧。宗云：可謂恩高齊華岳，澤廣勝滄溟。
>
> 師云：此猶是讚嘆之詞。宗云：今日不得不然。師云：莫負初心

---

128 《嵒華集》卷五，頁 758 上。

好。乃云：道人行處如火銷冰，事事絕毫絕釐，箭既離絃，無回返勢，處處破塵，破的十方獨步，虎驟龍驤，三界橫趨，鷥翔鳳翥，功可齊於諸聖，功不浪施，道止濟于一身，道非圓備，直得如天普蓋蔭覆千差，似地普擎發生萬類，具如此廣大之心，行如此奇特之事，三乘權學，應念頓超，九有含生，彈指咸攝，誰是初機？誰是後學？然雖如是，且道始終端正凡聖混融一句作麼生道？初發心先成正覺，慎行履處即真修，翻身跳出炎炎宅，大丈夫兒得自繇。[129]

此段則重在心外之「事、相」上談，要自與他、頓超與圓備之融攝。巨宗問老師「依何法以進修」？祖揆簡要的答：「宜依佛法僧」。巨宗以華語美詞答謝老師，沒想到被祖揆輕輕點破：「此猶讚嘆之詞」，轉而警醒弟子：「莫負初心好」，接著細密地勉勵弟子，提點初發心即成正覺之理，祖揆這段法語，句句緊扣，毫不鬆卸，直入核心。祖揆以無所執、無所得始，要弟子處處破塵，破得十方獨步，三界頓超，此時似乎「自」、「心」與「他」、「事」是絕然分開，「自心」超越一切居於上位，在此似乎是佛位矣，但其實不然，所以能頓超還不夠，「道止濟于一身，道非圓備」，還得發廣大心，如天普蔭，如地普擎，才能具備圓滿廣大，要再頓超三乘之權學，咸攝三乘為一乘佛法界，包納九有眾生，九有者，指佛界之外的九法界。要能自他相攝，超越圓滿相融，關鍵就在「廣大心行」。談即心即佛、初發心即成正覺的「心」時，是無所得心，祖揆再以「廣大心」來充足之，讓「心」既「超越」又「圓全」，既「唯」又「廣大」。

就萬象上來說「圓全」，也就是既無所得又顯森羅萬象，就如馬祖所言：「生即不生」、「事理俱無礙，當生即不生」，也即是祖揆所云：「直達唯心，迴入諸塵，廣興佛事」，「始終端正凡聖混融」，如此又可稱為「圓頓」。既是圓頓，便能隨時言說，即事即理都無所礙。祖揆來到雨珠庵誦《華嚴經》時，被請陞座說法而云：

……乃云：若是佛法，一切現成，天邊兔走烏飛，庭際花開草

---

129 《祖揆妙湛錄》卷一，頁719下。

合，對面相逢，具眼難避，祇這，便是古今無變異，遠近絕請
底圓頓法門，苟能直下提持，便請隨時擔荷，你若半依半違，或
思或籌，山僧翻轉面皮來也，喝一喝云：不是心，不是佛，不是
物，不是禪，不是道，三世聖人口掛壁上，歷代祖師站過一邊，
誰敢當頭來呈……[130]

即事即理無礙，即可曰：一切現成。所以祖揆舉天邊、庭際、兔走、鳥
飛、花開、草合等物表現本自天然，也是「古今無變異，遠近絕請　」
地因緣和合，無有自性地存在，如此心行，既含納萬物又無所得，即為
圓頓法門。而在教化時，弟子能直下提持，就可提著便行，如還無法
如馬祖「即心即佛」語句下的大梅應機而悟的話，祖揆則要曰：「不是
心，不是佛，不是物，不是禪，不是道」，並把三世聖人、歷代祖師都
拈晾在一邊。這樣的機鋒就如南泉「不是心，不是佛，不是物」之教，
也是祖揆展現事理無礙，隨時言說之翻轉面皮妙用。

　　所以祖揆在禪法教授中，特別展現馬祖「即心即佛」、《華嚴經》
「初發心即成正覺」之旨，並以發廣大心來融攝「心」與「萬象」，為
一佛乘，含攝九有，展現圓頓之「全佛即心，全心即佛」。

三、恣暢的文字禪

　　祖揆之禪教以參悟公案為主，她自己修證過程承自師門也是以此為
方法，不論是修證或教化都圍繞在公案上，她也因之對公案作了很多轉
語、代別、拈古、頌古。祖揆的語錄有二部，分別是《祖揆妙湛錄》、
《呫華集》，《祖揆妙湛錄》卷三，皆為拈古，共 104 則。卷四，皆是
頌古，共 100 則，是依《碧巖錄》收錄的公案並按其順序作頌古。[131]《呫
華集》卷一、二，大都為代語，其類別大約有自己所問 90 則、繼起所
問 5 則、祖師公案 56 則。還有與寶持合著之《頌古合響集》也有 43 則
公案之頌古。就頌古而言，祖揆所寫數量之多，是七位女性禪師中的第
一位，比之當代其他男性禪師亦不遑多讓，同樣以參究公案為主要方式

---

130 《祖揆妙湛錄》卷三，頁 725 中。

131 其所舉公案之順序，有幾處稍微不同於歐陽宜璋點校之《碧巖集點校》（臺北：圓
　　明，1994 年）。

的師祖漢月法藏，其語錄《三峰藏和尚語錄》所載之頌古一六〇多則，密雲《密雲禪師語錄》中約有一三〇則左右，祖揆之數量與這兩位大師級的男性禪師可謂不相上下，可見祖揆不僅口舌機鋒滔湧，文筆才華亦迅高，可以恣暢地以文字來呈現禪悟。

（一）離文字性，非無文字

代語、別語，並稱為代別語，常用「代云」、「別云」起頭，是禪師對某個公案或某句禪語之評斷與機鋒，語句都相當簡短，但變化多端。拈古，舉某一公案，禪師加以評論，或是以身在現場來評斷，而用「若是山僧則不然」、「當時待他道……」時如何，等方式來呈現機鋒，其語句有論有點，可長可短。頌古，則是針對公案以詩偈形式來表達，有三言、五言、七言等。以代別語、拈古、頌古等方式來論禪，被當成是文字禪的象徵，尤其是以詩偈來表達的頌古作品，此種禪與文學的結合興盛於宋代禪林，宋初的汾陽善昭（947-1024）有《頌古百則》《詰問一百則》，帶出了這個風潮，之後雪竇（980-1052）作頌古百則，圓悟（1063-1135）為其寫評唱，編成《碧巖集》一書，更成了文字禪的代表著作，許多稍有名聲的禪師幾乎都有頌古之作。然而這種文字禪的風潮，立即有人感受到其遺害甚深，圓悟弟子大慧（1089-1163）便曾將其師所編之《碧巖集》予以碎板，以免學人陷入文字泥沼中，[132] 但是以文字為般若，藉文字悟道的觀點也呈現出來，文字語言是一切表達的基礎，遠離文字則無法傳達佛法，況且語言文字之運用得當，是悟入的方式之一，所以禪門雖曰不立文字，但亦且不離文字，所以後來《碧巖集》依然再版流行，這種作拈古、頌古之風潮也繼續流傳，許多禪師多有頌古之作，甚至多有以百則為名，還有蒐集各家頌古成書者，例如南宋寶鑑法應《禪宗頌古聯珠集》收入頌古 2100 首、清

---

132 《禪林寶訓》卷四，心聞曇賁〈與張子韶書〉，曾談到《碧巖集》之編集受到許多禪師的反對，但仍無法改變。此書一出：「于是新進後生珍重其語，朝誦暮習，謂之至學，莫有悟其非者。痛哉，學者之心術壞矣。紹興初，佛日入閩，見學者牽之不返，日馳月騖，浸漬成弊，即碎其板，辟其說，以至袪迷援溺，剔繁拔劇，摧邪顯正，特然而振之，衲子稍知其非而不復慕。然非佛日高明遠見乘悲願力救末法之弊。則叢林大有可畏者矣」。《大正藏》冊 48，頁 1036 中。

代集雲堂編《宗鑒法林》甚至有頌古上萬則之多，[133] 可見頌古之風，流傳之盛。

對於文字與禪悟的關係，寫作這麼多拈頌古的祖揆亦曾言：「文字性離，非無文字，逢著知音，分明舉似」，[134] 顯然她認為要遣離的是文字執著，而非文字本身，所以不必除去文字，只要掌握空性，反而可以文字來破文字，達到解脫悟道。離文字性，即透知文字語言之無常，這是悟者的核心，她的法語中處處指向如此，所謂「正眼觀來，終是空中鳥跡」：

> 諸佛一大事因緣，智不能知，識莫能識，如人飲水冷煖自知，總欲說向人，直無開口處。古德應物垂慈，乃有主賓言論，正眼觀來，終是空中鳥跡。[135]

悟者所悟，離語言文字，要說也無開處，如人飲水冷暖自知，只是為了垂教弘法，才有各種教法，正眼觀來，這些教法語言文字都是空中鳥跡。所以她是：

> ……百千三昧空納空，了無隻字填心胸，渾如金翅劈溟渤，恣情快口皆神龍，塵說剎說熾然說……。[136]

體證空性、三昧，了無隻字填心胸，卻可以如金翅劈溟渤，恣情快口如神龍，萬千變化地演說妙法。悟者本是體證空性，自然亦離文字執性，這部分是所有禪者所共知，在這基礎下，祖揆採取的是：無礙地、正面地、恣暢地展現各種文字語言之變化，來垂教弘法。

從這些代別語、頌古、拈古的內容可以看出，它們多是圍繞在公案上，以公案禪為核心。因師承緣故，祖揆之參悟與教化也皆以公案為核心，參究公案更需參究祖師們的語句機鋒，再加上本身具有文字才華，對文字採取「離文字性，非無文字」的看法，所以在努力參究之下，下筆所得必然甚多，也不避諱呈現，祖揆為《呫華集》寫的小序曾

---

133 參考楊曾文《宋元禪宗史》第四章第三節〈汾陽善昭及其禪法、善昭的文字禪〉，（北京：中國社會科學，2006 年），頁 291-292。

134 《呫華集》卷五，頁 758 上。

135 《呫華集》卷一，頁 741 下。

136 《呫華集》卷五〈述志〉，頁 758 上。

說：

> 昔坐夏洞庭，晝長無事，取從上機語，翻覆溫研，輒有神會，拈
> 提頌述，不殼自謾，[137] 歲月浸久，遂繁呫墨，學者請付諸梓，未
> 有名也，因憶雪竇顯和尚居翠峰日，僉諸佛本源有雨滴岇華之
> 語，取以名集，曰岇華集，亦不忘原本之意也。請政大方，願垂
> 教焉。[138]

在靈瑞庵時期，她取了一些公案機鋒來反覆溫研，輒有神會，便寫了拈古、頌古，甚至是代別語，日積月累，數量慢慢就多了起來，這不僅是《岇華集》內代語拈頌，當然亦包括《祖揆妙湛錄》內 100 則頌古、104 則拈古之作。「學者請付諸梓」，顯然祖揆並不避文字，甚至任其積累衍張，順人所請，付梓呈現。甚至她也認知到這些文字是要流傳出去，可資大家評論賜教的，可見她頗為正面地來看待文字弘法、傳道、溝通之功能。這是祖揆寫作這麼多的代語、拈頌古的主要原因，也使得其禪法呈現出文字禪的面相。

（二）與男女祖師之頌古相呈

《岇華集》為何名為「岇華」，其典故是來自雪竇禪師居於翠峰禪院時對「諸佛本源」之問，有「雨滴岇華」之答。雪竇在翠峰禪院三年，其地點為洞庭湖東山，而東山恰恰就是靈瑞庵所在地。如前所言，雪竇是《碧巖集》內百則頌古的作者，更是文字禪很重要的禪師，祖揆在琢磨公案時，拈頌之作自然產生，祖師們的拈頌之作必然她參究的對象，雪竇之百則頌古是藉《碧巖集》留存，所以她必然會依《碧巖集》閱讀到雪竇禪師之拈頌，而她與雪竇又有地緣相同之密切關係，勢必對雪竇之拈頌特別親切，在參究親切之餘，想必是興起有為者亦若是之志，於是就產生她以《碧巖集》公案，亦即雪竇所依的公案，也一樣寫就了 100 則頌古。一方面是效法同處於東山之祖師，一方面也形成以頌古來與男性禪師比觀。而且，她亦以頌古來與女性禪師同呈，那就是

---

137 「殼」字，敢的古字。
138 《岇華集》卷一，頁 741 下。

《頌古合響集》之作。

　　《頌古合響集》是祖揆與寶持合著，兩人同依一個公案，各作各的頌古，特別的是她們所頌之公案，是宋代女禪師無著已頌的公案，亦即同一公案，無著、寶持、祖揆三人之頌古同時呈現。據張有譽序言：

> ……嗣後，不復冐遜無著獨步，取其頌古和之，踏翻平江萬斛舟，嚼碎徑山鞁轆鑽，即兩人亦各各不相借，鐘中無鼓響，鼓中無鐘聲，共以質老人，老人曰：此可稱合響矣。[139]

不讓無著獨步，不認為遜於無著，所以取無著之頌古來和之，這是合響集出現的心志，所以依祖揆而言，寶持是與她同時代的女禪師，無著則是宋代的女禪師，一者是今日之同參，一者是昔日之榜樣，上與往聖比賢，現與今德同輝，不僅代表能傳承女性禪師之脈，更有「今亦有人」之志向。

　　祖揆為《碧巖集》公案作 100 則頌古，可與男性禪師比觀，《頌古合響集》是與女禪師無著同呈 34 則頌古，祖揆藉頌古來與男女禪宗祖師印心相呈，站在同一立基上發聲，悟者之悟，本自相通，禪者超佛越祖也是本色，祖揆這兩種頌古之作的呈現有：可比同男性禪師，可接繼女性禪師，超男越女，古今並耀之象徵。

（三）頌古、拈古、代語之舉例

　　有關祖揆之頌古、拈古、代語的情形，以下將舉例觀察之。除了頌古是較完整的詩偈，而且較有離開大眾以文字呈現的傾向外，拈古、代語都是有對法眾，是面對學人、大眾所講的，所以禪師的機鋒，就是機鋒，是應當時大眾之機，作用於當時大眾身心的，所以它是當下的、語言的，從文字上來看是無頭無尾的，所以問題也是出現在語言與文字的不同，當時是以語言為機鋒，語言充滿著祖揆的悟境與心用，慈悲與智慧皆在其中，未在其語言當中、遠離當時情境的我們，再解說這些機鋒時，只能在失去語境的文字上，於千絲萬縷的可能中說個一絲一縷而已，這些機鋒都只是面相之一處，而面相之呈現又與當時弟子大眾有

---

139 《頌古合響集》，頁 565 上。

關，無法以此作為祖揆或其他禪師的某個觀點、思想來看。因此，便採取舉列觀察的方式來說明之。

《頌古合響集》中列舉公案 43 個，每一個公案無著、寶持、祖揆各有一則頌古，有時每個公案，寶持、祖揆之頌古不只一則。也因她們兩人之合響頌古，才將無著之 43 則頌古蒐羅一起，實也難得。今舉二例來說明觀察，其中妙湛指寶持，靈瑞指祖揆，以下是第二則公案：

> 舉世尊因外道問云：不問有言，不問無言。世尊據坐。外道讚曰：世尊大慈，開我迷雲，令我得入。乃便作禮而去。後阿難問佛：外道有何所證，而言得入？世尊曰：如世良馬，見鞭影而行。
>
> 無著頌
>
> 陷處機關兩處安，湍流一截萬源乾，駿駒瞥爾窺鞭影，凜凜霜蹄毛骨寒。
>
> 妙湛頌
>
> 外道虛空釘橛，慶喜眼中添屑，老胡據令全提，難免證龜成鱉。
>
> 靈瑞頌
>
> 掇轉霜蹄鞭影中，春風蹴踏落花紅，一從擊碎玄關後，剎剎塵塵不見蹤。[140]

佛陀對外道的問題，只「據坐」，外道因而得悟。阿難不解，佛陀讚美外道如良馬見鞭影則行。無著之頌是：截斷兩邊，兩處即安、萬源亦乾，喻湍流不息的無明執著得以歇止，這是佛陀據坐之旨之力，外道見此鞭影，無著不從「行」說，而說馬毛骨寒、馬蹄凜霜，以寒霜喻截斷煩惱。寶持之頌則加入阿難，外道在「空虛」處問，阿難在「有證」處問，老胡佛陀「據坐」，全顯正教，難免「證龜成鱉」，消遣這一場有證、有不知的戲，將三者盡皆掃破。祖揆將重點放在「馬」上，鞭影轉了霜蹄，得個春風踏落花，祖揆將無著的霜蹄遞延至春風，將悟境由截斷轉成作用，又具詩意色彩，而此作用力，仍是剎剎塵塵不見縱跡。將理與境相應得非常有動感。

---

140 《頌古合響集》，頁 565 下。

第 29 則是烏石與雪峰之公案：

舉烏石因雪峰扣門，石問：誰？峰云：鳳凰兒。石曰：作麼生？
峰曰：來啗老觀。石開門搊住曰：道道。峰擬議。石便托開，掩
卻門。峰住後示眾云：我當時若入得老觀門，你這一隊㗊[141]酒槽
漢向甚處摸索。

無著頌

養成羽翼鳳凰兒，老觀門下偶差池，冷地忽然思舊債，卻來別處
討便宜。

竗湛頌

我早猴白伊更猴黑，沒興忽相逢，前凶後不吉，饒伊入得門，未
免親遭賊。

靈瑞頌

鳳凰不是凡間鳥，爭肯將身入網羅，飛向九霄猶未住，賺他老觀
踏翻窠。

古老家風絕點瑕，打開石人驗龍蛇，雪峰不得其門入，往往途中
亂撒沙。[142]

無著之頌是：後來的雪峰思及之前的舊債，卻在弟子面前討便宜。閒笑
雪峰禪師羽翼已豐就胡來亂來。寶持之頌：重點放在烏石、雪峰相遭遇
時，雪峰來勢凶凶，烏石卻更猛利，一夫當關，雪峰不得其入，一旦入
門必也遭賊殺。祖揆之頌古有二則，第一則從雪峰來論，說鳳凰兒、啗
老觀，已屬非凡，是九霄之物，不肯入網羅，卻也猶無住處，但已賺得
烏石開門、搊住、托開、掩門，踏翻窠穴之勞。第二則頌古是從烏石勘
驗處寫，烏石之禪風絕烈，無有半點假借，門內、門外皆在驗辨龍蛇，
雪峰未能入得門，之後還在示眾時亂撒沙。

接著是祖揆依《碧巖集》公案所作之頌古 100 則，舉兩例說明，而
這兩例亦有拈古，所以也同時加入拈古，讓頌古、拈古並呈：

舉梁武帝請傅大士講金剛經，大士便於座上揮案一下，便下座。

七優曇華：明末清初的女性禪師

141 㗊，指飲食口腹無節制。
142 《頌古合響集》，頁 569 下。

武帝愕然，誌公問：「陛下還會麼」？帝云：「不會」。誌公
云：「大士講經竟」。頌曰：

> 揮案一聲同霹靂，玄音妙旨俱狼藉，美味不中飽人食，笑煞誌公
> 旁說食。[143]

舉梁武帝請傅大士講金剛經，揮案一下就下座的公案，祖揆的頌古以聲
音、食物來喻，頗微妙微肖。傅大士揮案一聲，如同霹靂之響，以無言
明金剛經之空意，以聲響截斷妄想，一切玄音妙旨之語言皆是多餘，結
果這樣的美味，梁武帝卻愕然不解，根本沒有吃到，笑煞誌公，只得
在一旁說說這道嘉餚。嘆梁武帝美味在前，不懂得吃，讓誌公笑煞，也
累得他在旁多言。這個公案，祖揆有頌古，亦有拈古，如下（師指祖
揆）：

> 武帝請傅大士講金剛經，大士便於座上揮案一下，便下座。師
> 云：「葛藤不少」。誌公問云：「陛下還會麼」？帝云：「不
> 會」。誌公云：「大士講經竟」。師云：「座主奴」。[144]

同樣一個公案，祖揆在傅大士揮案下座時，下一語：「葛藤不少」。本
要講金剛經的傅大士，只揮案一下就下座，已是簡之又簡的無言教化，
讓後代修行者讚歎不已了，祖揆還說「葛藤不少」，對還表演「揮案」
的傅大士不以為然，其用心當然是要讓學人勿執大德之行，要徹底纖
毫不立方是。誌公為傅大士的說明，祖揆也依此，虧損他是個「座主
奴」，只會承音接響，沒個主在。拈古與頌古對誌公這個角色，都有貶
意。對傅大士，拈古則比頌古銳利多了。

又有一則頌古，是仰山問三聖公案，同時亦有拈古：

> 舉仰山問三聖：「汝名什麼」？聖云：「惠寂」。仰山云：「惠
> 寂是我」。聖云：「我名惠然」。仰山呵呵大笑。頌曰：你心頭
> 似我心頭，是馬何須喚作牛，卻怪口鬆輕說破，笑聲響落幾千
> 秋。[145]

仰山名惠寂，三聖名惠然，當仰山問：汝名什麼？三聖卻答：惠寂。這

---

143 《祖揆妙湛錄》卷五，頁 737 中。
144 《祖揆妙湛錄》卷四，頁 729 中。
145 《祖揆妙湛錄》卷五，頁 737 中。

是仰山之名。仰山據於本位曰：惠寂是我。三聖也回本位：我名惠然。所以兩人有本位亦能以他位為己位，自他一如之意，所以祖揆才曰：你心頭似我心頭。而且自與他既可融通一體，何必要至他處？所以無有他處、自處可言，自他只是假名緣起，既是假名所成，也就隨順緣起吧！所以名為馬就是馬，也不必叫作「牛」。兩位祖師一來一往，輕易將自他一體之意說破，這段公案將隨著仰山呵呵的笑聲傳響不已。祖揆的頌古，將一體相融、隨順緣起都顯示出來，末後二句藉「笑」之開口、聲音來帶出口鬆、響落，寫得相當暢順。這個公案祖揆的拈古如下：

> 仰山問三聖：「汝名甚麼」？聖云：「慧寂」。仰山云：「慧寂是我」。聖云：「我名慧然」。仰山呵呵大笑。師云：「二員作者，一放一收，一挨一拶，如排百萬大軍，只將瓦礫相擊，眾中皆是慣歷沙場，久經陣敵之士，到這裏還覺額頭汗出麼」？[146]

祖揆這則拈古，充滿讚歎之意，仰山、三聖是一放一收、一挨一拶，二人皆有百萬大軍，卻只簡單以瓦礫相擊，而且還擊得非常巧妙，相呈又相印，接著祖揆轉向她面對的大眾弟子：大家都是久參之人了，還覺額頭汗出嗎？祖師高明，大家參究出成果了嗎？頗有刺激砥勵之意。

拈古的部分，在《祖揆妙湛錄》有 104 則，觀其所作，應該是有對象而說，對大眾而說，所以內容常有解說、評議，有時某句下即拈評，有時是整個公案完成後再拈評，今亦舉二例來觀察：

> 傅大士偈云：「夜夜抱佛眠，朝朝還共起，起坐鎮相隨，語默同居止，須臾不相離，如身影相似，要識佛去處，只這語聲是」。師云：「苦哉佛陀」。玄沙云：「大小傅大士，祇認得個昭昭靈靈」。師云：「惡口惡口」。雪竇云：「打草祇要蛇驚」。師云：「舌頭在麼」？復拈云：「符上座見處也要諸方簡點，要識佛去處麼」？便起身云：「這裏住不得」。[147]

符上座，即祖揆。傅大士偈頌表達出常與佛伴，兩不相離，要識佛在那裏？「只這語聲是」。祖揆為之下語「苦哉佛陀」，從佛陀處立言，被

---

146 《祖揆妙湛錄》卷四，頁 732 中。
147 《祖揆妙湛錄》卷四，頁 727 下。

如此相隨的佛陀，豈不苦哉！點出偈頌境界無有自主性處。接著她再以玄沙、雪竇之下語，更下語評之。說玄沙「大小傅大士，秪認得個昭昭靈靈」是「惡口惡口」，評評祖師太嚴苛。而雪竇「打草秪要蛇驚」，傅大士與佛，如草與蛇，所以只要打打草，佛之去處就出現了，既然被打得蛇驚出草，那個「只這語聲是」的舌頭有沒有被驚掉了？所以祖揆關心地說：「舌頭在麼」？還是打一打，蛇反而把雪竇的舌頭咬掉了？要識佛去處，最後祖揆以動作：起身離開，直接表達「這裏住不得」，突顯佛無所住、法無所住、一切皆無所住的意旨。

有一則是關於繼起的公案（靈喦即繼起）：

> 靈喦因一僧入方丈請益云：「某甲不善用心，喫和尚方便」。喦云：「老僧今日患痢，一連五六七次方便，你還知麼」？僧云：「不知」。喦叱云：「原來我方便，你又不知，出去」。師云：「靈喦雖則倒腹傾腸，為人徹困，其奈自矢不覺臭，這僧若是個知氣息底，當時但掩鼻而出也，免得末後狼籍」。[148]

繼起善轉僧人「法門方便」之語為「廁所方便」，既巧妙又俗切地勘驗僧人，結果僧人無力承接，只得一場敗闕。祖揆則打蛇隨棍上，老師一天拉肚子五六七次，倒腹傾腸地，只為幫學人徹見本來面，結果都不知自己已臭氣滿天了，所以祖揆為這僧人出個主意，「但掩鼻而出」，免得牽纏，不清不楚地。這則拈古，祖揆將計就計，反將老師一軍，並非表達機智反應，而是悟解氣息有力故。

代語部分，祖揆都以「代云」、「又云」連用，有時又承接自己的代云，再另起一問，再自己代云、又云，所以一則當中，並不僅一個代語，經常出現有二層式的代語。這些代語都集中在《喦華集》，有三種：祖揆自問而自代語的，這分為：靈瑞時期的示眾之代語。三次垂問之舟渡洞庭二十問、持益十問之代語（室中垂十問，只問，未作代語）。共 90 則。第二種是舉繼起之問語、對答來代語。有 4 則繼起之問答，1 則是繼起天慈垂語 15 問，一問一代語。第三種是祖師公案之代語，共 56 則。各舉幾例來觀察：

---

148 《祖揆妙湛錄》卷四，頁 729 中。

示眾，拈起拂子云：「祖師鼻孔一串穿卻：總捏在山僧手裏，且教他甚處出氣」？代云：「和尚慈悲太煞」。又云：「費力有時」。云：「和尚慈悲太煞，也是為他閒事長無明，如今休得也未」？代云：「布帒錐子」。又云：「三年同一春」。[149]

祖揆拈起拂子要將祖師鼻孔一串穿卻，並捏在她手裏，問教他們如何出氣？弟子平時即參究公案，在功夫深密處，予以提問碰撞，讓弟子疑中更疑、疑中斷念。祖揆自代語：「和尚慈悲太煞」。捏著人家鼻子還說太慈悲？這也是要讓弟子疑中更疑。又云：「費力有時」，她轉過頭來笑自己太費力。這一說亦要引學人回頭來起疑情。接著祖揆以「和尚慈悲太煞」來起首再提一問：這些都是閒事長無明，現在休止了沒？祖揆代云：「布帒錐子」，休止在布帒，但錐子還會外露的。又云：「三年同一春」，一切休止，三年同一，而春天作用仍持續著，祖揆這二句代語，都在突顯作用力，錐子、春天都在表現空性之用。又有一則在靈瑞時期的示眾語：

示眾，垂絲千尺，意在深潭，離鈎三寸，蝦蟆也不曾遇個。拄杖作釣勢云：「還有衝浪錦鱗麼」？代云：「日勢稍晚」。又云：「來也來也」。[150]

這次祖揆以動作來呈現，意在引動弟子學人參究，她用垂絲來喻弘法，釣鈎離三寸，有離相離執之意，但還蝦蟆也不曾遇一個！她便實實在在地拿起手中的拄杖為釣竿作釣魚的樣子，問：「還有衝浪錦鱗」？她代語二則，一則消極、一則積極，但都意在牽出能進入狀況的弟子出來。「日勢稍晚」、「來也來也」的代語，顯得相當活潑可愛。再而，是繼起問僧之語，祖揆作代語：

靈嵒和尚住東山日，問僧云：「天下熙熙皆為利來，天下攘攘皆為利往，東山這裏雲深路僻，狼虎縱橫，尿床鬼子三回五度來就我，覓甚麼碗」？代云：「若不上來焉知端的？若不登高望，焉知宇宙寬」？「衲僧家既得到這裏，一個個俯視諸方，目朝雲

七優曇華：明末清初的女性禪師

---

149 《嵒華集》卷一，頁741下。
150 《嵒華集》卷一，頁742上。

漢，且道自己眼光有多少闊」？代云：「教人指點堪作甚麼」？
「鎮日長廊，卷風葉葉縣，風規滿床，盡灑雪珍珠，楊岐行徑，
地租錢且放過，諸人鑼頭邊一句與我提起看」。代云：「難為識
者」。[151]

繼起問：大家來參究是為了何事？祖揆代語下的穩當：登高望遠吧。繼
起再問：來者眼光有多寬？祖揆這時便翻轉了：還要人指點者，已不
堪。繼起再問：道一句親切話來看。遣除諸有，那有親切不親切，所以
祖揆代云：「難為識者」了。

接著是祖揆對祖師公案作代語，有一則是：

世尊因見文殊在門外立，乃云：「文殊文殊，何不入門來」？文
殊云：「我不見在門外，何以教我入門」？代云：「小心祗候
著」。[152]

佛陀以現象來叫文殊入門，文殊卻以體性來說「不見在門外」，兩者分
呈兩個面相，祖揆要站在那裏？文殊已立於體性上說了，當然就還問他
體用如何一如，門內有乘涼，有椅子可坐，涼快的地方不去，偏要站著
吹風雨淋的，只好讓他小心站著等著，看他到底要在那裏站多久了？祖
揆這一問，真是棉底藏針。

以上即是祖揆為數頗多，可謂語言文字極為恣暢之頌古、拈古、代
語之情形，因為對公案之參究而產生的語言文字，尤其是詩偈式的頌
古，讓祖揆禪法帶著一層的文字禪風格。也因依《碧巖集》作頌古、和
無著頌之頌古，產生與男女禪門祖師今古輝耀、超男越女之心志與象
徵。

---

151 《岳華集》卷二，頁 747 下。
152 《岳華集》卷二，頁 748 中。

第四節　祖揆之性別智：
　　　踢翻男女祖師，具備女禪意識

一、對女禪的縱向承接與橫向關照

（一）用末山機，塞灌溪口

　　祖揆機鋒靈動，語言文字恣暢，在禪風分析與他人形容中已可窺一斑，而且其靈動恣暢的機鋒顯然拗折了男性禪師與居士，她的法兄寶持在〈靈瑞和尚讚〉一開頭就這麼說：

> 用末山機，塞灌谿口，靈山老人，許伊哮吼，惱怒時性如雷火，
> 直欲擊碎虛空，歡喜時語似春風，隨意榮添枯朽。……[153]

祖揆用了如唐代末山女禪師折服灌溪禪師一樣的機鋒，折服了輕視女性的男性修行者，這些男性或許是禪師，或許是比丘、男居士。她並得到繼起之印可，讓她大展禪機。祖揆在〈自題〉首段，也同樣使用末山與灌溪的典故：

> 白紙一幅，黑筆幾叉，亦非男亦非女，貌從何得？不是神不是鬼，變個甚麼？無語則口邊堆醆，有月則眼裏添花，閒笑灌谿多莽鹵，錯呼臨濟作爺爺。[154]

兩人都用這個典故來談，顯然折服之事並非虛言，必有實事可徵，所以他人才見肯她在性別智與機鋒作略上的銳利，而自己亦有這樣的期許與作為。這段自題，完全是以末山與灌溪的典故來表達。末山，唐代人，名了然，高安大愚禪師之嗣，因為住於瑞山末山，被稱為末山孃孃（娘娘），時有灌溪志閒到末山來：

> 筠州末山尼了然。灌溪閒和尚遊方時到山，先云：「若相當即住，不然則推倒禪床」。乃入堂內，然遣侍者問：「上座遊山來？為佛法來」？閒云：「為佛法來」。然乃升座，閒上參。然問：「上座今日離何處」？閒云：「離路口」。然云：「何不

---

153 《寶持語錄》卷下，頁 712 下 -713 上。
154 《岱華集》卷三，頁 754 上。

蓋却」？閑無對。始禮拜問：「如何是末山」？然云：「不露
頂」。閑云：「如何是末山主」？然云：「非男女相」。閑乃喝
云：「何不變去」？然云：「不是神不是鬼，變箇什麼」？閑於
是服膺，作園頭三載。僧到參，然云：「太　縷生」。僧云：
「雖然如此，且是師子兒」。然云：「既是師子兒，為什麼被文
殊騎」？僧無對。[155]

兩人機鋒勘驗至最後，點出性別問題，灌溪也算是個人物，要挑戰也願
服輸，便擔任末山的菜園管理者三年。灌溪是臨濟弟子之嗣法弟子：

魏府館陶史氏子，幼從栢巖禪師披剃受具。後見臨濟，濟驀胸搊
住，師曰：「領，領」。濟拓開曰：「且放汝一頓」。師離臨濟
至末山（語見末山章）。師住後。上堂曰：「我在臨濟爺爺處
得半杓，末山孃孃處得半杓，共成一杓。喫了，直至如今飽不
飢」。[156]

因與末山這段公案，灌溪自己承認其修行從臨濟處得一半利益，也從末
山處得一半利益，至今不再缺欠，受用無窮。對末山是相當的推崇。當
末山講「非男女相」、「不是鬼不是神，變個什麼」時，一者是打破男
女性別相貌之差別見，一者是安立於女性相貌之當下見，破差別見，
立當下見，前者性空義，後者緣起義，兩者非同非異，具存同顯，既非
男女相，當下安然於女相。這種性別問題，是作為女性修行者特有的問
題，因為身為一位男性禪師，他不必特別辨明「非男女相」、「大道無
男女」之事，除非遇到女修行者要以此鼓勵之。而女修行者卻一直都會
遇到這類挑戰，得去遣破男女相，為自己的性別作來破妄與證明，從唐
代的末山是如此，到了清初的祖揆還是得如此，雖然有女性典範可尋可
鑑，但一些既定的性別觀還是或潛或顯地一脈相承著，而女性禪師們也

155　道原《景德傳燈錄》卷十二，頁 289 上。
156　普濟《五燈會元》卷十一，《新纂卍續藏》冊 80，225 上。另外道元《景德傳燈
　　錄》卷十二亦有記載：「灌谿志閑禪師，魏府館陶人也，姓史氏，幼從柏巖禪師披
　　剃，二十受具，後見臨濟和尚。和尚搊住良久放之。師曰：「領矣」。往後謂眾曰：
　　「我見臨濟無言語，直至如今飽不饑。……師唐乾寧二年乙卯五月二十九日問侍者
　　曰：「坐死者誰」？曰：「僧伽」。「立死者誰」？曰：「僧會」。乃行六七步垂
　　手而逝。」這段記載並沒有從末山得半杓之內容。頁 294 中。

只好一脈相承地以「非男女相」、「變個什麼」來擴清這些性別之見，打開一條大路，所以祖揆「貌從何來」、「變個什麼」，就是在破男女相並安於女相，再閒笑那些如灌溪者的人。從此點看來，祖揆的性別智與作略之運用，是直接面對挑戰，機鋒不讓，有破遣性別，有安處當下，來折服男性修行者的偏執妄想。用末山機，塞灌溪口，這種折服男性的性別機鋒，是女性禪師積極有力的作略，也是承接女性禪師系譜的特徵之一，祖揆以末山公案來比喻自己之作略，極為明顯且有意地上承女性禪師系譜，是歷史縱向的承接，頗具女禪意識。

七優曇華：明末清初的女性禪師

（二）作女禪讚，和無著頌

　　祖揆上承縱向系譜之心志也讓她注意到橫向面：當時代的女性禪師，並為她們寫下讚詩。《嵒華集》卷三有「佛祖真讚」一類，內容除了佛菩薩、禪門祖師（從達摩到臨濟門下，到漢月、繼起）之外，令人注目的是，有六首對當時的女禪師、尼師之讚詩，當代禪師讚詩部分，除了她的師承漢月、繼起這二位男性禪師之外，就是這些女禪師、尼師了，她們有的是參學時的老師、同參，有的是祖揆的老師，分別是〈董菴尼祇園禪師讚〉、〈天台尼自覺禪師讚〉、〈妙湛尼寶持總禪師讚〉、〈伏獅尼義恭珂禪師讚〉、〈寒山尼元明老師壽像讚〉、〈靈瑞尼宗遠老師壽像讚〉。祇園禪師，祖揆曾參訪於她，是當時著名的女性禪師。寶持禪師是祖揆重要的同門法兄。義恭（公）禪師是祇園的弟子，是祖揆參學時的同參。此三人是女禪師，也都有語錄留存，皆是本論文之論述對象。而自覺禪師，祖揆並不認識，只是心儀其修證之高實，寫下〈天台尼自覺禪師讚〉：

　　　　華頂風高，石橋水冷，師住其間，足不越閫，垂三十年，大作佛
　　　　事，月燭慧燈，星排道樹，不學小乘，法有愛僧，街頭示滅，徧
　　　　界分身，我未識師，夙聞令範，曷志瞻依，聊為述讚。[157]

之前三位女禪師與祖揆皆有師友之誼，為之作讚也是順理成章，對不認識的自覺禪師寫讚，則頗有留意女修行典範，予以注目致敬之意，否則

---

157 《嵒華集》卷三，頁 753 下。

當代那麼多男性禪師，識者只為師門漢月、繼起作讚，不識者皆未見有讚詩，可見一方面是自覺禪師修証值得書寫，祖揆特別留意女性修行典範更是其書寫之意識所在。為何她特別留意女修行者呢？當然是其對性別之靈敏度與同理心所致，這種性別靈敏度並不局限於修禪之尼師，她也為兩位尼師老師：寒山尼元明、靈瑞尼宗遠作壽像讚，她們或有參禪，但無從判斷其為禪師。〈寒山尼元明老師壽像讚〉如下：

> 一片寒山沈巨浸，吾師隱處茆庵靜，從來清，亦畏人知，方寸中，潛修戒定，其處已也，安必慮危，其與人也，久而能敬，是真無愧古人，而可垂裕後進者也。[158]

寒山尼元明老師，不知是否是同位於蘇州的寒山寺尼？祖揆直接稱她為「吾師」，認為其深修潛隱之風範，可無愧古人，垂裕後進，祖揆意識到歷史，把元明放在歷史中來看。另一位是靈瑞尼宗遠老師，顯然與祖揆同居於靈瑞庵，是祖揆剃度師乎？〈靈瑞尼宗遠老師壽像讚〉如下：

> 念佛念法，信己信人，圓修福慧，等視冤親，要觀音傾心鬥樣，與摩耶交臂稱鄰，識得無依佛母，自然慧命長新。[159]

這首讚詩提出「無依佛母」，無依者，獨立自主，空性自在；佛母者，能出生長養佛法慧命，亦能喻女修行者之最上乘典範，具體而出即是釋迦佛陀的生母摩耶夫人以及示現女性形象的觀音。祖揆注目關照到當代的女禪師、尼師，認肯她們的價值，並以書寫為她們留下記錄，彰顯她們在修證上的成就。祖揆上承女性禪師系譜應該是懷抱著一種歷史感，但她沒有讓這種性別（女性）的歷史感成為靜止的追懷，她看到了現在，也預見將來，所以她的語錄呈現這些女禪師等讚詩，也正是展開女性禪師、女修行者系譜的當代版，有了當代版就可以留予未來作見證。她寫下的這些女修行者的讚詩，不僅是男性禪師語錄所沒有，在其他女性禪師語錄中亦最為明顯突出，寶持亦有二首女性禪師讚詩：祇園、祖揆，數量跟範圍都不及祖揆，而其他女禪師則沒有。這六首女禪師、尼師的讚詩，是祖揆性別智與作略的歷史橫向關照。

---

158 《岙華集》卷三，頁 753 下。
159 《岙華集》卷三，頁 753 下 -754 上。

在縱向承接部分，更表現在《頌古合響集》之作，這是祖揆與寶持合著之作，以宋代女禪師無著之43則頌古為導，兩人分別和之，將三人之頌古同時呈現出來，這部分於祖揆禪風之恣暢文字禪部分已論及。從同時呈現這點來看，也強烈地舖陳出承接女性禪師系譜之心志意圖。

（三）玉女拋梭，色香真空

祖揆對女性的橫向關照亦及於跟隨在她身旁的許多女修道者，祖揆之二本語錄詩文集所浮現的人物，從名銜上可辨別為女性的只有二位：王夫人、李老夫人，但卻出現大量的道者、道人、禪德、禪人，尤其是坐夏東山（洞庭山）時，亦即《峀華集》浮現的人物。這些道者應該是祖揆的在家弟子，而且應該是以修道為重心的女性，其身份也應該是一般平民，所以才以法名稱呼，而冠上道者、禪人，面對這些女修道人祖揆有一首〈示閨人參禪〉：

> 玉女夜拋梭，織錦於西舍，製就未生圖，清光冷相射。[160]

閨門女子都有女紅之作，祖揆遂巧妙地以「玉女夜拋梭」來喻參禪。禪門每每有「木童火裏吹笙，石女雲中作舞」、「木人拈玉線。石女度金針」、「鐵牛過海，石女生兒」，比喻非情識思慮可知，而「玉女夜拋梭，織錦於西舍」句，亦是昔日禪門祖師之語，出自唐代韶山寰普禪師，他是夾山善會（805-881）法嗣，《五燈全書》云其：

> 洛京韶山寰普禪師。……遵布衲訪師，在山下相見。……遵曰：一句迴超千聖外，松蘿不與月輪齊。師曰：饒君直出威音外，猶較韶山半月程。遵曰：過在甚麼處？師曰：偁儻之辭，時人知有。遵曰：恁麼則，真玉泥中異，不撥萬機塵。師曰：魯般門下，徒施巧妙。遵曰：學人即恁麼，未審師意如何？師曰：玉女夜拋梭，織錦於西舍。遵曰：莫便是和尚家風也無？師曰：耕夫製玉漏，不是行家作。遵曰：此猶是文言，如何是和尚家風？師曰：橫身當宇宙，誰是出頭人。遵無語。[161]

---

160 《峀華集》卷五，頁757上。
161 超永《五燈全書》卷十一、洛京韶山寰普禪師，頁507下。

858

七優曇華：明末清初的女性禪師

寰普禪師以「魯般（班）門下，徒施巧妙」來應遵布衲的機鋒，遵布衲轉過來問寰普之境界，寰普則以「玉女夜抛梭，織錦於西舍」答之，遵布衲再詰：難道和尚連家風也無？寰普最後答云：「橫身當宇宙，誰是出頭人」。玉女，即閒靜、貞定之女，而「夜」與「西舍」也都有寂靜、止息之意，故以此比喻法體寂然空性，但夜裏的玉女，仍能抛梭織錦，正喻體性寂然，能顯大用，是無修之修，是空性之用。但遵布衲在「玉女」「夜」之「空」上著眼，所以才有「無家風」之詰，寰普便再從「有」上出言。是故「玉女夜抛梭」句，是比喻體性空寂之大用。北宋汾陽善昭（947-1024），即用此來說曹洞宗的五位君臣頌之「兼中到」，這是指成佛的五個階段過程，而「兼中到」是最後一層：

> 問：如何是兼中至？師云：意氣不從天地得，英雄豈藉四時推。問：如何是兼中到？師云：玉女抛梭機軋軋，石人打　響辭辭。……兼中到：大顯無功休作造，木牛步步火中行，真箇法王妙中妙。[162]

辛苦修行而來，方體一切現成，一切圓具，所以「兼中到」是無修的境界，是「無功休作造」，亦即體用一如之境，汾陽以「玉女抛梭機軋軋，石人打　響辭辭」來喻，「玉女」、「石人」即是無功用、無修之境界。但無修並非死寂，其體用已一如，是體空用如，所以亦能抛梭而且機軋軋地，亦能打鼓而且響辭辭的，空性顯大用，汾陽說得極為生動。南宋的曹洞宗祖師宏智禪師亦曾用此來說：

> 舉壽聖云：月半前用鈎，月半後用錐。僧便問：正當月半時如何？聖云：泥牛踏破澄潭月。師云：兩頭得用，壽聖作家，直下忘功，是誰體得，放行也互換尊賓，把住也不留朕跡，還有體得底麼？玉女夜抛梭，織錦於西舍。[163]

「放行」、「把住」皆能自在作用者，即是「玉如夜抛梭，織錦於西舍」，即是無修之修，修而無修，體用如如。一般男性禪師用此來談，談來幾百年，也說得順當穩便，但祖揆將之施於女修行者身上，顯得格

162　李遵勗編《天聖廣燈錄》卷十六，《新纂卍續藏》冊 78，頁 498 下。

163　集成等編《宏智禪師廣錄》卷三，《大正藏》冊 48，頁 32 中。

外巧妙，因為「玉女」性別與之相符之故，對女修行者而言「拋梭織錦」又是再平常不過之事，而且更是她們所熟練的，由此來呼應參禪，正是貼切無比，也親切無比，而織錦所要織的是無修之修，所以織就的是「未生圖」，是無生寂滅之空體，是「清光冷相射」，是寂滅體性之作用。短短四句，就貼切地運用禪林以女性喻道的名言典句來啟悟在家女弟子們。

在以「女性喻道」的情形中，「玉女夜拋梭」是屬於以織錦女紅來喻道，而女性所織所繡往往是美麗的花朵，這些花樣也被祖揆用來作為參禪之觸機，有王夫人繡製彩色的絨牡丹，祖揆因作〈王夫人製彩絨牡丹甚精示以二偈〉，就是從織錦花樣來點撥：

> 金鍼玉線奪天工，葉葉花花總不同，識得根源歸自己，全從掌握起春風。
> 春隨刀剪奪天工，深綠叢中一點紅，莫謂芳菲都不艷，色香盡處是真空。[164]

這應該是一幅艷麗的絨牡丹繡圖，「絨」的效果必然極精巧。王夫人費了很大功夫織就，或來供佛供僧。祖揆因而啟示夫人：花葉金玉總不同，但要識得體性根源，才能掌握春風，既得春風，即能「春隨刀剪」、「金鍼玉線」展大用奪天工，所以處處艷色芳菲即是大用，即此色香盡處也即是真空體性，體性與作用同呈，萬象色香與真空體性並現。祖揆從女性最熟悉的生活經驗，最常製作欣賞的女紅繡花來點撥女弟子，不偏枯也不成執，極艷麗色香見明空寂靜，就象參究，有體有用，相應於〈示閨人參禪〉之「玉女夜拋梭」，具體顯現她活潑潑地巧妙用心。之後祖揆還有一首〈絨荷花示正平〉：

> 不染淤泥不帶空，卻從指爪露真容，法王何必輕拈出，解笑方堪繼祖風。[165]

與之前絨牡丹，此處為絨荷花，想必也是艷麗精巧，祖揆從蓮荷之特質下筆，「不染淤泥」顯「空淨」，「不帶空」顯「色有」，指爪織成蓮

---

164 《岙華集》卷四〈王夫人製彩絨牡丹甚精示以二偈〉，頁 756 中。
165 《岙華集》卷四〈絨荷花示正平〉，頁 756 中。

荷真容，真容為體，指爪為用，體待用來顯，用待體成大，體用方如如。正平者，應是比丘尼弟子，末二句，遂以佛陀拈花、迦葉微笑典故，要弟子識得色空微笑處，方堪繼祖風。

以女性織錦、花樣來啟悟，是運用女性日常事務、心之所向來點撥，而繡上去的花，更經常活生生地開謝於面前，它們是花樣的來源，故也常常是女性心之所向，尤其靈瑞庵位於太湖東山，花果茶樹繁茂，季節到時，整個島上果熟香飄，或因祖揆為女性之故，或因東山之故，祖揆留下一些「以花喻道」的詩偈，多從色香來著墨，例如〈山房桂花盛開〉：

> 秋風一夜到山房，金粟花開月滿廊，鼻孔撩天亦穿卻，不知誰個解聞香。[166]

桂花開與秋月滿，此景此香，各各參禪技倆都可謝去了，當下「解聞香」者方是，所謂色香盡處即是真空處也。又有冬天的〈探梅〉：

> 山前一片白雲橫，七十峰頭次第登，看到色空香不住，故宜相對坐禪僧。

> 數點梅花冷結愁，芒鞵踏遍小溪幽，埜人不辨香來處，風起山中雪滿頭。[167]

次第登太湖七十二峰頭，看到的是「色空香不住」，正宜萬景對坐禪僧。第二首則寫出探梅之過程，「芒鞵踏遍小溪幽」，空氣瀰漫梅香，卻不辨來處，只見風起山中，梅瓣飄滿頭。白雲、白梅與冷愁，把禪僧襯托得幽然。諸如此類亦有〈庭前牡丹〉、〈荷花〉、〈梅〉、〈映水梅〉、〈蘭〉、〈落花〉等等，其他關乎山月、湖、風、雪、松等也都見於詩偈。

女子繡製的對象不只是花朵，女修行者更常繡繪佛像作為供養，尤其是女身之相的觀音，更是婦女經常繡繪的對象，[168]祖揆就有一首〈絨繡觀音讚〉：

---

166 《嵞華集》卷四〈山房桂花盛開〉，頁 759 中。

167 《嵞華集》卷四〈探梅〉，頁 756 上中。

168 劉世龍《明代女性觀音畫之研究》對此有相關的研究。華梵大學東方人文思想研究所碩士論文，1999 年 6 月。

漫道素縑描未就，隨緣赴感見深慈，一針鋒上全身露，脫體風流不掛絲。[169]

整首讚詩便從針繡與觀音形象上著眼，亦是色相與體性作用之關涉。針鋒起落，觀音全露，正現隨緣赴感，慈心宏深之大用，末句更翻轉面皮地由「全身露」順轉為「不掛絲」，體性空淨、風流大用，昭然道出，而祖揆之恣暢機鋒也充份舞將出來。

祖揆對女修道者不見得只以女紅繪繡、風花雪月來啟悟，例如在禪法教授已論及的〈寄李老夫人〉便不只如此，[170]四言四句，共十首的法要，從祖師西來到全佛即心、超佛越祖、本自天然，至離念離文字等等，但從〈示閨人參禪〉等詩偈觀來，便可看出她在一般禪語之外，拈出貼近於女性經驗的女紅、花樣語句，以及因此特別關心欣賞到的繁花香韻、女相觀音等等，來點撥女修行者體用如如、色香之悟。

二、超男越女，超佛越祖

《頌古合響集》除了有承接女性禪師系譜之心志外，似乎更有與前賢比觀、齊比前賢，甚至超越前賢之自信，他人亦如此看她，從有譽為其所寫的序言可看出一點端倪：

嗣後，不復肯遜無著獨步，取其頌古和之，踏翻平江萬斛舟，嚼碎徑山——轆轤，即兩人亦各各不相借，鐘中無鼓響，鼓中無鐘聲，共以質老人，老人曰：「此可稱合響矣」。大圓讀之大驚，不待供通，知其各各詣實也……[171]

她們不讓無著獨步，也要踏翻嚼碎祖師門風，各自和無著頌，繼起頗為欣賞，命名為「合響」，有譽讀之大驚，認為各各皆達道，所以三人同呈，頗有齊比前賢之氣魄，超越祖師之自信。尤其是祖揆，於此更有大力氣魄，為其語錄寫序的三人都曾給予她超越前賢之讚譽與期許，李模在稱讚其語言機鋒如干將莫邪、公孫大娘之劍舞般銳利靈動之後，曰：

……豈少林得肉之人、雙徑註莊之客可得睥睨？殆高安灘頭，高

862

七優曇華：明末清初的女性禪師

---

169 《岳華集》卷四〈絨繡觀音讚〉，頁752上。

170 《岳華集》卷四〈寄李老夫人〉，頁758上。

171 《頌古合響集》張有譽序，頁565上。

高山頂立不露頂者耶？讀是錄者，一杓半杓，莫亂斟酌。[172]
少林得肉之人即總持，雙徑註莊之客即妙總，高高山頂立不露頂者即末山，祖揆機鋒之妙，豈總持、妙總可及？已至末山不露頂處了吧！最後用了末山之語來比擬。行際亦言其語錄內容：「置之末山無著諸師語中，俾具擇法眼者，窮歲研精，卒莫能辨」。[173] 有譽則曰：

> ……那知總持一見不再見，猶在擊石火閃電光裏立生涯。末山路口接灌谿，也是山門外荒草堆頭行活計，無著油糍邊啖咂，至今綴齒粘牙，智通浴室裏商量，反覺添塵益垢。爭如此老，一切不為，應用臨時，得大自在，磨礱理窟，搜抉玄根，樹尼部之紀綱，剔禪宗之骨髓……。[174]

他舉了總持、末山、無著、智通等女性禪師，皆曰不如祖揆能應用臨時，得大自在，可剔禪宗骨髓。從這些稱讚看來，都給予齊比前賢，甚至超越過去女禪師之譽。這種不以承接女禪師系譜為足之心志，在〈酬張宮保大圓居士〉即言：「羞見總持得肉，恥同懷讓分眉」，[175] 前者舉女性禪師而言，後者舉男性禪師而言，女邊羞見之，男邊恥同之，男女祖師傳承一齊破遣，所以不以承接女性禪師為限，也不以承接男性禪師為是，既超男越女，也超師越祖。在〈自題〉中她亦曰：「笑倒唯心佛，掀翻得肉禪」，[176] 破遣佛法相，說笑倒唯心佛，表現超佛越祖之意；破遣女性、性別相，說掀翻得肉禪，表現超男越女之意。這種超越一切之智，運用在傳承上，即超越傳承，運用在機鋒上則掀翻面皮，展現在性別上則是超男越女，不落入男性傳承，也不落入女性禪師傳承之性別智。

如前面所言，祖揆機鋒不讓，立於女性一方，折服男性，有末山機之作略，對於一位女性禪師而言，這是積極正面，很自然的作略方式。而在〈呈靈嵒老和尚〉、〈酬張宮保大圓居士〉、〈述志〉這一組詩偈

---

172 《祖揆妙湛錄》李模序，頁 715 上。

173 《祖揆妙湛錄》行際序，頁 715 中。

174 《嵒華集》張有譽序，頁 741 中。

175 《嵒華集》卷五，頁 757 下。

176 《嵒華集》卷三，頁 754 上。

中，她除了呈現這樣的作略外，也表達出超男越女之智，在這種超越之性別智下，有一次上堂舉末山與灌溪公案時，她竟然轉身立於灌溪一邊，為其下轉語，來應對於末山，這大別於一般舉末山公案時的機鋒方向：

> ……復舉末山尼了然禪師因灌溪閑和尚到曰：若相當即住，不然即推倒禪床。便入堂內。山遣侍者問：上座遊山來？為佛法來？……溪於是伏膺作園頭三年。師云：末山一向放頑，善藏其用，灌溪雖然性懆，不解輸機，山僧今日既冒臨濟宗孫，肘臂終不外曲，侍他道：「上座遊山來？為佛法來」？但道：「總不與麼」？更問：「何不蓋卻」？向道：「也要與長老通個消息」。再說：「非男女相」。即云：「識得你也總有尺八鑵頭，那敢安排著你」。山僧福薄德涼，無心坐此床座，既爾業緣難避，不免略露家風，乃擲下拄杖云：「千秋標格從君看，大用須憑作者知」。[177]

不管男女禪師舉末山這則公案時，多以破遣灌溪為主調，女禪師者更以此為女禪師機鋒可折服男性之典範之一，同樣身為女禪師的祖揆，輕易地掀翻轉身，以立於臨濟宗門下故，為灌溪下語，來點勘末山「非男女相」，這正是其實踐超男越女之一例。「非男女相」，不是語言，是實相，所以既然非男女相，立於女邊，立於男邊，皆屬隨緣應機，不必一定於女邊方是正論，權衡掌握在悟者之心，只要學人無有執取分別。祖揆在此能打破女性禪師慣於立在女邊之見，輕輕隨轉，實踐出超男越女之智。

三、幾個男兒是丈夫，絕勝轉龍成佛女

佛門出家為僧後，依大道無男女之理，應是超越性別的，但因社會男性中心文化的影響，卻經常使用男性稱謂來稱呼彼此，例如依戒臘高低來彼此稱兄道弟，比丘尼亦是如此，所以祖揆稱寶持為法兄，同參、師生彼此間也稱兄弟。有一些在佛教系統裏是中性語詞，例如山僧、和

---

[177] 《祖揆妙湛錄》卷一，頁 716 上。

尚、丈夫等，祖揆也自稱山僧，別人也稱呼其為和尚，她也使用丈夫、大丈夫來表達能證悟、展大用之修行者。但這種中性稱呼卻在男性中心影響下，被裹上一層「預設男性」之色，本為非男女相，卻成了向男性中心看齊。這是中國佛教詞彙稱呼的常態。

對祖揆而言，她依常態以「男性稱謂」稱呼，也使用「中性稱謂」稱呼，而且多有使用「男兒」者，例如在〈酬張宮保大圓居士〉裏便有「羞見總持得肉，恥同懷讓分眉，直得一塵不染，方名真正男兒」，[178]〈行路難〉之「炎炎三界內，跳出是男兒」等，[179]顯然使用「真正男兒」、「男兒」這個「男性稱謂」來指涉能夠極至高妙之修行者，意義同於中性的「丈夫」一詞，這是傳統常態用法。但如此一來，也將高妙之修行者黏附上「男兒」一詞，會形成「就是男性」的效果，而有：眾男兒當中能達到高妙者才算真正男兒之意，所以女性無形中就被排除在外了，否則就要成為「男兒」才有機會成為「真正男兒」、「高妙覺悟者」，換言之，表徵高明之詞彙「預設男性」或「就是男性」，會無形中造成女性崇仰男性性別。

她舉臺山婆子公案時，曾使用「被這婆子冷眼看破，好不丈夫」，又曰：「茫茫宇宙人無數，幾個男兒是丈夫」：

> 僧遊五臺問一婆子曰：臺山路向甚麼處去？婆曰：驀直去。僧便去。婆曰：好個師僧又恁麼去。後有僧舉似趙州。州曰：待我去勘過。明日，州便去問：臺山路向甚麼處去？婆曰：驀直去，州便去。婆曰：好個師僧又恁麼去。州歸院，謂僧曰：臺山婆子為汝勘破了也。師云：臺山大路，徑直如絃，往往來來，無不踏著，無端向別人口裏討卻，被這婆子冷眼看破，好不丈夫。趙州老漢雖然得個轉身一路，也是隨人腳跟走，還免得婆子口麼？良久云：茫茫宇宙人無數，幾個男兒是丈夫。[180]

婆子的驀直去，趙州認為已被他勘破了，但祖揆卻認為：臺山大路，可以直來直往，卻要向別人討問個「甚麼處去」，所以都被婆子冷眼看

178 《岳華集》卷五〈酬張宮保大圓居士 來偈附〉，頁 757 下。
179 《岳華集》卷五〈行路難〉，頁 759 下。
180 《祖揆妙湛錄》卷四，頁 728 中。

破，「好不丈夫」句頗為有趣，可以說婆子大智大機，正是「丈夫」，也可以正說婆子是好個「不丈夫」，亦即好個婆子！而趙州之勘破說，亦被祖揆判為「雖然得個轉身一路，也是隨人腳跟走」，結句「茫茫宇宙人無數，幾個男兒是丈夫」，呼應所評，頗有感歎「男兒」無人。男性與「丈夫」之名都已相黏附了，連女性都要跟男性靠攏了，怎麼還沒有幾個人是「丈夫」（覺悟者）的？！祖揆這樣的心向，一反女性向男性靠攏崇仰之傳統，還站出感歎同情起男性的位置，甚至站出女覺悟者的位置。

在「女」字的用法上，她曾直接以「女」、「母」加在「佛」字上，寄給她的弟子紹道人的詩〈寄紹道人〉：

> 一朝夢醒豁雙眸，塵網重重不敢留，絕勝轉龍成佛女，更無寶惜掛胸頭。[181]

紹道人應該是位尼師或女居士，極可能是後來祖揆為之剃度的師照，亦是語錄記錄者之一，面對女性修行者，祖揆直接就將龍女成佛的典故，化為「轉龍成佛女」，此時已沒有將女身轉為男身才能成佛的問題，而是直接龍女成「佛女」，在詩的語言之下，文字或倒裝或有意地使用「佛女」一詞，大有佛陀是女性之意，因為龍女為女性，她成佛自然是女性的佛陀矣。這樣的用法與寶持將祖揆直接稱為「靈瑞如來」有異曲同工之妙。在〈靈瑞尼宗遠老師壽像讚〉時亦有「識得無依佛母，自然慧命長新」之句，[182] 她的對象是比丘尼，祖揆便很自然地使用「佛母」一詞，也將佛陀指向有母性的可能，此佛陀並非印度的釋迦牟尼佛，而是人人皆可成佛之佛陀。從這兩例可看出，祖揆面對女修行者時，很直接地就把「女」字加上高成就者佛陀身上。

從稱呼、性別字眼來看，祖揆有隨俗以男性稱謂來指覺悟者，也有站出女覺悟者的角色，同情感歎起男性，更有以「女」性字眼加在佛陀上，彰顯女性可以成為最高成就者，她對女性修行者的正面看待，是其身為女性禪師當然會有的靈敏度與關懷面，也是其能突破隨社會男性中心之緣，展現最大價值之所在。

---

181 《嵞華集》卷五，頁 759 下。

182 《嵞華集》卷三，頁 753 下 -754 上。

第十一章　子雍女禪

第一節　子雍之禪教化

　　曾有僧人問子雍三層問題，分別是「境」、「人」、「法」三端，三者實是一體三面之事：

> 僧問：「如何是永壽境」？師曰：「庭前花似玉」。僧曰：「如何是境中人」？師曰：「覿面不露頂」。僧曰：「意旨如何」？師曰：「一棒一條痕」[1]。

子雍曾住持於永壽庵，所以也被稱為永壽。這三個問題，子雍各以一句答之：一者，「如何是永壽境」？問子雍展現出的境界，亦即問「境」。子雍曰：「庭前花似玉」。正是之前所論，子雍「賣盡春風孰敢當」地以優美、悠閒的景色來呈顯，形成她特別的禪風。二、「如何是境中人」？問在禪境、悟境裏子雍所顯如何？亦即問「人」。子雍曰：「覿面不露頂」，就學人而言，覿面即面對面，不露頂即高妙之處，一正一反。與臨濟同時代的女禪師末山，被問及：「如何是末山？」便答：「不露頂」。既顯高妙，又遣除問者的一切執相，包括男女之相。一方面，象徵著親證親見，直下承當。要承當即需全然放下，一切無執，不可亂承當。一方面，落在子雍身上，她被稱為慈航普度，覿面即逢慈航，慈航即現其前，就如觀音為度眾生故，「普現一切眾生之前」，也相應於子雍接引心切（這部份，於「北方的慈航普度」已論），而「耳根圓妙」便在其中。三、「意旨如何」？問所展之境、展境之人教化之意旨如何？亦即問「教」與「法」。答曰：「一棒一條痕」，即是子雍運用臨濟禪法，以話頭禪與棒喝作為教化方便。

　　人者，子雍也。境者，子雍展現出的禪境、風格。法者，子雍教授

---

1 《子雍語錄》卷二，頁 823 中。

之法要。全之可歸為其禪教化，而她的三個回答，正可作為對此的三個
標誌。今分論如下：

一、話頭與棒喝：薦取吾宗最上禪

　　子雍師承古律，古律之法脈來自木陳、密雲，所以子雍學習的是
臨濟禪法，[2] 她也自言參學時「十三年前，抱一個話頭，廢寢忘餐，如痴
似儿死人一般，十三年後，如杲日麗天無所不照」，[3] 這就是臨濟的看話
禪、話頭禪。以參話頭的疑情，綁住心念，讓心念停止外馳，在疑情中
涵蘊，遇有機緣，便能豁然開解、放下，返照本心，體悟實相。所以作
為話頭的話語，並不是問個問題要人去尋找答案，而是要超乎尋常、頓
斷心緒，所以一定要用沒有邏輯的話，讓人思索不得。棒、喝，是老師
藉由柱杖等物體、聲音，或結合或單用，配合外境各種事物、當時弟子
修行、心靈狀況，令其明心見性。這二者都是臨濟禪最常用的教學方
法。

　　觀察子雍之語錄，無法知道她「抱一個話頭」，其話頭為何？倒是
她教什麼話頭有線索可尋，學什麼與教什麼極可能有密切關係，甚至是
相同的，也可能並無直接連結。她所教的話頭，一個是參「如何是祖師
西來意」，一者是參「如何是本來面目」。這二個問話，其歷史都可
追溯到唐代禪宗發展初期，而且流傳甚久，臨濟宗有了參話頭方法後，
就被當成話頭公案，經常被使用，到子雍的時代，也依然是臨濟宗常用
的話頭之一。子雍繼承臨濟教法，採用這二個話頭來教學，算是很正常
的，在一次打禪七時：

2　子雍在〈雜偈八首〉之三，有「靜夜彌陀意自餘，會取本來真面目」句，為弟子對靈
　　小參時有「參禮彌陀無別路，同聲相應證蓮池」句（分見《子雍語錄》卷二，頁824
　　中及卷一，頁820下），前者，顯然是結合念彌陀與參話頭，後者應該是隨弟子修
　　行法門說法之故。說是「結合」，也不甚妥切，她是以參禪為主的，因為從語錄中看
　　來，子雍不管悟心或教化之所在，全部都是臨濟禪法。禪與淨有其不同方法，但並非
　　截然兩分，所以當時禪淨雙修頗為普遍，並有為挽禪門蔽病而以淨士法門治之的想
　　法。但子雍並非如此，她不算是禪淨雙修者，但卻也有念彌陀之行。除了隨緣於時代
　　風氣外，應該是因為念佛即念佛之德之行，這本是修行人共通之事，所以禪師不必不
　　念佛，所以也不礙念彌陀。
3　《子雍語錄》卷一，頁820中。

問：「今朝打七第一日，西來祖意大須參，庭前柏子休拈出，未
　　審將何作指南」？師曰：「鷓鴣啼處百花香」。[4]

「庭前柏子樹」正是唐朝趙州禪師（778-897）對「如何是祖師西來
意」的著名回答：

　　時有僧問：「如何是祖師西來意」？師云：「庭前柏樹子」。學
　　云：「和尚莫將境示人」。師云：「我不將境示人」。云：「如
　　何是祖師西來意」？師云：「庭前柏子樹」。[5]

以境示人、不以境示人，都回答「庭前柏樹子」，一境，顯境亦顯非
境，境與非境俱在其中，亦皆不在其中，趙州的活潑自在，破除僧人心
的執著。趙州當時禪宗尚未有五宗之別，而他這個問答被往後參禪者視
為公案典範之一[6]，經常拿來參究，他住持之觀音院，在元代更名時也改
名為柏林禪院。然而這麼常用的對答，失去臨場感後，對後人而言可以
是典範，也可能會成為陳腔爛調，所以子雍弟子講「西來祖意大須參」
後，就將趙州的回答立刻排除在外，直言「休拈出」，只要子雍給個現
前的方向、指南！子雍答：「鷓鴣啼處百花香」，「啼」、「香」就
是這麼個指南！打禪七的第一天，弟子便主動提到：「西來祖意大須
參」，並問參此話頭究竟要以什麼為入手、方向處？顯然此話頭是這場
禪七的主修課程。從此亦可見趙州的「西來意」問答在子雍教化中應該
經常被提到，所以子雍有首〈趙州窠窟〉：「趙州來去人難伴，把住機
關不放鬆，有人問我西來意，擊碎乾坤覿面逢」[7]，連著子雍的教授，此
處被問西來意的「我」，可以是趙州，亦可以是子雍自己。又有一次，
居士們設齋請結制小參時，有位楊居士：

　　……楊居士問：「如何是西來意」？師曰：「兩袖清風拂明月，

4　《子雍語錄》卷二，頁 823 中。

5　淨慧法師編《趙州禪師語錄》卷上（臺北：圓明，1993 年），頁 29。

6　這個問答在當時已有名，稍後於趙州的法眼文益禪師（885-958），就對來參問的趙
　　州弟子慧覺禪師問：「承聞趙州有柏樹子話，是不」？並云：「往來皆謂」。當時慧
　　覺回答：「無」、「先師實無此語，和尚莫謗先師好」，這又是另一段禪機了！在此
　　暫且不論。就文益所問，即可證明這個答語已經廣泛流傳於叢林參學者之間。《金陵
　　清涼院文益禪師語錄》，《大正藏》冊 47，頁 591 上。

7　《子雍語錄》卷四，頁 828 中。

一隻草履踏雲微」。[8]

用兩袖清風、一隻草履；拂明月、踏雲微，寫出達摩來去中國的形象與飄灑，子雍用境相來喻禪心，又似乎在為自己參學二十多年的自喻。在永慶禪院進院時，弟子一連問了這二個話頭：

> 慧山寶維那問：「達摩西來遺隻履，如何是西來意」？師曰：「寒蟬脫殼，空抱枝啼」。進曰：「何處安身立命」？師連棒趁出。[9]

以達摩的「遺隻履」來問「西來意」，應該是這個話頭的變體。子雍用寒蟬來點喻，說個「脫去」之無礙，「空抱」之無明。沒想到維那立刻再問另一個話頭：「何處安身立命」？參話頭是於話頭起疑情，讓身心凝定在話頭、疑情上，其綿密功夫要「如鼠唔木」、「如雞孵蛋」、「如貓補鼠」般的專心投入，最忌一個話頭換過一個，胡參亂疑地。弟子不在話下領悟、起疑情，卻立刻換個話頭，於是子雍「連棒」遮斷其心猿意馬。另一層意義，維那問：何處安身立命？殊不知，此處即是，更要問何處？而且棒與不棒，都是安身處，棒之則為引探之也。子雍之棒，握然在手矣。有一次子雍主動問弟子：

> 問維那：「如何是本來面目」？進云：「不會」。師云：「不會到恰好」。僧禮拜。師偈云：「垂手還同萬仞崖，正偏何必在安排，琉璃古殿照明月，忍俊韓盧空上階」。[10]

問「如何是本來面目」？維那曰：「不會」。不會者，可以是不知道、不了解，也可以是代表不落對立之意，不知維那是何意？但子雍直接認取之，而曰：「不會到恰好」。若維那是不知道，就能讓其放下這個「不知道」，安心地面對自己的不知道，在自然中用功夫。若是「不落對立」意，則是「恰好」如此。僧人便禮拜受領，子雍則宣一偈，這首偈語是引用雪竇禪師為洞山「無有寒暑處」公案所作的頌古。[11]子雍運

---

8 《子雍語錄》卷二，頁823中。
9 《子雍語錄》卷一，頁819下。
10 《子雍語錄》卷四，頁829下。
11 僧問洞山和尚：「寒暑到來，如何迴避」？山云：「何不向無寒暑處去」？僧云：「如何是無寒暑處」？山云：「寒時寒殺闍黎，熱時熱殺闍黎」。雪竇對此作了此則頌古。

用雪竇的頌古來總結剛剛這段過程：維那說「不會」，或許真的是不會，但子雍為了接引之，遂發揮語言雙關的作用，讓其從另一邊解開，這樣的作法是以退為進，真是慈航「垂手」。但垂手並非隨便，垂手是為了接引入佛知見，佛知見是遠離無明、不共俗見，如同萬仞山崖，所以「垂手還同萬仞崖」。禪師對答有正有偏，應機隨緣，不必預作安排，可以垂手，可以萬仞崖，但禪子如果見到琉璃古殿有明月之照，頗有一番風光，就執著認取，就像如果僧人見子雍說「不會到恰好」，就對此執著，那就像戰國時代韓國名犬，健壯強悍，獵物無逃過其爪者，但眼光若不明，見月影風光以為是獵物，便撲上台階而去，結果「空撲上階」，那就令人忍俊不住。子雍說「不會到恰好」，展個明月之照，僧人禮拜，是否就像韓盧「空撲上階」，捕風捉影呢？

參話頭，以棒喝點撥，是子雍傳承臨濟之本色，棒下喝聲，是探查，是堪驗，是點化，是頓斷等等千變萬化，子雍有時用拄杖、竹篦，有時用喝聲，用拂子畫〇，有時用如意等等，局外人，如不知其中傳統與巧妙，以為是打罵教育的被打被罵被痛責，這豈是隔之千里可計？甚至如未在境界之中，可能因此誤會瞋怪！尤其是一向位高權重的貴人與貴夫人們，對此她常常叮嚀，例如在趙門蒼氏夫人請上堂時說：

> 迺曰：「今日七完，且喜逢春，山河大地萬物皆新，諸禪德，勿沈吟，痛棒熱喝莫生瞋，參到水窮山盡處，人法雙忘處處真」。
>
> 喝一喝，曰：「金鎚不用紅爐煉，日用無私耀古今」，卓拄杖，下座。[12]

這也是打完禪七的時候開示的。她要大家在「痛棒熱喝」，千萬不要以為這是打罵、處罰而反生瞋怒，棒喝都是為了使眾生趣入實相。參話頭也要專志一心「參到水窮山盡處」，要「人法雙忘」才能處處真。要大家「勿沈吟」，千萬不要在外圍打轉，應該要直探本懷。這種參禪功夫要參到「人法雙忘」，無有對立，本心自悟，非人云亦云，也非求佛求祖的，在杭州碧霞禪院開始打禪七時，她就這麼叮嚀著：

---

12 《子雍語錄》卷二，頁 821 下。

……迺云：「今日起七，喫飯便知機，[13] 飲水須止渴，著衣免
寒，歸鄉到家，學到三世諸佛無開口處，參禪參到天下老和尚插
足不入處，若不恁麼，依他門戶，靠他牆壁，聽他指揮，喫人涕
唾，總不是丈夫」。喝一喝云：「良藥苦口，忠言逆耳」。[14]

參禪是為了生脫死，是為證悟實相，作個大自在的人，就像喫飯、飲
水、著衣，都要達到它們各自的目的，如此才是歸鄉到家之人。所以修
行、參話頭是要成為自在無礙之人，不是依靠老師、佛陀，學佛須依師
指示，但要「學到三世諸佛無開口處，參禪參到天下老和尚插足不入
處」，才是修行本懷，如果還要依靠外力，聽人指揮、喫人涕唾、全是
口頭禪，就不是大覺悟者了。

對於喝的運用，有時是「喝一喝」，南方秀士來問時則「震威一
喝」[15] 等等，正所謂「開張獅子口，喝斷野狐涎，問著不放過，開封一
頓拳」。[16] 這「一頓拳」，就得靠她的拄杖了，子雍柱杖運用變化較為
多端，有時直接以棒打之痛來點化：

僧參問：「禮拜是？不禮拜是」？師便打一棒曰：「痛不痛」？
僧曰：「痛道痛，秖是打不著」。師曰：「打不著因甚麼卻
痛」？僧無語。[17]

僧問一個「此是？彼是？」的問題，子雍打一棒，並以這一棒實實在在
之痛，遮除其問，轉客為主，另啟一端。有時明明手中有棒，卻云
「拄杖不在手」：

尼參問：「世尊初生意旨如何」？師曰：「拄杖今日不在手」。
尼曰：「豈不是辜負世尊」？師曰：「作家禪客」。尼曰：「和
尚也不是好心」。師便打一棒。尼禮拜。[18]

先以虛，再以實，這種棒喝之用，相當多端，又有一次子雍擲竹篦並

---

13 應是「饑」。
14 《子雍語錄》卷四，頁829中。
15 《子雍語錄》卷二，頁821中。
16 《子雍語錄》卷一，頁820下。
17 《子雍語錄》卷二，頁823下。
18 《子雍語錄》卷二，頁823下。

問：「向這裏道一句看」，[19]所以她曾說「拈起也，遍歷乾坤，放下也，一毫無涉，不拈不放，堂堂獨露」。[20]解制時，趙夫人請上堂，與僧問答，結果：

> ……問：「三藏十二部，一切修多羅，盡是閑言語，如何是和尚親切句」？師曰：「不被葛藤絆倒，方是好手」。僧擬議，師便打，乃曰：「解開彌勒袋口，放出文殊普賢，東西南北去，隨處有三椽，假如途中有人問你：『如何是祖師西來意，又作麼生』？劈面一掌，攔胸兩拳，薦取吾宗最上禪」。[21]

僧擬議，師便打，有擬議就有分別，就不是實相，所以子雍便打。而其棒打的展現也不一定是真實下棒，她在總結時舉了一狀況：途中有人問你：「如何是祖師西來意」時要如何？她便用言說棒喝：「劈面一掌，攔胸兩拳，薦取吾宗最上禪」，示範一場臨濟最上禪之棒喝巧妙。「祖師西來意」的話頭又在這裏拈出，可見此確為她常教化弟子的話頭。於是這一條拄杖，被子雍形容為：

> 示眾，拈拄杖曰：識得者箇，方知森羅萬象，一法印定，且道印文在甚麼處？良久，卓一下曰：知恩者少，負恩者多。[22]

能在棒下知歸，棒下悟道，才是真正識得拄杖之用，也才「方知森羅萬象」都是一實相中的緣起變化。當僧人問子雍：「意旨如何」時，子雍既具體又抽象地答：「一棒一條痕」，一種腳踏實地、行腳履踐式的修行風格，昭然若揭，一棒一條痕，無關棒與痕，識得棒下，一法印定，即是悟入實相，即是「薦取吾宗最上禪」。

除了西來意、本來面目的話頭外，子雍還多次以「如何是得力句」、「且道利害在甚麼處」來勘問學人，並有「與你個箇枕頭」句：

> 示眾。道得放參句，山僧便與你箇枕頭，道不得放參句也，與你箇枕頭，且道利害在甚麼處？僧便喝，師便打。進曰：「婆心太切」師曰：「知恩者少。

---

19 《子雍語錄》卷二，頁 824 中。

20 《子雍語錄》卷二，頁 822 中。

21 《子雍語錄》卷一，頁 820 上。

22 《子雍語錄》卷二，頁 823 下。

師又問：且道利害在甚麼處？進曰：「正好打地」。師曰：「與你個枕頭」。

師問：且道利害在甚麼處？僧禮拜拍手呵呵大笑，師曰：「與你個枕頭」。[23]

「道得放參句，山僧與你箇枕頭，道不得放參句，也與你箇枕頭」，以兩頭皆斷、皆許來啟問，以「與你個枕頭」或許、或應、或點、或止的語句，這種方式如同德山（782-865）：「道得也三十棒，道不得也三十棒」句，[24] 以及禪師常運用的「與三十棒」、「放汝三十棒」等。德山是「棒」，是硬是痛，棒下有眼。子雍是「枕頭」，是軟是綿，綿中有針，二者功用不二。金峰禪師亦有「拈枕示眾，一切人喚作枕子，金峰道不是」，[25] 結果喚不喚作枕子，都入其窠窟，這是以枕子為引來勘驗、解縛、示道。除此之外，關於枕頭，禪林有「塊石枕頭」喻山居悠閒之意。亦有喻日夜無別，即使夜裏睡中，本心仍清清明明，無有昏昧，能全體作用。例如密庵和尚：「衲僧有什麼長處。困來曲臂支頭睡。不怕人來偷枕頭」[26] 黃龍三關：「我手何似佛手。摸得枕頭背後。不覺大笑呵呵。元來通身是手」。又有佛陀侍者阿難，精勤修禪定，夜半疲極欲眠，頭未就枕，廓然而悟。[27] 佛門中有關枕頭的典故，相當豐富。子雍用「與箇枕頭」語句來勘驗、示道、點結，於一片棒喝中，顯得軟綿，卻也運力綿綿，頗為特殊。

二、親證與直接：覿面承擔與放下

子雍南詢之願行，顯現她親履實地的修行風格，當她運用話頭、棒喝等臨濟家風時，亦是一棒一條痕、一掌兩拳「薦取吾宗最上禪」的實

---

23 《子雍語錄》卷二，頁824上。

24 《五燈會元》卷七。《新纂卍續藏》冊80。頁142中。

25 《宗鑑法林》卷六十六：「金峰拈枕示眾：一切人喚作枕子，金峰道不是。有僧曰：未審和尚喚作什麼？師拈起枕子。僧曰：恁麼則依而行之。師曰：你喚作甚麼？曰：枕子。師曰：落在金峰窠窟裏」。頁68中。

26 《密庵和尚語錄》卷一，《大正藏》冊47，頁973上。

27 阿難平日隨侍佛陀，聽聞教誨最多，號為見聞第一，但慧多定少，佛涅槃後，還未證阿羅漢果。當大迦葉主持經典結集時，未證道者不能加入，阿難遂發憤修習禪定，就在這夜，欲就枕，頭未就之時便證道。隔天即加入結集會議，誦出佛所說法。

在，所以她教化弟子時，特別強調「直下薦取」、「覿面承當」這種親證、直接的精神。棒下遲疑擬議都是分別心而非悟境，棒下知歸，需了無分別、直下承當，修行亦要直接直心，不曲不迷。就另一面說，直下薦取就得放下人我一切，所以放下之意亦在其中矣。

在碧霞禪院打禪七，解七上堂時有人問：

> 問：「這個多口阿師，且道具何手眼，便乃橫行海內、獨步大方」？師云：「一花五葉」。進云：「三千里外遇知音，暗擊傍敲認得親」。師云：「怕你不承當」。……迺云：「昨日七完，今朝重顯，賣弄脫空，直下承當，痛棒熱喝，聚祖傳燈……[28]

學人讚頌她千里而來江南，可遇知音，弘法有力，讓大眾「認得親」。子雍冷他一句「怕你不承當」。最後總結要眾人「直下承當」，在痛棒熱喝的教化下，傳承禪門智慧之燈。某次結制，眾夫人請上堂時：

> 結制，眾夫人請上堂。若論此事，三世諸佛拈不出，歷代祖師提不起，天下老和尚說不到，今日禪和子祇恁麼，依依稀稀，彷彷彿彿，聞板過堂，困來瞌睡，卓拄杖曰：「伶俐漢，便承當，是則魚化龍時能作浪，否則繡花雖好不馨香」。復卓拄杖。下座。[29]

悟道之事，要親證親為，別人代你不得，即使三世諸佛、歷代祖師、天下老和尚都沒有辦法替你，她向這些夫人與弟子們提醒，一天一天地過，依然是吃飯依然是睡覺，卻依依稀稀、彷彷彿彿，不知其始也不知所終，唯有當個伶俐漢，直下承當，親證親為，才能化龍作浪，開花馨香。子雍五十歲生日時：

> 師誕日，上堂。止止止，五十知命已如此，總全本性妙光明，辦道成功從今始，在釋在俗得自由，利己利人任所使，頂門慧眼爍週天，火裏曇花開葐紫，鑊湯爐炭俱催傾，劍樹刀山直下毀，頓開金鎖關，劈破銅山址，全提本分絕支流，覿面承當只這是。[30]

悟道後要弘法辦道、利己利人，要為眾生出生死海努力，以慧眼在火裏開花，將無明關鎖頓開，劈破業力纏縛，要全提本分，覿面承當，親證

---

28 《子雍語錄》卷四，頁 829 下。
29 《子雍語錄》卷一，頁 820 上。
30 《子雍語錄》卷一，頁 820 上。

親見。有人問：「到處皆心意，誰是個中人」？處處皆佛法示現，人如何修行？子雍答曰：「直下薦取」。[31] 又有：

> 維那問：「如何是第一義」？師云：「問頭前薦取」。進云：「如何是正法眼藏」？師云：「覿面不曾藏」。進云：「如何是末後句」？師云：「直下薦取」。[32]

問第一義與末後句，都是頭前薦取、直下薦取，顯現子雍強調親證、直接的精神。然而直下親證、薦取，須有正見正修，也就是要知無我、空性，所以示眾時：

> 示眾。山僧無法說，只要你低頭，放下人我心，不用向外求，敢問諸兄弟，放不下的心，在甚麼處？良久曰：「人我裏參」。[33]

放下人我心，不向外求，在人我裏參，才能直下薦取。所以薦取承當不是隨意任為，是有智慧明覺的，在小參時，子雍便說：

> 小參。揮拂子曰：「參尋個事不尋常，爐火通紅煉鑌銅，覷破一星空大地，更須換骨與洗腸，好分菽麥，還辨奴郎，現前諸兄弟，切忌亂承當」。擲拂子，下座。[34]

她要弟子以直接承當為工夫，但也不是魯莽亂承當一通，所以說參尋實相，要經過「爐火通紅煉」，才能覷破幻相無明，要「換骨與洗腸」，換掉舊身心、放下人我心，才能智慧明覺，既要直下承當，也切忌亂承當。

三、禪境之風格：賣盡春風孰敢當

子雍〈行腳偈〉有云：「揚眉瞬目皆三昧，大地無非般若堂」，[35] 佛法修行在起心動念之間，整個山河大地都是佛法道場，所以她參學行腳二十餘年，到江南南詢訪道，就是這個觀念的緣起與實踐，而她在面對弟子世人問法、寫詩偈闡禪機時，也是如此，經常以大自然景物來展

---

31 《子雍語錄》卷二，頁 823 中。
32 《子雍語錄》卷四，頁 830 上。
33 《子雍語錄》卷二，頁 823 下。
34 《子雍語錄》卷一，頁 820 中。還「辦」奴郎，應該是「辨」字。
35 《子雍語錄》卷一〈行腳偈〉，頁 821 中。

現。到寧波瑞巖寺禮拜祖塔，被請上堂時云：

> 到瑞巖被請上堂時云：……乃云：「法不孤起，仗境方生，不肖
> 不遠三千里外來到祖山，辱承方丈法伯老和尚命陞此座，舉揚宗
> 旨，自愧智識學淺，焉敢冒膺斯任，只得轉借山河大地，明暗色
> 空，鵲噪鴉鳴，水流花發，熾然說，無間歇，聊為塞責，更有新
> 鮮句，今朝是廿八」。便下座。[36]

子雍明白地說，舉揚宗旨乃轉借山河大地的明暗色空、鵲噪鴉鳴、水流
花發，來熱烈地說、無間歇地弘法。這種語句容有轉借古昔禪語之處，
但借用大自然之景色、聲音來說法者，是子雍展現禪機、禪境最主要的
方式。

　　當僧人問：「如何是永壽境」時，子雍以：「庭前花似玉」為答。
趙州曾有「庭前柏子樹」句，來回應「如何是祖師西來意」，子雍此處
雖然並非回答「西來意」話頭，但與趙州相比，同樣都以「庭前」起
頭，而且都以大自然景物（樹、花）回應，其差異點就在於子雍採用
較美麗的景物：「花似玉」！像她回應「西來意」時，就用過「鷓鴣
啼處百花香」[37]、「兩袖清風拂明月，一隻草履踏雲微」。[38] 有花、鳥、
月、雲、清風、似玉、啼聲、香氣等，都是偏向大自然的優美、悠閒之
景，所以當僧人問子雍境界所顯（永壽境）為何？子雍便自道「庭前花
似玉」也。

　　子雍境是「庭前花似玉」，她教化弟子時亦常用這種語句，例如在
面對臨濟「四料簡」的問題：

> 僧問：「如何是籬門緊閉無人到，一道神光萬象閒，如何是奪人
> 不奪境」？師云：「花明山色秀，鸚唱隔年春」。進云：「玉樓
> 人醉歌聲寂，溪上漁吹空好吟，如何是奪境不奪人」？師云：
> 「樹古藏恒窟，鶴歸松有音」。進云：「鐵馬倒騎關塞靜，家邦
> 盡在白雲中，如何是人境兩俱奪」？師云：「一覓竟忘天地老，
> 不知明月自西東」。進云：「萬景叢中金鳳舞，一林樹色鳥聲

---

36 《子雍語錄》卷三，頁 827 中下。

37 《子雍語錄》卷二，頁 823 中。

38 《子雍語錄》卷二，頁 822 下。

奇，如何是人境俱不奪」？師云：「半肩明月光寰宇，滿袖春風
錦繡圍」。乃云：「玄機獨露，豁徹無私。奪人不奪境，花明山
色清。奪境不奪人，玉樓人醉到如今。人境兩俱奪，鐵馬倒騎關
塞靜。人境俱不奪，滿袖春風互古今」。拈拄杖作舞，下座。[39]

人們表達意念的方式，可大分為「人」與「境」，並用彼此交錯的各種
組合來呈現，臨濟禪師為破除人們對此的執著，有所謂四料簡，亦即針
對弟子各種人與境的組合表達，予以破或不破（奪與不奪），這是禪
師教化的技巧。[40] 學人用此發問，藉子雍對此：奪人不奪境，曰：「花
明山色秀，鸚唱隔年春」。奪境不奪人，是「樹古藏恒窗，鶴歸松有
音」。人境兩俱奪，則是「一覓竟忘天地老，不知明月自西東」。人境
俱不奪，是「半肩明月光寰宇，滿袖春風錦繡圍」。從「花明山色」到
「滿袖春風」，子雍對四料簡的展現都是大自然的優美、悠然景色。對
「四賓主」的引喻：

> 賓中賓，芒鞋竹杖眼無晴，芒鞋三個耳，竹杖醉酩酊。
> 賓中主，風前月下同君與，月明天漢靜，風舞漏聲齊。
> 主中賓，鳥啼花笑雨頻頻，鳥啼山月市，花笑正逢春。
> 主中主，萬機齊唱出庭闈，寶鏡當軒妙，臨臺識者稀。[41]

四賓主，亦是臨濟家法，是禪師與學人相對，彼此之間對應的四種狀
況：賓看主、主看賓、主看主、賓看賓（看，亦作「中」），所謂主
者，代表禪師、明眼者；賓者，代表參學者、不明者。禪師不見得是明
眼者，學人也不見得是瞎漢。臨濟曾示眾云：「參學人大須仔細，如賓
主相見，便有言說往來，或應物現形，或全體作用，或把機權喜怒，或
現半身，或乘師子，或乘象王」。[42] 子雍將這些機鋒相對的情況，用風
前月下、月明天靜、風舞、鳥啼、花笑、雨頻、山月、正逢春等來展
演，正是萬機齊唱中一派春光明媚、悠然月下之景。對這些臨濟家法用

39 《子雍語錄》卷三〈新年上堂法語〉，頁 826 上。
40 《鎮州臨濟慧照禪師語錄》有臨濟對四料簡的說法，《大正藏》冊 47，頁 497 上。
41 《子雍語錄》卷二，頁 825 上。
42 智昭《人天眼目》卷一「臨濟宗」，臨濟之「四料簡」。《大正藏》冊 48，頁 303
　　上。

這樣展現，一般禪機問答亦有如此趨向，例如在一次由楊王李太太們與陳居士設齋，請結制小參，為了呈現子雍對答的整體現象，所以不避文長，整段引出：

> 結制小參。問：「古人道：要假兒孫腳下行，金雞領下一粒粟，供養十方羅漢僧，祇如羅漢僧作麼供養」？師曰：「鶯唱柳岸花飛絮，雪點晴窗蝶夢狂」。進曰：「無根樹子一株，向何處發生」？師曰：「半窗風月靜，一踏野雲平」。進曰：「無陰陽地一片，甚麼人住處」？師曰：「有面目漢，無插足處」。進曰：「到處皆心意，誰是個中人」？師卓拄杖曰：「直下薦取」。問：「今朝打七第一日，西來祖意大須參，庭前柏子休拈出，未審將何作指南」？師曰：「鵬鴣啼處百花香」。如何是接初機句？師曰：「萬象之中獨露身」。如何是正令行句？師曰：「出頭天外，看誰是個中人」。如何烹佛煉祖句？師曰：「三顧茅蘆後，煙花鎖翠微」。進曰：「恁麼則千峰勢到嶽邊止，萬派聲歸海上消」。師曰：「也要當下無私使得」。乃曰：「起七應節，人天普接，有佛處不得住，樓臺月色雲收去，無佛處急走過，梅花昨夜風吹破，洗滌身心正好參，自然到處分明去，五湖四海任君看，燕州山，玉——水，頭頭盡是自家底，一段風流不讓人」。喝一喝。曰：「逢人且說三分話」。擲拄杖，下座。[43]

子雍有直點心緒者，如「有面目漢，無插足處」、「直下薦取」、「也要當下無私使得」。但多是引用大自然之優美、悠閒之景色句。其回答如何接引初機的所謂接初機句，即曰：「萬象之中獨露身」，在萬象紛紜中獨露法身，也在萬象森羅之中顯露禪法，這正是子雍展現禪境、接引世人的方法。而「鶯唱柳岸花飛絮，雪點晴窗蝶夢狂」、「半窗風月靜，一踏野雲平」、「鵬鴣啼處百花香」「三顧茅蘆後，煙花鎖翠微」、「樓臺月色雲收去」、「梅花昨夜風吹破」等，呈現萬象千景中的花、月、雲、雪、風、鳥、蝶與啼、靜、平、收、鎖、吹破，帶著春花、秋月的優美與悠然。如此一來，「自然到處分明去，五湖四海任君

---

43 《子雍語錄》卷二，頁823中。

看」，相對地也將她悟後南詢的意義與心態點了出來，在北方時燕山、玉水是鄉關，也是自性風光，到江南時五湖四海，亦是自性風光，恰似一段風流姿態，當機而不讓。在弟子誕日時，曾有如此的小參法語：

> 今日維那母難之辰，請山僧登曲彔床，說無生法，且道與釋迦老子是同、是別？會得是同，不會則別，花開一樣春，磬響千家月，那吒太子現全身，無量壽佛讚不及，若要口地一聲，須用親自打徹，喝一喝。[44]

子雍自問自答，她拈起山僧與釋迦是同是別？的話題，先以「理」後以「象」自答：「會得是同，不會則別」，這是理。「花開一樣春，磬響千家月」，則是以象來現；「那吒太子現全身，無量壽佛讚不及」，則以聖言量來說。若要有所悟入，則需臨濟棒下親見。聖與理且不論，子雍依然以花、月來呈現禪境，而且還充滿著磬響清亮。

當她自己講述當年抱個話頭，如痴似兀死人一般，今日則呆日麗天，無所不照，總結曰：「雲散家家月，春來樹樹花」。[45] 子雍有〈廛中四威儀〉，以行住坐臥各一偈來闡明禪師自己的行止心要，四偈之後，子雍總結為：「著意平生行業，顆粒滲漏全無，桂花香處最切，身懶心勤事疏」。[46] 似乎以「桂花香處」來引喻其修行悟境入處。曾有學人問：「丹桂飄香又如何悟得」？師曰：「正是好時節」。進曰：「悟後如何」？師曰：「此是帝王都」。[47] 從學人之問話來看，顯然「丹桂飄香」是子雍悟入處，這與〈廛中四威儀〉「桂花香處最切」有相呼應之處，不管「桂花香處」是實指，或是引喻，她用優美之景來呈現禪境的風格可見一斑。

在山河大地萬機紛呈中，拈起色聲作展演，是悟境所呈，亦是禪機顯發，亦是接引入處，如此呈現有何用處呢？她示眾時曾云：

> 示眾。滿耳聲，滿眼色，太煞分明，最親最切，報君知，瞥不

七優曇華：明末清初的女性禪師

---

44 《子雍語錄》卷一，頁820中。

45 《子雍語錄》卷一，頁820中。

46 《子雍語錄》卷一，頁822上。

47 《子雍語錄》卷二，頁822下。

瞥，大地掀翻何處說。[48]

聲色之展現，非常分明，最親最切，是入道、喻道之妙用，所謂「無情說法最親切」。[49] 顯現聲色，是要「報君知」，知「道」在其中，道不離全體，大家是否見到了？掀翻大地，處處皆可說，色色皆是道，也處處不可說，色色本是空。以花、鳥、月顯禪機，必然見空花、鳥過在其中，所以她在〈廛中四威儀〉的「廛中坐」曰：「空花墮，擬商量，鷂子過」。「廛中臥」曰：「渾一覺，忽翻身，好夢破」。[50] 花墮、鷂過、夢破，為春花、鳥鳴、好夢點透。她在天寧寺講道時，有曰：

> 龜毛拈得不囊藏，賣盡春風孰敢當，今日拾來親示子，他年展演自芬芳。

> 帶著燕山一片雲，含藏滿袖贈於君，香分南苑原無賈，占斷春光迥出群。[51]

子雍自喻是：賣盡春風，親示子；山雲滿袖，贈於君，讓芬芳分遍各處傳揚，要人「他年展演自芬芳」、「占斷春光迥出群」。所以賣盡春風，接引學人，並非將自己賣了，而是自證自悟、大雄大力，孰敢當的大自在，就像有人問她「如何是和尚底佛法」？子雍答曰：「堂堂意氣際風雲」，[52] 這就是證道的女性禪師「孰敢當」的自信。所以法揚南方一片雲，也無買賣可言，是要學人就此占斷春光之所在，直下薦取自芬芳、迥出群之道。子雍為自己接引世人的禪境展現，下了一個「賣盡春風孰敢當」的註腳。

　　禪林對禪的展現與教化，運用之千變萬化，說之不盡。在空性緣起的核心教義下所說的「山河大地無非佛法實相」，就是教法變化多端的背後觀念，禪宗將之實踐運用到極致，破除一切相、一切執的活活潑潑，所以有喝佛罵祖、丹霞燒佛之演出，這都是一場遊戲的展現，要展現「空」的教化。禪師依此悟道，隨其因緣展現教化，其教化便各有風

---

48 《子雍語錄》卷二，頁 823 下。

49 《子雍語錄》卷一，頁 820 中。

50 《子雍語錄》卷一，頁 822 上。

51 《子雍語錄》卷三〈天寧寺講道〉，頁 825 下、826 上。

52 《子雍語錄》卷一，頁 820 中。

姿，例如問「祖師西來意」，當趙州問臨濟時，臨濟回答：「恰值老僧洗腳」，當時臨濟正洗完腳。[53] 雲居問洞山時，洞山答：「闍黎他後有把茅蓋頭」。[54] 有人問雲門，他曰：「日裏看山」。[55] 仰山問潙山，他指著燈籠曰：「大好燈籠」。[56] 有人問汾陽，汾陽曰：「清絹扇子足風涼」。[57] 馬祖則叫問者：「近前來，向汝道」，僧進前，馬祖攔腮一掌云：「六耳不同謀」[58] 等等，即使同一禪師，因人、時、地的不同，回答也會不同，禪典語錄中禪師們的風姿昭昭在前，千姿百態的表達，是正常不過了。而以大自然景物呈現的亦所在多有，就子雍而言，她應該也承接、體悟到生機活潑的大傳統，而依前所論，子雍以「西來意」為教化話頭，對趙州的禪法亦多有琢磨，其展演禪境的語句，也與趙州「庭前柏子樹」這種大自然景色呈現方式有同一趨向，子雍在此應該受趙州某種程度的影響，所不同者，是子雍加以轉化為優美、悠然的自然景色，她運用這些境象來接引世人，展現所謂「賣盡春風孰敢當」的風姿。

四、聲音之教化：耳根圓妙絕商量

　　子雍被稱為慈航普渡，因為她曲垂方便，接引心切，為此她還效法善財童子南詢五十三參，前往江南朝禮普陀山觀音道場，如果當時能有現代的交通資源，想必子雍一定到南印度朝禮佛經典所形容的：「補怛洛迦」。昔日觀世音菩薩以耳聽聲為修行法門而悟道，此法門被稱為耳根圓通。觀音之名，觀音之德，是念彼觀音力，聞聲即救苦，所以觀音救度眾生的方式與聲音有密切關係，其來有自。根據《楞嚴經》曰：

> 爾時觀世音菩薩，即從座起，頂禮佛足，而白佛言：世尊！憶念我昔，無數恒河沙劫，於時有佛，出現於世，名觀世音。我於彼

---

53 《鎮州臨濟慧照禪師語錄》，《大正藏》冊 47，頁 504 上。
54 《瑞州洞山良价禪師語錄》，《大正藏》冊 47，頁 522 上。
55 《雲門匡真禪師廣錄》，《大正藏》冊 47，頁 545 中。
56 《潭州潙山靈佑禪師語錄》，《大正藏》冊 47，頁 578 上。
57 《汾陽無德禪師語錄》，《大正藏》冊 47，頁 596 上。
58 《黃龍慧南禪師語錄》，《大正藏》冊 47，頁 638 中。

佛，發菩提心，彼佛教我，從聞思修，入三摩地。初於聞中，入
流亡所，所入既寂，動靜二相，了然不生。如是漸增，聞所聞
盡，盡聞不住，覺所覺空，空覺極圓，空所空滅，生滅既寂，寂
滅現前。忽然超越，世出世間，十方圓明，獲二殊勝。一者上合
十方諸佛本妙覺心，與佛如來同一慈力。二者下合十方一切六道
眾生，與諸眾生同一悲仰。……彼佛如來，歎我善得圓通法門，
於大會中，授記我為觀世音號，由我觀聽十方圓明，故觀音名遍
十方界。[59]

觀世音的老師也名為觀世音，其自言修道過程：觀世音師教他從「聞」
來思習，在聞中，不去追逐所聞之聲，久之，自然對所聞之聲音不執，
就是「所入既寂」，動靜二相就了然不生，繼續精進，聞所聞亦寂、覺
所覺亦空，空所空也寂，生滅便止息，寂滅即現前，忽然超越世出世
間，得十方圓明，獲得二種殊勝：上合十方諸佛，同一慈力。下合十方
一切六道眾生，與眾生同一悲仰。於是觀世音能「觀聽十方圓明」、
「名遍十方界」，聞聲救苦，普門示現大方便、大慈悲。所以耳根圓
通，是運用耳聞聲，來善觀六根之耳與六塵之聲彼此之間的關係，悟入
耳根、聲塵、觸、界之間的緣起空性，亦即〈心經〉所言「行深般若波
羅密多時，照見五蘊皆空」，而觀世音就是藉聲音悟道的最著名典範。

在禪門，聲音也常常被用來作為教化方便，子雍以臨濟禪法來悟
道、教化，臨濟之棒喝，聲音之運用亦是相當重要，棒下，不僅是觸
感，還有聲音，而喝聲，更是純以聲音之變化來教化，觀其教化棒喝齊
用，聲音之運用也變化多端，而且有時不以棒喝，卻別有棒喝：

> 一僧入門禮佛。師拈椎打磬。僧曰：「家裏人不須打磬」。師
> 曰：「家裏人更須驗過」。進曰：「這一椎落在甚麼處」？師連
> 打兩椎。[60]

僧人來參學，子雍「拈椎打磬」來勘之。一椎既打磬有聲成喝，也作拄
杖棒下。就禪境呈現上，當子雍以優美、悠閒的景色來「賣盡春風」

---

59 天竺沙門般剌蜜帝譯《大佛頂如來密因修證了義諸菩薩萬行首楞嚴經》卷六〈觀世音
菩薩耳根圓通章〉，《大正藏》冊 19，頁 128 中 -129 下。

60 《子雍語錄》卷一，頁 821 中。

時，此春風景色，既顯色又顯聲，如前面所論時，提到的花笑、鳥語、鶯唱、磬響、風舞、風吹、天漢靜等等，都是「滿耳聲，滿眼色，太煞分明，最親最切」，這種聲與色的結合，也常是子雍所採用，再加上其與觀音之親切關連，使她顯得特別關注聲音的教化。

子雍除了隨緣聲色施設之教化外，有二則是子雍自己關於聲音的經驗，可能是她參學修行過程的經驗：

鍾子擊碎於此有感，隨作一偈

忽聞鍾子落塵埃，擊碎乾坤似震雷，靜夜高歌欣自得，引來明月上樓臺。

聞斫水聲

氣量含虛萬象沈，水聲風樹應禪心，能從百尺竿頭進，枯木寒崖色更新。[61]

鍾，擊碎，化成塵埃，一陣如雷震聲響，如擊碎乾坤，此乾坤是子雍全體身心，是子雍與外境全體，一碎裂一雷震能產生如此大的效應，必然是因為之前子雍身心沈浸於修行之中，或是參話頭中、疑情中，或是身心凝定中，就如她在〈經行偈〉云：「參禪學道須堅心，二六時中要認真，驀地相逢親撞者，原來卻是舊時人」。在二六時中認真修道，等到時節因緣到來，「驀地相逢」即是「聞鍾子擊碎」，修行的身心與因緣「親撞者」，擊碎乾坤。這次的覺受，對子雍而言，應該不是最後的徹悟，但卻應該是她很重要的經驗。第二則〈聞斫水聲〉，表達出身心含虛萬物，萬物平沈趨於一體，水聲、風樹與禪心相應和，她期許自己在修行上能夠百尺竿頭更進一步。

還有一則，則是直接表達出耳根圓通的教法，此時應是她弘法的時期。某個元旦弟子請小參，有婆子來問，子雍總結曰：

乃曰：「主賓相見家風舊，此日同沾御苑香，禪門在城何寂寂，鄰家爆竹慶三陽，無情說法能親切，遍界觀音不覆藏，為報現前參學士，耳根圓妙絕商量」。[62]

---

61 《子雍語錄》卷一，頁 821 下。

62 《子雍語錄》卷一，頁 820 中。

在元旦新的一年，聽著鄰家響起的熱鬧爆竹聲，印現在寂靜禪門，爆竹聲是聲，寂寂亦是聲，不管聲與色都是無情，無情的展現，在修行人眼中，常是教法開示、悟道契機，爆竹聲響，即是觀音教示，遍界有聲，從耳根修行，聞所聞、覺所覺、空所空俱寂，即現寂滅，而能超越世出世間，十方圓明，觀音得以遍界不覆藏，這即是耳根圓通之妙。寂滅現前，即言語道斷、絕去商量之處，也是臨濟棒下親見之處。子雍在新年元旦，因爆竹聲，而將禪與耳根圓通交融，教授來此參學的大眾。子雍曾有一組〈四偈〉：

> 寶劍橫拈袖裏藏，當門妙舞與人看，空王殿上行全令，萬象森羅毛骨寒。
> 獅子猶來不假聰，崢嶸歹踊是非功，一聲哮吼乾坤轉，驚起泥牛上九重。
> 三尺烏藤被孰瞞，牛頭當面馬頭安，虛空有體親須證，分付時人仔細看。
> 笙歌城裏覓知音，歌者歌兮聽者聽，一句曲含千古意，蘆花明月兩無心。[63]

寶劍，是智慧寶劍，魔來魔斬，佛來佛斬，銳不可擋，但為弘法故，將之袖裏藏，呈現「當門妙舞與人看」，但總在空性教法之下，萬象森羅皆盡喪，無明煩惱皆盡謝，這是子雍作為悟者「孰敢當」的一面。第二偈的獅子哮吼，第三偈的「三尺烏藤」，是臨濟喝，是臨濟棒，棒喝之下都得「親須證」。子雍自喻在北京弘法是「笙歌城裏覓知音」，一句一曲、一法一境，都是幫助人們體悟生命實相，子雍之歌，歌、所歌；聽、所聽，總要有知音，如觀音之耳根圓通，當寂滅現前，亦如「蘆花明月兩無心」，優美、悠閒之禪境又由然而生。

第二節　子雍之性別智：
觀音慈母、正用婆心、打破男女

　　子雍是一位女性禪師，必然會面對到男女性別的問題，從語錄觀

---

63 《子雍語錄》卷二，頁 824 上、中。

察，她常採取直接揭示的方式，就如她被稱為慈航普度一樣，直接就是女性的觀音形象。

對於「丈夫」一詞的運用，與傳統用法相同，指涉解脫自在者，如她在一次起七上堂時云：

> 起七上堂，……歸鄉到家，學到三世諸佛無開口處，參禪參到天下老和尚插足不入處，若不恁麼，依他門戶，靠他墻壁，聽他指揮，喫人涕唾，總不是丈夫」。[64]

能參究透頂，自顯智光，見本來面目，不必依諸佛聖賢之語，不必食祖師大德涕唾，才是丈夫。也亦用「諸兄弟」稱呼參禪大眾，亦自稱「山僧」等傳統禪門用法。[65]

她常正面用「老婆心」來說自己的弘法，「老婆心」、「老婆禪」等以女性詞彙來比喻的用法在禪門並不少見，經常是比喻教化之慈悲，通常由男性禪師來說，而且除了「老婆心切」的慈悲意義外，更多少有揶揄自己或他人像另一種性別（女人）一樣拖泥帶水，太過多事，好得過頭，太為別人設想，只是這種揶揄充滿反差的幽默感，而且更多時候是明貶暗褒，讚歎其慈心接人。隨舉一例，三宜禪師有一則拈古，所拈公案為太保與洞山、谷隱、延慶的機鋒：

> 洞山因都監大保問：眼處入正受諸塵三昧起，此意如何？洞山云：洞山茶碗裏有太保，太保茶碗裏有洞山。太保無語，卻將此語問谷隱，隱云：不落無言說。問延慶，慶云：喚甚麼作三昧。師云：一箇老婆禪，一箇新婦禪，一箇女兒禪，總被太保折倒了也。[66]

對太保以一問問洞山等三人，三人亦各自回答，三宜禪師便以「老婆禪」、「新婦禪」、「女兒禪」三種女性角色，來揶揄洞山三人太過柔慈，都被太保折倒了。像這樣的女性詞彙，由一位女禪師來說，正好名符其實，揶揄的成份頓然減少，直接將女性與慈悲劃上等號，強化慈悲的意象。例如她有一首〈上堂偈〉，是到碧霞禪院被請上堂，她直用

---

64 《子雍語錄》卷四，頁 829 中。
65 《子雍語錄》卷二〈示眾山僧無法說〉，頁 823 下。
66 《三宜盂禪師語錄》卷七，《嘉興藏》冊 27，頁 48 上。

「老婆心」來說自己：

> 野衲南詢為度生，越海朝山寓武林，告報現前參學士，莫教辜負
> 老婆心。[67]

到杭州吳山的碧霞，面對滿堂來觀禮參究的男性學士們，子雍就直接坦
蕩地揭諸自己的性別，用「老婆心」來稱呼自己，既能大方呈現女性禪
師之慈悲本色，亦與男性參學士相對，表達出法上的自信，而且反倒有
挪揄起這些學士被名拘文牽之窘迫味，是窘迫於男性在堂下，女性禪師
上堂！？莫辜負這場解開窘迫的道場啊！如何解開？就由領受老婆心開
始。在寫自己心境之〈雜偈八首〉其第四首：

> 一點靈臺耀古宗，同門出入也難同，度人寶筏常無倦，一片婆心
> 不借中。[68]

「度人寶筏常無倦」，正是慈悲本色，正是慈航普渡的觀音心，也正符
合子雍的性別、禪心與稱號，無怪乎子雍以「一片婆心」來說。由於她
直接正說老婆心，弟子信眾也這樣稱她：

> 示眾。道得放參句，山僧與你簡枕頭。道不得放參句，也與你簡
> 枕頭，且道利害在甚麼處？僧便喝，師便打。進曰：「婆心太
> 切」。師曰：「知恩者少」。[69]

子雍以枕頭來說「竹篦子」話，僧再喝、打之後，來個「婆心太切」，
子雍也不客氣地領了回去答以「知恩者少」。子雍在「婆心」之使用上
確實是直接正顯。

　所以她也用「師姑原來是女人做」句，以性別來呈現明明白白、當
下即是之理：

> 起七小參。諸人請我開爐，動靜皆是工夫，坐到心空及第，冷
> 灰迸出明珠。喝一喝，曰：「師姑原來女人做，大開兩眼莫模
> 糊」。[70]

應是冬天結制，開始打禪七，子雍開宗明義就以這句師姑原是女人來指

示。當她到瑞巖寺被請上堂陞座時，有僧參問：

> 僧問：「十方同聚會，簡簡學無為，且法王座上作麼生」？……
> 又問：「大道不分男女相，還許某甲問話麼」？師云：「師姑本
> 是女人做」。進云：「且道大眾雲集，畢竟那簡是女中丈夫」？
> 師云：「人人頭頂天，簡簡腳踏地」。僧便喝。師云：「亂喝作
> 麼」？僧便禮拜。[71]

這個僧人先來個下馬威：大道不分男女相了，還能問嗎？想必要問什麼
也沒得問了。顯然他見子雍為女禪師，想先以女性性別作啟問處，但心
想必然會得到「不道不分男女」之答，所以就認為沒什麼好問了！然而
禪者豈會拘於「大道不分男女」，如果拘於不分男女，也就不是大道
不分男女了！所以子雍就定錘一句：「師姑本是女人做」，女人就是女
人，還說什麼不分男女？？既然是女人了，那麼「畢竟那簡是女中丈
夫」？僧如是再問。這下子，子雍又脫出性別之分了，道句：人人頂天
立地。既是本來佛，又男女皆是。僧喝，子雍：「亂喝作麼」？將已無
力氣卻又欲張牙舞爪的澆一盆冷水，僧心服禮拜。子雍在不分男女、是
女是男之間，來去自如，而「亂喝作麼」句，頗見功力。

有關子雍之性別教化，最精彩的一則對話是南方秀士來北京參訪子
雍時：

> 士曰：「終日訪慈航，誰知慈航是個老婆相」？師震威一喝曰：
> 「這是甚麼所在，說男說女」？士無語。師曰：「進前來，我與
> 你道」。士進前。師扭住，曰：「自別靈山無覓處，從今母子又
> 相逢」。士曰：「我深信伏」。隨即皈依求剃染。[72]

這位秀士明知故問：「終日訪慈航，誰知慈航是個老婆相」？誰不知慈
航是女相？他偏偏表現出訝異之意，以輕視「老婆相」之姿發問。子雍
獅吼震喝一聲曰：「這是甚麼所在，說男說女」？震喝一聲，出勇猛
力，截斷秀士之巧智，也截斷他對男女相所升起的尊卑想。這一回合的
機鋒，正如臨濟老祖師與普化的對話（師指臨濟）：

---

71 《子雍語錄》卷三〈老和尚請和尚上堂陞座法語〉，頁 827 中。
72 《子雍語錄》卷一，頁 821 中。

> 師一日同普化赴施主齋次，師問：「毛吞巨海，芥納須彌，為是
> 神通妙用，本體如然」？普化踏倒飯床，師云：「太粗生」。普
> 化云：「這裏是什麼所在？說粗說細」。師來日又同普化赴齋，
> 問：「今日供養，何似昨日」？普化依前踏倒飯床。師云：「得
> 即得，太粗生」。普化云：「瞎漢，佛法說什麼粗細」？師乃吐
> 舌。[73]

普化著實力道十足，「踏倒飯床」，還對臨濟的「太粗生」之評也踢翻
道：「這裏是什麼所在？說粗說細」。還太粗生地連「瞎漢」都出來
了，將悟者之平等大大地顯露出來。子雍震威一喝道：「這是甚麼所
在？說男說女」，正是這般氣象。這一喝，喝斷男女，也喝斷分別心，
等秀士分別心歇，無路可走，執著心頓塞而無語，此時正待子雍引導，
她遂以「進前來，我與你道」導之，有路可走了，秀士也就乖乖地走，
此時子雍「扭住」，將秀士循路而來之心，示以智慧靈光，給予自在迴
轉處，讓他自己活過來，便向道：「自別靈山無覓處，從今母子又相
逢」，果然還是有男有女，就是女母子男，就是母子相逢，以母子言，
亦是男女，但曰男女，只見執取，曰母子，卻見道之相生相合意，母生
子，子亦本然，母為源，子為流，識母見母，方得源頭不絕處，方得歸
家穩坐居。子雍見秀士求道覓道，若能認取道在眼前，母子便相逢矣。
秀士一聽，深自信服，隨即皈依求剃染。

　　子雍直揭肯定自己的性別，以「老婆心切」自稱，其背面即是「師
姑本來即女人做」的當體即是，非差別非無差別，故能自然地遊走「大
道不分男女」、「就是女就是男」之間，自由自在。為應眾生之機，喝
斷對男女性別之執取，執取頓消後，不妨就來個有男有女的「母子相
逢」，此時合道道合，見鄉歸家，正是觀音慈母，視眾生若子。

　　子雍之語錄出現三次「尼」來參的記載，[74] 還時時有「僧」問，亦
有「不是僧，亦非尼」句，[75] 尼與僧對舉的情況頗為明顯，跟其他女禪

---

73 《鎮州臨濟慧照禪師語錄》，《大正藏》冊 47，頁 503 中。

74 《子雍語錄》卷二〈尼參師問何處〉、〈尼參問世尊初生意旨〉、〈問尼何處住〉，
　　頁 823 中下。

75 《子雍語錄》卷二〈示眾不是僧〉，頁 823 下。

師語錄少見「尼」字不同，既有分別尼、僧之記載，顯然尼即是比丘尼，僧即是比丘，所以語錄中出現「僧禮拜」，應即是比丘僧禮拜女禪師子雍也。此處又有秀士「皈依求剃染」，子雍似乎更進一步地有男居士要求皈依剃染，讓她成為比丘之師，不知後來是否實現乎？這些狀況都是很特別的。

　　整體而言，子雍身為女性，並行種種慈悲方便，他人遂以觀音慈航稱之，其亦以觀音慈母視眾生若子之機鋒來教化，而且還有頓斷世人男女想之霹靂手段，言詞裏還能正用老婆、女人等女性詞彙來講授禪法。

第十二章　全女禪：禪教化與性別智之析論

　　作為女性禪師最核心的禪法教化，已分別在祇園等人的個論裏討論過，為了更突顯她們這方面的特色，並企圖爬梳整合性別智的面向，有必要加以綜合論述。依筆者所提架構，禪法教化包括無關性別的禪教化與關乎性別的性別智，是謂「全女禪」，所以以下便分成就這二部分來討論，再進而提出有意義的性別智取徑與典範，最後論述這些性別智取徑與典範的立基架構：是以「女性證悟之效果」形成「女禪師輪」、「女禪三輪」的性別智教化，以完成整個全女禪教化的內涵。

第一節　禪教化之特質與比觀

　　此處將根據幾個關鍵點來觀察她們禪教化的特質，主要從整體特質、師承所形成的共相別相、禪淨關係、對禪門的時代感受、禪詩文學等，最後將以畫龍點睛的方式，點出她們禪教化特質的幾個「最」。特別要說明的是，為了比較，不得不採取「就重避輕」、「取本刪末」的方式，亦即為了突顯彼此，刻意使彼此對立，讓此為此、彼為彼，以此對照彼，以彼對照此，產生對立效果，實則彼此也多少具有對方之特質，只是較少較細，不明顯而已。

一、各家之整體特質

　　祇園之教化，當陽正照，棒喝嚴峻，教弟子參究「本來面目」話頭為主，強調苦志精進，法矩嚴肅，行事清貧樂道，內斂謙遜，卻也脫灑清閒。

　　義公之教化，壯闊氣象，說理明暢，行履孤硬，瀟灑出群，優遊晦養。

　　一揆之教化，篤實履踐，冷淡平懷，強調冷淡家風，行事節清貞

定，所以骨硬如釘，卻也道誼合融，勤學廣參。

季總之教化，寬闊通透，穩健大器，大開大合，說法浩浩，通宗通教。行事來去自如，雲蹤遍歷，隨請隨化，關懷禪門祖道，茲茲念念菩薩萬行之細密行。

寶持之教化，壁立萬仞，一切現成。具直截氣魄，行事蕭然自寄，精嚴自肯。

祖揆之教化，機鋒靈銳，超佛越祖。展現靈活恣暢、掀翻面皮之文字禪，在靈活中具善勝氣勢，有傳繼、超越女性禪師之志，善扣核心，收放為「全心即佛，全佛即心」之旨，在悲憫禪法沒落下，對禪門傳承、禪淨法教更具放下超越之力。

子雍之教化，覿面承擔，賣盡春風。強調親證直接之精神，藉春花鳥啼為禪境。應機於官宦信眾，在呵佛罵祖與祝國慶頌之間展機鋒。以融通為方便接引，故承慈航普渡之名。具勇健之心，行南詢之願。

二、師承形成之共相與別相

由師承法脈來看，她們七位皆出自臨濟宗，而且都來自密雲門下，皆以參究話頭為下手功夫，以棒喝為教化方便，這些是她們禪教化的共相。

但同為密雲門下，卻出現二種不同禪法趨向之別相，因為密雲與其弟子漢月，在明末清初對禪法教授有一段轟動的諍論，七位女禪師中的五位，分受二方教化，故可由此分成二種類型，即師承密雲→石車的祇園師徒三人，以及密雲→漢月的寶持與祖揆。其餘三人勉強分之：季總可算祇園這類，而子雍則偏屬寶持這類。

密雲之禪法教授以棒喝聞名，用自身證量來點撥弟子，認為宗旨公案只是權用，全在他棒下或存或沒，是較屬當下直截型、全體棒喝的教化，所謂「老僧以極轟一棒，直打到底，全體作用，殺人刀，活人劍。……汝等諸人只管理論宗旨，總效古符頌、四料揀，老僧即不然」。[1] 祇園同時參學於密雲、石車，在石車座下悟道，密雲這個特質

1　密雲《闢妄救略說》卷五。《新纂卍續藏》冊 65，頁 140 中。

祇園師承之，運用起來是七位當中最為典型的，只是她比師祖密雲顯得文氣內歛一些。就祇園師徒來看，義公與一揆在棒喝的運用上似乎減少很多，或因法門冷落故，或因漸往溫平有序上走之故。

寶持與祖揆二人，承繼於三峰派之繼起、漢月，受師承的影響，表現出特別不同的樣態。漢月重視禪門之各家宗旨，有家法為可循之入處，也才有判斷之準則，並認為棒喝教化不夠精確，會形成盲棒瞎喝，所以重視公案之琢磨、宗旨之商量，是較屬文化宗法型、公案文字禪的教化。寶持、祖揆二人，在語錄所呈現禪法，就有這樣的特色：重視商量公案宗旨，為之「下轉語」者特別多，甚至自設問自下語，形諸於語錄時便形成堆累層疊的機鋒語言文字，而自顯機鋒之拈古頌古也並勢而盛，二人還上承無著之頌古，分別各作頌古，這樣的特質祖揆更是明顯。然而這樣的比觀，並不是說寶持、祖揆完全沒有棒喝之教，除此之外，子雍也有這樣的傾向，頗常以宗旨公案為問答。其他女禪師在教化時，亦有公案宗旨之商量，只是並沒有這麼頻繁。

三、禪宗與淨土之轉折

禪宗與淨土，在修行主流上的競合、消長關係，到明末清初已來到整個翻轉的關鍵點，從祇園等女性禪師弘法中亦可看出端倪；尤其祖揆，更直截作出「速改門庭，由禪轉淨」的翻轉式宣示，將禪師的超佛越祖之精神發揮到淋漓盡致，非常精彩，但也呈現法門大環境由禪轉淨的變遷。

祇園是純以禪教為主，偶而為弟子超薦佛事時，才曰「高超九品寶蓮中」[2]、「蓮臺九品任高登」[3]等祝福之語。一揆對禪淨雙修的初參老師常一，有「淨土禪宗同一體」句。[4]

季總有〈參禪偈六首〉亦有〈念佛偈六首〉，都以禪心來說念佛，是標準的念佛禪。

---

2 《祇園語錄》卷上〈蘭溪朱居士歿于杭城室人同妹求薦師各示偈〉，頁 432 下。

3 《祇園語錄》卷上〈吳夫人起棺〉，頁 433 上。

4 《一揆語錄》〈昔日于檇李保壽菴參常一老師……口佔一偈〉，頁 13 上。

祖揆有〈示智徹道人課佛〉[5]，指示念佛之旨要，更於妙湛禪寺的最後一次法語，有「辭眾請法，併勸念佛」之舉，她敦敦長篇，普勸大眾修念彌陀，今再節引之：

> ……大眾，古人恁麼道，大似長繩放遠鷂，短綆汲深泉，既仰攗不著，祇推過便休，得即得也，省卻無限唇皮，然未免虧缺一種慈悲，不能向目前點醒，使末世眾生，直下倒斷狂心，開發正眼，往往瞎驢隨隊，罔辨高低，矮子看場，漫受指畫，十個有九個錯誤，一生先半生棄捐，山僧太煞慈心，不惜惡口奉勸，諸人直須諦信，參禪固是第一，念佛不居第二，參禪底要見性成佛，念佛底貴達理悟心，即心即佛，自信得及，便請穩坐家堂，非心非佛，自把不住，到底終成惑亂，況乃時逢濁穢，根祿偏邪，非律非禪，不宗不教，蒙獅子皮，噴埜狐沫，遍布寰區，充塞里巷，輕欺先哲，漫篾初機，肆狂悖號，脫灑高風，順顛倒稱，縱橫妙用，師資互訐，兄弟成讎，近日見聞，頗多駭愕。……[6]

之所以作此宣告，全因為禪門亂象四起，甚至「師資互訐，兄弟成讎」，這局面，讓已修者誤入歧途，初修者唐喪光陰，所以身為禪師的祖揆，慈悲明示，大刀一揮，宣告「禪宗已死」，要大家由禪轉淨，直取淨土法門，腳踏實地，真參實悟。時至今日看來，此舉此言，也都還相當震憾，充分感受到她轉宗之大力與大痛。她還有〈念佛偈示徒〉亦曰：

> ……入室操戈結黨爭衣缽，釋迦好弟子，皮下皆有血，宜速改門庭，同念西方佛，……淨穢應時脫，覿體是彌陀，何須更饒舌，我記如是人，直下齊了徹，眾苦不能侵，逍遙長快活。[7]

〈有感〉之二，更直率地說：

> 蜂起禪門日已非，魔風滾滾盡緇衣，不如插腳蓮華會，一任諸方笑鈍機。[8]

---

5 《嵒華集》卷五〈示智徹道人課佛〉，頁 757 上。
6 《祖揆妙湛集》卷三〈辭眾請法併勸念佛〉，頁 726 下 -727 上。
7 《嵒華集》卷五〈念佛偈示徒〉，頁 759 上。
8 《嵒華集》卷五〈有感〉，頁 760 上。

894

七優曇華：明末清初的女性禪師

鈍機人之所行，正是一般禪者對老實念佛、依他力為多的淨土法門的看法，一句「一任諸方笑鈍機」，將「鈍機」與「譏笑」坦然放下。祖揆雖然要弟子從禪轉淨，但從其心行看來，她確實不愧是個真正的禪者。

在禪門最後一段輝煌與亂局中，這些女性禪師出現了，她們有的如季總，以自身證悟，堅守禪法，深化淨土法門為念佛禪，亦有如祖揆者，翻然轉身，慈悲地掀翻自己面皮，要大眾「宜速改門庭，同念西方佛」。這樣的宣示，正應驗之後的翻轉，弘揚淨土法門成了修行主流，禪宗迅即走入衰微。

四、對當時禪門之看法

對當時禪門之看法上，她們幾乎都談到當時禪林浮華不實，誇飾紛諍的問題，而感到痛心，例如祇園曾云：

> 閱諸方語錄，涉攻訐毀訾，則掩卷不觀，謂三教一家，初無二義，況在法門同條共貫，不可參差自取罪戾。[9]

祇園與弟子義公、一揆基本上都採取低調不涉的態度，專在自身修證、嚴整律己之要求上，屬於不攀緣外務型的。但季總與祖揆，她們對禪門亂象之論便明顯多了，季總之〈悼祖風辭〉與祖揆普勸大眾改門庭時，都於此深有著墨，季總期許不忘付囑，興復祖風，力挽狂瀾，祖揆則是直接採取行動，轉勸大眾同念彌陀。

第二節　性別智之取徑與典範

在各家論述裏，已分別闡述七位女禪師她們關乎「男女性別」的教化，亦即性別智與作略，所謂「性別智」是指女性禪師相應於其自身女性性別，並以此來教化男女信眾，特別是相應於女性時，所表現之智慧見識，而其採取之應機方便，即為性別作略，二者就以「性別智」統之。

在此將歸納祇園等人性別智之取徑與典範，這些典範有些是某個人特別展現出來的，有些則是幾個人都有的展現，有些是別相，有些又是

9　《祇園語錄》卷下〈祇園行狀〉，頁 439 中。

共相。又，個論時已完整論述各人性別智之內涵，以下提舉時，便採用重點式的說明，有時也只略引重要文本說明，不再詳細闡述，而將重點放在取徑典範的定位與彼此之間的關係，讓這些取徑與典範形成有機的連結，以詮釋出性別智豐富而且有意義的面向。

一、圓滿典範：女佛陀

這是寶持展現出來的性別智，標舉出女性禪師性別智之最圓滿的典範。當她從妙湛禪院退院，請祖揆來開法，在退院上堂時說言：

> 請靈瑞和尚住妙湛，兼退院。上堂，卓拄杖云：這簡所在，吉祥殊勝，千佛萬祖，次第出興，今于賢劫中，有釋迦文佛遠孫靈瑞如來，將于此座成最正覺，轉妙法輪，度無數眾，諸天八部于虛空中，吹螺擊鼓，擎香散花，瑞相既彰，各宜忻慶，未度得度，未解令解，未安者安。……[10]

靈瑞和尚即是祖揆，在千佛萬祖次第出興中，今日由「釋迦文佛遠孫靈瑞如來」，據座成正覺，轉法輪，度眾生。寶持當場開演一場女禪師成佛的場面，這是一幅典型如來成等正覺之畫面，一幅慶讚如來成等正覺的祥瑞儀式，而此如來名為靈瑞，亦名祖揆。寶持實實在在地舖陳，並沒有所謂「轉女身成男身而成佛」之言，彰彰明明點出一位女性性別的佛陀，女佛陀也。

祖揆自己在〈靈瑞尼宗遠老師壽像讚〉亦有「無依佛母」句，[11] 在〈寄紹道人〉亦寫曰：

> 一朝夢醒豁雙眸，塵網重重不敢留，絕勝轉龍成佛女，更無寶惜掛胸頭。[12]

她用龍女成佛的典故，也沒有是否轉成男身後成佛之問題，直接就是女性成佛，「轉龍成佛女」之「佛女」二字，正也呼應寶持「靈瑞如來」之女佛陀。

或曰佛陀無有男女性別，然在人間成佛，必然有此生之性別，印度

---

10 《寶持語錄》卷上〈請靈瑞和尚住妙湛兼退院上堂〉，頁 707 上。
11 《峀華集》卷三〈靈瑞尼宗遠老師壽像讚〉，頁 753 下 -754 上。
12 《峀華集》卷五〈寄紹道人〉，頁 759 下。

喬達摩太子成佛為釋迦牟尼佛，是以男性之身成佛，祖揆此身為女性，故靈瑞如來，即為女佛陀，其意亦在此。

　　直接了當地捧出女佛陀，也平平實實地捧出女佛陀，將女性能不能成佛的問題化於無形，將女性得轉成男身的問題也拋掉，女性既然有個究竟覺悟者出現，有個成佛典範出現，一切的障礙與次第，如日照暗消，皆可不必論矣，而且有女性佛陀，亦有男性佛陀，方能完整大道無男無女的義涵。所以寶持這麼一勾勒，以究竟典範正顯女性，以究竟典範化消疑障，可謂女佛陀典範的性別智。

二、菩薩典範：觀音慈母、觀音法門

　　子雍因其「利濟世人，亦嘗曲垂方便」，而有「慈航普度」之稱，也曾自稱「慈航道人」，[13] 還特別到普陀山觀音道場朝海，效法善財童子往江南南詢五十三參。慈航普度，這個稱號絕對是因為子雍是一位女性，相應於慈航觀音大士之示現女相故，而女性之慈仁調柔德性，與觀音大慈大悲之菩薩德性有其一貫性，也與子雍「利濟世人，曲垂方便」之德性相貫。而且她對南方秀士那一場精彩機鋒，破對方「慈航是個老婆相」之揶揄，轉顯「母子又相逢」，展現觀音慈母，視眾生若子的德性。這些都是子雍以觀音為典範的性別智。

　　觀音之典範除了女性慈悲德性、慈母視眾生如子外，還有觀音修行法門：耳根圓通，這個法門，子雍亦有所著墨，於鐘子擊碎之聲、聞斫水聲等幾則聲音之教，[14] 更在元旦時，對一婆子等指示「無情說法能親切，遍界觀音不覆藏」、「耳根圓妙絕商量」。[15] 又，觀音三十二應身之為度眾生而千變萬化，亦是一種典範，故在一次大士誕日上堂，有婆子問：「觀音大士有三十二應，和尚今日應那一相」？「我者裏一相也無」，[16] 子雍如是答之。更在普陀朝海前之上堂說法，有弟子亦以觀音為問：

13　《子雍語錄》卷一〈大士誕日〉，頁 820 上。

14　《子雍語錄》卷一〈鐘子擊碎於此有感隨作一偈〉、〈聞斫水聲〉，頁 821 下。

15　《子雍語錄》卷一〈元旦雲峰請小參〉，頁 820 中。

16　《子雍語錄》卷一〈大士誕日〉，頁 820 上。

……進云：「只如觀音大士，端居巖畔，欲逢不逢，欲見不見。師又作麼生語會」？師云：「不惟彈指觀深妙，又听慈音語細微」。進云：「高揖釋迦，不拜彌勒，甚又要禮覲觀世音菩薩去」？師云：「祇知金色貴，那識錦江春」？[17]

因子雍身為女性，觀音典範之種種內涵，並成了子雍教化行事之性別智與作略。

觀音信仰在明代非常興盛，謝肇淛（1527-1624）《五雜俎》曾云：

唐以前崇奉朱侯劉章，家祠戶禱，若今之關王云。然自壯繆興而朱侯之神又安之也。今世所崇奉正神，尚有觀音大士、真武上帝、碧霞元君，三者與關壯繆香火相埒，遐陬荒谷，無不尸而祝之者。凡婦人女子，語以周公、孔夫子，或未必知，而敬信四神，無敢有心非巷議者，行且與天地俱悠久矣。……佛氏之教，一味空寂而已，惟觀音大士，慈悲眾生，百方度世，亦猶孟子之于孔子也。大士變相無常，而妝塑圖繪多作女人相，非矣，既謂大士，豈得為女？既謂成佛，則男女之相俱無矣，蓋有相則有情識婬想故也。[18]

觀音信仰與關公、真武上帝、碧霞元君，即使偏遠荒郊，都還有人祝禱祭拜。他接著談及婦女敬信這四神之虔誠，而作女人相的觀音，勢必得到婦女更貼近的敬信，之後他實地描寫「觀音祠」之情況：

今佛寺中尚有清淨謹嚴者，其供佛像，一飯一水而已，無酒果之獻，無楮陌之檾，無祈禱報賽之事，此正禮也。至觀音祠則近穢雜矣，蓋愚民徼福者多，求則必禱，得則必謝，冥楮酒果，相望不絕，不知空門中安所事此？良可笑也。然猶齋素也，其他神祠，則牲醪脯糗……[19]，

觀音祠有很多民眾來祭禱，有感應必答謝，燒紙錢，拜酒果等素齋，絡

17 《子雍語錄》卷三〈本庵起身朝海上堂法語〉，頁 825 中。

18 謝肇淛《五雜俎》（二）卷十五〈事部三〉。《新世紀萬有文庫》（瀋陽：遼寧教育，2001 年），頁 314。

19 謝肇淛《五雜俎》（二）卷十五〈事部三〉，頁 314-315。

繹不絕。謝肇淛視此為「穢雜」之事，這樣的判準，暫且不論，主要是從這些描述可體會到女性與觀音之緣分深厚，以及女性信仰觀音之盛，觀音作為佛教非常重要的菩薩，即使在禪門亦見有關乎觀音節日，諸如誕日、成道日等的上堂說法，就如子雍在觀音大士誕日上堂說法，並有婆子來問法，顯然節日是女相之觀音，說法者是有慈航普度的女禪師，必然參與者有很多女性，這些具有性別意義之因素，都圍繞在觀音之典型風範上。

為季總寫序的譚貞默，也曾用觀音應化神通來形容她：

> 如許白紙黑字，的的空谷足音，可使截斷眾流，亦可使乾坤函蓋，……更應令楞嚴藏冊，妙麗莊嚴，添一重提魚籃賣笊籬，應化神通大作略，庶於慧燈普炯，少分相應云爾。[20]

魚籃觀音，是屬於中國民間的觀音形象之一，她化作提魚籃賣笊籬之婦人，教化村人，貞默以魚籃觀音比喻季總，一方面呼應其示女身相，一方面呼應其說法浩浩。季總亦有二則與觀音有關節日之上堂：觀音誕上堂、觀音成道日上堂，以及一則觀音成道日小參。觀季總之觀音誕日上堂，亦依觀音種種典範來啟悟禪法，絲毫未失分寸，根本無關謝肇淛所謂「穢雜」之事。今看其中一則：

> 觀音誕上堂。問：「觀音大士未降母胎，向甚麼處安身」？師卓拄杖一下。進云：「已入母胎，為甚卻藏頭露尾」？師云：「莫謗他好」。進云：「已出母胎，作麼生施設」？師便打。問：「一輪紅日現萬里，絕纖塵時如何」？師云：「那裏學得者虛頭來」。僧遶身一匝。師云：「腳跟下，不穩在」。進云：「蹋著秤錘，硬似鐵」。師云：「秖恐不是玉」。僧便喝。師云：「再喝喝看」。僧展兩手。師云：「果然弄虛頭」。乃云：「觀音菩薩未出母胎，以楊柳枝穿卻大地眾生鼻孔，將甘露水普潤遍界靈苗，已出母胎，口吞日月，眼蓋乾坤，諸人還委悉也無」？蔫拈拄杖，卓一下，云：「遮藏不得人人見，萬紫千紅總是春」，下

---

20 《季總語錄》譚貞默序，頁 441 下 -442 上。

座。[21]

以觀音未降母胎、已入母胎、未出母胎來設問機鋒。這三則法語，並未出現女性，只有「僧」與男居士，男居士是為兒子起名請小參，應該是女性沈默或隱伏未被記載之故。三則記載在語錄內容的比例已算不少，一方面印證觀音信仰之普及，一方面展現季總以女性禪師之身，應此女性觀音信仰普及之機，亦用觀音典範來啟悟禪法之作略。而祖揆亦有多首觀音像讚，也具這樣的意義。

觀音以女相示現，已深植人心，女性禪師以觀音法門教化，時人以觀音來讚喻她們，這些都是相應於女性之故。

三、禪法參究：女性公案

這是季總最具特色的性別智所在。她對女修行者之教，雖然並不局限於以女性為角色的女性公案，亦有公案之外的啟悟，但對女性一旦提舉公案時，多以女性公案來教，而且敘述詳細，諸如七賢女遊尸陀林、師子端因尼來參、月上女出城、城東老母、舍利弗與天女散花等。於是在師、法、徒三個端點上，形成一氣連貫的女性（女性禪師）v.s 女性（女性公案）v.s 女性（女修行者）的同性連結，達到共感共成的應機效果。

女性公案，即是以女性為角色的公案，這類公案都有打破男性對女性障重觀的共通性，又能顯現女性機鋒不讓之內涵，甚至將男性整得一楞一楞地，對傳統性別觀點充滿顛覆性，是禪門公案中很具特色的一環，例如龍女成佛、女子入定、文殊問菴提遮女、舍利弗與月上女、七賢女遊屍陀林、城東老母、德山點心婆、燒庵婆、麻谷作女人拜、五臺山婆、婆子偷趙州筍、巖頭渡河、金陵俞道婆、鄭十三娘、末山尼、玄機女道者、浮杯與凌行婆等等，所以運用女性公案來啟悟女修行者，有見賢思齊之妙功，有振拔自卑，產生自信之力用，在世出、世間現象上對女性的僵化定位與設防下，讓女人可以重新調整內心，透得一口氣，得到平等安頓。

---

21 《季總語錄》卷一〈觀音誕上堂〉，頁 444 下。

四、女禪典範：末山、無著

　　唐代末山女禪師，其降伏灌溪之公案，是個最典型的女性公案，堪為天女散花公案之續集，而末山的一句「不是神不是鬼，變個什麼」，更超跨天女散花於無形，最後灌溪還自願任園頭三年，並自承從末山處得半杓，更讓這個公案達到最圓滿的結局，謂之為中國版的天女散花，絕對有過之而無不及。末山典範除了顛覆性別外，更代表女性以智慧機鋒折服男性之悠然有餘，所以每每提到女性禪師，多以末山為標誌，尤其代表機鋒不讓的女禪師。七位女禪師中展現出這樣的力用者，就非屬祖揆不可。

　　祖揆之機鋒，被形容為如公孫大娘舞劍器渾脫，靈暢力蘊，頂挫瀏灕，而寶持以「用末山機，寒灌谿口」讚揚之，[22]她自己〈自題〉亦曰：

> 白紙一幅，黑筆幾叉，亦非男亦非女，貌從何來，不是神不是鬼，變個甚麼，無語則口邊堆釀，有月則眼裏添花，閒笑灌溪多莽鹵，錯呼臨濟作爺爺。

> 口快如風，性急如火，罔辨親疏，那知，鋒稜上用不停機，電光中兆分其五，休誇一棒成龍，謾說三玄陷虎，豈不聞玄沙有言分，大丈夫先天為心祖。……

> 洞庭山高不露頂，太湖水深不溼腳，下載清風付與誰，祖師心印齊拋卻。

> 覿面兩無言，臨機一著先，金針穿白月，石火迸青天，笑倒唯心佛，掀翻得肉禪，近來貧更甚，有問只空拳。[23]

「非男非女」，與末山答「如何是末山主」？所云「非男女相」、「洞庭山高不露頂」與末山答「如何是末山」？所云「不露頂」，都是相同的，而「不是神不是鬼，變個甚麼」正與末山同也，「閒笑灌溪」、「錯呼臨濟」亦是用末山公案，確然是末山典範與祖揆機用之充份結合。李模亦曰其「殆高安灘頭，高高山頂立不頂者耶」？[24]亦以末山之不露頂比之。為祖揆寫序的行際，也云「其妙句珠圓，雄機劍拔，走盤

22　《寶持語錄》卷下〈靈瑞和尚讚〉，頁712下。

23　《嵒華集》卷三〈自題〉，頁754上。

24　《祖揆妙湛錄》李模序，頁715上。

而盤局全輝，揮空而空輪絕跡，置之末山、無著諸師語中，俾具擇法眼者，窮歲研精，卒莫能辨」，[25] 即將祖揆之機鋒與末山、無著相提並論，與之前呼應，末山典範之比擬特為明顯。

而且祖揆更有超男越女之志，連末山、女禪師也可以踏倒掀翻的，她有一次舉末山與灌溪公案時，竟還立於灌溪之位，為其下語解套！也曾云：「笑倒唯心佛，掀翻得肉禪」，更有「羞見總持得肉，恥同懷讓分眉，直得一塵不染，方名真正男兒」，[26] 「男兒」將「男女」都踢翻，點將成「大丈夫」之覺悟者義，這些都顯現出她非男非女，超男越女的性別智。

因為末山為歷來女禪師標誌之一，所以時人經常以她來比擬女性禪師，除了祖揆之外，季總在向葉紹顒一陣機鋒點撥後，紹顒似乎脫口而出云：「和尚莫是末山再來？」。[27] 這正也呼應季總說法浩浩之風格。

另一位宋代女禪師無著妙總，亦是女禪師標誌之一，她是宋代提倡話頭禪最有力的大慧禪師法嗣，與祖揆等人又同為臨濟門下，教法取徑亦是直脈相承，可以說是她們的直接女祖師，無著對大慧，及大慧座下的不動居士馮楫有精彩的機鋒、頌語留下，包括「巖頭渡河與婆生七子」、「郭象註莊、莊子註郭象」、「莊上喫油糍」等公案之對應。[28]是以，祖揆與實持就依無著之公案頌古而作《頌古合響集》；《祇園語錄》之吳鑄序，亦提舉「妙總、末山」來比擬；為一揆寫序的施博亦曰：「以見今日固有末山、妙總其人者」來喻顯一揆。[29] 譚貞默為季總寫序時，更直以「季總」之「總」與無著妙總之「總」相提並論，謂為「同上淵源」、「滴骨滴髓，臨濟兒孫」，而謂季總是「同是知繼總徽聲，固足爭光無著，為先後宗門兩大總持也」，而且他更認為季總在說法浩浩上，還是百尺竿頭更進一步可還視無著道人，「實為得未曾有」。[30]

25 《岊華集》行際序，頁 715 中。
26 《岊華集》卷五〈酬張宮保大圓居士〉，頁 757 下。
27 《季總語錄》卷二〈葉季若居士問〉，頁 450 中。
28 薀聞編《大慧普覺禪師語錄》卷二十二〈示永寧郡夫人〉，頁 903 下。
29 《一揆語錄》施博序，頁 7 中。
30 《季總語錄》譚貞默序，頁 441 中。

末山折服男性禪師形成典範，祖揆亦以末山典範來示現其性別智，並更要超男越女，極盡其「不露頂」之精神。而臨濟女祖師無著之妙智典範，也是他人眼光下這些女禪師們的展現。

五、女禪傳承與書寫：頌古合響、女禪像讚

這個取徑以祖揆與寶持為代表，尤其是祖揆。因為她們兩人曾合著《頌古合響集》，取女禪師無著之公案頌古 43 則，分別亦各作頌古來與無著相和，形成三位女禪頌古的相呈，顯現傳承女性禪師系譜，而祖揆自己又依《碧巖錄》公案作了 100 則頌古，並另有 104 則拈古，就祖揆而言，她同時依男性禪師所集公案作頌古，亦依女性禪師所寫公案頌古作頌古，以書寫來展現男女祖兩邊的傳承，尤其是女性禪師傳承，顯然是她特別關照的，所以頗具有女禪傳承意識的性別智。

祖揆也寫了一些同時代的女性禪師之像讚，她與寶持亦互相書寫像讚，並有自題、自贊、述志等，她描寫其他女修行者，亦書寫自己。季總、祇園亦有自讚、像讚，牧雲也曾為一揆作像讚等等，這當中以祖揆的數量最多，這是她展現出橫向關照當代女修行者、女性禪師的女禪書寫，讓這些佛教女性的形象能專門獨立呈現出來。

六、正用女性詞彙：貼上女字，正是婆心

禪門運用「丈夫」、「大丈夫」等詞，非常普遍，是指覺悟者、大心大願者，但因為這些詞彙都有「預設男性」之意或根本即是男性稱謂，便造成覺悟者與男性結合得較為緊密的情形，然而，祇園等女禪師大都隨順傳統用法，以呈現覺悟之意義。當體認到這些詞彙有「預設男性」，與男性性別結合得較密時，自然地加個「女」字，強調覺悟者的女性身分，例如祇園期許弟子作個「火宅塵勞中女丈夫」[31] 等，這是女性（禪師、修行者等）才會產生的情形，因為如果不標明「女」字，這些詞彙就自然偏向「預設男性」，即使它們本身是中性意義的，所以男性在使用時，並無錯置，但女性使用時，便覺得不甚恰當，故往往將之

---

31 《祇園語錄》卷上〈示瑞宗〉，頁 430 中。

貼上「女」字，以示辦明，這幾乎是七位女禪師的共通性別智。

而禪門關乎女性的詞彙、名言，一般男性亦會使用，但是由女性禪師運用起來，形成特別貼切的效果，將慈悲的意涵更直接呈現出來，所以有女禪師就直接特別拈用之，例如「老婆心」、「一切婆心」，子雍經常正用之，來喻己之度眾，用「原來師姑是女人作」啟悟教法，弟子也會有進以「婆心太切」、「女中丈夫」來喻指她。又例如「玉女拋梭」、「木人聞作舞，石女聽高歌」等等以女性來喻禪教的詞彙，祖揆也特別拈「玉女拋梭」來點撥女弟子。這些便是她們正用禪門女性詞彙之性別智。

所以，一者是在「預設男性」之詞彙前貼上「女」字，一個是直接正用以女性為喻的禪門詞彙。

七、以女性喻道：悟境的女性描寫

以女性身心事物來比喻女性之悟境、讓女性能觸機參究，季總就曾經這樣呈現之。她在給李三夫人的信中，教示夫人參究城東老母公案，並提個偈頌讓她更進一步體悟，其偈頌如下：

> 繡戶臨芝絕品評，何須開宴待瓊英，十分春色遊人醉，一種天香透骨清 [32]。

還有〈黃夫人行樂圖〉都有這種傾向。但季總並非面對所有女性都是如此，亦有較中性、無關女性的形容。但這樣的展現方式，是在面對女修行者時，女禪師很自然地依女性之身心、事物、生活形態等內涵語詞來比喻悟境，承載機鋒，讓女性能更貼近之。

八、打破男女：截斷男女執想

當南方秀士言：「終日訪慈航，誰知慈航是個老婆相」？子雍震威一喝，曰：「這是甚麼所在？說男說女」。[33] 子雍這麼一喝，喝斷秀士之執取意識，也喝出「大道無分男女」、「無男女相」的佛法基本觀

---

32 《季總語錄》卷四，〈與李三夫人〉，頁 468 下。

33 《子雍語錄》卷一〈系三日後有一南方秀士〉，頁 821 中。

點，更點出「這個所在」是女性禪師證悟之處，是女性禪師弘化之處，是女性禪師以自身證明「大道無分男女」之處。

就如論祇園之性別智時，列舉男性禪師對女性的教化，都集中在申明「大道無分男女」之要旨上，顯示這個要旨大部分都是用來勉勵女修行者，換言之，對男性無須說「大道無分男女」，也可見「無分男女」，只是在說：莫對女性卑劣想，莫謂女性不能成大道。相對的，「說男說女」，也只是在說：女性業障重，老婆相可愧。所以既然女性禪師已在「這個所在」證悟解脫，秀士「說男說女」，即屬無稽妄想。子雍震威一喝，正是截斷男女性別之流，以「空」掃除性別執障，還出一片清清淨淨。

九、超男越女：踢翻男女祖師傳承

這樣的取徑由祖揆展現得最清楚，當她依無著寫頌古，也同時依一般公案作頌古，她為同時代的女性禪師寫像讚，也為男性禪師祖師寫讚詩，她更進一步地「不復可遜無著獨步」，[34] 並直言「羞見總持得肉，恥同懷讓分眉」，[35] 這種踢翻男女傳的性別智與作略，頗具禪宗精神。

十、面對男性：機鋒折服、謙遜後退、警醒知解文字障、居士公案

在呈現性別智與作略時，正顯對女性的狀況，而反面對男性的狀況亦需明之。七位女禪師中，祇園、季總較能突顯對男居士教化的情形，而祖揆採用的則是機鋒不讓的折服方式，所謂「用末山機，寒灌溪口」，積極有力的來折服男性。

祇園採取的是謙遜退後，卻穩然自信，並特別警醒這些士大夫的男居士不要浸沒於文海詩江中，只在文字語言上琢磨知解，忘失解脫在心與實踐，不在理與文字上。

---

34 《頌古合響集》張有譽序，頁 565 上。
35 《嵒華集》卷五，頁 757 下。

對男居士，季總也有祇園這個教化特色，應該是學貫古今的士大夫男居士，在修行上會特別顯現這個問題的緣故。季總也是指示男居士不要被知解籠罩陷在文字堆裏，勿在古人言句上找樂處，要能掃除文字閒枝葉，參究妙悟才是。但季總尚有一項對男居士之教化特色，即是善用男居士公案來提點，用意便在應機施教，見賢思齊，有為者亦若是之提醒。

而不管方內方外之男修行者，面對女性禪師的修證有成、教化弘化，無寧是對他們性別觀點的很大挑戰與顛覆，他們從初始之驚異懷疑，進而折服讚歎，而將之與往昔之女性禪師系譜相連結，並證明佛法的核心精神，並多少對禪門亂象有所感歎，而視女禪師為清流，從他們為女禪師語錄寫的序言都可以看出來這樣的心路歷程，這對男居士們來說，也是一種震撼性的性別教化。

十一、無聲而化：自身修悟之見證

當點出大道無分男女時，有女性證悟者可驗證，是很重要的關鍵，也最具有說服力，更何況有活生生的女證悟者在面前。因為如果只是男性證悟者在說「大道無分男女」，縱有智慧辯才，終是缺少那麼一個典範與證驗，而釋迦牟尼佛的存在，讓男性從來沒有缺過這麼一個典範。從另一角度來說，當女性證悟者可以作為這個見證典範時，她也就不必說「大道無分男女」了，因為她自身修證即是這個道理存在的結果。

由此來看，祇園與其弟子義公、一揆，她們的語錄裏幾乎沒有著力闡述「大道無分男女」之論，祇園語錄曾經記載，諸方對她受石車法嗣感到驚駭，以及祇園到伏獅弘法，有恐其為女性，在當地不易化導，所以她們或許語錄之外有「大道無分男女」之論，但形諸於語錄臺面上的，卻多純然於禪教上著墨，都是實實在在、平平等等的禪法教授，為何如此？正是因為祇園以自身見證故，這個所在，已沒有「大道無男女」的問題了，所以不必去說「大道無男女」，不必去說「無男女相」，當然也更不必去「說男說女」了，所以祇園她們採取的是以自身見證的方式來展現性別智，沒有積極的對治、折服與提舉，而這樣的方

式，是女性禪師性別智的基調共性，是其他性別智的基礎。

　　不必去說「大道無分男女」、「無男女相」，無聲而化，正可以平實平懷地應機於女性弟子，所以祇園也很自然地呈現對女弟子的貼切關照，以及對男居士的應機教化。尤其幾則女弟子生病時求開示，她句句指歸話頭參究，再相應於女弟子生病時她「躬持湯藥，親自撫摩」的記載[36]，可以想見同為女性的彼此貼切感受，對生病的女弟子來說，是多麼可貴的身心安頓與安慰。

　　從祇園等人我們看到其性別智的展現有圓滿典範：女佛陀，有菩薩行、慈悲典範：女相觀音，一個是究竟果位，一個是因位菩薩行。亦有禪門之女性公案：天女散花等，與禪門之女性禪師典範：唐代的末山、宋代的無著，一個是女禪教法，一個是女禪師典範。接著是歷史傳承之女禪頌古，與當代關照之女禪像讚，一個是女禪系譜的傳承書寫，一個是展現當代女禪的書寫。而「貼上女字，正用婆心」、「悟境的女性描寫」則是禪門之女性詞彙的呈現，這與女性公案可呼應結合。在破斥執取上，有超男越女，踢翻男女祖師傳承，有截斷男女妄想者。在面對男性時，她們有無限謙退式，亦有居士公案之應對，亦有機鋒不讓式的折服。最後，女禪師以自身修悟為見證，無聲而化，這是性別智最基本、最根源之所在，這也與女佛陀、觀音典範是相互呼應的，因為在即心即佛的意義下，女禪師即女佛陀，即女菩薩。

第三節　全女禪與女禪三輪

　　論述女性禪師之性別智取徑與典範，是立基於「女性三輪」之連結上，三者，師、法、徒；輪者，交互作用，形成環結，「女性三輪」亦即師、法、徒三輪皆是女性，師者，是女性禪師；法者，是女佛陀、女性公案等取徑典範；徒者，是女性修行者，形成女性～女性～女性之連結與對話，故可謂為「女性三輪教化」，用諸女性禪師，即曰「女禪三輪教化」，即「女禪師輪」、「女禪法輪」、「女禪徒輪」。這樣的連結在性別教化上會產生強烈實在的效果，對女修行者有非常特殊的意

---

36 《祇園語錄》卷下〈祇園行狀〉，頁 439 中。

義，這對她們的修證有絕對的助益，可以產生修悟的效果，由此教化效果，方可成為這些取徑與典範。

　　如果單只「女禪法輪」來看，這些性別智取徑與典範，並非是女性禪師所獨用，也非所有女性禪師都要使用，更非女性禪師惟一所用，例如季總在運用女性公案上的取徑，許多男性禪師面對女修行者時，亦會使用之，但卻無法有女性禪師運用時的性別效果，而且這樣的取徑也並非季總教化的惟一方法，她亦有不以女性公案教化的時候，也並非每個女性禪師都有運用女性公案來教化。

　　所以女性禪師的自身見證，至為重要，會形成證悟之性別效果，亦可說是「女性證悟之效果」，亦即在證悟之體性無別，但可以將證悟現象女性化，這是女性禪師之性別智與作略的基礎，沒有這項「女性證悟之效果」，就失去「女性三輪效果」之首輪：「師」輪，也形同斷了源頭效果，沒有這項「女禪師輪」，就無法產生「女性證悟之效果」，也就無法保任「女禪法輪」、「女禪徒輪」之三輪效果，如此一來，這些取徑與典範將會失去完整意義，無法成其為女性禪師之性別智。

　　女性禪師除了女弟子、女信眾之外，男居士或所有見聞的男性修行者亦在教化所及之範圍內，所以亦列有「對男居士之教化」之性別智，此時女禪三輪教化之第三輪：「徒」輪，就轉成男居士，或是廣義的：所有見聞覺知之男性，而「法」輪也會跟著轉變，成了男居士公案、不可被文海所縛等內涵，在師、法、徒上，形成女性～男性～男性，因為「師」輪是女性禪師，所以亦具有「女性證悟之效果」，並可稱之為「女禪師輪效果」，獨顯師輪，顛覆男修行者之傳統性別觀點。何況在「女禪三輪」教化當中，男性修行者亦可共聞共見，他們亦能感受到性別教化之意義。所以不管男女僧俗都可在女禪師輪的帶領下，受到性別智教化。

　　既然以三輪名之，即在施、法、受之三輪體空義內，故「女禪三輪」教化是性別智，亦歸於般若空智，以《金剛經》的語法亦可云為：「女禪三輪，佛說即非女禪三輪，是名女禪三輪」。所以師、法、徒三端，本無性別，尤其是「法」，更是如此，但因為長期以來師、徒二端以男性為多數，無形中遂形成「法」之現象有「男性化」或「預設男

性」傾向，認識到這樣的微妙傾斜，「女性證悟之效果」便產生意義，「女禪三輪」、「女禪師輪」也彰顯其利益女性、男性之處。

上節所論之女禪性別智取徑與典範，有渾然天成，有靈活應機，祇園等七位女性禪師以這些性別智來看待自身、著眼歷史傳承，以及相應女性、男性弟子信眾，是以「女性證悟之效果」形成「女禪師輪」、「女禪三輪」的性別智教化，甚至將傳統證悟現象偏重男性化的情形，加入女性因素，予以女性化。

性別智是特別著眼於相應女性、性別之教化，禪教化則是一展平實、無關性別、男女之教化，前者是女性禪師特為應機之處，後者是作為禪者最基本的核心，而祖揆之超佛越祖、超男越女，更將二者相貫而超越，體現佛法般若實相，這正可謂「全女禪教化」、「女禪全教化」也。祇園等七位女禪師不論在禪教化或性別智教化上都各展擅場，實為這個時代留下一幅精彩繽紛的女禪風光。

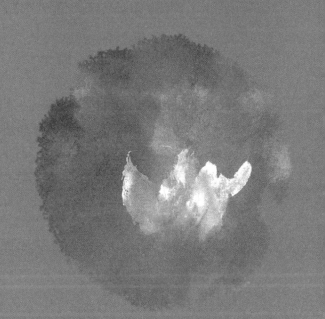

捌　名言與寫真

第十三章　稱謂、書寫與形象

第一節　稱謂之性別現象

就性別角度來看，稱謂保留著文化累積，呈現社會的性別心向，觀察女性禪師如何被稱呼，這些稱呼的性別指涉為何，是一個有趣的面向。

稱謂是一種「名」，用來表徵某人之屬性、角色、地位等社會形象，也是一種較為表層的形象呈現。因此將考察語錄文本中，祇園如何被稱？又如何自稱？由此來分析，當時佛門如何用稱謂來定位祇園她們，加之怎麼樣的形象？

行業職位的稱謂，一般而言，字面上看是中性的，亦即稱謂中沒有性別的指稱，例如醫生、護士、老闆、祕書等等，但是在某種社會文化環境之下，或因屬於這個行業的以男性居多，所以常常在無形當中，自然而然將之指向男性，例如醫生，一般而言以男性居多，所以稱醫生，會浮現男性的印象。反之，護士等行業大多為女性，所以一提到護士，會直接有女性印象。所以本為中性名詞的稱謂，就形成以從事此行業的性別多數者為其當然性別，筆者將之稱為稱謂「偏離中性」現象，如果形成男性印象者，就是「預設男性」的稱謂，如果形成女性印象者，就是「預設女性」的稱謂。當從事某種行業的性別界線被打破、另一種性別加入的數量愈來愈多時，人們才會調整這種既定印象，而意識到稱謂的中性。

當稱謂失去其中性位置，與某個性別黏附一起，暗藏著社會分工概念，認為這項工作是應該男性從事，那項工作是女性從事。而這個分工概念，其實又暗藏男女位階的概念，尤其是在同一種行業之內，例如醫療行業中，一般會認為醫生（大多是男性從事）的社會地位高於護士

（大多是女性從事）。例如老闆（多為男性）高於祕書（多為女性）。所以形成「預設男性」的稱謂其社會地位高於「預設女性」的稱謂。因此這種「偏離中性」，形成「預設男性」、「預設女性」的稱謂背後，是有二層社會文化概念：一是性別分工概念。一是性別優劣的概念。

在佛教團體中，對佛弟子角色的稱謂，有依四種類別來稱：比丘、比丘尼、優婆塞（男居士）、優婆姨（女居士）。前二種是出家人，後二者為在家人。比丘，是梵語 bhiksuka 的音譯，是指出家受具足戒之男子。比丘尼，是梵語 bhiksuni 之音譯，是指出家受具足戒之女子，梵語將此分為陰陽二性，傳至中國便依循而譯。僧，乃「僧伽」之簡稱，是梵語 upabhyaya 之音譯，其原義是和合、眾之意，在佛陀時代是指捨家從佛學道的眾人（多人以上），並沒有性別之分。到了中國佛教，僧眾，指出家眾，但在無形中又將「僧」特別化、個人化，專指男性出家人，相對地就將女性出家人稱為「尼」。「和尚」一詞，核心意義是親教師、大眾之師。從梵語來，依尾音的長、短分為男教師（upad-hyaya，尾音短）、女教師（upadhyaya，尾音長），轉譯成中文「和尚」時，在佛教界內，較正式嚴謹的用法，亦指老師，並沒有特別加上表徵性別之字眼，[1] 如《禪林象器箋》所言：

> 慧苑《華嚴音義》：「和尚……言此尊師，為弟子親近習讀之者也。舊云親教師者，是也」……。《翻譯名義集》云：「和尚，……此云親教師，由能教離出世業故。故和尚有二種，一親教，即受業也；二依止，即稟學也。」[2]

但，因為成為親教師的出家人以比丘為多，這個詞在運用時自然而然歸向於男性，這也因此造成民間流俗以「和尚」為比丘，以「尼姑」為比丘尼，但是這樣使用時，反而失去其「親教師」本意，從師輩降為一般出家人，甚至轉成比丘（男性出家人）的俗稱。「禪師」一詞，指修習禪法的老師，文字中並沒有性別之分。所以出家女性的稱謂除了「比丘尼」（沙彌尼）是專屬於她們的之外，其他原本不分性別的稱謂，如和

1　翻譯時沒有將「和尚」分性別來翻譯，或許也因方便省事之故，因為能成為親教師者，女性的機會絕少，所以基於很少用到，甚至沒有機會用到，也就不去分別翻譯了。

2　日本、無著道忠禪師《禪林象器箋》，（臺北：佛光，2000 年），頁 186。

尚、禪師、法師、僧等，在使用上卻都隱隱然地全部歸向於比丘，黏附著男性性別印象，甚至後來還成了男性專門稱謂（例如和尚、僧）。所以從稱謂的數量、位階來看，佛門僧眾的性別概念之二層：一是性別分工：著重在男性的分工，屬於女性分工概念少（所以稱謂少），亦即被模糊的看待。二是性別優劣：禪師、法師、和尚等位階較高的稱謂，都是「偏離中性」，成為「預設男性（比丘）」稱謂。

而佛教的「丈夫」是「大丈夫」之省稱，雖說是以勇於修道、修證有成的內涵來定義，但因為使用男性名相，若是稱呼男性，沒有什麼問題，如果用來稱呼修道的女性，可以是解構、放寬「丈夫」的性別指向，也可能仍然是以「丈夫」為男性，將女性歸入男性群體內，而以勇於修道、修證有成者為男性才確當，這就類似轉女身為男而成佛的形式，認為仍以男性為成佛之身才確當。[3]

再根據《大智度論》對佛陀稱號「丈夫調御師」的解釋來觀察，其認為所謂「丈夫調御師」，是可以調教丈夫（男性），令其得道的覺悟者，而對「丈夫」一詞有疑者提問：

> 問曰：女人，佛亦化令得道，何以獨言丈夫？答曰：男尊女卑
> 故，女從男故，男為事業主故。復次，女人有五礙：不得作轉輪
> 王、釋天王、魔天王、梵天王、佛，以是故不說。復次，若言佛
> 為女人調御師，為不尊重。若說丈夫，一切都攝。譬如王來，不
> 應獨來，必有侍從。如是說丈夫，二根、無根及女盡攝，以是故
> 說丈夫。用是因緣故，佛名可化丈夫調御師。[4]

這段話以「男主女從」、「男尊女卑」的理由來解釋為何只用「丈夫」，而不用「女人」來稱呼。女身有五礙，所以男尊女卑；男為事業主；男主女從，提舉男性，女性便包括進來了。此處的「丈夫調御師」

---

3 Miriam Levering 在 "Lin-chi (Rinzai) Ch'an and Gender: The Rhetoric of Equality and the Rhetoric of Heroism." 討論「丈夫」、「大丈夫」男性、英雄式的修辭與性別平等論述之間的空隙，其認為大慧禪師等，在使用「丈夫」或「大丈夫」讚美女修行者時，其實蘊含男性的優越感，雖然他們一再強調性別與修證無關，在悟道面前，性別是平等的。該文收入 *Buddhism, Sexuality and Gender*, edited by Jose Ignacio Cabezon, pp.150. (Albany:State University of New York Press,1992).

4 龍樹造、鳩摩羅什譯《大智度論》卷二；《大正藏》冊 25，頁 72 中下。

與「大丈夫」的「丈夫」意涵有所不同，前者為凡夫，後者是指修證有成者，甚至是覺悟者。但從這段解釋多少就能證明使用男性名相「丈夫」，確實是站在以男性為主軸的觀點，不過雖然是以男性為主軸，但並不排斥女性進來，也並非把女性當成男性，只是男主女從，舉男攝女。然而，不管是將女性歸為男性，獨尊男性，或是男主女從，舉男攝女，兩者雖有不同，但都還不免是在男性主軸中論述。

當大量的「預設男性」或「就是男性」，以男性為主軸意涵的稱謂詞彙，運用在女修行者身上，尤其是出家女性身上時，就稱謂產生的意念思惟來說，是否會在無形當中產崇仰男性的心向？而所謂出家之超越性別，會不會是朝向「男性化」？

一、蒙在「預設男性稱謂」之下

（一）被稱與自稱

在這樣的稱謂環境下，舉祇園為例，《祇園語錄》夾在為數眾多的男性禪師語錄中，很容易被輕忽其性別，無法明顯辨出這是位女禪師的語錄，[5]因為她已被冠上「預設男性」的稱謂。只能在細尋文本，從字裏行間的關鍵描述，才能看出一些端倪。例如朱茂時讚美祇園時曰：

> ……既能印水印空，豈礙即真即俗，故總持紹嗣之初，代有式承之傑……[6]

總持是達摩的弟子，所以祇園上紹嗣於總持，就表明其是女禪師。而吳鑄的序言，稱讚祇園的語錄：

> ……金章玉句，妙總末山之文，群生所藉以為覺者也，……[7]

妙總、末山都是女性禪師，所以以這二人比諸祇園，自然証知祇園是女性禪師。再而〈祇園行狀〉、〈祇園塔銘〉談到她「適庠生常公振，未

5　臺灣，新文豐版本的《嘉興藏》目錄裏，於《祇園語錄》下用括號加註（尼），大大地增加女性禪師語錄的辨識度，這是編輯者細心的地方。

6　《祇園語錄》朱茂時序，頁 421 中。

7　《祇園語錄》序，頁 422 上。

期而寡」，[8] 以及其父親養素「生止一女，即師也。」，[9] 從這些關鍵文句才能看出祇園是位女性禪師，其他女性禪師亦是如此。

為什麼會有這樣的狀況呢？關鍵便在於文本中的「稱謂」，以及黏附在稱謂上的性別概念。祇園的語錄，全名為《伏獅祇園禪師語錄》，並沒有標上「尼」字。寫真像上的題名亦是：「祇園禪師像」。在《五燈全書》將祇園稱為「伏獅尼祇園剛禪師」。稱呼總持女性禪師為「尼總持禪師」，所以是將「尼」置於禪師名之前，亦即緊跟於名，或是住持庵院之後，而只稱「禪師」，所以「尼」之用法是：「尼＋名字」或「名字＋尼」或「道場名＋尼」。

為祇園寫語錄寫序的三人，稱呼祇園為「祇園大師」、「祇師」、「祇園大和尚」。吳鑄的塔銘稱其為「祇園禪師」。有居士稱其「祇園老比丘」（〈答武林天羽儀〉）。[10] 一揆〈自敘行略訓徒〉稱「伏獅祇園和尚」，[11] 其語錄有稱「伏獅祇園先老和尚」、「本師和尚」。而一揆在稱呼其他男性禪師：牧雲，亦是用「和尚」。稱呼另一位女性禪師：雄聖惟極（？-1672），亦稱為「和尚」。而一揆的弟子普明為一揆寫行實時，提到祇園時，稱「祇老師翁」、「師翁」。祇園的「師叔」牧雲，在祇園去世後為其舉行安座典禮時，稱她「祇園姪」、「祇姪和尚」，但亦有「女中丈夫，僧中麟鳳」之語。[12]

而祇園等女禪師之比丘尼弟子、同道之間都以「法兄」、「法弟」、「老弟昆」彼此稱呼。祇園稱呼弟子法名之外，有稱禪人、道人，示眾時，亦稱「眾兄弟」者，這是古來禪門中人慣用的親切稱呼。而祇園自己都自稱：山僧、貧僧、衲僧、山野。

其他女性禪師，例如：法淨皓，費隱禪師的紀年錄中記載付法時，稱「比丘尼法淨皓」、嗣法門人「尼行皓」。[13] 印月淋，林野禪師的行

---

8 《祇園語錄》卷下〈行狀〉（一揆 撰），頁437中。

9 《祇園語錄》卷下、吳鑄〈祇園塔銘〉，頁439中。

10 這個老比丘稱呼，是出現在詩偈之中，所以含有文學風味之效。而且佛陀還曾被稱為八十老比丘。

11 《一揆語錄》〈自敘行略訓徒〉，頁18上。

12 《牧雲和尚七會餘錄》卷三末尾。《嘉興藏》冊26，頁558中。

13 《福嚴費隱禪師紀年錄》卷下，《嘉興藏》冊39，頁190下及193下。

狀中，直稱為「印月淋」。[14] 惟極行致，在雪竇禪師的行狀中，稱其「庵主雄聖行致」，[15] 雄聖者，是其住持庵院名。例如季總，為語錄寫序的嚴大參稱其「季法兄」，葉紹顒稱「季總禪師」，張鉽稱「季總和尚」，[16] 季總並自稱「山僧」、「山野」、「貧衲」、「煙霞道者」等等，其他寶持、祖揆等她們的狀況亦是如此。而義公與一揆，還曾在上堂說法時自稱「珂上座」、「琛上座」，帶有謙退之意。在其他男性禪師語錄裏，為了便於分別，有時會在女禪師名之前後加「尼」，或道場名後加「尼」或「庵主」，或是不加標明。所以在女性禪師自己的語錄中，她們被稱為「禪師」、「和尚」、「法兄弟」，而自稱山「僧」、「山野」等等，都是常態。

祇園等女性禪師隨順佛門之傳統稱謂，也可由她們運「丈夫」一詞得到相同的印證，她們在弘法教化時常用「丈夫」、「大丈夫」等本為中性，又黏附「預設男性」之詞彙來指涉覺悟者、智慧有力者，來教化女弟子。

所以在文本稱謂上，禪師、大師、和尚、老和尚、老比丘、法叔姪、法兄弟等稱呼，通用於男女禪師，而且是常態用法，有時要特別標明比丘尼時，會有將「尼」字加諸法名前或後的情形，而禪師、和尚等角色地位稱謂，似乎都不加性別字眼的，亦即在文本上沒有尼禪師（或禪師尼、女禪師）、尼和尚（和尚尼、女和尚）。（口語流俗上有時會如此稱呼）。就這樣，女性禪師就蒙在大量的「預設男性」稱謂之下。

二、冠上「預設男性稱謂」之心態

當「預設男性」或男性稱謂，代表著一個尊貴，而女性被冠上（或自稱）「預設男性」或男性稱謂，我們如何來詮釋呢？當然可以直接說，這是在男尊女卑的架構下，將女性「男性化」、「去女性化」。不

---

14 《林野奇禪師語錄》〈行狀〉，《嘉興藏》冊 26，頁 657 下。

15 《雪竇石奇禪師語錄》卷十五〈行狀〉，《嘉興藏》冊 26，頁 539。

16 《季總語錄》譚貞默序、嚴大參序、葉紹顒序、張鉽序、王相說序，頁 441 中、442 中下、443 上。

可否認的，這是基調，但在這個基調下，但非全然對女性是惡意的，就如同現代人的處理的方式，常是在「預設男性」的稱謂前，加上「女」字。例如女醫生、女老闆，以為識別，並認為是正正當當強調女性，而這個詮釋的前提是，「女」的性別字眼沒有被污名化，否則，加上「女」字，有時亦淪為偷窺、綺想、灑狗血的用語。相對而言，即使女性被冠上（或自稱）「預設男性」或男性稱謂時，並非單一的詮釋可以滿足的。佛門本有「凡所有相皆是虛妄」，對於佛的形象都曰：「不可以身相得見如來」，而「凡見諸相非相，即見如來」，[17] 何況是男女相呢？所以當然是超越男女相。即使經典中也難免留存著與印度男女觀相應的說法，但在維摩詰的丈室中，舍利弗與天女精彩示現，已然將男女相的問題作了充分解決，所以中國佛門修行者雖有沾染世俗男尊女卑觀點，但基本上仍能了知「超越男女相」的究竟法義，作最後一道標準。依此，就祇園的稱謂而言，有將女性「男性化」、「去女性化」之外，應該還有下列幾種可能的態度：1、只是隨緣運用。2、要將女性「尊貴化」。3、避免女性被已經污名化的「女性性別」字眼所累。

下文就依此觀點，以祇園為主要例子，對這些女性禪師被稱為：「和尚」，自稱為：「僧」的情況作分析。

比丘尼被稱為和尚，並非晚明才有，從唐代一些比丘尼塔銘可以看到這樣的稱謂，例如僧順（555-639）比丘尼，有〈光天寺大比丘尼僧順禪師散身塔銘〉，她被稱為禪師。法燈（637-669）比丘尼，有〈大唐濟度寺故比邱尼法燈法師墓誌銘〉，稱其為法師。惠隱（659-734）比丘尼有〈惠隱禪師塔銘〉，稱其為禪師。惠源（662-737）比丘尼有〈大唐濟度寺故大德比邱尼惠源和尚神空誌銘〉，[18] 稱其為大德比邱尼惠源和尚。清、梁章鉅（1775-1849）《稱謂錄》亦引《廣異記》曰：

---

17 《金剛般若波羅蜜經》，其曰：「須菩提，於意云何？可以身相見如來不？不也，世尊，不可以身相得見如來，何以故？如來所說身相，即非身相，佛告須菩提，凡所有相皆是虛妄，若見諸相非相，即見如來」。《大正藏》冊235，頁749上。

18 以上所列的比丘尼塔銘資料，均轉引自李玉珍《唐代比丘尼》，第二章〈唐代比丘尼傳記勾沈〉的表格中。該書是研究唐代比丘尼的重要著作。（臺北：學生，1989年）。

《廣異記》：「大曆時，某寺尼令婢往市買餅，朱自勸問云：『汝；尚好否？』又云：「聞和尚未挾纊，今附絹二夾，與和尚作寒具。」婢承命，持絹授尼。」是唐時俗稱皆然。[19]

可見稱比丘尼為大德、禪師、法師、和尚自古就有。《稱謂錄》又引：

《雞肋篇》：「京師僧諱和尚，稱曰大師，尼諱師姑，呼曰女和尚。」案：近今稱老尼曰師太……案：今尼姑多稱師姑。[20]

《雞肋篇》為宋、莊季裕撰，當時有稱比丘尼為「女和尚」者，可見「和尚」一詞已附上男性性別，等同於比丘了，所以加上「女」字讓人有所區別。《稱謂錄》還指出：清中葉有稱老尼為師太，尼姑為師姑。這些稱謂可能是流俗、口頭的稱呼。較少見諸佛典文字中。[21]

　　顯然，祇園作為一個禪師，教化弟子，並有語錄行世，當他人稱呼祇園為和尚、大和尚、老和尚、本師和尚時，這語中並無貶意，反而是尊敬她為一位老師，這也是「和尚」親教師的本意。

　　祇園自稱「山僧」等名，如果以「僧」的「修行佛教的團體」本意來看，已將之化為個人化，成為單一出家人之意，在《釋氏要覽》云：

僧史略云。凡四人已上名僧。今一人亦稱僧者。蓋從眾名之也。亦如萬有二千五百人為軍。一人亦稱軍也。[22]

僧的意思既從眾人轉成個人，那麼這個個人的「僧」是指比丘？還是比丘尼？依其原意並無性別之分，所以只要是佛法修行（眾）人，都可以稱「僧」。但又有「僧」與「尼」的對舉，而將「僧」視為比丘，那麼祇園的「山僧」自稱，又作何想呢？是單純指出家修行之人，還是不願稱「尼」，要向「比丘」看齊，將自己納入「比丘」的系統？以一位開悟者來看，已破男女之差別相，而且祇園身為女性禪師，在因緣上她

19　梁章距撰《稱謂錄》卷三十一，「尼」項、「和上」條。（北京：中華書局，2002年），頁495。其所引出自唐、戴孚《廣異記》〈朱自勸〉。

20　梁章距撰《稱謂錄》卷三十一，「尼」項、「女和尚」、「師姑」條，頁495。

21　從此處也可以體會出，流俗的稱呼，會有強調性別的字眼，尤其是「女」字。倒過來說，有標上「女」的稱呼，都較為流俗、口語，而有不好的隱射。所以在正式的文本、佛典中，不是不標性別（並任其指向男性），就是加上「尼」字附於法名，而不用「女」、「姑」、「太」等字眼。

22　釋道誠《釋氏要覽》，《大正藏》冊54，頁259下。

教化的對象又以女性居多，她對她們的教導是人人本具佛性，在〈復表嫂〉信言：

> 若論此事，佛未出世，祖未西來，照天照地，無欠無餘，若僧若俗，皆可成佛作祖……山僧與諸行人苦志同參，……[23]

這位表嫂當然是女性，祇園開示她「若僧若俗，皆可成佛作祖」，這本具的佛性是「無欠無餘」的，當然也不分性別的。而以「僧」對「俗」，僧自然是指出家修行人。又〈示瑞宗〉：

> 所以山僧教人參究看話頭，深下疑情，念念不忘，心心不昧，一切閒忙動靜、呼奴使婢、抱兒弄女，應酬之中，重下疑情畢竟如何是我本來面目？……二六之時，疑來疑去，忽然疑破話頭，団元來與佛祖同鼻孔出氣，誠為火宅塵勞中女丈夫也，囑囑。[24]

祇園在語錄中，未嘗有一句半言貶抑女性的話語，要女弟子作「火宅塵勞中女丈夫」，如前所論，「丈夫」在佛門是覺悟典範與廣大心量之意義，無關性別，但因為常是由男性來展現這些典範，所以經常「預設男性形象」，而糾葛在男女相中。祇園直接將性別字眼「女」，冠在「丈夫」之前，並無避諱，不同於她被稱為「和尚」的用法，而是直接了當地期許女弟子們正正當當地成佛作祖。也如祖揆，她舉臺山婆子驀直去的公案，結語便是「茫茫宇宙人無數，幾個男兒是丈夫」，[25]將「丈夫」回歸中性意義，甚至還感歎同情起男性者，就充分站出女覺悟者的角色。她又以「玉女拋梭」等禪門女性詞彙來點撥弟子。子雍則更直接地就用「老婆心」來說自己，以「母子相逢」來比喻她與弟子的關係等等。所以祇園她們自稱「山僧」，理應不是不願稱「尼」而向「比丘」看齊，而是單純、隨俗於這個稱謂環境，自稱「出家人」之意。

當祇園等人被稱為「和尚」，並自稱「山僧」，甚至眾兄弟、法兄、法弟等稱呼，對她們而言，是親教師、出家修行人之意，是與弟子一體同心的用意，是她們隨順佛門的大環境而稱，而這個環境是運用「預設男性」的稱謂或「男性稱謂」來包納女修行者，這當中當然隱含

---

23 《祇園語錄》卷上，書信，頁 430 上。

24 《祇園語錄》卷上，書信，頁 430 中。

25 《祖揆妙湛錄》卷四，頁 728 中。

著男性修行上的優越感，但當他們運用這麼稱呼來面對祇園時，是為了尊重祇園，所以將此優越感之榮耀付予她，加給祇園一頂「和尚」的冠冕，讓祇園排除在「女性等於卑弱」的形象之外，以表達最上敬意，所以不標明「尼」或「女」字。當「尼」、「女」等性別字眼已經被污名化時，不標性別的稱謂，可以避免世人在女修行者身上大作文章，避免像明清許多話本小說中對僧尼大量的淫穢描寫、投射，以保護女修行者。

但不可否認的，不管加或不加「尼」字，在男性禪師語錄的嗣法門人排序上，不管被印証的時間先後，依然看得出是「僧先尼後」，這也是佛門的傳統，例如惟極致、印月淋、法淨皓等女禪師。[26]

三、回歸與翻轉

不加了「尼」、「女」字，是尊重祇園，但並非加了「尼」、「女」字就不尊重女修行者，加與不加，並無法僵化地畫分為尊重與不尊重，所以往那個方向詮釋是需要其他資料來判斷。但基本上，在女性禪師語錄一片「預設男性」稱謂的環境下，有「尼」、「女」字眼的出現，代表一種突圍，是朝向正視女性的開始與象徵。

就祇園她們本身來看，即使運用「預設男性」的稱謂，但因為由女性修證者來運用，會讓這種「預設男性」之黏附，鬆解沖淡，而有回歸中性本位之效果，更何況她還會加個「女」字來表達，彰顯其女性性別，更有以女性公案、禪門女性詞彙為教化者，為禪門有關修證、典範等詞彙注入女性內涵。一者回歸中性本文，一者注入女性內涵，這二層意義是最核心的。

而對當時的人來說，尤其是男性來說，因為祇園她們的存在，衝擊到時人「預設男性」稱謂的思考，而不得不加上「女」字，正視其性別，甚至讓稱呼者找回原意，回歸中性稱謂意義，牧雲為祇園封龕時贊曰：

---

26 法淨皓，甚至在〈福嚴費隱容禪師紀年錄〉末，列名「嗣法門人仝稽首刊行」時，甚至被列於男居士之後。亦即是僧、男居士、尼的順序。

> ……女中丈夫，僧中麟鳳，是故近者悅，遠者來，今畢其能事，
> 靚體掃真，面目儼在，只是不許時人容易窺覷……。[27]

就如祇園期許弟子為「女丈夫」一樣，牧雲稱「女中丈夫、僧中麟鳳」，即直接正視性別，顯現女性形象，並將「僧」意回歸中性意義。或直接以女性之描述來表達，例如李模所謂「以錦繡英雄，展繡旗作略」[28]，而由此更有連接古來偉大女修行者，而發「自古有之」的醒悟，更證之「大道無男女」之理，甚至衝擊反省到修行的性別問題，宣說「大悟元來只會女人身」的突破之語，証之《祇園語錄》吳麟祥序曰：

> 常聞大悟元來只會女人身，漫道出眾端的無過丈夫事，故大愚有
> 了然之嗣，天龍留實際之傳，龍圖范氏自名空室道人，御史游孃
> 晚號覺庵長老，徑山兒乃蘇頌女，黃裳子稱臨濟孫，或著書以？
> 世，或演法于一方，自古有之……[29]

了然、實際、空室道人（龍圖范氏）、覺庵長老（御史游孃）、蘇頌女、黃裳子等六位都是唐宋的偉大女禪者。序中稱呼和她們師承、父母輩的關係分別為：大愚之嗣、天龍之傳、徑山兒、臨濟孫。在兒、孫、女、子、道人、長老的交錯之下，許多稱謂的中性意義，自然浮現。而所謂「常聞大悟元來只會女人身，漫道出眾端的無過丈夫事」，在「丈夫事」的對比下，「女人身」成了悟道之身；在「只會女人身」的對比下，將成佛作祖的「丈夫事」中性意義，也逼顯出來。在大道無分男女之意義下，「女人身」作為悟道之身，也並非特別突兀，但「只會」二字，卻更將「女身」在修道上的地置超越到男身之上，而這種說法還是吳麟祥所「常聞」的。其在序末又讚曰：

> ……善女人信男子，共嘆難遭，新婦法老婆禪，彌增自愧。[30]

「新婦法、老婆禪」，可以是指女性，卻不一定專指女性，甚至「老婆心切」這樣的句子歷代男性禪師之使用絕對多過女性禪師，只是當女性禪師出現時，這樣的句子令人感到特別貼切真實，所以吳麟祥之讚語

---

27 《牧雲和尚七會餘錄》卷三末尾，頁 558。

28 《祖揆妙湛錄》李模序，頁 715 上。

29 《祇園語錄》卷上，吳麟祥序，頁 422 中下。

30 《祇園語錄》卷上，吳麟祥序，頁 423 上。

「新婦法，老婆禪，彌增自愧」，可以說是：祇園之證悟與弘化可以讓往昔的女禪師自愧，亦可說也讓男性禪師在運用所謂「老婆禪」時遜愧不少，而所謂新婦法、老婆禪就站出一個位置來了。再應之他在前面所言的「大悟元來只會女人身」，已經整個扭轉佛門男女性別的思惟。這種思惟雖然仍是男／女對舉的架構下，從男性超越女性的現狀，反轉成女性超越男性。這樣的思惟透露一些訊息，也極具意義，應該不只對祇園一人而發，而是與明末清初的女性禪師特別興盛有關。

　　這些善意尊重、醒悟觀察，會造成幾個效果：1、衝擊「偏離中性」、「預設男性」的稱謂，回歸中性本意。2、反省到「無男女相」、超越男女相的究竟法義。3、甚至有翻轉式的說法出現，翻轉式的稱謂出現。但是當女性修行證悟者尚未到達較多的數量，或是說女性修行證悟者之地位尚未受到某種程度的提升與注目，這種「預設男性」之稱謂基調仍會大量存在，一旦落在這樣的大環境中，即使偶而出現的正面看待女性的稱謂，也會很容易就淹沒在這種「稱謂環境」中，受稱謂所浮現的既定形象覆蓋，黏附上男性印象，讓人不易看到、查覺到她們的女性性別；更何況女性禪師仍經常隨順傳統之稱謂，這對於女性禪師文本資料的發掘，形象的呈現，都是一種障礙。

四、隨緣運用稱謂的省思

　　面對這些男性主軸的稱謂，目前所見的女性禪師都未採取破斥、遣執之作為，皆採用隨順世俗的方式，為何她們只是隨順，而不改變呢？我們無法有直接的答案。但就悟道者來看，世間語言本為因緣所生，本身即有局限偏頗，他們善用語言，有時可能是逆撥啟發，有時即俗隨緣，但隨俗運用不見得就心存偏見，就如同悟道者知東西南北等方位是緣起，非實有，但仍然會隨緣運用東西南北之名，也不因此忘失對其非實有的體悟；又如同佛法講「無我」，但佛經卻處處運用「如是我聞」之句開首，這些開悟者為何不把「我」字改掉呢？我們都知道，其實重點並非在「我」字，而是運用「我」字背後的我執，如果此執不去，即便說非我、無我、去我等，亦是我也。用者無執，所用皆真，用者有執，

所稱皆妄，性別的執取可以見之於名相，但反其名相，或直接用女性來指稱，也並不代表心相就無執無取，例如「陳婆子」之稱。何況《金剛經》的三段論法，清清楚楚地表達佛法面對名相的既存既遣：說是某某，即非某某，是名某某。運用在「大丈夫」一詞，即是：說是大丈夫，即非大丈夫，是名大丈夫。語錄中亦多有「大道無分男女」的教化，所以雖然名相稱謂依然，遣執盪相的機制卻也一直都在。而且禪師或女性禪師的生命重點並不專在性別平等的追求，而是在性別形成背後的貪愛，生命困境背後的迷網，滌除貪愛無明，解脫迷網煩惱，才是重要，而無明既斷，萬法紛然本不礙心，名相細事，端看因緣，也不必事事著力掀翻。隨順名相稱謂，讓名相自我解構，不必非得以甲名相解構乙名相，這應該也是禪師們隨順世間，啟發核心為重的取向吧！

即使退一步想，以功用來說，運用以男性為主軸的稱謂，在男主女從的社會現實中，是否具有啟發自信的作用？禪師面對的是有所怯弱的女性，她們已然認同「大丈夫」是讚美之詞，是成為獨立主體的象徵，所以加此在女性身上，是足以啟發她們的自信；而在男尊女卑的社會現實中，給予女性禪師中性或偏向男性的稱謂，是否也有尊敬禮讚之意？答案應該是肯定的。

我們藉由各種方法來觀察女性禪師們如何在那個時代努力，也藉由一些方法了知當時或細或巨的性別現象，從名相來觀察，可以了知有這些性別執取的痕跡與文化，但反過來不能就此證明運用這些語言的人皆一定有所執取；即使真有執取，在教化現場能展現功用者，最為重要，若要追究言稱者的內心世界，則可知或不可知。又，「性別智」並不只以破斥為用，隨順因緣，適性適機，啟發體性自信，亦為大用，所以性別智有可能顯展在此，隱沒於彼，顯展者有用，隱沒者不見得無用，即使此有彼無，其屬自然，不必因此抹殺，也不必強詞貫之；就如某人堅持某些價值，也不見得能徹頭徹尾實踐於所有事物上，也可能有所貫徹而無顯跡，所以本末巨細、輕重緩急，各有抉擇，但並不礙於其在此價值上的努力。

第二節　語錄書寫與書寫意識

　　本節將從書寫、性別的角度，來討論女性禪師之書寫意識與稱謂性別。由於七位女性禪師語錄裏，《祇園語錄》的內容體例最為完整，所以以其為主來析論，再輔以其他女性禪師語錄與著作。書寫意識的討論，即討論書寫背後的動機與理由，要藉由書寫表達什麼？以及對書寫的基本看法。而稱謂問題的討論，除了觀察女性禪師的自稱與被稱外，更在爬梳佛門稱謂的性別預設與心態，特別是以「預設男性」的稱謂加諸於女性禪師身上時，點醒了這種潛在的性別觀點，也因而造成的一些衝擊與反省。

一、禪宗之書寫意識

（一）語錄的三類書寫者

　　「書寫」，對於文人而言，是相當重要的文化活動，而書寫行為累積成的作品，對一個文明的發展也是很重要的資產。相較於語言、符號的運用，使用文字所從事的書寫活動，更具有表情達意的完整性、傳播時間較長、傳播距離較遠、它能夠表現運用文字藝術的才華、寄託個人思想、表現宇宙真理，有傳世的價值，有傳道、悟道之用，甚至還可以形成一種力量或是宗教的神聖力，例如過年時家家戶戶要貼春聯，貼上春、滿、招財進寶等祝福的字句來使今年一切順利。道士書寫符籙來治病、趨鬼、鎮壓等等。所以種種不同的書寫形式、內容，背後都有其書寫的意識，亦即為什麼要書寫？書寫有何意義、價值？書寫在個人生命扮演什麼角色？人們想要藉著書寫建構什麼？實踐什麼？完成什麼？

　　祇園等女性禪師作為禪師中的少數性別，她們的語錄也成為語錄書寫世界的少數，她們在語錄書寫背後會蘊含著什麼樣的期待與看法呢？換言之，藉由語錄書寫本身，女性禪師以及弟子、居士等語錄書寫群們，他們想藉由這樣的書寫，達到怎樣的傳達？他們對這樣的書寫活動抱持怎麼樣的心境？

　　祇園語錄的內容有：序（三篇）、陞座、小參、示眾（附法語）、機緣、拈古、頌古、偈語、書信、題贊、佛事、源流頌、行狀、塔銘。

體例文類頗為完整。其中〈祇園行狀〉是弟子一揆於祇園圓寂後隔年順治十二年（1655年）寫的，她並說明：「門人集其語錄，有前錄一冊、源流一冊，又錄一冊，後錄一冊，嗣有全錄行世」，有前錄、後錄、又錄、源流的分冊，可見當時語錄在祇園生前已一部分一部分地完成，直至祇園圓寂後才準備完整行世。吳鑄之序文標示的年代是順治五年（1648年），當時祇園仍在世，他提到「門人嘗出其升座諸詠示予，……是錄也，先覺之心印也，後覺之依歸也」，[31] 也可證明當時部份語錄已被書寫出來，甚至可以推論已刊印發行，而請人為之作序。因此這部語錄大部分的內容應該是在祇園知情之下，被書寫印行的。祇園的六位女性禪師，除了義公之外，其他五位都知道自己要出版語錄，而且語錄之出版亦應該在她們生前便完成了，由此可知，語錄之書寫意識包括女性禪師自身是毫無疑問的。

而禪宗語錄的書寫方式跟一般有作者（書寫者）、寫作（書寫）、作品（文本）的情況略有不同，它的內容大致可分為四種型態：一者是弟子們將禪師平日應機接人的問答、法語、棒喝等的言行記錄，所以書寫者是弟子們，禪師是被書寫者。一者是禪師的詩偈、書信、拈古、頌古等，書寫者是禪師。一者是禪師的行狀。書寫者是某位弟子，禪師是被書寫者。一者是禪師的塔銘、語錄之序言，書寫者往往是當時有名的士大夫、文人居士，禪師依然是被書寫者。以《祇園語錄》來看，語錄是文本，書寫者應該有祇園、弟子（也是女性禪師）、男居士三種，被書寫者便是祇園禪師。所以書寫者（三類人）的書寫意識，亦即語錄文本所呈現的書寫意識。

女性禪師語錄之書寫意識，必然是要置於當時的書寫環境中來觀察，包括當時女性書寫之繁盛、佛門《嘉興藏》出版之具時代性、廣納度、禪門之多語錄多傳承現象等等，這部分屬於時代書寫背景因素，已於前面論述過，故不再贅述。但關乎禪宗本身對文字、語言、書寫的看法，則直接影響對語錄本身的看法，所以接下來便討論禪宗的基本書寫觀。

---

31 《祇園語錄》吳鑄序，頁422上下。

（二）破遣文字執著、顯立文字般若

祇園等人之語錄，既為禪宗語錄之一，所以要論其書寫意識，當然要先探究禪宗的書寫意識，再論及《祇園語錄》個別展現的部份。

被視為禪宗起源的一個因緣「拈花微笑」，在《五燈會元》卷一的記載是：

> 世尊在靈山會上拈華示眾，是時眾皆默然，唯迦葉尊者破顏微笑，世尊曰：「吾有正法眼藏，涅槃妙心，實相無相，微妙法門，不立文字，教外別傳，付囑摩訶迦葉」。世尊至多子塔前，命摩訶迦葉分座令坐，以僧迦梨圍之，遂告曰：吾以正法眼藏密付於汝，汝當護持。傳付將來。[32]

所以「不立文字，教外別傳」就成了禪宗重要的弘法精神，而這種拈花微笑、以心傳心的付囑方式，也啟發了禪宗傳承法脈的活潑性。宗密在《中華傳心地禪門師資承襲圖》也云：

> 達摩西來，唯傳心法，故自云：我法以心傳心，不立文字，此心是一切眾生清淨本覺，亦名佛性，或云靈覺……欲求佛道須悟此心，故歷代祖師唯付此也。[33]

所以不立文字，直指人心，教外別傳是禪師的基本精神，是禪宗主要的特色。其中「文字」之意涵可以是指一切相，包括外相與心相，而書寫的文字在其中，文字書寫亦在其中，對書寫的看法當然也在其中，所以探討禪宗的書寫意識就須對「不立文字」加以爬梳。

文字（語言）是人類思想傳遞的最重要工具，對於佛法修行亦是如此，種種思想的啟悟、悟道的傳承非得以其為媒介者不可，但也因其是媒介者的角色，所以也常是產生溝通障礙之所在，因此如一刀雙刃，它帶來價值也帶來障礙，尤其是歷經千年的流傳，佛典累積龐大，鑽研於經論之中就須皓首窮經，而且不是每個人都可以做得到，這與佛法悟道解脫是背向而馳，所以禪宗祖師們一改以往，教外別傳而不循文字經教悟道的修行方式，著重在生活中真實履踐的用心修行，打破一切有形無

32　普濟《五燈會元》卷一，頁 31。而此典故出自《大梵天王問佛決疑經》，《新纂卍續藏》冊 87。此經疑為偽經，所以有學者認為這個典故也可能是偽造、渲染的。

33　宗密《中華傳心地禪門見師資承襲圖》。《新纂卍續藏》冊 110，頁 870 上。

形之相，直指「本來無一物」的般若思想，而負載思想傳遞的語言、文字相當然在遣破之列。

開啟禪宗五家七宗，是禪宗史上最重要的人物——六祖惠能，他本身甚至不識字，曾經有位無盡藏比丘尼，因常誦《大涅槃經》，惠能聽了他的唸誦，即知妙義，便為他解說，而引起一段對話：

> 師暫聽，即知妙義，遂為解說，尼乃執卷問字，師曰：「字即不識，義即請問」。尼曰：「字尚不識，焉能會義？」師曰：「諸佛妙理，非關文字。」尼驚異之。遍告里中耆德云：「此是有道之士，宜請供養。」[34]

「諸佛妙理，非關文字」顯現文字與悟道並無直接關係。但是，若無佛典經文的書寫，又無人將之誦出，惠能豈能知妙義？又豈能在有人誦《金剛經》「應無所住而生其心」之句下有所領悟？所以有位僧人法達，念《法華經》已三千遍，但心常有疑，惠能要他取經誦之，隨即為其解經意，並說：

> 師曰：「……汝若但勞勞執念以為功課者，何異犛牛愛尾？」達曰：「若然者，但得解義，不勞誦經耶？」師曰：「經有何過？豈障汝念？只為迷悟在人，損益由己，口誦心行，即是轉經。口誦心不行，即是被經轉。聽吾偈曰：『心迷法華轉，心悟轉法華，誦經久不明，與義作讎家，無念念即正，有念念成邪，有無俱不計，長御白牛車。』」[35]

惠能認為「口誦心行即是轉經，口誦心不行，即是被經轉」，所以重點在於心行、心悟，而經又有何過錯呢？因此文字本身並無過錯，立不立文字並不重要，重要是心是悟是迷。所以他對於文字有中道的看法：

> 共人言語，外於相離相，內於空離空，若全著相，即長邪見，若全執空，即長無明。執空之人有謗經，直言不用文字，既云不用文字，人亦不合語言，只此語言便是文字之相。又云直道不立文字，即此不立兩字，亦是文字，見人所說，便即謗他言著文字，

---

34 《六祖壇經》卷七〈機緣品〉，《大正藏》冊 48，頁 355 上。

35 《六祖壇經》卷七〈機緣品〉，頁 355 中。

　　　　汝等須知自迷猶可，又謗佛經，不要謗經，罪障無數。[36]

對於文字要能不執著於空，也不執著於有。執空者，以為文字皆不可用，執有者，以文字為依歸，只在文字上作解。兩者皆不可取，皆要「離」之。這個說法離於空有二邊，是所謂的中道義，也是佛法的實相義。

　　從歷史現象來看，屬於禪宗流傳下來的文本大致有二類：語錄、燈錄。這些記錄禪師言行、機鋒、教法、偈語等文字，為數實在不少。但也因時代不同而有所變化。唐代的禪師大多無疏經造論的文字傳下來，即使有編纂語錄，多為宋代所刊刻印行。到宋代才開始大量編纂語錄，目前所見就有上百家之多，[37] 並且也開始編纂燈傳，來記載祖師傳記。祖師的公案語錄漸漸形成學人悟道的指引，師徒以公案相問答，更有大量的頌古、拈古、評唱等作品出現，[38] 而形成所謂的「公案禪」、「文字禪」。[39] 其間雖然有人提出異議，[40] 但大量的禪師語錄、著作仍然大行其道，直到明清時期依然如此。

　　如果以大量語錄書寫的現象來和「不立文字」的禪宗精神對看，似乎會覺得十分諷刺與矛盾，其實依惠能的中道文字義來看則就大大不同了。所謂中道是不執空、不執有，超越空有對待，不執有文字亦不執無文字，超越文字的有無對待。既是超越，就非關文字本身，文字之有無都能存在，不相妨礙。依此，「不立文字」即是超越文字義。而祖師們以超越文字來表達實相中道，表達悟境。再而，為了教化，不管說有說無，一有立說即有文字，所以不用實相中道義來看「不立文字」是無法

36　《六祖壇經》卷十〈付囑品〉，頁 360 上。

37　現存的唐代禪師語錄多為宋代所印行的，除了敦煌寫本之外。這方面研究可參考周裕鍇《禪宗語言》第四章〈公案禪：闡釋時代的開始〉（浙江：人民，1999 年），頁 106～108。

38　所謂「頌古」是以韻文的方式，對祖師古德的公案將以讚頌，也藉此表達自己的妙解。〔宋〕汾陽善昭就有《頌古百則》。而「拈古」是前舉公案，後面進行解說並對之評斷。「評唱」則是對公案和頌古的闡釋評論，是比較詳細的說明。最著名的是圓悟克勤《碧巖錄》十卷，集合古德公案和雪竇重顯的頌古，對之闡釋，分成三層：垂示、著語、評唱。

39　石門寺的惠洪覺範禪師之詩文集就稱為《石門文字禪》，為門人覺慈所集錄。

40　提倡話頭禪的大慧宗杲就將其師之作《碧巖錄》燒毀，並禁止流傳。是為了挽救學人只徒背誦古德之語來作為問答，並無真參實悟的流弊。但大慧仍然著有頌古 110 首，並有語錄傳世。

通透的。另一方面，因為教化，皆得以言說文字，所以禪師們的語錄書寫便是當然之事，只是為了教化方便應機，就可分為二種：一、以破遣文字為方向，朝向實踐義。二、以顯立文字般若為方向，朝向書寫義。所以依實相來看，這二者都有其意義，但是也會因修行人的素質而有過與不及，當太過強調破遣文字時，就較易輕視經典義理，而較不易在文字的流傳、傳播展現效果，而當強調文字般若時，就容易落入文字禪的蔽病。然而既是在世間運作，文字語言的運用是勢所難免，所以通常的形式就是「以文字表達破遣文字」之意涵。但是當對實相掌握不準、實踐不夠時，文字禪泛濫、空有口頭禪的情形也就必然產生，甚至以文字破遣經典文字，輕視三藏經典之價值，其背後卻無修證實踐支撐。

破遣文字之實踐義、顯立文字般若之書寫義，一顯體，一顯用，總是要「外於相離相，內於空離空」，這即是禪門「不立文字」的看法，亦可曰是對書寫的觀點。

二、女性禪師之書寫意識

（一）臨濟正統源流、女性禪師源流之彰顯

《祇園語錄》等人對於文字語言基本上也採取禪宗的立場：不立文字，例如祇園在〈復鄭居士〉中言：

> 要了此事，急須努力加參，不可被文海詩江所浸，不妨向棒頭豁開正眼。[41]

鄭雲渡請她為《華嚴經》作跋時，她有〈復鄭雲渡居士〉：

> ……一跋再跋是知解非知解，如其不然，自數他寶，請著精采，驀忽撞破，血從何來，經是誰書，龍女誰做，便能豁開火宅，顯出真機……居士要行持此事，還宜一火焚卻，不留一字，更為痛快也。[42]

「宜一火焚卻」、甚至「山野拙語宜付丙丁」、「不可存一字在胸中」這是典型的禪宗對文字的看法，是以文字來破文字，強調實踐的重要

---

41 《祇園語錄》卷上〈復鄭居士〉，頁 421。

42 《祇園語錄》卷上〈復鄭雲渡居士〉，頁 430 下。

性，是要轉經而不被經所轉。況且祇園參話頭開悟，也以參話頭、棒喝來接引學人，所以更顯破除文字之義。

其他女性禪師，如祖揆〈寄李夫人〉亦言及「文字性離，非無文字，」[43] 普明為老師一揆寫的〈一揆行實〉亦有曰：

> 所集語錄若干，不敢易一字誑一語，師素不好名，今始鏤板，明
> 知虛空著彩，然非是無以信今而傳後，一花可識無邊之春，勺水
> 可印圓滿之月。[44]

對語錄文字抱執謹慎不易的態度，將之出版，體性知書寫出版是「虛空著彩」，然如果不書寫出版則無法「信今而傳後」，也無法讓人得識春花與圓月，也無法讓人應機修悟。諸如此類，不管是女性禪師本身或弟子或寫序之居士，都有這樣的基本書寫意識，而這便是典型的禪門書寫觀。

但是居士們卻不只這樣看祇園禪師語錄而已，就如普明希望一揆語錄之出版能讓人相信今日有人，並傳之後代一樣，這種法脈之傳承，也顯現在祇園語錄上，祇園〈復吳樨仙居士〉曾言及：

> ……居士念先和尚一脈，來索山野頌古，山野質鈍，難窮諸大尊
> 宿之意……[45]

吳居士希望祇園能寫些頌古詩句，以呈現顯示他傳承於石車通乘和尚的法脈。一方面顯示石車通乘有徒可傳，一方面顯示祇園有師為承，是臨濟宗楊岐派 32 世。是密雲圓悟之徒孫。

再而，有人是站在女性禪師的傳承性來看祇園的。有位野水居士寫詩送祇園，詩云：

> 總持去後無消息，千載令人慨嘆生，近日得君堪繼襲，拈頭作尾
> 有經營。
> 龍池一派到金粟，滾滾連天孰敢當，幸有伊人施妙手，和源把住
> 息汪洋。[46]

---

43 《岳華集》卷五〈寄李老夫人〉，頁 758 上。

44 《一揆語錄》〈一揆行實〉，頁 17 中。

45 《祇園語錄》卷上〈復吳樨仙居士〉，頁 430 下。

46 《祇園語錄》卷上〈答野水兄〉，頁 428 下 -429 上。

總持是禪宗祖師達摩的比丘尼弟子,在達摩試法印可中,相傳得「達摩肉」,雖然不是最高境界,但已具相當的深度,她可以說是中國女性禪師的第一人。而野水居士就將祇園視為在女性禪師史上,久無人接繼而終於出現的人物,這種期待對於有歷史感的居士文人而言是很重要的,因為女性禪師畢竟在歷史上是少數,而能夠被記載下來的更是稀有,她們都只是被點狀的呈現,所以祇園在明末能成為一方之師教化徒眾,弟子、居士自然將她與歷史上的女性禪師連成一線,給予接繼女性禪師傳承源流的地位。尤其為語錄作序的三人:貴陽太守朱茂時、吳鑄、吳麟祥,三大都是士大夫居士,都提到這樣的女性禪師傳承,朱茂時寫道:

> ……故總持紹嗣之初,代有式承之傑,今吾郡 祇園大師光儀峻肅,凌秋礩之霜華,玅性沖熙,照晴波之滿月,太白峰高,猶自安身無覓處,石輪聲震,方纔雲散露青天。[47]

吳鑄也寫道:

> 予寓梅谿聞且見焉,心折手,祇師道眼圓明,機用孤峻,……門人嘗出其升座諸詠示予,則又合十嘆曰:金章玉句,玅總末山之文,群生所藉以為覺者也。[48]

二人所提到的總持、妙總、末山都是歷史上女性禪師,並將祇園與之齊觀。吳麟祥之序,更舉天女散花、月上女等經典上的智慧女性,並從了然、實際、空室、覺庵、妙總、妙道等唐宋的偉大女禪師連貫下來:

> ……故大愚有了然之嗣,天龍留實際之傳,龍圖范氏自名空室道人,御史游孃,晚號覺庵長老,徑山兒乃蘇頌女,黃裳子稱臨濟孫,或著書以?世,或演法于一方,自古有之,於今為烈,惟敬祇園大和尚,道風卓絕,世貫清華……[49]

他們在序文的書寫上點出女性禪師的傳承脈絡,讓祇園與這些歷史上的女性禪師連成一線,形成女性禪師傳承系譜,讚歎祇園承繼前賢,更不讓先聖。

---

47 《祇園語錄》朱茂時序,頁 421 中。

48 《祇園語錄》吳鑄序,頁 422 上。

49 《祇園語錄》吳麟祥序,頁 422 下。

不僅為祇園寫序的居士有這種女性禪師傳統的連結，其他諸如為季總寫序的譚貞默，將之比於宋代之妙總而稱之為宗門二大總持，而且還更於說法能力上有所勝出；為一揆寫序的施博也曰一揆之出現、語錄之書寫出版可證明今日固有末山妙總其人；為祖揆寫序的李模、張有譽亦是從女性禪師傳統著眼，讚其可比前賢而更進一步；祖揆與寶持之《頌古合響集》是自己直接以頌古來表達上承女性禪師無著，更有不讓前賢之姿；為祖揆妙湛錄寫序的行際亦有將祖揆之作，「置之末山、無著諸師語中，俾具擇法眼者，窮歲研精，卒莫能辦」[50] 之讚。為子雍寫序的超永，更立於地域性來談，希望為北方留下女性禪師的見證等等，諸如此類，不管是今之末山、末山再來，或可比先賢、有所勝出，或當代北方、南方都有女性禪師傳承，都是因為祇園等女性禪師的出現，一方面讓他們於「大道無分男女相，於茲益信」，[51] 一方面更讓他們能連結女性禪師傳承系譜，見證女性悟道。這樣的書寫意識在女性禪師語錄特別明顯。

野水居士的第二首詩則是站在臨濟宗密雲圓悟一系的傳承，讚美祇園以真參實悟穩住這一脈傳承，而不致浮濫。

面對野水居士這兩首詩的讚美，祇園卻以「無」化消之：

師見，乃先著語云：歷歷明明蓋天蓋地，說甚麼無消息。

歷歷孤明亙古今，當頭一棒指諸人，箇中若了全無事，萬水同源一派真。[52]

不管是立於臨濟宗傳承或是女性禪師傳承，祇園皆以實踐（一棒指諸人）來化消這種人為造作的傳承傳統。若能了悟真如實相，則一切無事，既然無事則萬水同源，何必論是誰的傳承？有沒有傳承？如此才是一派真傳承。

所以如果能了悟傳承的虛幻、無事，就能坦然地談傳承了。從《祇園語錄》的呈現，祇園本人以「無事」來面對傳承，而居士們則是以傳承來期許她，這是當時重視傳承法脈的禪門風氣的影響，祇園必然也得

捌、名言與寫真／第十三章　稱謂、書寫與形象

50 《妙湛錄》卷一，行際序，頁 715 中。

51 《季總語錄》王相說序，頁 443 上。

52 《祇園語錄》卷上〈答野水兄〉，頁 429 上。

回應這樣的期待，所以《祇園語錄》中有一部分很明顯地在顯示其傳承地位，這便是卷下的〈源流頌〉，這是對自己傳承一脈的歷代祖師略述其事，並各自寫一頌讚之，以表彰一傳一的傳承。祇園屬臨濟宗，所以祇園的源流頌是從第一世南嶽讓禪師開始，再而第二世馬祖一禪師，直到第三十三世幻有傳禪師、第三十四世密雲悟禪師、第三十五世石車乘禪師為止。這是很明顯有力地彰示自己的傳承來源。密雲圓悟有十幾位繼承法嗣之人，石車通乘是其中之一，而此源流頌只記載祇園的老師石車通乘，旨在表達自己的法脈源流之企圖，是不言而喻了。祇園之語錄有二卷，這份源流頌就佔了整整一卷，就文本數量而言，就已突顯其重要地位。

　　而這樣的源流頌在《義公語錄》、《季總語錄》亦有，義公承自祇園，季總承自萬如，尤其是季總，她在山茨座下悟道，卻轉而萬如之傳承，所以其〈源流頌〉最後二位老師便是密雲、萬如，尊重法脈傳承的形式意義，也象徵承自此脈源流而來，所以其代表的意義與祇園是相同的。

　　〈祇園行狀〉弟子一揆曾記載，祇園曾為法脈源流之事有所堅持：

> 當金粟車和尚臥疾時，及門竟有假源流承嗣者，先師不畏處虎狼，隻身挺出為法故也，至今禪流談及清源流一事，嘆其才識卓絕。閱諸方語錄涉攻訐毀訾，則掩卷不觀，謂三教一家初無二義，況在法門同條共貫，不可參差自取罪戾。[53]

此事說得很隱晦，只是點到為止，具體的人事並未言明，可能是超琛稟承師訓不想讓語錄有攻訐之嫌，徒然引起爭端之故。不過從這段文字可以體會當時有所謂真假源流的紊亂，應當是法脈源流泛濫造成的，而祇園挺身而出為法來清源流。依此而看，語錄之源流頌是具有表彰的正統源流的重要意義。

　　相對的，在多傳承源流的現象下，有識之士多憂心傳承之浮濫與造假，所以吳鑄在序言裏亦談到：

……不然末法澆漓，宗風遍野，驢負麟角，羊蒙虎皮，世不乏閉門私篆菩提印，而自佩之，……[54]

他認為當時許多禪者「驢負麟角，羊蒙虎皮」，更不乏閉門私造傳承者。這樣的擔憂為季總寫序之嚴大參亦言：

……故師律己凜如嚙雪，領眾肅若啣枚，毫無假借，不似當今宗匠，亂搭東瓜印子，妄囑匪人，良足重也。[55]

季總律己甚嚴，不妄傳承付囑，不像當今禪匠「亂搭東瓜印子，妄囑匪人」。這些都是藉由讚美女性禪師禪教嚴謹而發傳承浮濫之嘆。

《祇園語錄》裏值得注意的是為祇園寫行狀的一揆，作為祇園的弟子，她是重視傳承的，在行狀之後她寫道：

……嗣有全錄行世，每念先師道行高深，安所措辭，然不得不露布一番，式昭後昆，以俟續傳燈者採焉。[56]

雖然語言文字虛妄，老師道行也非文字語言可以措辭說盡的，但她還是希望這部語錄的出版，能讓老師之修證被了解，並能受史家所注目，得列入禪宗燈傳。而這樣的期許確實在《五燈全書》裏實現了，其他六位女性禪師除了義公之外，亦得以列名《五燈全書》。

從祇園的語錄文本顯現，女性禪師、弟子、士大夫居士等三類書寫者，其背後的書寫意識是：仍是秉持禪宗不立文字、以文字破文字的宗旨來寫就，所謂「文字性離，非無文字」，書寫所要傳達的是一種教化功能，並保留其開悟弘法的資料，達到信今而傳後，因此，特別的是，這個時代讓《祇園語錄》多了「彰顯臨濟正統源流」、「彰顯女性禪師源流」的雙重傳承的彰顯。「彰顯臨濟正統源流」的書寫意識，對祇園本人而言並未在語錄中直接呈顯出來，而是以「箇中若了全無事」來表達她的基本態度，這也是禪宗的基本態度。但是另一方面，祇園之「源流頌」書寫卻是「彰顯臨濟正統源流」的有力表達，對於同樣是語錄書寫完成者之一的弟子、居士而言，希望能「彰顯正統源流」的書寫意

---

54 《祇園語錄》吳鑄序，頁 422 上。

55 《季總語錄》嚴大參序，頁 442 中。

56 《祇園語錄》〈祇園行狀〉，頁 439 中。

識，也每每有所表達。而這個正統源流是由女性禪師來傳承，更讓他們積極上朔祇園成為女性禪師傳承系譜之一，為祇園定位在承繼前賢，甚至比之前賢更進一步，展現當代女性禪師傳承之力量，因此更希望藉由她的語錄能將女性禪師的傳承彰顯出來。

總之，祇園語錄之書寫意識是在禪門基本書寫觀下，特別於「臨濟正統源流」與「女性禪師源流」之雙重彰顯。而整體女性禪師語錄之書寫意識亦充滿基本的禪門書寫觀，亦有「臨濟正統源流」之彰顯，但特重於「女性禪師源流」的彰顯。

（二）當代女禪力，請政大方教

這些女性禪師語錄之書寫者，特別在「女性禪師源流」上著墨，而祖揆、寶持合著《頌古合響集》與祖揆《呫花集》，則跟語錄性質有些不同，但這二本著作之書寫意識，頗值得注目。

從《頌古合響集》的內涵與序文可知，其完全是在展現「女性禪師源流」之書寫，更是在彰顯「當代女性禪師」之「承繼力」、「修證力」，這是「女性禪師源流」書寫意識之最典型，最強烈的表現。而祖揆之《呫花集》則又有所不同，其自序曾言曰：

> 諸佛一大事因緣，智不能知，識莫能識，如人飲水冷煖自知，總欲說向人，直無開口處。古德應物垂慈，乃有主賓言論，正眼觀來，終是空中鳥跡。昔坐夏洞庭，晝長無事，取從上機語，翻覆溫研，輒有神會，拈提頌述，不敢自謾，歲月浸久，遂繁唏墨，學者請付諸梓，……取以名集曰呫華集，亦不忘原本之意也。請政大方，願垂教焉，靈瑞住山符道者題。[57]

祖揆在太湖洞庭東山坐夏時，「取從上機語，翻覆溫研」有所神會，並作拈提頌述，日積月累，存之不少，有學者請付梓印行，便編集成書。她認為修悟之語言文字「正眼觀來，終是空中鳥跡」，這正是禪宗之書寫意識，但雖是如此，有請付梓，祖揆遂集之取名，並展現「請政大方，願垂教焉」的態度，頗似學人著作行世，表現出主動公開，可以接

---

57 《呫華集》自序，頁 741 下。

受公評挑戰之大方態度。這一種大展機鋒，主動就教的態度是祖揆頗為特別的一種書寫意識。

第三節　寫真與像贊之形象

《祇園語錄》首頁，有一幅祇園禪師之白描肖像，祇園弟子一揆其《一揆語錄》頁首，亦有一幅一揆的白描像，七位女性禪師的語錄，只有她們師徒二人留下寫真肖像。

肖像，古稱「寫真」，在佛門亦稱為「道影」，收集歷代祖師肖像的「道影書」，最完整版《再增訂佛祖道影》共有 346 尊像，其中只有一幅比丘尼像，即無盡藏尼像，標名〈唐無盡藏丘尼肉身〉（圖十五），而祇園、一揆之肖像卻沒有此中。無盡藏尼在與六祖惠能問答中，知道惠能是得道之人，遂與曹溪眾人重建寶林寺（南華寺），請六祖住持，所以她是六祖最早的護法之一，也算是惠能的女弟子。此幅無盡藏尼肖像，源自何代、何處，甚至是否是格套化的畫法，尚待考定，從標題看來，或為據肉身塑像所繪？[58] 所以目前所見之女性禪師肖像，

圖十五　無盡藏尼像

唐無盡藏比丘尼肉身

---

58 在唐代，南華寺旁即建有無盡庵，為無盡藏尼修行處。憨山曾經修建，民國虛雲也重建之。與南華寺並列，而作為女眾修行之所。虛雲重建時，其原庵址似在卓錫泉右邊，虛雲將之移至寺東約三里處，並依真身之形貌塑成塑像，供奉在此。近年又經重修，筆者於 2005 年 2 月參訪時，大殿壁上繪有線描的無盡藏尼像圖，與《增訂佛祖道影》之肖像文字皆相同。虛雲重建當時，無盡藏尼之真身被供奉在同樣是韶關曲江的灣頭村西華庵中。今日，西華庵，不知何時荒毀，無盡藏尼真身，也不知何在？現由香港人士在當地發心重建為慈航淨苑。

就僅有她們三人，但無盡藏尼像較有固定格套感，祇園與一揆之肖像，則應是依人寫繪，較具個人化特徵，更貼近她們的真實樣貌。這二幅肖像寫真，讓我們於四百多年後，還能目睹她們二人之樣貌，在中國女性禪師留存的文字資料稀少、圖像面貌更是了不可得的情況下，祇園、一揆的寫真，無寧彌足珍貴。

一般而言，寫真都有像讚，有自作，有他人作，或寫其形，或寫其德，或作機鋒、或為遊戲等內容，以「名言」表徵其人，祇園與一揆的寫真亦是如此，所以在此藉由這二幅珍貴的寫真，運用「寫真與名言」相參的方法來論析她們二人的形像。先綜觀禪師寫真在當時的狀況與教化功能，再以這二幅寫真分析她們呈現的具體樣貌與象徵意義，再分析像讚之名言，來與之合看，以達圖文相滲並呈，由寫真與名言這二端來顯明她們的道影。

值得一提的是，祇園除了本身有自題像讚外，另二位女禪師寶持與祖揆都曾為其寫讚，即寶持〈董菴和尚讚〉、祖揆〈董菴尼祇園禪師讚〉，雖然並非像讚，但對祇園之德性提供了女性禪師的視角。

其他五位女禪師，雖然沒有寫真留存，但仍有許多自我或他人形容的讚詩，例如季總有〈自讚〉、〈偶然作〉、〈志感〉、〈寫懷〉等；祖揆為義公寫有〈伏獅尼義恭珂禪師讚〉；寶持有〈自讚〉，還有祖揆為其所寫之〈妙湛尼寶持總禪師讚〉；祖揆自己則有〈自題〉、〈自贈〉、〈述志〉以及寶持為其寫的〈靈瑞和尚讚〉。子雍有〈訓徒〉、〈內子述懷〉等三首述懷之作。祖揆更有對這七位之外的女修行者之讚，如〈天台尼自覺禪師讚〉、〈寒山尼元明老師壽像讚〉、〈靈瑞尼宗遠老師壽像讚〉。這些都能夠讓我們或多或少了知她們個人之形象與德性，尤其祖揆其自寫的自題像贊就有六首之多，所以以下討論女性禪師之形象時，就以有寫真圖像的祇園、一揆以及有六首自題詩之祖揆。

一、禪師寫真與像讚之宗教功能

在祖師肖像畫中，有蒐集從佛陀以來，各代各宗之尊者、祖師的肖像合集，並附以小傳、像讚者，這些肖像本來應該都有獨立肖像畫，在編輯時，再請人臨摹繪製成白描半身肖像的統一形式，並以「道影」為書名。而從明初開始，陸續增補，目前最完整的是《再增訂佛祖道影》，其成書過程，在明末紫柏（1543-1603）〈紫柏老人廣諸祖道影疏〉有言：

> ……洪武間，緇素好道者，繪華梵佛祖道影，自大迦葉尊者而
> 下，至國初耆宿百二十尊，藏諸留都之南牛首山。[59]

這份洪武年間（1368-1398）所繪，在牛首山的佛祖道影有 120 尊像，因為侵久凋殘，經紫柏起頭，請丁雲鵬等臨摹繪像成冊。後來經明末崇禎之永覺（1578-1657）、[60] 清初康熙之為霖（1615-1702）、[61] 靜熙，[62] 或再蒐集、或散失，或再增補，再至光緒年間之守一蒐集幾種版本綜合之，成為為蘇州本，[63] 至民國初年虛雲（1840-1959）校補、[64] 西元 1985 年宣化（1918-1995）又增補之，[65] 最後成了《再增訂佛祖道影》，總共收入 346 尊之多。共經歷了從明初開始蒐集佛圖像、祖師尊像將之編集成冊，到明末清初經過幾次增補（包括紫柏、永覺、為霖、靜熙），再來就是清末、民初，乃至到現代，蒐集的主力集中在明末清初時期。從

59　紫柏，〈紫柏老人廣諸祖道影疏〉，民國‧宣化《再增訂佛祖道影》冊 1（臺北：大覺精舍倡印，法界佛教總會原印，1989 年），頁 2。

60　此為真寂初刊本，名《列祖道影》，崇禎十一年（1638）永覺老人，住真寂院時刊行。有 130 尊像，各繫贊語，今已失傳。

61　有真寂重刊本，康熙元年（1662）為霖在開元寺得真寂初刊本，當時只存 80 多尊，再重事徵補得 47 尊，與永覺老人的，共成 122 尊。置於藏經殿內。後民初虛雲主持開元寺時，獲睹此書，122 尊中亡失 5 尊，剩 117 尊。

62　所謂雲福本，是康熙十五年（1676）刊行，名為《宗門正脈道影》，是靜熙啟公，求善書者摹勒刻畫，再加傳略讚辭，有 166 尊。

63　蘇州本，《佛祖道影》，是清光緒六年（1880），蘇州瑪瑙經房刊行，守一空成手訂。是統合真寂（殘本）、雲福先後刊本，再有憨山所撰八十八祖傳讚。共 240 尊。

64　《增訂佛祖道影》，是虛雲於民國 14 年（1925），將 117 尊的真寂重刊本與蘇州本相校，再徵集若干尊，無傳讚者，虛雲補之，依次比編入蘇州本，共 304 尊。1955 年，虛雲再增補入 27 尊，共成 331 尊。（虛雲在附記中曰 330 尊，似乎有誤。）

65　《再增訂佛祖道影》，是民國 75 年（1986）宣化法師，於美國萬佛城、法界佛教總會出版，再增補入 15 尊（包括近代十位），成了 346 尊。並增補「或說偈曰」偈頌。

這些尊像可以被蒐集編整，以及歷代禪師語錄中為數頗多的題讚詩等現象來看，繪像寫讚的情形由來已久，[66] 而且在明末清初時期應該曾經大大流行過。[67]

道影書的祖師肖像，基本上都是半身白描，雖然面貌神情各異，衣著持物亦各不相同，但線條構圖工整簡單，多將重點放在頭像，有些類似大頭照，皆沒有背景圖樣，似乎有定型格套，而且應該不是以藝術取勝，只以表象為主，以利彙集成冊之用。所以這種歷代祖師寫真的道影書，其編輯之意義與目的，除了顯呈人物之具體樣貌外，應該還有濃厚的表彰歷史傳承、法脈源流之意義。[68]

除了道影書外，亦可在禪師語錄內看到許多「像讚」類的文體。像與像讚常是配合的，當然亦只有寫真肖像者，但有像讚必然有肖像，所以即使未見寫真，從像讚亦可以想見其有寫真圖像。與祇園同時代的禪師，其語錄大多有收錄為人或自己之題像讚，其所題像讚之人物，有佛、菩薩、古賢聖者，亦有師輩道友、弟子居士，包括自己等等，尤其是當代人物，佔很大的部份。其中禪師肖像之題讚，多應道友、弟子等

66　北宋禪師語錄中已有真讚，之後這類真讚愈來愈多，並在語錄中獨立成類。有讚即是有像，所以代表繪祖（禪）師像的行為在宋代已很多。這方面可參考嚴雅美，《潑墨仙人圖研究——兼論宗元禪宗繪畫》（臺北：法鼓文化，2000 年）第三章第三節〈禪宗繪畫的性格〉。

67　當民國 12 年，虛雲參校光緒蘇州本而出版《增訂佛祖道影》時，在序中談到「康雍以還，諸山名宿徵集容有未周，則限於時與力，補闕拾遺俟諸異日」。指出康熙、雍正以下的諸山名宿之道影，限於時與力，蒐集不夠周全，所以數量較少。這種情形，應該是康雍以下比較不流行寫真題讚，所以蒐集不易之故。而明末清初是道影書蒐集的主要時代，其禪師尊像留存下來的就相對較多，象徵寫真題讚的風氣，也大大流行於此時。前所提嚴氏《潑墨仙人圖研究——兼論宗元禪宗繪畫》（臺北：法鼓文化，2000 年）著作，其所論禪宗人物畫是以宋元為主，並認為禪畫與臨濟宗楊歧派有密切關係，但並沒有關注到明代這類道影畫集。筆者認為這個時期應是寫真題讚的一個高峰，亦是禪宗人物畫有另一個型態的產生。

68　據筆者觀察這些尊像是以禪宗祖師為核心，亦可以說道影書與禪門有直接關係（或曰：禪宗肖像畫特別發達，有許多學者也注意到這種關係）。因為不僅禪師數量多，且排列世代時，釋迦佛祖之後，即曰初祖摩訶迦葉尊者，禪門「拈花微笑」之典故就是來自大迦葉，大迦葉被視為禪門初祖，道影書中如此排列，即是此意。禪門的祖師傳承相當重要且繁密，所以道影書標顯歷史傳承的意義即在此，可算是將法脈傳承的文字、表格圖像化。又，明末清初之禪林，傳承法嗣繁盛，道影書在此時大量增補，自然相應於禪門，其他如天台、華嚴、慈恩、瑜伽、律宗、蓮社等祖師之尊像，在這當中是少數。

所請而提，亦頗多屬於題自像讚：為自己的肖像題讚。這些肖像可能不見得皆與道影書肖像一樣只有上半身等固定式樣，應該亦有全身像，有背景、彩繪或水墨等等形式。關於題像讚，例如密雲之語錄在「讚」類之下，除了為佛、菩薩像所作的讚之外，還有應禪人所請為其他禪師尊像題讚者，如玉芝禪師（碧印上人請）、高峰禪師（憨石禪人請）、雲棲和尚（涵炤禪人請）等等，更有應弟子請的「自題」讚，這部分就高達四十一首之多，實際來請題而沒有列入語錄者應該更多，可見密雲法緣之盛，其尊像流傳之廣。又，牧雲（？-1671），他是密雲的法嗣弟子之一，其《牧雲和尚七會語錄、像讚》中，也有〈天童本師密老和尚〉八首、題自讚三首。亦為同門之石車、雪竇（1594-1663）、林野（1595-1652），作像讚多首。[69] 費隱（1592-1660）也多次為密雲題像讚，並建有密老和尚影堂，他亦有自題像讚，還為同門的石車作像讚[70]。祇園自己亦有〈金粟本師車和尚真贊〉二首，一撲亦在參同庵建祖堂供祇園本師像等等。由此可知，請（繪）禪師尊像、請（自）題讚，在當時禪門是很流行的宗教行為。

　　道影書彙集祖師肖像，這些祖師肖像亦會出現於個人出版之語錄上，亦有屬於立軸圖像，或供法堂之上，或個人持有供養等等，這些祖師肖像，容或因放置地方的不同而產生不同的宗教功能，但就祖師肖像本身而言，其修道上的功能應是相同的。那麼繪製某位禪師肖像有何修道功能呢？例如密雲禪師曾為靈鑑提讚〈雲鑑法師〉云：

> 此老法師曾與相會，但不相識，似乎口訥，為人樸實，不敢贊得，不敢毀得，珍重伊徒，但恁麼供養始得。[71]

讚中直言，密雲與靈鑑法師曾見過面，但不相識，只有大約的印象，他的徒弟以其寫真來請密雲題讚，密雲「不敢贊得，不敢毀得」，只道「伊徒珍重」，就這麼「供養始得」。表面看來無什麼內容的話，若以參禪者而言，處處卻都可能是悟道之機，尤其是這種坦白直樸之言。由此看來，這幅肖像是要作為供養之用。那麼為何要供養呢？密雲〈行

69　《牧雲和尚嬾齋別集、贊》卷七，頁 587-588。

70　《福嚴費隱容禪師語錄、紀年錄》卷下，頁 187-188。

71　《密雲禪師語錄》卷十二〈雲鑑法師〉，頁 66 中。

狀〉曾有一段記載：

> 武原朱君上申，初聞師名未之信，一夕夢人持巨幅展示，見僧相
> 挺特，類古應真，其人曰：此宋慈受深禪師像也。甫瞻禮而覺。
> 翌日過坊間見裱像與夢中所見同，讀其讚，始知為師像也。上申
> 異之，于眾信中皈向尤篤。[72]

有朱上申者，曾作夢夢到一幅僧人畫像，相貌挺特，是宋代慈受深禪師
像。沒想到醒來，隔天在坊間看到一幅「裱像」，與夢中僧像相同，一
讀像讚，竟然是密雲的肖像，從此對密雲皈向誠篤。上申在坊間看到附
有讚語的密雲畫像被裱裝起來，應是弟子信徒將之請來供養，而他的
肖像看來在坊間應頗有流傳。見夢中應真「瞻禮而覺」，是「如見其
人」，而夢中、坊間之寫真與密雲相連結，是在「古今連結」呈現「如
見其人」的效果，所以「如見其人」是供養寫真的基本宗教功能，這樣
的功能產生修道的效果，亦即見賢思齊、睹人見法、即相會心。紫柏在
《佛祖道影》序中言：

> 阿難佛弟，尚觀勝相發心，況凡劣者手？故佛祖道影不可不傳
> 也，……使人瞻仰，塵習頓空，即相會心，千古旦暮，與諸祖周
> 旋於大光明藏中，微道影孰能至此？[73]

佛法是無相無說之教，所以繪尊像，存形相並非執形相，只為「即相會
心」，讓人「塵習頓空」，入佛法大光明藏中，所以才曰「道影」。影
而非真，所謂夢幻泡影也，但可依假悟真，依影破相。如一〈佛祖正印
源流圖像贊自序〉亦云：

> ……噫，虛空面目果如是耶？蓋欲借指標月，令人見月自忘其指
> 耳。昔公美觀斷際儀像而直下頓省，高峰讀五祖真贊而打破疑
> 團，此非因指而見月，得意而忘言者手？所謂色相語言，皆歸第
> 一義諦，信不誣矣。[74]

他舉裴休見像、高峰讀讚之事，來證明像與贊皆是借指標月，見月忘

72　王谷《密雲禪師語錄》之王谷〈行狀〉，頁71上。

73　紫柏〈紫柏老人廣諸祖道影疏〉；《增訂佛祖道影》冊1，頁2。

74　《即非禪師全錄 附佛祖正印源流圖像贊》，沙門如一〈佛祖正印源流圖像贊自序〉，
　　《嘉興藏》冊38，頁746中。

指，悟入實相無相之流，所以凡色相語言，皆可歸於第一義諦，皆是悟道之資。裴休之事是：

> 裴休字公美。河東聞喜人也，守新安日。屬運禪師初於黃檗山，捨眾入大安精舍，混迹勞侶掃灑殿堂，公入寺燒香，主事祇接，因觀壁畫乃問：「是何圖相」？主事對曰：「高僧真儀」。公曰：「真儀可觀，高僧何在」？僧皆無對。公曰：「此間有禪人否」？曰：「近有一僧投寺執役，頗似禪者」。公曰：「可請來詢問得否」？於是遽尋運師。公覩之欣然曰：「休適有一問，諸德各辭，今請上人代酬一語」。師曰：「請相公垂問」。公即舉前問，師朗聲曰：「裴休」。公應諾。師曰：「在什麼處」？公當下知旨，如獲髻珠。曰：「吾師真善知識也」。[75]

裴休因見（龍興）寺之高僧肖像壁畫，乃興起：「真儀可觀，高僧何在」之問，遂因此在黃檗希運的點撥下，知旨契入。裴休見像起問，這一問必然類屬話頭之疑之問，否則不能有「當下知旨」之效，當然黃檗啟悟之力，亦是「真善知識也」。而高峰禪師則是：

> ……二十二，請益斷橋倫，令參生從何來，死從何去話。於是脇不至蓆。口體俱忘。雪巖欽，寓北　，師懷香往謁，方問訊，即被打出，閉却門，再往，始得親近，令看趙州無字。自此參叩無虛日。後凡入門，欽便問：「阿誰與你拖箇死屍來」。聲未絕，便打。如是者不知其幾。後值欽赴南明，師上雙徑，參堂方半月，偶夢中忽憶斷橋室中所舉：「萬法歸一，一歸何處」話。疑情頓發，三晝夜目不交睫。值少林忌，隨眾詣三塔，諷經次，頭忽觸五祖真贊，曰：「百年三萬六千朝，返覆元來是者漢」。驀然打破拖死屍之疑。時年二十四矣。[76]

雪峰在「疑情頓發，三晝夜目不交睫」下，見五祖真贊：「百年三萬六千朝，返覆元來是者漢」，驀然打破先前苦參之疑情。裴休是因「像」啟疑而悟，雪峰是見「讚」破參，都是以指標月而見月。

75　道原《景德傳燈錄》卷十二、裴休，頁293上。
76　超永《五燈全書》卷五十、杭州西天目高峰原妙禪師，頁160下。

又，禪門講「本來面目」，是要弟子能徹見本來佛性，不錯認無明為父，寫真肖像，即「面目」也，所以這些有證有悟的祖師尊像，亦可作為本來面目的象徵與入處，《宗門正脈道影》序有言：

> ……我雲福法——啟公禪師，志抱積年，心存深固，恒竊歎曰：不將祖翁面目揭示當陽，使人所親睹而徹見根源，說什麼好兒孫？[77]

啟公禪師就是抱持這種禪門「面目揭示」、「徹見根源」之意，來蒐集禪師尊像的。而「這本來面目」亦有活潑的展現，例如密雲應弟子破山明（1596-1666）所題自讚：

> 不識好惡，不分皂白，若問著，當頭便楔，無法與人，那來剩跡，如是為人，何有知識，且道阿誰？密雲老賊。[78]

這種完全解構自己，充份張揚禪本色的讚詩，處處可見。所以像與讚完全顯現依像教化的意義，藉此讓弟子睹像、體讚，讓老師像分身一樣，以其面容來攝受弟子，以其題讚來點悟弟子，所謂「如見其人」、「即相會心」、「以指見月」、「本來面目」，並顯色相語言皆歸第一義諦的教化。

除了修道功能外，寫真置於何處亦有不同功能上的偏重，道影書將寫真編彙成書，重在顯示法法相繼、傳承不輟。將寫真置於寺院祖堂，除了禮祖供養之外，亦有標明此法脈、此傳承之用，因此有時也會在傳法時，作為傳法信物之一。除此之外，亦有遇到節日才張掛法堂的歷代祖師像，木陳〈歷傳祖圖贊序〉談及在天童寺：

> ……夫地靈則人傑，人傑故地靈，木有根，水有源，故余益廣先師之意繪從上祖宗，首釋迦文佛，至先師密雲悟和尚，凡六十有七世，遇歲時節臘必張挂法堂，陳時食而薦奉焉，示後昆無忘先德之思。[79]

他請來畫師繪這些六十七位從上祖師的寫真，並在特定節日將這些祖師

---

77 淨範〈舊序〉（應是《宗門正脈道影》的舊序，當時康熙十五（1676））；《再增訂佛祖道影》冊 1，頁 5。

78 《密雲禪師語錄》卷十二，頁 66 下。

79 木陳《布水臺集》卷六〈歷傳祖圖贊序〉，頁 334 上。

寫真懸掛法堂,並設食供養,以示不忘先德之恩。天童寺是古剎,歷代住持各宗各派皆有,木陳以密雲這一系繪像來供養,恐有「略他人之宗祖,詳自己之根源」之異論,所以其云:

> 或曰:天童自義興開山,世有喆匠,而禪門由咸啟來,諸家互為住持,略他人之宗祖,詳自己之根源可乎?余曰:然。老蘇不云:「譜自我作故也」,況由先師泲洄以上至應菴華祖,則天目禮諸宗祖在是矣,由應菴泲洄以上至石霜圓祖,則清遶諸家之宗祖在是矣。由石霜泲洄以上至南嶽讓祖,則寶堅諸家之宗祖在是矣。由南嶽泲洄以上至達磨西祖,則咸啟諸家之宗祖在是矣,由達磨泲洄以上至釋迦文佛,則義興法璿諸家之宗祖在是矣,提綱挈領,本末歸宗,安在其略人詳己邪?圖成禪者請贊,因不揣固陋吹述於左,以就正大方焉。[80]

他認為歷代住持祖師,用提綱挈領、本末歸宗的方式即可,不必一一繪出供養,因此就很自然地以自己的法脈源流為重點,木陳認為這是理所當然的,何況其他系脈已各有代表人物可以溯源。觀諸「略他人之宗祖,詳自己之根源」之議,可以想見,這些歷代祖師之寫真排例出來,便有表達法脈傳承之意,進而表彰自己法脈、確認自己正統之象徵意義。換言之,「歷代諸祖圖贊」與〈源流頌〉有同樣的象徵意義在。

也有些是個人請來供養,據董穀《續澉水誌》卷之七〈人品紀、仙釋下〉談及惟則禪師:

> 惟則字天真,號冰蘗道人,姓費氏,……洪武初召天下高僧作大法會,師與焉。洪武癸酉,沐浴告眾而逝,有語錄行於世。師髮留數寸,不去髭鬚,為頭陀狀。初漱有胡秋碧者,善傳神,師嘗令畫己影像千副,欲以施人,畫將半而師卒,俄而日本夷人至,見之皆羅拜曰:「此吾國祖師也,安得在此」。競以金售之,秋碧由此致富。[81]

80　木陳《布水臺集》卷六〈歷傳祖圖贊序〉,頁334上。

81　董穀纂修《續澉水誌》卷之七〈人品紀、仙釋下〉,《叢書集成》三編,史地類冊82（臺北:新文豐,1997年）,頁57。

犬真惟則是匡廬源禪師法嗣，在《五燈全書》有傳，[82] 曾受朝廷召請作大法會，是當時著名的禪師，他請畫師胡秋碧來為自己畫寫真道影千幅，「欲以施人」，由千幅數量之多來看，弟子信眾想要請供者必然非常眾多，而且應該是作為個人請供之用的。沒想到畫到一半，天真卻離世了，有日本夷人見到他「髮留數寸，不去髭鬚，為頭陀狀」的寫真，皆羅拜之，認為是「吾國祖師」，紛紛競相購買。這個例子讓我們了解到，禪師寫真也有禪師自己請人繪畫，讓弟子信眾請供的，甚至在某些機緣下還曾出現買賣的商業行為，而天真之寫真可能還因此流到日本呢！

　　如將寫真置於語錄首頁，則偏重禪師個人「如見其人」的呈現，修道上的意義較為顯著。祇園與一揆的寫真即是放在語錄首頁，這在明末清初的禪師語錄亦有見之，例如《石雨禪師法檀》首頁亦有石雨禪師像、[83]《千山剩人禪師語錄》亦有剩人和尚像與像讚、[84]《廬山天然禪師語錄》有天然和尚像與像讚、[85]《玉泉其白富禪師語錄》有其白和尚像及像讚、[86]《古瓶山牧道者究心錄》有古并山牧道者小影並自題 [87] 等等，《壽昌無明和尚語錄》亦有壽昌禪師像，[88] 但並非單獨肖像，而是有植物、石景、桌子、書僮等人物畫。這些置於語錄首頁，頗有將寫真與語錄之言行緊密結合，一者道影，一者道言；一者圖像，一者名言，相得益彰，強化語錄作為個人教法的具象部分，亦有讓弟子信徒們如見其人、如聽其教地修行、感悟之功能。

82　超永《五燈全書》卷五十一「杭州海門天真惟則禪師」，頁 171 中。

83　《石雨禪師瀘檀》，《嘉興藏》冊 27，頁 77 上。

84　《千山剩人禪師語錄》，《嘉興藏》冊 38，頁 211 上。

85　《廬山天然禪師語錄》，《嘉興藏》冊 38，頁 125 上。

86　《玉泉其白富禪師語錄》，《嘉興藏》冊 38，頁 951。

87　《古瓶山牧道者究心錄》，《嘉興藏》冊 28，頁 287 上。

88　《壽昌無明和尚語錄》，《嘉興藏》冊 26，頁 667 上。

二、祇園寫真之分析

　　祇園這幅寫真，放在語錄第一頁（圖十六），於《嘉興藏》原書版面佔一整頁，板匡是 22×15.4 公分大小。其畫法與道影書一樣皆是白描，但沒有格套感，應是專門依其面容行態而畫，或是依別幅祇園肖像而繪，甚至是祇園站立於前，請畫工來畫。而且身形三分之二都畫出來，有整個人的樣態，不像道影書只畫至胸部、重點僅在頭像而已，所以整體看來，與道影書之寫真截然不同。其繪製的年代應是祇園住持伏獅禪院時期，亦即畫中的祇園是 51 歲到 58 歲之間。

　　依祇園有兩首題自讚詩看來，祇園應該另有肖像流傳，或全身，或彩色，或有物景等，甚至就是與語錄同一形象，作成立軸者。

圖十六　祇園禪師像

　　這幅祇園禪師像，是線條白描，呈現黑白構圖。上端題「祇園禪師像」，旁邊沒有讚詩。祇園呈正面身相，描繪出三分之二人身，眼睛目視正前方，穿著袍服，並未披田相袈裟，衣服上沒有紋路或標誌，顯得簡單、平凡、樸素。

　　右肩微徵高於左肩，右邊衣袖垂下，未見手臂、手指，由袖褶看，可能插在右脅衣內。左邊衣袖因左手抬至胸前遂也率至胸前長垂而下，重點在這抬起的左手，露出長袖的左手拿持如意，如意著上黑色，置於胸前，手指、指甲纖長，三指平放如意柄上，食指曲起成圈，姆指撐於如意柄之後。因為左手拿著如意，所以構圖上左袖的寬度比右袖寬，於是重點移向左方。如意柄呈流線型，頂端成曲有雲狀飾樣，從肖像的右下胸斜橫至左肩頭。

　　面部描繪精細，臉型飽滿，呈圓型臉，表情端嚴，眼神凝定，鼻如懸膽，鼻身甚寬，居於畫面中間，鼻翼較小但明顯。額頭不高，兩眉皆

濃長過眼，左眉前端較濃，較接近鼻心；眼睛細長，雙眼皮，眼珠、眼眸、眼袋皆描出，左眼袋較寬。兩眼末端略微垂下，右眼有一魚尾紋。清楚的兩條法令紋沿著鼻翼上端展延而下，嘴唇秀長緊閉，人中寬長，以直線描劃，微現雙下巴，下巴寬圓，兩耳簡描露出。

以下再針對幾個特徵，細論之。

（一）面容端嚴，身著袍服

祇園這幅肖像，穿著的是袍服，是屬於漢族佛教僧侶的聽衣，聽衣是相對於制衣而言，制衣是指佛陀在印度親定的僧衣，聽衣是指因地制宜，依實際需要權宜的僧侶服裝。一般稱制衣（三衣）為袈裟，主要特徵是布料縫法要形成田相。[89] 而聽衣：袍服，本來是漢人的服裝之一，後來成了僧侶的專門衣物，為平日之穿著，正式場合或法會儀式時，就在袍服外面披上袈裟。祇園所著的袍服，連身、廣袖、曲領右袵，看起來袖子相當寬長，領子也甚寬，衣料看來頗為厚實，似乎是秋冬時節之袍服。祇園此幅寫真只穿袍服，沒有披上袈裟，表現出日常、普通、平易的僧伽服裝。

當祇園的老師石車，傳承她法脈時，曾付祖衣：

> 粟示微疾，命師到山，粟問……。粟云：作家相見事如何？師云：當機覿面。粟云：好好為後人標格。遂付祖衣。粟云：此衣表信，善自護持，并囑付云云。[90]

石車傳法給她，以祖衣象徵傳法信物。祖衣作為傳法象徵，在禪門中極為普遍，最有名的即是五祖弘忍傳給六祖惠能：

> 五祖夜知三更。喚惠能堂內。說金剛經。惠能一聞言下便伍（案：悟）。其夜受法。人盡不知。便傳頓法及衣。汝為六代。祖衣將為信。稟代代相傳法。以心傳心。當令自悟。[91]

這個祖衣，代表以心傳心的信物。有認為祖衣，指的是佛制三衣（袈

89　參考郭慧珍《漢族佛教僧伽服裝之研究》（臺北：法鼓文化，2001 年），第四章〈漢族僧伽的聽衣〉，有關「袍」的研究，頁 135-142。

90　《祇園語錄》卷下〈祇園行狀〉，頁 438。

91　《六祖壇經》，頁 338 上。

裟）中的「僧伽梨」，[92] 是三衣中尺寸最大，田相割截的條數最多，即從九條到二十五條等，是僧伽入王宮、聚落所穿著的僧衣。在中國，條數愈多的僧伽梨，亦是外出、禮儀時所穿，是最慎重的僧衣。如果依此來定義祖衣的話，祇園所穿的並非祖衣，亦即這幅肖像她沒有將石車傳給她的祖衣穿在身上，只穿平日生活的僧衣。

放在語錄前，這麼重要的肖像，為什麼沒有穿著祖衣入畫呢？因為資料缺乏，很難找到確切的答案。但就圖像上看，沒有披上田相法衣，顯得簡單、樸素。

朱茂時曾形容祇園「光儀峻肅」、朱彝尊亦言其「威儀醇僕」，她自己的行事作風內斂謙抑，門風也法矩嚴肅，棒喝教化篤定直截，從這幅寫真的穿著以及其臉色端嚴明朗、眼神凝定有神的氛圍看來，確實相互符應，其精神氣概，躍然浮出。

（二）頂上有髮，示頭陀狀

出家人出家要剃鬚髮，捨去一切裝飾，以示與世俗斷絕，這是出家人的基本形象，出家後，平時亦須定時剃淨，現圓頂相，甚至沒有剃髮還會被視為犯戒。但是祇園之寫真相當令人注意的是，頭上描繪出一條條細密的線條，似有髮絲往後向上梳齊之態，甚至左耳上方，還真實地繪出部份髮絲微微鬆脫之狀（後面是否有髻？或是短髮略綁於後？不得而知），如果沒有這個髮絲鬆脫的形狀，即使頂上髮線分明，還不敢妄斷是有蓄髮。相較之下，一揆寫真亦有齊整之髮線，但比較無法判斷是否有留髮。

祇園身為出家人，在正式的語錄圖像上呈現的卻非圓頂之相，讓人不免好奇這個現象背後的因素。根據〈祇園行狀〉，起先祇園是在胡庵自己剃髮，決定不住俗家，隔年就前往金粟山廣慧禪院、密雲座下受具

---

92 三衣，音譯為：安陀會、鬱多羅僧、僧伽梨。三衣都是由割截布條縫製而成的，縫成田地阡陌的形狀，有作眾生福田之意，也為了標示佛教僧侶的身份。安陀會是縱向割截五條。鬱多羅僧是縱向割截成七條。僧伽梨是縱向割截成九條到二十五條者。參考郭慧珍《漢族佛教僧伽服裝之研究》（臺北、法鼓文化、2001），第三章〈漢族僧伽的制衣〉，頁66-67。以及《中華佛教百科全書》冊4，（臺南：中華佛教百科文獻基金會，1994年），「四眾」條目，頁1554.2。

足戒，形成正式的出家人。後來在一次「剃頭下單立地，面前豁然一開……」，[93] 因而有所徹悟，觸目遇緣，無不了了。住持伏獅時，還為一揆等弟子披剃出家，所以應理是個圓頂的出家比丘尼，那為何又蓄有髮絲？而且作畫當時，竟未特別加以修整，就這樣自然而然地入畫？可見這必然是祇園平常很自然的形象。

回頭觀察《增訂佛祖道影》，發現許多禪師尊像，也非圓頂之相。尤其與祇園同時代的禪師多有蓄髮、長髮之狀，例如她的師公密雲圓悟頭髮崢崢而豎（圖十七），密雲師兄天隱圓修（1575-1635）髮呈飄動，雪嶠圓信（1570-1647）則是長髮垂肩（圖十八），她的師伯輩破山通明更是髮蜷成曲，朝宗通忍（？-1648）、石奇通雲、木陳道濟（1596-1674）、牧雲通門（？-1671）、萬如通微（1594-1657）、林野通奇個個都是髮鬚具留，只有她的傳承老師石車通乘現鬚髮剃然之相（圖十九）。然而，除了少數一二位確實是長髮之外，其餘大部分都是短的鬚髮，應該都只是剃髮的次數較不頻繁所造成的，因為與傳統男子的髮式比來，還是不同，已經是算短的了。而祇園有髮的情況，與當時一般女子長髮盤成髮髻的髮式相比，也是屬於短髮，已有「斷髮」之實，應該只是剃髮的次數較不頻繁所致。所以在不同的時間點下，這些男女禪師可能有時呈現圓頂像，有時較不拘地呈現短髮、短鬚。例如紫柏真可，道影書中鬍鬚長至胸前，但在錢復「真可和尚像」中，[94] 卻呈圓頂相，只有微鬚在嘴唇上。由祇園的情形與同時代的禪師在道影書中頂上多有髮的狀況來看，可見當時有些禪師不拘剃髮：有時剃除乾淨、有時自然而然留著髮鬚。這種不拘剃髮，自然而然留著鬚髮的情形，或是因為年老，或是因為閉關、住山的緣故。

禪門自來與頭陀行有密切關係，達摩初祖面壁九年，其他諸如閉關、住山等修行方式在禪林中比比皆有，因專注於修行，破除一切相，心尚且抿除，心外之物自然超越不拘，所以身體外相包括衣物、鬚髮、指甲等多不加修整，甚至形成放浪形骸之狀，這種禪門人物形象所在

---

93 《祇園語錄》卷下〈祇園行狀〉，頁 437 下。

94 錢復「真可和尚像」，見陳履生、張蔚星主編《中國人物畫——元、明卷》冊下，（廣西：廣西美術，2000 年），第 872 幅。

多有，《增訂佛祖道影》裏長髮垂肩、鬚鬢垂胸的雪嶠禪師，在故宮博物院亦收藏一幅張琦所繪「圓信法師像」。圓信即雪嶠也，此像畫於崇禎十六年（1643），雪嶠七十三歲，是他圓寂前五年，這幅彩色肖像與道影書的白描像，很是神似，畫中的他嘴上濃髭，下巴疏鬚，頭髮茂盛，灰黑膨鬆，垂至兩肩，落在赭色袍服與紅色袈裟上，相當顯眼，其〈自贊〉果然如此形容自己：

> ……亂髮垂肩，日日當胸叉手，波瀾滄海龍蛇，頂載堯天星斗。不是無錢買草鞋，平生自愛赤腳走。咄！那裡去？從容漫用株苕帚……[95]

他既亂髮垂肩，又愛赤腳走路，甚至還作〈亂髮垂垂〉四首。[96] 禪者不拘之風格明朗呈現。而之前所舉天真惟則禪師之寫真，被日本人羅拜並稱「此吾國祖師也，安得在此」？就是因為天真之像貌呈現「髮留數寸，不去髭鬚，為頭陀狀」。可見這種髮鬚

圖十七　密雲禪師像

六十七世密雲圓悟禪師

圖十八　雪嶠禪師像

六十七世雪嶠圓信禪師

圖十九　石車禪師像

六十八世石車通乘禪師

---

95 《雪嶠禪師語錄》卷四〈自贊〉，《嘉興藏》冊 25，頁 477。

96 《雪嶠禪師語錄》卷四〈亂髮垂垂〉，479 中下。

未剃盡修整，代表著頭陀行、頭陀狀。憨山（1546-1623）在自序年譜中曾記載，他遇到多年前的故友妙峰師時：

> 予年二十七，初至揚州……十一月，妙峰師訪予，至，師長鬚髮，衣褐衣，先報云：有鹽客相訪，及入門，師即問還認麼？……明日，過訊夜坐，乃問其狀何以如此，師曰：以久住山故，髮長未翦。[97]

兩人再見面時，妙峰師「長鬚髮，衣褐衣」，憨山問其原因，他說是因為「久住山故，髮長未翦」。在南嶽山居的山茨，其〈山居八首〉之六後四句即云：

> 弊衲半肩新線眼，垢容亂髮舊行藏，菴門不作心心字，一任諸方說短長。[98]

弊衲半肩，垢容亂髮，亦是顯現山居生活，不拘外在形像之自由自在。又有〈贈同參遷隱〉亦曰：

> 住老雲山恨不深，又移茆屋入幽岑，破衣結剩三條篾，折腳鐺煨一世心，擇法眼高秋夜月，當場機峻截流音，任從白髮垂雙耳，瀑水崖前坐獨吟。[99]

住老雲山之中，破衣結、折腳鐺、「任從白髮垂雙耳」，雖然獨吟瀑水前，卻是能擇法眼高，能當場機峻之高明者。「任從」二字有狂疏、懶拙、不拘之意。又在〈和澄靈散聖山居偈〉亦有：

> 因僧問我西來意，向道居山不計年，衲破結稀通露骨，髮長鬔亂半垂肩。[100]

〈和雲峰悅禪師偈〉五首之三亦有「道薄常慚繼祖燈，巖龕枯坐百無能，髮長衣弊臨溪炤，半是樵兮半是僧」。[101] 這些住山生活歲月，在在都顯現「髮長　亂」的形象。

---

97 憨山《憨山老人夢遊集》卷三十九〈憨山老人自序年譜實錄上〉；《嘉興藏》冊22，頁707上。

98 《山茨語錄》卷四〈山居八首〉之六，頁368下-369上。

99 《山茨語錄》卷四〈贈同參遷隱〉，頁369上。

100 《山茨語錄》卷四〈和澄靈散聖山居偈〉，頁329中。

101 《山茨語錄》卷四〈和雲峰悅禪師偈〉，頁329中。

952

七優曇華：明末清初的女性禪師

又隨舉一例，也不知是否住山，有憨石禪人請密雲提像讚〈高峰禪師〉，其讚詩為：

> 頭髮　鬆面貌側，令人只見半邊鼻，不知那半邊，他自識不識，
> 憨石憨石莫顢頇，自伸自手摸始得，咄。[102]

這位高峰禪師「頭髮　鬆」，都將面貌遮住半邊了，令人只見半邊鼻子。可見必非圓頂之相。有一次一位居士還直接問靈機禪師：為何髮長了不剃：

> 居士問：「和尚髮長為何不剃」？師云：「從來不欠少」。士
> 云：「僧俗也須分明」。師云：「誰與汝論僧論俗」？士以手指
> 師。師微笑云：「又道僧俗不分明」。[103]

居士持的道理是「僧俗也須分明」，然而在禪者面前，這些都是世俗葛藤，剃與不剃，也從來不欠少。靈機藉此與這位居士機鋒點撥一番。

女性禪師方面，這種散髮垂長的情形亦不少見，一揆在〈和禪坐偈〉五首之五云：

> 輕舟帶月水生花，菡萏花開暗度香，聞見覺知無別法，頭陀嬾散
> 髮垂長。[104]

亦是說「頭陀嬾散髮垂長」，顯然也是或閉門守靜，或不拘形式修幅，疏懶於外在形像，而採取所謂的頭陀行之故。季總亦有這樣的描寫，其〈偶然作〉：

> 短髮蓬鬆披雪裘，長年寂寞臥林丘，松華漫煮青精飯，霜葉寒燒
> 黃葉秋，潦倒世情如蝶夢，怴——時事付春流，砌蛩未識閒情
> 思，早向簷前訴冷愁。[105]

此時應該是在她南嶽住山之時，「短髮蓬鬆」寫出她山居的形象。祖揆之〈示靈捷道者〉寫出了一點頭陀不拘之外的感受，其云：

> 一壑松風庵小小，七十二峰青未了，畏寒懶剃髮鬅鬆，溪深杓柄

102 《密雲禪師語錄》卷十二，頁66上。
103 《靈機禪師語錄》卷二，機緣。《嘉興藏》冊39，頁435上。
104 《一揆語錄》〈和禪坐偈五首〉步原韻，頁10中。
105 《季總語錄》卷四〈偶然作〉，頁464中。

　　　　　長多少。[106]

　　此時祖揆在洞庭東山，亦是閉守靜修之時，她點出「畏寒懶剃髮」，有趣也真實不拘地道出一些實在感受。

　　由這些例子可以得知，禪者不拘之風格，閉關、住山等等修行時期，會有髮長未剪的狀況。觀之祇園的修行，在胡庵有九年隱跡修行，在伏獅弘法時亦有閉關三年、退院謝事等韜光養晦之舉，所以祇園這幅頂上有髮的形象，可能是閉關之餘的形象。而這樣的肖像，是放在要入《嘉興藏》的語錄首頁上，即使祇園不在意，為其出版、寫序的弟子、居士們也沒有多所避諱與掩飾，可見當時這樣的事，並沒有被認為特別奇怪，可能還被視為平常，甚至成了不拘外相、精進修行的象徵。

　　不管是單純平常不拘剃髮，還是閉關之餘的形象，外觀上卸除性別象徵的出家傳統下，祇園呈現蓄髮的肖像，意外地讓我們明顯地看出她是一位女性。

（三）手持如意，法脈傳承

　　祇園肖像中她手持一柄如意，指甲呈纖細長狀，這樣的手指、指甲形狀，明顯地是畫女性手指的樣態，不知是畫者為了美觀，或是寫實而成？無有文獻可以揣度，只能觀察了解。

　　而重點在這柄如意上。祇園曾應弟子超潔、超貞所請，寫的第二首讚詩第一句就是「手攜如意」，很清楚地這幅弟子要請去供養的圖像，與語錄首頁祇園手持如意這一點上是一樣的，所以可以進一步推論，語錄這種手持如意的肖像，不只刻印在語錄上（語錄版），應該也有弟子們請去或供養或紀念之用（流通版）。可見「手持如意」的形象，是祇園肖畫像的重要標誌。

1、佛門之「如意」

　　「如意」，宋、釋道誠《釋氏要覽》中云：

　　　　梵云：「阿那律」，秦言「如意」。《指歸》云：「古之爪杖也。
　　　　或骨、角、竹、木，刻作人手指爪，柄可長三尺許。或脊有癢，

七優曇華：明末清初的女性禪師

106 《昆華集》卷五〈示靈捷道者〉，頁 758 中。

手所不到，用以搔抓，如人之意，故曰如意」。誠嘗問譯經三藏通梵大師清沼，字學通慧大師雲勝，皆云：如意之制，蓋心之表也。故菩薩皆執之，狀如雲葉，又如方篆書心字，……又云：「今講僧尚執之，多私記節文祝辭於柄，備於忽忘。要時手執目對，如人之意，故名如意。……[107]

如意本為搔癢之具，在佛門則演化成菩薩持物、講僧執物。講僧在講經時，流行手執如意，將節文祝辭記在柄上，作為備忘之用，需要時可以「手執目對，如人之意」，讓上台說法能如意。這是從實用上來談。又有從象徵意義上來談：因為如意的形狀像方篆書的心字、是心的表徵，佛法以心的覺悟為要，唯識宗更以「萬法唯心」來詮釋宇宙萬象的生成。佛又名為如來，故心悟則見法之實相、如相。也有從「搔癢」功能來引申，《禪林象器箋》云：

忠曰：如意之制，……凡佛菩薩所執器物，動有所表，蓋說法到人疑處，令彼能通曉，猶如爪杖搔癢處痛快，故執此表其相。[108]

菩薩說法能夠說到眾生深疑之處，使其通曉開解，正如如意能搔到不易搆到的癢處，實是痛快一事，所以菩薩執持如意來象徵說法如意。在佛門，不管講僧執如意或菩薩執如意，或實用或象徵，都有「說法如意」、「法的如如」之義。

在禪門，如意是法器之一，或許由於如意的材料多為骨、鐵、玉等貴重物，又如臨濟宗棒喝的教化方式，拿起拂子、柱杖等物，都比如意來得輕巧、親切的多，所以如意較少出現在禪師日常教化之中，但因為其象徵「說法如意」，卻常常用來作為「法印證」的信物，例如費隱通容（1592-1660）就多次以如意為付法信物，[109]祇園得自其師石車者，亦是如意與法衣。但將如意作為持物畫入肖像者，則較少，例如《佛祖道影》中的寫真像，晚明臨濟一門：幻有持拂子、密雲持杖，其同門：天隱與雪嶠都持拂子。祇園同門師輩者有十二人：有四人持拂子，二人拿

107　釋道誠集《釋氏要覽》卷二；《大正藏》冊54，頁279中。

108　日本、無著道忠《禪林象器箋》（臺北：佛光，2000年），頁714-715。

109　資福行觀、王谷同集《福嚴費隱容禪師紀年錄》卷下，就記載費隱先後付嚴杻居士、法淨皓比丘尼、徐覲周居士，「如意一柄表信」。《嘉興藏》冊26，頁190。

杖，一人拿如意，五人無持物。持如意者是其師叔牧雲通門。所以禪師寫真的持物，多為拂子，或是沒有持物，再遍觀其他禪師道影，亦是如此。持如意入畫者僅是少數。寫真像，就如前文所論，多作弟子信徒供養、如見其人之用，所以以像為主，有持物也以禪師最日常、最親切的之物入畫，自然「如意」就少入畫了。

2、祇園之「如意」

《祇園語錄》中，處處見到祇園「卓柱杖」、「以拂子拂一拂」來教化弟子、興作佛事，從沒有出現過拿「如意」。而語錄中有詠〈蒲團〉、〈柱杖〉、〈拂子〉、〈缽盂〉等法具詩，這些應該都是祇園平日伴隨在身邊的法具，為何不將它們入畫？而選擇平日很少拿持的如意來入畫？所以當祇園的畫師以如意入畫，代表著祇園或其弟子決定以如意來入畫，她們沒有選擇柱杖、拂子等平日教化、熟練在手的法具入畫，或是不要持物，這決非任意隨意之作。

又，這柄如意，在畫面中央、人物胸前，在全部都是線條白描的畫面上，又將之塗黑成了黑色如意，成了視覺的焦點，非常顯眼。畫師將如意畫上薄薄的厚度，形成立體硬質感，頂端雲狀飾樣邊緣，留白再描線，在一幅白描的肖像上，看來特別精緻。顯然「如意」，在這張圖像的構圖上，佔有極重要的地位。所以以如意入畫，是有所決定與抉擇的，是想藉此如意來象徵某些重要意義。而這些意義就是從「說法如意」、「法的如如」、「法的信物」開始。

祇園在石車座下參話頭，幾翻烝煉、大死大悟，在體道知用後，石車交付一柄如意給她：

> 是後粟（案：石車）乃付如意。師（案：祇園）呈偈云：如意拈來一脈通，無今無古耀虛空，若還識得真如意，不動如如在手中。……當先師祖車和尚開法，金粟法席甚盛，首以如意付先師，諸方禪侶，無不疑駭。[110]

祇園藉石車付予的如意，來表達自己悟道的心境：這柄有形的如意一拈來，象徵「空體」與「緣用」能一貫相通，毫無滯礙，既無古今之別，

---

110 《祇園語錄》卷下〈祇園行狀〉，頁437下、438上、438中。

卻能耀然虛空，這就是識得「真如意」，能將「不動」與「如如」自在運用，不僅具有道體，又能體用如如地弘法度眾，即是「法的如如」、「說法如意」。祇園這樣的說法也呼應著佛門中如意的意涵。

祇園從石車處得到兩件信物：如意與法衣。接受如意後，並以如意來表達體用如如的悟境，今又將如意繪在語錄、給弟子的寫真上，此如意與彼如意，自然相呼應起來，圖像中的如意，就是石車付予她的如意。

當時金粟寺參禪者多，石車將代表得法的如意給了一位女修行者，不僅是印證，亦有法脈傳承之意，所以才會引來諸方禪侶的疑駭與震驚。後來石車圓寂前再將祖衣付予祇園，正式付予臨濟傳承。所以這柄如意，象徵二層意義，一者，法的印證（體用如如）。一者，傳承法脈，傳法如意（說法如意）之期許。前者是法，後者是老師給予的責任與祝福，這份責任就是以心印心的傳承，所以其重要性不可言喻。

3、手攜如意，閒閒無慮

如前所述，這柄如意有二層意涵：一是法的印證，一是法脈傳承（石車的祝福與交付）。前者對祇園自身生命而言，是重要的轉捩點，是她參證悟道的具體象徵。後者對祇園而言，是師恩、法恩的感念與責任，但就當時禪林、師門大環境、女性禪師的處境而言，這柄如意更重要的象徵是：法脈傳承之「正當性」與「正統性」。當初石車授如意給祇園時，「諸方禪侶，無不疑駭」，這份疑駭除了因為祇園是位女性之外，或許對某些人來說，還有一種惟恐失去傳承法脈機會的失望。法脈傳承，在禪門本來是一種以心傳心的印證，一種弘法的責任，如果為師者心態不正，多傳承便成為擴大自己勢力的方法，因為多傳承就多弟子，多弟子，影響力自然愈大。但如果弟子心態不正，傳承成為一種誘惑，它在俗世就成了宗教地位的象徵，代表一種身份，一種資格，甚至伴隨著名聞利養。例如五祖傳法衣給六祖時，帶著法衣的六祖，後面急湧湧地追來一批人，引來「為法還是為衣」的一場精彩對話。晚明禪林確實有多傳承的現象，也產生一些蔽病（但不一定只有蔽病），形成「競求傳承嗣法」的現象，例如《雲外澤語錄》卷十四〈妄刻續燈諸錄說〉：

> 近代据師位者，往往急于求嗣，交閭巷庸俗之所為，有勢利相
> 傾，名位相誘。……瞎眼宗師，見學者稍具天資，如籠生鳥一
> 般，生怕走了別人家去，急忙傳拂付卷，稱賞贊揚，互相欺
> 瞞。[111]

為師者「急於求嗣」以擴大自己利益，所以被批為「瞎眼宗師」。而弟
子相對地也有急於求傳承者，甚至還有假冒傳承者，在〈祇園行狀〉就
有這樣的記載：

> 當金粟車和尚臥疾時，及門竟有假源流承嗣者，先師不畏虎狼，
> 隻身挺出，為法故也。至今禪流談及清源流一事，嘆其才識卓
> 絕。[112]

石車一生付予三位禪師法脈，一位是祇園，其他二位是息乾元（1609-
1679）、眉庵秀。在其師門同輩中，算是嗣法者少的。當石車臨終時，在
弟子當中竟有「假源流承嗣者」出現，祇園為了法流的清淨，便「不畏
虎狼，隻身挺出」，對方如「虎狼」，可見狀況相當險惡；自己「隻身
挺出」，應該是到金粟寺奔喪時，獨排眾議，不願苟且。祇園「清源
流」的勇氣，在禪門中成為美談，被讚歎為「才識卓絕」。清源流，代
表維護法脈的清淨性，不讓師門被「競求傳承嗣法」的人、事所污染，
以免石車圓寂後還被冤成「瞎眼宗師」。

　　《祇園語錄》有〈源流頌〉者，是為臨濟宗南嶽下的歷代祖師寫小
傳、頌。源流頌，並不是自古語錄的常態類別，乃明代中期後，才漸次
流行，甚至作為付法的信物之一，所以其本身的法脈傳承意是非常明顯
的[113]。因此祇園之「源流頌」，應是要在語錄文本上表達祇園的傳承乃
臨濟宗「正統法脈源流」，同樣的，祇園的寫真將「如意」入畫，也正
是以圖像來表達「正統法脈源流」。

　　即使如此，祇園對法脈傳承的核心見解，並非停在這層「表達正

111　轉引自陳垣《明季滇黔佛教考》下冊，卷二，（河北：河北教育，2000 年），頁
　　281。

112　《祇園語錄》卷下〈祇園行狀〉，頁 439 上、中。

113　關於明代中期後「源流頌」起源與意義、形式，長谷部幽蹊《明清佛教教團史研
　　究》（日本：同明舍，1993 年），頁 342，第九章第二節〈宗派の發展と源流頌〉，
　　有詳實的考證論說。

統」上而已，因為法脈的核心是自身的證量、一切虛妄，根本無須向別人證明什麼，所以曾經有位野水居士贈二詩給祇園：

> 總持去後無消息，千載令人慨嘆生，近日得君堪繼襲，拈頭作尾有經營。龍池一派到金粟，滾滾連天孰敢當，幸有伊人施妙手，和源把住息汪洋。[114]

一詩，表達對祇園能在千載之後接繼總持，使女性禪師傳承能不斷的讚美。一詩，讚揚她在「清源流」事的見義勇為。結果，「師見，乃先著語云：『歷歷明明，蓋天蓋地，說甚麼無消息？』」，並作偈語〈答野水兄〉：

> 歷歷孤明亙古今，當頭一棒指諸人，箇中若了全無事，萬水同源一派真。[115]

一句「箇中若了全無事」將源流、傳承、法脈等事「當頭一棒」。祇園先著之語更是有力的將「有、無」打破，將他人給她的地位打破，開示法脈乃「歷歷明明，蓋天蓋地」的遍住常明，並非一時一世一家一門一人之事。既是「箇中若了全無事」，所謂「正統法脈源流」頓消於無形。

　　在分析有形之肖像、名言時，自然無法忽略在語錄中時時出現的這種「空」的核心觀念，這也是法的核心。那麼，「全無事」與「表達正統法脈源流」是否能同時存在？祇園有位弟子朱老淑人，她是朱彝尊的先伯祖母，在一次復朱老淑人的信中，祇園開頭一句：「讀來諭，貧僧無念中亦不能無掛念耳」，[116]「無念」是祇園悟道的核心，「不能無掛念」則是祇園弘法的悲心，兩者是並存而不悖的。祇園的自題讚第二首有「手攜如意，閒閒無慮」句，以如意來對顯「閒閒無慮」，此是空性的顯現，是心的自如，是「法」的核心，所以即使如意是顯法脈正統，亦是「閒閒無慮」之下，為了教化弟子之用的。因為在傳承多有虛偽不實的環境下，又是一個屬於性別少數的女修行者，嚴謹地表明「法脈的

114 《祇園語錄》卷上〈答野水兄 附來韻二首〉，頁428下-429上。這段清源流過程，其明確的人、事、物，尚無資料可明。

115 《祇園語錄》卷上〈答野水兄 附來韻二首〉，頁429上。

116 《祇園語錄》卷上〈復朱老淑人 因乞〉，頁430中。

清淨性、正統性」，能讓弟子安心、清淨地受法，這也是祇園或其弟子們隨緣而然，為教化方便的悲心使然。

綜合言之，這幅祇園肖像中的如意象徵著：以法為核心的：法、證道、體用如如。以法脈傳承為核心：臨濟傳承、弘法正當性、法脈正統性。但又不失「箇中若了全無事」、「閑閑無慮」的法意。所以肖像置在語錄首頁，標舉法與傳承的清淨，當弟子、信徒們將語錄、肖像請來供養時，也能同時感受這份法與傳承。

（四）形相魁碩，純乎丈夫氣概

我們無法從祇園寫真中準確地看出其身高、體重，行為舉止。但可以觀諸當時弟子、時人對她形貌、氣質的言詞形容來互相參看。

一揆曾在〈祇園行狀〉提到老師祇園的形貌，有曰：

> 師相魁碩，面如滿月，舉止態度純乎丈夫氣概，瞻其儀表令人意消，居恒脫灑，談笑自若，每志慕古人，不尚世趣，見徒輩少涉時習，即正色痛戒，不為少恕。臨事應物，決志如神，常在機前，不落人後，一言一語一舉一動，無非利人為急。[117]

弟子形容她：「師相魁碩，面如滿月，舉止態度純乎丈夫氣概」。吳鑄寫的〈塔銘〉也順著〈行狀〉而言：「師形貌魁碩，瞻其丰采，儼然一丈夫」。[118]〈行狀〉又提到，有澉浦吳氏的家人，之前還未見過祇園時，曾夢到她：「……夢中見師神儀挺特，五色寶幢空中垂下」，[119]後來見之，果然如夢中一般。其中所謂「純乎丈夫氣概」的形容，特別值得觀察。

「調御丈夫」，是佛的十種稱號之一，佛具足的三十二相，又稱為「大丈夫相」，所以佛又稱為大丈夫。又有稱出家是「大丈夫事」。提婆《大丈夫論》二卷，強調發大悲心、菩提心：

> 唯能作福無智無悲，名為丈夫，有福有智，名善丈夫，若修福修

---

117 《祇園語錄》卷下〈祇園行狀〉，頁439上。
118 《祇園語錄》卷下〈祇園塔銘〉，頁440上。
119 《祇園語錄》卷下〈祇園行狀〉，頁438中。

悲修智，名大丈夫。[120]

丈夫是指能作福，卻無智、無悲。能修福、修慧、修智的才是大丈夫。如此看來「丈夫」、「大丈夫」都沒有性別的意涵。但落在社會性別文化、使用的字詞的傾向，都隱隱約約黏上男性印象，有修道朝向這樣的男性形象為優的意識形態。祇園身為一位女性修行者，即使出家亦是超越男女相，用「魁碩、丈夫氣概」的語詞來形容，表示祇園的身形、氣質風采確實有朝這個方向的可能，但這種「純乎丈夫氣概」、「儼然一丈夫」的詞語，顯然不太會用在男性悟道者身上。所以當弟子、時人這樣來形容祇園時，除了讚美她有覺悟者（佛）、菩薩、發菩提心者的氣概外，難免也黏附上男性印象，而以這樣的男性形象為優，加在祇園身上。

即使如此，也不應抹殺這個描寫，因為必定有這個形象傾向才會如此詮釋，肖像上只有單獨人像，無法比較出祇園是否「形貌魁碩」，但如果將之與一揆的肖像比起來，祇園確實有比較魁碩的身形、飽滿圓形的臉型，所以弟子家人夢中所見的祇園「神儀挺特」，有著虔仰的高度外，見其人如夢中一樣，亦表徵祇園身形挺特的形象。

除此之外，「儼然一丈夫」的形象，應該還得從覺悟者的方向來詮釋，弟子對她「決志如神，常在機前」、「無非利人為急」等形容，都是悟者智慧與慈悲的展現。而初到伏獅禪院時，有人擔心她現女身之相，恐怕在這個文化重鎮難以弘法得開，結果，祇園「法矩嚴肅」、「性地清徹，丰姿儀表卓犖不凡」，並且平等、慈悲弘法，在動靜言語中，令人「意移神化」，其內涵「如江海之無不納，覆載之無不容」，[121] 這種悟者的風範，因此得到尊重，讓她能破除許多人的疑義，帶起伏獅禪院的弘法盛況。

而從前面所舉：她平時灑脫，談笑自若，不尚世趣，徒輩如果稍稍涉及世俗習慣、俗事，祇園都會嚴格地「正色痛戒」，不輕易寬恕。在弟子的眼光中，祇園的形象除了悟者應具有的智悲形象外，就是法矩嚴

120　提婆《大丈夫論》卷二，《大正藏》冊 30，頁 265 中。

121　《祇園語錄》卷下〈祇園行狀〉，頁 438 上。

肅（或正色痛戒弟子等）與脫灑清閒（或居垣脫灑、或性地朗徹、或如江海無不納等）兼具，這些與清貧樂道、內斂謙遜都是其行事風格，也是她「儼然一丈夫」的形象組合之一。

三、祇園自像讚之分析

（一）寫真與像讚

題自像讚，是依自像以文字來表達自己。祇園的題自像讚有二首，第二首標明「超潔、超貞請」，是超潔、超貞二位弟子請題，其內容有「玉潔冰貞」句，應是弟子要將祇園肖像請回供養，而請題讚的，也因此祇園將超潔、超貞中「潔、貞」二字嵌入讚詩中，成為她們自己獨有的讚詩。

這二首題自讚並無附隨於祇園語錄上的寫真，但卻有密切關係，所以先從此論起。

如前所述，這些作為供養、紀念用，甚至編輯成書的「道影」肖像，都附有讚語，這些讚語的用意，表面上是自我形容表露，其實是藉此來點撥見像者禪法。祇園有題自像讚，但是沒有放在肖像旁，而是在語錄「像讚」類下，這應該有二層問題：一者，為何肖像沒有題讚？二者，為何不直接以這二首自讚置在肖像旁？

從有弟子多人重覆請禪師提自像讚的現象來看，雖然有可能是肖像圖有多種版本，圖上均有讚，但像密雲有四十一首之多的題自像讚，不可能有四十多種圖版，所以同一版型的肖像複印很多張的情況，是最可能的。弟子請到畫後，再請禪師（本人或他人）專門為其題讚。而置於語錄首頁的祇園肖像，並非某位弟子所請，所以純粹是肖像，沒有讚詩。

題讚是配合肖像的，有用文字描寫形象者，也有點寫肖像主人的個性等精神層面者，內容並非一成不變。讚詩第二首有「手攜如意」句，顯然是為「與語錄肖像同類型」甚至是「同一張肖像」所題。那麼為何不將這首自題讚放在語錄肖像旁？可以推論：這首讚詩是超潔等弟子所請，所以將弟子的名字嵌進去讚詩中。而所提的這幅肖像應該也被弟

七優曇華：明末清初的女性禪師

子請回去供養矣。既然是為弟子所題，所以如果將之置於語錄首頁肖像旁，是不太恰當。而祇園第一首像讚的內容，又無法判斷其配合的肖像形象為何，亦即無法明確認定其是否是為語錄肖像（或同類型的）所提，然而既有祇園自提的讚詩，為何不將這首放在語錄肖像旁？極有可能是：這首讚詩並非與語錄肖像相搭配的，所以沒有採用這首讚詩。這也表示祇園在世時起碼有二張肖像行世。所以現存的二首像讚不適用於語錄肖像上。

顯然，語錄這幅肖像並沒有直接、屬於它的題讚詩。肖像沒有像讚，為何不在語錄出版時加題上去呢？可能有三種狀況：一、《祇園語錄》的編輯有不同的時間點，於祇園在世時已編輯部分出版，祇園圓寂後才出版完整語錄，[122] 所以這幅肖像不是祇園無意（沒有）題讚，就是祇園去世後，才編輯這張肖像置在語錄首頁，祇園已無法自題像讚了。二、祇園弟子一揆的語錄《參同一揆禪師語錄》亦有一幅一揆的肖像，肖像旁有牧雲所提的〈一揆禪師像贊〉，而牧雲是祇園的法叔，算來是一揆的長輩。依此而推，自題像讚是為弟子而提，以作為供養，而語錄肖像，居於語錄首頁，是這本語錄的主人圖象，所以請師長輩提讚才顯慎重，就如請有德望、名望者為語錄寫序一樣的意義。而祇園並無請師輩提過像讚，所以就沒有像讚。然而，以祇園弘法之盛，其弟子一揆亦交遊廣闊來看，要請師輩提讚並非難事。所以極有可能是第三狀況：編輯語錄者（或祇園或弟子）就是只想純以圖版原樣呈現，只在肖像上端中間提上「祇園禪師像」字樣，不列讚詩，就像一幅人像一般，構圖也相當完整。讚詩是文字，像是像貌，讓像歸於像，文字歸於文字，兩者相得益彰，便不必師輩讚詩來累讚。

（二）以空為核心，顯臨濟教法

祇園二首題自像讚，分別是第一首：

祇園不會禪，饑喫飯、倦打眠，人來問道無他說，劈脊粗拳絕妙玄。

---

122 《祇園語錄》卷下〈行狀〉：「……有前錄一冊、源流一冊，又錄一冊、後錄一冊，嗣有全錄行世。」，頁439中。

第一首題自像，以「不會禪」來表達「空」，這是典型的禪法核心，「饑喫飯倦打眠」，象徵自如自在的平常生活。末後二句，點出自己臨濟教法之路向：藉棒喝指向「絕妙玄」的實相意。祇園一邊以吃飯睡覺表達自在樸實的本色，又以「劈脊粗拳」，表達教法的直截了當、不假商量。這首詩著重在「空」，以此來作自喻。別人以禪師來看她，禪師者具有禪法，但《金剛經》云：「法尚應捨，何況非法」，禪宗斬斷一切葛藤，佛來佛斬，魔來魔斬，以身心具現「空」之實相，所以祇園「不會禪」、「無他說」、「絕妙玄」，都是空的呈現。而「空」的呈現中，同時具日常有序隨緣的一面，更有弘法利生的一面，這便是「饑喫飯，倦打眠」的日常隨順，與「劈脊粗拳」的臨濟教法。運用一句「空」、一句「有」的格式，形成二組。「空」句中亦有「有」，「有」句中亦有「空」：「饑喫飯、倦打眠」表面是日常之「有」，但也表達出禪門活在當下，言語道斷的隨緣展現，雖然是「有」亦含「空」意。「絕妙玄」的「空」，用「劈脊粗拳」的「有」來展現。「人來問道」的「有」，以「無他說」的「空」顯。而「祇園」（有）則以「不會禪」來顯「空」義。

第二首題自讚詩：

> 手攜如意，閒閒無慮，玉潔冰貞，寒梅發蕊，咦，無限香風動，我無隱乎爾。[123]

此首讚詩，有具像、有喻象，全部指向自己的形象。以「手持如意、閒閒無慮」一方面實寫畫像的如意，一方面表達「空」的法性心境，如意的「法的核心」象徵意義，由此呈現。當年祇園對「悟後如何用」有所疑惑，經石車多次點撥，終能穿透而出，得石車付予如意為印證，後來祇園以如意為喻來呈偈曰：

> 如意拈來一脈通，無今無古耀虛空，若還識得真如意，不動如如在手中。[124]

如意代表體用如如、體用不礙，體與用皆圓融，所以能夠體與用「一脈

---

123 《祇園語錄》卷上〈題自像〉，頁 432 上。

124 《祇園語錄》卷下〈祇園行狀〉，頁 437 下、438 上。

964

七優曇華：明末清初的女性禪師

通」，所以能夠「無今無古」又「耀虛空」。「不動如如」即是法的體性實相，但在「手中」，又顯運用自如，就如題自讚的「手持如意」又「閒閒無慮」，即運用自如，卻也無慮無妄，這才是體用如如的「真如意」。能悟入、能出用，這樣的體用關係，是祇園悟道過程中，甚為關鍵之處，也是其能弘法教化的重要憑藉。所以這柄如意，對祇園而言，正是這份過程的表徵、法的象徵，正是體用圓融、無礙的象徵，也是傳法自如的象徵。

「寒梅發蕊」句，本是配合二位弟子的名號：超「潔」、超「貞」的「玉潔冰貞」而起，但無形中卻也成了祇園的自喻。這個寒梅可以是一種精神之喻，不必一定畫在肖像畫上，如語錄首頁的肖像。但因為我們無法得知它確切的畫面為何，所以也無法排除這幅肖像有「寒梅發蕊」之繪。但不管如何，「寒梅」被祇園引來與自己相連，並運用它啟發弟子參禪、起疑情。在「咦聲」之下，寒梅發蕊展現「無限香風動」，祇園的禪法弘揚成了香風處處。而我的「像」呈現在這裏，「我」無隱嗎？「我」是現或是隱呢？點撥「有我」、「無我」的禪法公案。其中「手持如意」是具像，而「寒梅發蕊」則是自喻。「香風動」與「隱或無隱」都在「咦」一聲下，充滿著起疑情、參話頭的味道，而參「父母未生前本來面目」話頭正是祇園教授弟子的主要方法，「本來面目」與寫「真」、「真妄」的關連，都是充滿禪機的觸發，所以這首題自讚，飽含對弟子的禪法點撥。綜觀祇園的題讚，幾乎每首都有「咦」、「咄」語。「咦」，令人起疑情；「咄」，語氣短切，是禪師摧破弟子妄念之聲音教法。因此這幅肖像具有圖像、文字、聲音，藉此啟悟弟子，這正是供弟子供養之真意。

祇園這二首題自像讚，都是以「空」為核心，表達自己的日常心境是「閒閒無慮」「饑來喫，倦打眠」。而「劈脊粗拳」、「咦……我無隱乎爾」，便是臨濟教法：以棒喝截斷心流，以疑情參話頭來啟悟覺性。

四、一揆寫真與像讚之分析

與《祇園語錄》相同，《一揆語錄》首頁亦有幅一揆寫真像（圖二十），大小亦等同一頁，另一頁則有牧雲〈一揆禪師像讚〉，以隸書書寫刻版，應該是牧雲筆跡。

圖二十　一揆禪師像

（一）面容瘦秀，髮線清晰

與祇園寫真相較，一揆肖像之面容身形都略顯瘦秀。祇園寫真，人物正面，目視前方，整個構圖端正明朗。一揆肖像，則人物略微向右傾，目光略朝右前下方，呈現與觀看者之間較為接近的氛圍，顯得柔如、慈視、生活化。

一揆五十五歲去世，牧雲之像讚作於她四十三歲，應該當時即有寫真畫像，雖然不見得就是語錄這一幅，而觀之寫真年紀應該就在這之間。

寫真之面容髮線都勾勒得很仔細，相對於衣袖手部線條之斷裂，格外顯得精緻。一揆之臉型瘦長，屬於長型臉，額頭頗高，右眉上有一大一小上下的皺紋，左眉上亦有一條皺紋，眼睛頗大，雙眼皮，眼窩頗深，左眼有眼袋，右眼袋略小。耳朵長而略尖，往後貼，蒜頭鼻，兩邊各有一短法令紋。觀骨微顯，嘴形小巧，臉微側向左邊，眼神看向右前下方，眼光慈柔，彷彿隔著一層輕霧。

寫真描繪出一揆之髮線往後，相當清晰齊整，並沒有祇園之頭髮鬆脫狀，所以無法驟然斷以頂上蓄髮，但因為髮線非常明顯，其實也有些類似薄髮往後梳得整齊之樣狀，而且就如之前所論，禪門示頭陀行之修

行者特別多，因住山、閉關、疏狂、不拘、懶拙等因素，有某段時間會呈現亂髮垂長等蓄髮狀況，一揆自己所寫的〈和禪坐偈〉即有云：

輕舟帶月水生花，菡萏花開暗度香，聞見覺知無別法，頭陀嬾散髮垂長。[125]

禪坐偈者貼近其自身經驗，頭陀散髮應該就是她修行過程的形貌之一，所以即使寫真所呈是散髮梳齊之形象亦屬正常。

（二）身披法衣，手持如意

寫真像上，一揆身著右衽袍服，左肩外罩福田法衣，胸前有扣環。右手下垂而略抬，未露出袖外，所以衣袖縐褶澎鬆，左手則抬至胸前，握一柄如意，如意與手平行，如意之雲形首，橫伸至畫面最左端，造成抬起的左手與伸向右邊的如意，左右相平衡，而如意之首向右，與目視右前方的眼神，方向剛好一致，遂形成這幅寫真的重心。石車曾傳承祇園如意與祖衣，一揆寫真剛好就具備這二項傳承物，所以讓慈柔之氛圍也不失隆重之意義，以下將分析之。

一揆肖像在袍服之外，披上田相的袈裟，並置有鉤紐在左肩下，這樣的僧服是比較正式的僧伽服裝，而且跟當時的比丘正式服裝也無二致。[126] 此袈裟法衣是否即是祇園承自石車，再傳給義公、義川者？不得而知。祇園離世前：

……十八日，以祖衣二頂付義川朗、義公珂，囑云：祖祖相傳一脈，善自護持，深蓄厚養，隨緣化度。[127]

分別將祖衣傳給義川、義公。如此看來祖衣並未在一揆處。只是義公離世前，請一揆回伏獅處理後事，並因自己無法嗣傳人，也將伏獅禪院託付一揆，所以一揆才回住伏獅住持六年，依此來看，義公將祖衣交付一揆的可能極高，所以寫真之袈裟極可能即是祖衣。

---

125 《一揆語錄》〈和禪坐偈五首〉步原韻，頁 10 中。

126 紫柏真可有一幅肖像傳世，錢復所繪，其所著服裝就與一揆相同，內著袍服，外披田相的袈裟。紫柏圖，見陳履生、張蔚星主編《中國人物畫——元、明卷》下冊，第 872 幅。又，從道影圖中的肖像，亦可證明當時比丘與比丘尼的服飾並無差別。

127 《祇園語錄》卷下〈祇園行狀〉，頁 438 下。

就祖衣言，一揆圓戒於弘覺國師，即木陳道忞禪師，木陳亦曾以祖衣送之。[128]

至於如意，〈祇園行狀〉只交待付祖衣，並未明顯表達「如意」的交付予誰？祖衣（法衣）與如意都是承自石車，祇園授法脈與義川、義公二人，請一人繼主伏獅，一人守護塔院，依理如意亦應該傳給她們二人。而義公主持伏獅禪院，義川則到南潯住持般若庵，所以祖衣與如意應該都在義公處才是。但一揆〈行實〉所載，一揆要圓寂前將如意交給弟子法源明俊，並說：「此幻有老人付車老和尚，傳至先師，今以付汝，非比等閒，切須珍重」。[129]幻有老人即幻有正傳（1549-1614），是密雲的老師，她說這柄如意是從幻有傳給石車，石車再傳給祇園，一揆又將這柄如意傳給弟子法源明俊。（此中有一層跳越，依理應該是幻有傳給密雲，密雲再傳石車，但不知是一揆將之簡省跳越，還是確實是幻有直接傳給石車？）

那麼祇園當初是將如意傳給一揆嗎？也不盡然如此，也有可能是義公一併將祖衣、如意都託付一揆，請其傳承下去，如意也就在一揆這裏。由此看來，這柄如意的傳承順序是：幻有→（密雲）→石車→祇園→義公→一揆→法源。

所以一揆寫真手持之如意，依理而言，應該就是祇園手持的這柄如意，如此一來，一揆寫真便呈現出「身披祖衣、手持如意」，蘊含十足的法脈傳承義。

一揆之如意只是白描，而祇園之如意有上墨色，一揆圓寂前，交付給弟子者有二柄如意，一柄給法源明俊，即是傳自祇園。一柄是鐵如意，傳給惺元明湛。而這柄鐵如意並未說明來歷。所以在祇園肖像上這柄如意雖然被描成黑色，但確定不是鐵如意，應該只是屬於暗色系厚重的材質，而寫真特別將之上色。再細微地看，二人之如意形狀相同，祇園者線條較精細，一揆者線條簡單，又或因刻版印刷的關係，從法衣扣環連結到持如意的左手，線條有斷裂不連貫的情形，連帶如意之線條亦

---

128 《一揆語錄》〈一揆行實〉，頁 16 中。
129 《一揆語錄》〈一揆行實〉，頁 17 上。

是如此，而且持如意的左手形狀似乎也勾勒不完整，再觀之如意雲狀首，祇園者為三環，一揆的卻有四環，似乎有些差異，或為畫師未依實體而隨手勾勒乎？

（三）牧雲之〈一揆禪師像贊〉

在一揆寫真的另一面，有整頁的〈一揆禪師像贊〉，呈現寫真與像讚完整的組合。這首像讚是祇園的師叔牧雲所寫，署名「鶴林檞叟」題，檞叟，牧雲號也。鶴林，即鶴林寺，當時牧雲住持之寺院。牧雲詩文筆墨俱佳，還以其隸書墨跡真實呈現之。

牧雲此讚寫於康熙六年（1667）菊月，一揆四十三歲，正是從伏獅退院，將祇園、義公等塔院移回參同庵，她自己也回參同庵開始經營之時。牧雲對祇園甚為愛護，祇園離世後，一揆亦參學於牧雲，得到讚歎，並有一揆之「古南老和尚室中垂十問」，今觀此〈一揆禪師像贊〉：

> 鴛湖之水，清澈以流，人以秀出，俶英其尤，
> 聞獅子絃，入象王窟，立雪有勵，面壁非默，
> 衣缽在手，林上隱蹤，請師墻樣，蔭我蒼余，
> 克勤克孝，靡夏靡冬，厥操可嘉，厥化方隆，
> 棠棣華翻，蘐葍香濃，一機孤峻，千聖參同。[130]

嘉興，也稱秀水，嘉興城內有鴛湖，參同庵便在這附近，首四句就以秀水、鴛湖之水來喻一揆之英才智慧。第二段，表達一揆入法門求法，心志勵貞，卻也能上承法脈，弘法度眾。所以第三段便從衣缽入手，承祇園法，又能自在隱蹤。從「請師墻樣」開始到「厥操可嘉」，則專講其為搬遷祇園塔院之用心與辛勞，「克勤克孝，靡夏靡冬」。從「厥化方隆」始，到「千聖參同」，是祝福是期許是讚歎一揆在參同庵冷淡風規，平懷家風，以及其教化機鋒之孤峻直下。一方面示其修悟，一方面示其上承師心，下護師門，盡心盡力。一方面亦嘉許其行事弘化有古風。

---

130 《一揆語錄》〈一揆禪師像贊〉，頁7上。

一揆在〈自敘行略訓徒〉曾云：「二十六年法門辛勤」，所以每每叮囑弟子，要「堅持戒行」、「必敬守清規，真實履踐，冷淡家風，千古不泯」，「毋負我一生苦志也」，[131] 她自己一生就是如此實踐著。其〈己未秋前一日親題辭世偈〉首句就這麼形容自己：「這漢一生骨硬如釘，一處轉腳，最難移根，二十四上知有此事，十年克苦忘形」，[132] 她這份骨硬如釘，克苦忘形之志，從她喪夫時「毀容變服，茹素持誦，日不下樓，一意焚修」之志便看得出來，[133] 在家時是節婦之堅貞苦志，出家後是堅持戒行，冷淡家風，而她一生又是勤學廣參，與師友同參道誼合融，由此再觀一揆寫真之慈柔氛圍，其道誼合融在其中，其嚴律於己的堅毅性格似也在其中。

（四）「我愛秋波清徹底」

一揆自己並沒有題自像讚，但她有一首〈題鏡〉詩：

> 相逢覿面觸人惺，簡裏無私物物親，我愛秋波清徹底，胡來漢現不留情。[134]

一揆見到鏡中的自己，此人彼像是一是異，就如自我與萬物的關係一樣，相逢覿面是惺惺明明，是無私無我物物親，也如法界平平坦坦、無我無執一般，但禪者靈動變化，自在不拘，是立體的，而非平面的，不是胡來胡現，漢來漢見而已，所以大慧禪師〈御賜真讚師演成四偈〉之一云：「圓覺空明，胡來漢現，一點靈光。萬化千變」，[135] 一揆作為禪者，此其本色也，是胡來漢現，可以翻轉面皮，卻是不執不留情，而一句「我愛秋波清徹底」，點出禪者臨鏡一念的精彩可愛，這還真是肖像寫真無法表達的呢。

---

131 《一揆語錄》〈自敘行略訓徒〉，頁 18 上。

132 《一揆語錄》〈己未秋前一日親題辭世偈〉，頁 15 上。

133 《一揆語錄》〈一揆行實〉，頁 16 上。

134 《一揆語錄》〈題鏡〉，頁 9 下。

135 蘊聞編《大慧普覺禪師語錄》卷十一，頁 856 中。

五、祖揆〈自題〉之自我形容

　　在所有女性禪師中，祖揆的自題、像讚詩最多；她的道友寶持曾為其寫下〈靈瑞和尚讚〉，祖揆自己也寫了〈自題〉像讚六首，內容對自己之心境多所描寫，先看第一首：

> 白紙一幅，黑筆幾叉，亦非男亦非女，貌從何得，不是神不是鬼，變個甚麼，無語則口邊堆釀，有月則眼裏添花，開笑灌谿多莽鹵，錯呼臨濟作爺爺。[136]

第一首便是從相貌性別下筆，也就是以著名的末山與灌溪公案來喻，唐代女禪師末山，是高安大愚之法嗣，而灌溪者，志閑禪師也，因為曾到湖南長沙灌溪住山，故又稱灌溪志閑，他在臨濟座下有省，成其法嗣，有一次他到末山處：

> 因灌谿閑到問曰：若相當即住，不然即推倒禪牀。便入堂內。師遣侍者問：上座遊山來？為佛法來？谿曰：為佛法來。師乃升座。谿上參。師問：上座今日離何處？曰：路口。師曰：何不蓋却？溪無對，始禮拜問：如何是末山？師曰：不露頂。曰：如何是末山主？師曰：非男女相。溪乃喝曰：何不變去？師曰：不是神，不是鬼，變箇甚麼？溪於是伏膺，作園頭三載。[137]

灌溪心想：「若相當即住，不然即推倒禪床」。末山請侍者問他：上座是遊山而來？還是為佛法而來？灌溪當然答曰：為佛法而來。於是末山升座，展開一段大機鋒。剛開始末山問：上座從那裏來？灌溪答曰：路口。末山即曰：何不蓋却？路口有口，蓋將起來，免得出禍端，末山此話攻勢凌利，立刻要人閉口，結果灌溪果然閉口「無對」。經這麼一震撼，灌溪腰身軟了一點，便禮拜而問：「如何是末山」？末山云：「不露頂」。不露之頂，高深不可測，無形無相。又問：「如何是末山主」？末山云：「非男女相」。末山之答，真開女性修行者之大門也。結果灌溪也非省油之燈，他大喝一聲曰：「何不變去」？這一招極為高明，運用舍利弗與天女的公案，天女自變為舍利佛，將舍利弗變成女

971

捌、名言與寫真／第十三章　稱謂、書寫與形象

136　《呇華集》卷三〈自題〉，頁 754 上。

137　超永《五燈全書》卷八「瑞州末山尼了然禪師」，頁 484 上。

性，以此示現求女人相了不可得。既然你說非男女相，天女也變為男性了，灌溪將計就計，轉此公案，逼問末山何不變去？一來要看你變得了變不了，二來萬一變去了，亦是灌溪導的戲，末山只是聽話的演員罷了，三來既變為男性，即捨去女身，既有捨就，女身之平等性何在乎？此招甚險。末山聽灌溪，又喝又說又要變的，忙得很，便閒閒地曰：「不是神，不是鬼，變箇甚麼」？就這一句，灌溪心服口服，志願作三年整理菜園的工作。後來他上堂開法曾言：

> ……住後。上堂曰：我在臨濟爺爺處得半杓，末山孃孃處得半杓，共成一杓，喚（喫）了，直至如今飽不饑。[138]

他自稱在臨濟處得半杓，在末山孃孃處半杓，兩人之法，讓他「直至今日飽不饑」，末山與臨濟這位大祖師各分佔一半，可見末山之境，真是不露頂也。所以當祖揆以女性禪師之姿恣暢展機鋒，有如末山之大機用，也以末山自期，而當她見肖像上自己呈現的女性禪師（比丘尼）之像時，遂也以此下筆，再笑笑當年之灌溪：「閒笑灌谿多莽鹵，錯呼臨濟作爺爺」，也正是順便笑笑今日之莽鹵漢。而〈自題〉第二、三首則是描繪自己的機鋒樣態：

> 口快如風，性急如火，罔辨親疏，那知人我，鋒稜上，用不停機，電光中，兆分其五，休誇一棒成龍，謾說三玄陷虎，豈不聞玄沙有言分，大丈夫先天為心祖。

> 兔角杖挑明月，龜毛繩繫清風，不是神通妙用，阿誰敢問渠儂。[139]

口快如風，性急如火，罔辨親疏，用不停機，大丈夫為心之祖，正也呼應寶持所言「惱怒時性如雷火，直欲擊碎虛空，歡喜時語似春風，隨意榮添枯朽」，[140]而「不是神通妙用，阿誰敢問渠儂」，正是顯其勇猛直取、靈活機鋒。〈自題〉第四首則曰：

> 白石磊磊，青窠落落，勘破形骸，深藏頭角，笑他流水空忙，聽

---

138 超永《五燈全書》卷二十一「長沙灌谿志閑禪師」，頁604中。

139 《岳華集》卷三〈自題〉，頁754上。

140 《寶持語錄》卷下〈靈瑞和尚讚〉，頁712下-713上。

彼浮雲自薄，固知耕也，餒在其中，孰信回也，不改其樂。[141]

在恣暢靈銳之機鋒裏，祖揆自身「勘破形骸，深藏頭角」，在白石、青窯、流水、浮雲、耕餒中，磊磊落落，閒笑一切，任他紛紜，也順便取樂取樂顏回一簞食一瓢飲。這種心境，雖曰深藏頭角，卻不顯枯貧死寂，反而行雲流水，瀟灑自若，就如〈自贈〉所云：「慱飯栽田爭如我，說禪浩浩讓諸方」，[142]吃飯栽種也如此自信投入，連她最是特色處的說禪機鋒，亦能瀟灑讓之諸方。如〈山居襍偈〉第一首：

白雲夜半正明，青山天曉不露，但秪閒坐困眠，管甚有過無過。[143]

白雲正明，青山不露，「但秪閒坐困眠，管甚有過無過」，與〈山居即事〉：

窯花香飯剛個飽，荷葉碎衣勞再拴，斗大茆庵傍溪住，不知是馬是驢年。[144]

剛吃飽飯，拴勞碎衣，住溪旁茆庵，不知是馬是驢年，這都有著一份瀟灑自若。又如〈月夜閒行〉之四、五：「長嘯一聲驚宇宙，有誰同上最高峰」、「芒鞵竹杖破蒼苔，瀟灑胸襟向月開」，[145]更於瀟灑中見高明。〈偶示〉詩又曰：

松風自奏無絃曲，水月長懸不夜燈，眼裡耳裏絕瀟灑，天上人間只一僧。[146]

松風奏曲，水月懸燈，皆是如幻聲色，是以，瀟灑者絕瀟灑，自若者絕自若，就是天上人間只一僧。諸如此類，在靈瑞山居之詩偈，都頗能呼應她〈自題〉第四首的心境。

〈自題〉第五、六首則將自身與禪門連結：

洞庭山高不露頂，太湖水深不溼脚，下載清風付與誰，祖師心印齊拋卻。

141 《嵒華集》卷三〈自題〉，頁 754 上。
142 《嵒華集》卷四〈自贈〉，頁 755 中。
143 《嵒華集》卷五〈山居襍偈〉，頁 757 上。
144 《嵒華集》卷五〈山居即事〉，頁 757 中。
145 《嵒華集》卷四〈月夜閒行〉，頁 755 下。
146 《嵒華集》卷三〈自題〉，頁 754 上。

> 覿面兩無言，臨機一著先，金針穿白月，石火迸青天，笑倒唯心佛，掀翻得肉禪，近來貧更甚，有問只空拳。[147]

得法悟道，卻是高下不入，無跡無執，傳法弘教，亦是祖師心印，齊拋齊卻，接下來祖揆又施展其恣暢如舞劍之靈銳機鋒，更將唯心佛笑倒，得肉禪拋翻，這種翻轉面皮，超佛越祖之機用，極盡禪者絕然不拘、如幻遊戲之能事，寶持曰其「禪道脫規模，佛法絕樞紐」，果然其來有自。最後就只剩空拳一出，「貧更甚」，是物質空乏，亦是空乏煩惱；「空拳」，正是截斷葛藤，清清淨淨，也正如〈歲朝示眾〉之三：

> 鐘聲披起鬱多羅，貧到無錐意氣多，佛祖位卑留不得，聲光贏得遍娑婆[148]。

貧到無錐意氣卻多，佛祖位卑也留不得，一份瀟灑自信之形貌，儼然影現。這一組〈自題〉像讚，祖揆從自己性別著眼，取法末山，先來個掃蕩葛藤，再呈現自己機鋒上的電光火石、靈動妙用，進而點出自身山居安樂處，深藏頭角，卻行雲流水，瀟灑自若，更將悟道傳法一齊拋卻、笑倒、掀翻。

---

147 《嵒華集》卷五〈偶示〉，頁 759 上。

148 《嵒華集》卷四〈歲朝示眾〉，頁 756 上。

第十四章　禪詩文學

第一節　季總的南嶽山居與擬歸詩

季總在江南九年，之後回歸南嶽，據方志言其「晚歸南嶽淨瓶岩」。[1] 季總來自南嶽，最後也回歸南嶽，南嶽對她而言，是法與師之鄉，也是自身選擇終老埋身之所，所以相當重要。從語錄中留下她的〈南嶽山居雜詠〉二十五首、〈山居〉八首、南嶽景點詩偈十首、〈擬歸南嶽〉十首等數量不少，主題又集中的詩偈看來，季總對「南嶽」確實有著不可替代的情懷。以下分三個時間點來說明：一、南嶽山居。二、擬歸南嶽。三、晚歸淨瓶巖。

一、南嶽山居詩

季總開始參禪時還是在家居士，閉關也是歸家閉關，直到悟入才祝髮出家，山茨吩咐她「住靜，杜絕俗眷往來」，應該是在此時（明崇禎十二年、西 1639 年）季總三十四歲時才長期住於南嶽，否則之前可能只是來來往往而已。山茨圓寂後，季總又在南嶽待了六年，直至順治七年（1650）她四十五歲才下山到江南，所以在南嶽有十二年的時光。而季總在南嶽靜修時，結茆於何處？行實並未明言，但她曾自言「山僧昔住祝融峰頂」，[2] 又曾自稱「煙霞道者」，[3] 山居詩中亦多處提到煙霞，而煙霞峰就在祝融峰下，兩地也相差不遠，山茨之綠蘿庵也在煙霞峰下，可惜沒有留下庵名，也或許沒有什麼庵名，就是某個岩上，某個洞下，或某個林旁泉邊的茅屋。儘管如此，從她的〈南嶽山居雜詠〉二十五

1　李裒《衡岳志》卷三，頁 275。

2　《季總語錄》卷一，頁 446 下。

3　《季總語錄》卷四，詩偈〈壽體泉沈居士夫人五十看拈祝〉，頁 465 中。

975

捌、名言與寫真／第十四章　禪詩文學

首、〈山居〉八首、南嶽景點詩偈十首，還是可以多少略知其山居生活狀況，今擇選幾首來呈現，也可由此看出季總文學詩文之才華。

季總來江蘇的路上，住處著火，老師山茨的手稿都焚毀，而她自己的詩作可能還略存一些，其中應該包括這些南嶽的山居詩。在語錄的詩偈中，這些南嶽山居詩全部被列於前半段，雖然詩偈是以幾言幾句來分類排序，而它們則各列於該言句之首，顯現其時間之早以及季總對它們的重視。〈南嶽山居雜詠〉為五言八句，〈山居〉則是七言八句，南嶽景點詩亦是七言八句。〈南嶽山居雜詠〉第一首為：

> 澗底風來肅，情空物物幽，不聞車馬鬧，遠卻世塵憂，
>
> 葉落知秋老，林疏露瀑流，忘機鷗與鷺，相狎若相投。[4]

南嶽在湖南衡山鎮，山巒疊興，以祝融峰為最高，其餘山峰兩邊漸次拱列，相當壯美，而且此處自來就是禪門聖山，祖師大德多從此山出，這樣的環境與歷史讓從江南來的山茨留下，也讓本地人的季總視為清淨勝處。此詩，以山中風肅物幽、因心無礙塞始，在這樣遠車馬世塵憂鬧的環境下，有落葉，林疏、瀑流，春來秋去歲月變遷，渾然不見這些遷變的鷗與鷺，正相狎相投呢，而觀者亦在當中忘機情空了。第七首，透露結茆之處時有遷移：

> 亂石千峰裏，危廬倚碧岑，黃鶯鳴翠柳，白鷺點芳林，
>
> 曲徑穿雲細，荊扉落葉深，幾番移住處，山色亦沈吟。[5]

在亂石千峰中，靠在碧岑邊的廬屋，黃鶯與翠柳、白鷺與芳林，有鳴有點，將動植物相襯得相當鮮麗，曲徑有雲飄過，荊扉前有落葉，幾次遷移住處，山色沈吟，相伴相看。又，第十一首，

> 高隱平生志，今來住此山，幻塵都覷破，浮世漫相關，
>
> 石乳隨時汲，藤花任意攀，乾坤空浩大，誰識此中閒。[6]

高明悟道，息隱自在，為生平的志向，為看破幻塵、離卻浮世，所以來南嶽山居。山居生活，石泉隨時汲，藤花任意攀，這樣如乾坤浩大般的生活，就是自由自在，但誰能識得此中味呢！這首詩表達山居高隱為其

---

4 《季總語錄》卷四，詩偈〈南嶽山居雜詠〉，頁462上。

5 《季總語錄》卷四，詩偈〈南嶽山居雜詠〉其三，頁462上。

6 《季總語錄》卷四，詩偈〈南嶽山居雜詠〉其十一，頁462中。

平生之志，此時季總已有所悟入，對萬物森羅更能悠然自得。又，第
十二首：

> 林壑晴雲鎖，亭亭幾樹梅，汲泉吟詠去，採藥帶香回，
>
> 葉上寒山偈，雲中般若臺，杖藜隨所至，石几布蒼苔。[7]

這首詩表達季總會拄著杖藜，到處走走停停，或汲泉或採藥，伴隨著一
路吟詠與香氣。南嶽有福巖寺，又名般若寺、般若臺，在擲鉢峰下，是
天台宗二祖慧思在陳光大元年（567）所創建。此處的般若臺也可以不
必然是福巖寺，只是泛指某石臺，所以她依杖隨走，觀葉看雲，都能透
出佛法智慧。林壑、晴雲、樹梅、石几、蒼苔，山中生活其清幽如此。
又，第十六首，顯示季總與山中閒僧之往來：

> 巖老山房瘦，閒僧許暫棲，雲深天墜地，影淡日沈西，
>
> 勞我烏藤杖，看人白壁題，悠悠清興永，說偈對潺湲。[8]

不知是再遷移，還是暫時棲息？季總向閒僧暫借一棲息處，在雲深日沈
之時，用烏藤杖，指看題壁詩句，悠長清興心，對潺溪而說偈，不知是
壁中詩吟？還是季總口中偈宣乎？南嶽山中蘊藏著很多隱居者的遺跡，
文人墨客之題詩題名者亦豐，這些也成了季總山居的樂趣之一。又，第
十七首：

> 疏狂難入世，甘老白雲巔，實際原無地，清虛賴有天，
>
> 棲心空劫外，拭目古崖前，蘭若傍谿結，隨時了幻緣。[9]

自心疏狂，不適人世紛雜，所以甘心山居雲顛。在谿水邊結造蘭若，在
古崖前身心清明，與山、溪為伴，正是棲心於空劫外，隨時了萬象皆幻
緣。實際無地、清虛有天、棲心空劫、隨了幻緣，這四句，一實一虛、
每句虛實俱在，表達得頗為巧妙。又，第十八首：

> 藤華飛石徑，流水遶東津，久與世人隔，時來堃鹿親，
>
> 縈縈深壑路，杳杳大江濱，嘯傲忘情處，風和樹又春。[10]

藤花飛聚於石徑上，流水圍繞於東津，雖然內與世人隔絕，但時常有野

7 《季總語錄》卷四，詩偈〈南嶽山居雜詠〉其十二，頁 462 中。

8 《季總語錄》卷四，詩偈〈南嶽山居雜詠〉其十六，頁 462 中。

9 《季總語錄》卷四，詩偈〈南嶽山居雜詠〉其十七，頁 462 中。

10 《季總語錄》卷四，詩偈〈南嶽山居雜詠〉其十八，頁 462 中。

鹿來相親，在自然深廣的景色裏，忘情嘯傲，一片風和春光。又，第
十九首：

> 苔砌縈邊路，茆簷覆百花，年來何甲子，節至幾春華，
>
> 策杖臨高石，傾缾步淺沙，猿聲歸洞晚，和月弄煙霞。[11]

溪邊路徑佈青苔，茆屋屋簷覆百花，山中歲月，幾春幾秋，何節何日，
已遺渺。季總策杖登高，傾提水瓶移步淺沙，日暮時晚，猿聲歸洞，山
月初出，恰與煙霞相和相弄。此處提到煙霞峰，並將結茆處略微點出，
百花與茆屋，形成既豐美又簡樸之境。又，第二十首，描繪出茆屋之周
圍近景：

> 窗碧映清輝，開門納翠微，離霞孤鶴迴，繞石亂雲飛，
>
> 矮榻苔為席，疏簾葉作衣，斜陽西去遠，倦鳥自知歸。[12]

山中茆屋，窗戶映著碧輝，開門將翠微山色也納了進來，孤鶴迴來繞著
亂石雲霞飛。以矮榻苔為席，以疏簾葉作衣，一派以天地為蓋之瀟灑，
此時斜陽漸西遠，倦鳥也知歸。又，第二十一首：

> 獨向山居老，松門露雨乂，書經集貝葉，挂錫落藤華，
>
> 種竹開青徑，穿林滴紫茶，相逢塵外客，秋信寄誰家。[13]

獨在山居度日，有貝葉書經，藤華落錫，種竹開徑、穿林紫茶，與這些
塵外客相逢，不論塵外客為自然萬景，還是山中閒僧老衲，終歸是塵外
客，與世俗不相涉，就如季總自己一樣，即使偶而有秋信也無人可寄，
也無心去寄。「寄誰家」與「獨向山居老」相應，意味悠長。又，第
二十五首：

> 桂輪偏照埜，嵐氣滿幽林，愛見澂清景，恒持虛白心，
>
> 苔平趺坐穩，風勁入林深，老衲來相問，焚香一鼓琴。[14]

月輪偏照山野，嵐氣充佈幽林，愛見這樣的澂清景，正如虛白心處，於
苔石上結跏穩坐，勁風入林深，有一老衲過訪相問，焚香鼓琴相待。這
首詩出現了一位老衲，略見南嶽山中其他修行人身影。這組詩以寫景為

11　《季總語錄》卷四，詩偈〈南嶽山居雜詠〉其十九，頁462中下。
12　《季總語錄》卷四，詩偈〈南嶽山居雜詠〉其二十，頁462下。
13　《季總語錄》卷四，詩偈〈南嶽山居雜詠〉其二十一，頁462下。
14　《季總語錄》卷四，詩偈〈南嶽山居雜詠〉其二十五，頁462下。

長，景與人相融，透著清閒自樂。

〈山居〉八首，是七言八句詩，以詩中有「兩肩破衲伴煙霞」看來，應該也是南嶽山居之作，但又有「幾度臨磯下釣絲」、「自從笑罷歸來後」等弘法歸來之句，但幾乎不可能是晚歸南嶽後的作品，所以或許季總在南嶽時亦有弘法活動？與〈南嶽山居雜詠〉相比，多為理景互呈，顯得說理較多。有《楞嚴經》七處徵心（第一首）、臨濟三玄語、天龍一指禪（第四首）、豈羨蓮華國（第五首）、威音那畔，末後一機（第六首）、何不修真出愛河（第七首）等。其第二首云：

> 柳藏鸚鵡夕陽斜，幽谷晴春實可誇，林下風生閒虎豹，澗邊水溢浴龍蛇，
>
> 敝盧草座雲為蓋，枯木蘿龕菌作華，為喜者些窮快活，兩肩破衲伴煙霞。[15]

柳樹藏鸚、幽谷晴春，閒虎豹、浴龍蛇，寫得既閒悠又有生氣，更襯得後四句的敝盧草座，枯木蘿龕亦是雲為蓋、菌作華的自在活潑，這種「窮快活」，正是兩肩破衲伴煙霞。又，第三首：

> 幾度臨磯下釣絲，潭寒月皎罷施為，坐箇蒲團忘歲月，瞠雙冷眼學呆癡，
>
> 有林是處藏狐兔，無窟何方隱豹羆，利劍尋常當面擲，那堪時刻不持危。[16]

這是一首頗有弘化歸來的詩。下釣絲、罷施為後，坐箇蒲團，瞠著冷眼，忘歲月也學呆癡。有林則藏狐兔（兔），無窟則豹羆隱去，慧劍尋常當面擲下，便是正好時機。又，第四首：

> 識得家珍不外求，依然曲水遶山樓，劈開臨濟三玄語，看破天龍一指頭，
>
> 幾度清風嘶木馬，半窗明月吼泥牛，自從笑罷歸來後，高枕松陰聽瀑流。[17]

悟者不外求，禪門技倆皆看破，嘶木馬、吼泥牛皆是如此，所以此處的

15 《季總語錄》卷四，詩偈〈山居〉其二，頁 463 上。

16 《季總語錄》卷四，詩偈〈山居〉其三，頁 463 上。

17 《季總語錄》卷四，詩偈〈山居〉其四，頁 463 上。

笑罷歸來高枕松陰，也可為悟道後之心境解。

而南嶽諸勝景之詩，有〈煙霞峰〉、〈神僊洞〉、〈彌陀峰〉、〈飛來船〉、〈觀音巖〉、〈天台寺〉、〈九仙觀〉、〈擲缽峰〉、〈太陽泉〉、〈讓祖塔〉等十首，在最後一首〈讓祖塔〉題下，還有「已上俱南嶽諸勝」之語。今舉〈煙霞峰〉如下：

> 策杖遙登最上山，真風須向翠巖攀，世間濁質難相許，雲外清游信自閒，
>
> 怪石欲飛形躍躍，驚流直下響潺潺，行來不覺幽玄處，蹋碎煙霞信步還。[18]

從此詩首言「遙登」，末言「信步還」等詞意，這些南嶽諸勝詩，應該不是在江南的追憶之作，而是當時即寫就。「世間濁質難相許，雲外清游信自閒」，而這些怪石驚流並不覺得幽玄恐懼，蹋碎煙霞信步還。又，〈讓祖塔〉云：

> 巍巍壁立示全身，虎嘯龍吟果是真，鼻孔撩天獨我望，舌頭拖地幾人親，
>
> 金幢高據當軒令，玉樹重敷劫外春，七十餘峰俱坐斷，寥寥千古卻如新。

昔日在此住山的祖師，包括她的老師，不論是修證或梵行，都給季總全面性的典範，應該也是季總在〈悼祖風辭〉裏「今不夢見兮，古人大全」感慨的源頭。她寫懷讓祖塔，壁立示全身，虎嘯龍吟，當軒高令，令眾生劫外生春，坐斷南嶽七十二峰，法流千古傳來寥如新。

季總這些南嶽詩體現一份悠然、清幽與自樂天真，也常見其策走藤杖、行吟觀雲，顯得靈動風流，與她的老師山茨之南嶽山居等詩之野曠，風格頗為殊異。[19] 沈浸在南嶽的峰鳥泉石裏，熏陶在月澂清景中，季總似乎也將這份心景透入禪風，與教化時的萬象千景之開闊，物我相融之清透，紗然相合。而南嶽的祖師與禪道，也給她悟者的典範，當她

18 《季總語錄》卷四，詩偈〈煙霞峰〉，頁463中。

19 山茨有〈山居〉二首、〈山居〉八首、〈山居〉六首、〈山居六言絕句〉四首、〈山中四威儀〉，以及如〈天台寺〉、〈方廣寺〉、〈會仙橋〉、〈飛來船〉、〈龜石〉等南嶽勝景詩。見《山茨語錄》卷四、詩偈。頁367-372。

離開南嶽，帶著這些形範與清悠，策杖下山，行於江南，當感慨禪風衰微，雖有大力荷擔之期許，但弘化之緣盡時，季總竿木隨身，回轉其身，往南嶽走來。

二、擬歸南嶽詩

在江南九年之時，季總為何要回南嶽？因何緣故？無法明確知道，但可以清楚看到她思南嶽心切，歸南嶽意決，此時她五十三歲，為此她寫下〈擬歸南嶽〉十首，並屢屢在寫與法兄的詩偈等與南嶽相關的人物出現時，拈提自己歸老南嶽的心志。如〈與黃樵雲居士〉信便曾說：

> 山埜寓姑蘇有年，每見縉紳居士參究此道者，不是見地偏枯，便為知解籠罩，真參實究者屈指全無……。山埜忝據法筵，每念德薄智淺，無益後進，惟思衡嶽峰頂，嘯月眠雲，以消餘業了現報而已。其餘又何慕哉，使旋草率無任神馳。[20]

在此忝據法筵，無益後進，惟思南嶽峰頂之嘯月眠雲。回觀季總的南嶽詩，當可了解其心情。

〈擬歸南嶽〉十首，當是她離開江南前所寫，約順治十五年孟夏或秋，因為詩中有「驚秋旅雁傍霞飛」句（第六首）。從這些詩偈中約略可知，就如〈悼祖風辭〉所言，她看到禪林的種種衰微亂象，不同的是，她興起不如歸去之感，見〈擬歸南嶽〉第一首：

> 曾於靈山得句真，人天百萬少同倫，狂諵社裡人皆醉，活火鑪邊事幾親，
>
> 秋水千江惟我泛，梅花一賦許誰陳，舌頭拖地成孤負，活計無如偶石筠。[21]

「狂諵社裡人皆醉」，修行人不能腳踏實地，真參實悟，「舌頭拖地成孤負」，不如回南嶽與石筠相看，方為活計。第七首亦有「湘嶺豈無龍虎穴，成群何必混狐蝦」語。[22]第二首：

> 探盡炎涼又住山，不留朕跡落人間，世無俠士空呈劍，林有柴扉

---

20 《季總語錄》卷四，書問〈與黃樵雲居士〉，頁 469 中。

21 《季總語錄》卷四，詩偈〈擬歸南嶽〉其一，頁 466 上。

22 《季總語錄》卷四，詩偈〈擬歸南嶽〉其七，頁 466 中。

且閉關，

花鳥不消遣客淚，月梁仍照舊時顏，誰為宇宙無羈者，把手相將薜荔還。[23]

探盡世態之炎涼，就將不留痕跡住山去，「世無俠士空呈劍」，空有禪法無人相對無人應。緣起緣盡，來去自如，自由自在，就與「宇宙無羈者」把手相與薜荔還。這種雲跡遍歷，卻少有知音之感，更增添對南嶽的歸情，第八首：

天涯踏遍又寒侵，若簡能同返舊林，山盡水窮欣有策，鳥啼花放了無心，

屠龍劍客狂中舞，賦鵬書生醉裏吟，堪笑閒忙俱少實，乾坤何地覓知音。[24]

天涯踏遍，即使有劍客也是狂中舞，即是有書生也是醉裏吟，在閒忙中少有實參實學者，偌大乾坤「何地覓知音」。不如返歸舊林，即使山盡水窮，也欣有策杖隨身，有鳥啼花放之無心自在。而這當中也有江南非其師門本地之疏離感，第六首：

望衡何處隔清暉，開眼寧知閣眼非，遍地草蟲和露泣，驚秋旅雁傍霞飛，

一天疏雨千山暗，數壑閒雲萬慮微，不是同條難作伴，隨身竿木蹈寒歸。[25]

望向衡山隔著清暉，草蟲露鳴，秋雁霞飛，回歸舊地即使千山數壑，也是閒雲慮微，清涼幽然。在江南「不是同條難作伴」不如「隨身竿木蹈寒歸」。

再而季總回歸南嶽亦有歸老、落葉歸根之意，那時她已五十三歲，見第七首：

斷腸秋草滿天涯，飄渺孤雲何處家，南國開殘秦地菊，西風落盡漢宮花，

活埋幸有青山在，老病頻添白髮賒，湘嶺豈無龍虎穴，成群何必

---

23 《季總語錄》卷四，詩偈〈擬歸南嶽〉其二，頁466上中。
24 《季總語錄》卷四，詩偈〈擬歸南嶽〉其八，頁466中。
25 《季總語錄》卷四，詩偈〈擬歸南嶽〉其六，頁466中。

混狐蝦。[26]

年歲已至老病之身，體力與精神都需要休養止息，所以歸隱回家、落葉歸根方為穩當，故曰：「活埋幸有青山在，老病頻添白髮賒」。故亦有「還鄉曲唱碧山頭」句（第三首）。而第五首更為明顯，其云：

> 夷則風高雁字斜，滄洲幾度嘆年華，南湖羨有穿雲柵，北海殊無貫月槎，
>
> 老去懶撾塗毒鼓，秋來怕聽塞垣笳，違時最恨岩前菊，人未云歸先放花。[27]

老去之身，嘆年華已去，已懶得撾塗毒鼓教化，而且「秋來怕聽塞垣笳」，時間有違不能歸時，還「違時最恨岩前菊，人云歸先放花」，顯露出歸鄉心切。第十首更具體表達：

> 瓢囊雲水問瞿曇，吸盡滄溟學放憨，堪羨紙衣溫似纊，頻思棠梨美于柑，
>
> 瀾翻智度悲龍樹，血染離騷賦楚南，骨白千山侯萬戶，何如破衲擁蘿龕。[28]

瓢囊雲水、學放憨地弘法教化，心中仍羨粗衣，頻思山中棠梨，禪風敗壞，讓她興起賦歸之心，不如歸去破衲擁蘿龕。

在一片歸鄉心切中，季總仍不忘「老僧雲散枯岩日，幾度呼君早出倫」：

> 落木蕭蕭動客塵，侵藤二鼠不饒人，貪他蜜味將心魅，贏得流離似我貧，
>
> 沈醉九醞常處夜，循環六趣幾生身，老僧雲散枯岩日，幾度呼君早出倫。[29]

沈醉暗夜，輪迴六趣皆無法自在，即使她回歸南嶽，仍切切呼望眾君能早出輪迴。第四首將回歸的藍圖畫就：

> 收綸罷釣老頭陀，歸踞融峰不較多，種石且圖抽紫筍，培松寧羨

26　《季總語錄》卷四，詩偈〈擬歸南嶽〉其七，頁466中。
27　《季總語錄》卷四，詩偈〈擬歸南嶽〉其五，頁466中。
28　《季總語錄》卷四，詩偈〈擬歸南嶽〉其十，頁466下。
29　《季總語錄》卷四，詩偈〈擬歸南嶽〉其九，頁466中。

引青蘿，

> 檻前山色應如舊，谷口人情任易他，但得此身還故隱，草堂風月
> 自婆娑。[30]

將弘法志業收罷，老頭陀要歸踞南嶽祝融，「種石且圖抽紫筍，培松寧
羨引青蘿」，將山居生活的憨直、簡樸之樂趣表露無遺。山色如舊，人
情任他，「但得此身還故隱，草堂風月自婆娑」，正是季總歸隱南嶽的
心靈風光。

總括季總回歸南嶽之心境，主要應是年老歸隱之念所致，何況南嶽
是她當年山居舊處，亦是她清閒悠然的心靈故鄉，是恩師埋骨之處，亦
是法源之故鄉。再加上體觀到禪風衰微敗壞，滿城狂歌醉舞，空是俠士
呈劍，卻無知音相應，徒成孤負。而且既從南嶽來，於江南萍蹤處處，
也可說是無有定所，雖然有慧燈禪院並在此五年，但似乎仍無有久住的
因緣。季總受萬如法，是萬如慧眼視英雄，但這種空降式的嗣法，可能
因此比較沒有延續綿長的法緣可支撐，因此無法久留，或久留無益，所
以不如歸老南嶽來得穩當安頓。

三、歸老淨瓶巖

而江南九年後，季總回歸南嶽的淨瓶巖，她家鄉的方志所記載有關
她的資料也就到此為止，她似乎從此之後就消失在文獻中，彷彿離開江
南，就離開人間，不知所終，究竟她在淨瓶岩待了多久？是否就終老於
此？圓寂於何年？皆無從得知。淨瓶巖在煙霞峰，祝融峰是南嶽的最高
峰，其下方為煙霞峰，山茨之綠蘿庵也在煙霞峰下，據李袞《衡岳志》
所載：

> 淨瓶巖，在煙霞峰，原知休居此。[31]
> 綠蘿庵，在煙霞峰下，舊名野雞潭，去淨瓶岩二里許，山茨和尚
> 墖院。[32]

---

30 《季總語錄》卷四，詩偈〈擬歸南嶽〉其四，頁466中。

31 李袞《衡岳志》卷一，頁188。

32 李袞《衡岳志》卷二，頁197。

山茨離世後，塔院建在綠蘿庵，而淨瓶巖與綠蘿庵同在煙霞峰，相距二里許。[33] 可見季總回歸南嶽時，選擇與恩師塔院同一山峰處結茆，年老歸隱自樂自閒，也或許有與師為伴之意？！之後雍正時期在南嶽祝聖寺住持的曉堂明哲（？-1734），曾有〈禮綠蘿庵山茨老人塔〉詩：

> 綠蘿寒極處，風雨日封門，不畏輪流苦，尤懷過去尊，春來花是歷，秋老樹無魂，展轉情難盡，隨雲下遠村。[34]

其中對「不畏輪流苦」句，曉堂自註云：「老人燈分四枝，每枝輪守三載，余來南嶽時，已輪七十餘年矣，因不勝今昔得人之感」。曉堂此時，山茨塔院已豎立於綠蘿庵七十餘年矣，曉堂仍看到山茨弟子四系，每系輪守三年，依然「尤懷過去尊」、「展轉情難盡」，敬守塔院輪流不輟。這四系弟子，並沒有包括季總，因為她在江南嗣法於萬如矣。但師恩不變，季總在南嶽時必然時時探訪之。近代著作《南岳旅遊文化概論》曾記載綠蘿庵云：「有山茨和尚塔，清初已有此庵，光緒間有尼住持，因無人檢修，后圮毀」。[35] 季總有法嗣：人法華，不知此「光緒間尼」是否與季總或其法嗣有關乎？

第二節　祖揆的靈瑞水居詩

祖揆在《呂華集》內有為數不少的詩偈，這些都是在太湖東山時所寫，當時她應該亦有一些同參道友或弟子信眾一起在靈瑞庵修行，東山是伸出太湖上的一個半島，與西山相望，一片湖光山色，島上自來又栽種碧螺春茶樹、橘柚、枇杷等果樹，更添花果茶香之芬芳，自來即是太

33　民國 96 年 8 月初筆者走訪湖南南嶽，體受季總山居歲月之一二。登祝融峰，見南嶽由低至頂，峰峰連綿，山山秀異，雲霧飄裊，美不勝收，所謂「滿目青山盡是法身三昧」是在乎？！從地圖得知，煙霞峰在祝融峰的右前方，奈何山頭林立，究竟何峰？只能大約識得這個區塊，想尋訪煙霞峰下的綠蘿庵舊址、淨瓶巖所在，但因並非景點所在，沿路相問，當地人都不識矣，從南天門沿中軸線道路而下，知道煙霞峰必然在此右方，但沿路苦無明確方位，又無跡可循，終至下至半山亭，無緣得見。事後再符對地圖，推敲相對位置，可能需要從鐵佛寺、鄴侯書院、竹木道院附近深入旁支小路才是。

34　譚岳生、康華楚、廖德年選注《南嶽方外詩選》，南岳佛教協會主編（長沙：岳麓書社，1993 年），頁 84。

35　胡健生編著《南岳旅遊文化概論》，（長沙：岳麓書社，2000 年），頁 107。

湖著名的風景名勝，所以祖揆在此所寫詩偈，禪機與四時風光輝映，瀰漫江南山水之悠美與祖揆個人心境，極具特色，與一般奇巖穴居式之山居頗為不同，或可曰之「水居詩」。以下將之分為四類，並略舉一些詩偈明之。

一、湖光月色，商量石語

祖揆之嵒華山居詩，有春、秋、冬景，有舟行渡湖、山居石床、銀月長嘯，雪夜冷梅，牡丹蘭桂等等，還有一首長篇之〈商量石〉，寫鉛山一組相對之石頭。祖揆在東山的時間，是到嘉興妙湛禪院開法之前與退院之後。其有〈還山渡湖〉三首，來來往往之足跡，應該是到妙湛之前：

> 舞棹呈橈泛水雲，鷺鷥飛入蓼花汀，天然一色難分別，孤負身心百不靈。
> 萬頃湖光接遠空，片帆搖曳破秋風，漁歌一曲無人會，蘆葉紛紛對蓼紅。
> 亂雲堆裏數峰高，曳履經行不憚勞，記得去年當此際，石床趺坐聽松濤。[36]

舞棹呈橈，指行船渡太湖，亦喻弘法教化，即使「漁歌一曲無人會」，但「曳履經行不憚勞」，為是不孤負此身此心，而鷺鷥、蓼花汀、蘆葉、對蓼紅、萬頃湖光、片帆秋風、亂雲、高峰與松濤，泛著祖揆出入弘化之輕快與瀟灑，飛入、難分、接遠空、搖曳、紛紛、破秋風、也都活潑起來。記得去年此時，「石床趺坐聽松濤」，亦顯出一份可靜可動、是出是入之自若，而這份自若，篤定又悠閒，見〈秋日舟中偶拈〉：

> 秋老芙蓉濯露鮮，謝家人不在漁船，閒將新月垂秋水，釣得金鱗即便還。[37]

秋水新月將「閒」字襯得湛明清淡，金鱗卻點亮了整個畫面，將教化之

---

36 《嵒華集》卷四〈還山渡湖〉，頁 755 中。
37 《嵒華集》卷四〈秋日舟中偶拈〉，頁 755 中。

意向也點出積極，此種積極，是「釣得即還」的出入自若，既出入自若，自外而歸，不受名拘，即是安居處，是以〈風起拈示禪者〉云：

> 簸土揚塵山岳搖，不留蹤跡示全超，大鵬養就圖南翼，借爾須臾萬里遙。

> 排雲鼓浪正飛揚，御世無心應萬方，玉殿深深留不住，松聲澗響共迴翔。[38]

風塵起，不留蹤跡，卻如大鵬飛起，可萬里全超，鼓浪揚，御世無心，卻應世萬方，不住名利，在松聲澗響間，以道相參，祖揆藉風起之時，以此啟示禪者，出入有力，卻瀟灑不滯。這份瀟灑自若，還可以揶揄起自己，見〈歸山自嘲〉所云：

> 妙峰承頂無行路，到者全心當下灰，堪笑白雲無定止，被風吹去又吹來。[39]

到妙峰頂者，全心當下，寂寂無行，那像自己離山去又歸山來，如白雲般被教化之風吹來吹去，白雲是己，亦喻眾生，「堪笑」二字，呼應「自嘲」，瀟灑之意盡在其中。「笑」意，在祖揆之詩偈頗為搶眼，有時帶著自嘲、瀟灑，有時笑看，見〈休夏東山〉詩：

> 白雲影裏種空花，捩轉風頭景色賒，堪笑閒身無著處，卻來煙島臥寒沙。[40]

白雲影，種般若花，扭轉風頭，歸東山，「無著處」、「煙島臥寒沙」雖有落莫無用之意，但「堪笑」、「閒身」卻將之襯托出妙峰高頂之寂寂無行。〈遣懷〉：

> 塵蹤長揖臥煙蘿，卻笑諸方露布多，心井既乾無識浪，任他平地起風波。[41]

此次是笑諸方太過招搖、無事生事，自己是臥煙蘿，無識浪，心井乾，任他風波起，「笑諸方」與「任他」同時化解批評之戾氣。而「笑」在禪門裏，最著名的當然是佛陀拈花，迦葉微笑之事，祖揆在〈絨荷花示

38　《岳華集》卷四〈風起拈示禪者〉，頁 756 下。

39　《岳華集》卷四〈歸山自嘲〉，頁 755 中。

40　《岳華集》卷五〈休夏東山〉，頁 759 中。

41　《岳華集》卷五〈遣懷〉，頁 760 上。

正平〉即云：「法王何必輕拈出，解笑方堪繼祖風」，[42] 解笑即成悟道之喻。所以祖揆詩偈的「笑」，不管對象是自己或他人或春風萬象，似乎在她的「笑」字裏，都得到釋放與自如。

祖揆機鋒之靈銳是其禪風最大特色，於此融入湖光山色，會透出意氣高明之氣象，〈即景偶拈〉二首即是：

> 洞庭高卓壓群峰，宇宙寥寥上下空，風月一湖平似掌，玉盤捧出碧芙容。

> 湖光湛湛月如銀，一片心花露印文，勘破威音聲色外，任他飛躍自紛紜。[43]

宇宙上下寥寥，洞庭山高卓，一湖風月平平，碧芙蓉捧出，在寬闊空寥之境，現出卓峰，在平等透明之境，突出芙蓉，有山有花，不僅意氣高明，也帶著柔風。所以第二首再寫湖光與銀月之湛湛交映，「一片心花」呼應著碧芙蓉，喻出悟境，「露印文」，呈出傳承，此悟此承，勘破體性與萬象之外，任法法如是飛躍，如是紛紜，自在如如。這二首詩將禪智與美景融涉得極好。也有〈無題三首〉，表現出這種超佛越祖之意氣高明：

> 不食空王俸，塵塵得自由，雖無三昧力，一飽便知休。

> 會即恁麼來，不會恁麼去，金圈與栗蓬，是甚閒家具。

> 喝散一溪雲，喚回千嶂月，萬象各呈形，誰能更饒舌。[44]

悟道之人，無有悟道之事，遂不食空王俸，於塵塵處得自在，悟道之人，談什麼會與不會，會即會，不會即不會，鍛練勘磨，「是甚閒家具」，於是「喝散一溪雲，喚回千嶂月」，讓萬象各各呈形，無言無事。所謂恁麼來、恁麼去、喝散、喚回，皆是「勘破威音聲色外」之自在，而「萬象各呈形」與「任他飛躍自紛紜」更是同響應和。

又有一些以山居為名的詩偈，亦在或質樸或清亮的景色中，藏著瀟灑禪機，如〈山居即事〉之「斗大茆庵傍溪住，不知是馬是驢年」[45]、

---

42 《嵒華集》卷四〈絨荷花示正平〉，頁 756 中。
43 《嵒華集》卷四〈即景偶拈〉，頁 755 下。
44 《嵒華集》卷四〈無題三首〉，頁 757 中。
45 《嵒華集》卷四〈山居即事〉，頁 757 中。

〈山居〉之「石床昨夜生秋夢，似向松門跨虎歸」，[46]及〈山居襍偈〉二首：

> 白雲夜半正明，青山天曉不露，但秖閒坐困眠，管甚有過無過。
>
> 雲過松濤瀉碧，雨餘柳帶垂青，好景無人顧著，飛來獨許幽禽。[47]

白雲、月明、青山、未曉，只是閒坐困（睏）眠，管他有過無過，雲過、松濤瀉、雨餘、柳青垂，好景只許幽禽，而閒坐已睏之人，似乎反不如飛來之幽禽能得此好景呢。

明月，亦是祖揆詩偈風光的一個重要原素，有〈月夜閒行〉：

> 門外峰巒列翠鬟，昏鴉隊隊帶聲還，微風吹落浮雲片，月色如銀萬境閑。
>
> 秋江如練浸長天，萬籟無聲月正圓，好景不須他處覓，清光只在指頭邊。
>
> 靈光獨耀迥無鄰，大地山河絕點塵，若謂南泉超物外，馬師賺殺幾多人。
>
> 夢中曾說悟圓通，剔起雙眉月正濃，長嘯一聲驚宇宙，有誰同上最高峰。
>
> 芒鞋竹杖破蒼苔，瀟灑胸襟向月開，萬里無雲天一色，好山如畫疊成堆。[48]

月銀萬境閑，月圓萬籟寂，月光絕點塵，將體性悟境不落痕跡地喻顯出來，月濃時即是悟圓通，雖是夢中說悟，也是長嘯一聲，驚天動地，超越凡聖，並引來有誰與上高峰之思，最後落實在芒鞋、竹杖、蒼苔下時，「瀟灑胸襟向月開，萬里無雲天一色」，立即現出月開一色、萬里無雲之心境與景物，點出開闊瀟灑之禪味與境界，甚為美妙。又有〈秋月示雲林道人二偈〉之「拈出威音心裡月，焰開生佛未分前，渠儂面目知何似，籬落霜高菊正鮮」，[49]以秋月喻心喻法性，再以秋菊正鮮，提

---

46 《嵒華集》卷五〈山居〉，頁 760 上。

47 《嵒華集》卷四〈山居襍偈〉，頁 757 上。

48 《嵒華集》卷四〈月夜閒行〉，頁 755 下。

49 《嵒華集》卷四〈秋月示雲林道人二偈〉，頁 756 下 -757 上。

點法性與萬象之不一不異。而〈水月頌〉之水中撈月[50]、〈月夜偶示〉之指月之指，[51]則是以月來指示悟道之歧途。

在〈月夜閒行〉裏，「瀟灑胸襟向月開，萬里無雲天一色」，接著是「好山如畫疊成堆」，將此瀟灑開闊之心境，轉寫於疊疊成堆的山景風光，而〈偶示〉一詩，則轉向於「人」：

> 松風自奏無絃曲，水月長懸不夜燈，眼裡耳裏絕瀟灑，天上人間只一僧。[52]

松風、水月，奏的是無絃曲，懸的是不夜燈，喻顯著法性之體與用，深得個中三昧者，於此眼耳聲色裏，絕然瀟灑，亦絕瀟灑即瀟灑，就是「天上人間只一僧」，此一僧正是「瀟灑胸襟向月開，萬里無雲天一色」之具體呈現。

東山花果甚多，也種著名的碧螺春，季節一到，花香果香茶香具揚，所以祖揆詩偈之「花」主題，亦頗特別，在論及性別智與作略時，已談到祖揆藉「花」之「色香盡處是真空」來啟悟女修行者，有牡丹、梅、荷花、桂花、落花等。在此再略舉一詩以明之。〈庭前牡丹〉：

> 庭前花發牡丹紅，指出分明似夢中，一段色香誰辨取，祇堪惆悵倚東風。[53]

祖揆以牡丹花紅，喻萬景紛然，紅花艷香，是分分明明，是如幻如夢，是在為眾生說法，然而誰能辨取？只見或牡丹、或人「惆悵倚東風」矣。

祖揆還有長篇詩偈〈商量石〉，小序云「鉛山有石並立，其狀如人偶語」，不知鉛山在何處？或即於太湖七十二峰之一乎？偶語者，對話相談，而「商量」一詞，於禪門是機鋒相參之意，故藉偶語之石，立機鋒商量之說，其內容為：

> 壁立峰前老白雲，此無言說彼無聞，如何卻受商量號，脫體孤危錯過君。

---

50 《呇華集》卷四〈水月頌〉，頁 757 上。

51 《呇華集》卷五〈月夜偶示〉，頁 758 下。

52 《呇華集》卷五〈偶示〉，頁 759 上。

53 《呇華集》卷四〈庭前牡丹〉，頁 756 中。

儼然二老共談心，流水高山是賞音，不落人間凡異調，自能越古
更超今。

全無竅穴卻玲瓏，不費神丁斧鑿工，偶爾閑名掛群口，豈因呵佛
占孤峰。

曾無一字到人憎，笑殺春風長葛藤，天下舌頭都截斷，教伊解語
是山僧。

個個因君眼倍青，一雙無口解談經，是渠向上人難會，惟有虛空
側耳聽。

無心撞著轉身難，磊落相依表歲寒，須信欲言言莫及，話頭不舉
自團圞。

幾度逢春不變心，順憑花笑與鶯吟，全無滲漏超三墮，嶺上木人
休自矜。

不逐閒雲老泛浮，肯全枯木倚寒丘，無情有性人難信，只合渠儂
自點頭。

纔涉商量便不堪，未言先喻石頭諳，雖無一字眾山響，何必嘮叨
強指南。

天荒地老兩相成，謾道能言不解行，舉世知音隨舌轉，幾人曾聽
到無聲。[54]

　　祖揆首先即立於「此無言說彼無聞」之地，表現超然脫體之空性
義，接下來即落回現象上，說個「二老談心」、「流水高山」，全無鑿
痕，本自天然，但因具空性，自能越古超今。根本已立，第三首則轉
為描繪石頭。第四首則為石頭申言：曾無言一字，卻「笑殺春風長葛
藤」，被天下人在舌頭上冠個「商量」名，卻不能深解石語，於是就由
祖揆來為之解語。第五、六首，亦是表達「空」之妙處，「無口」能解
談經，悟虛空方能耳聽，欲言反而不能及，話頭不舉才是悟道處。第
七、八首以石頭之無心、不變、不逐之性，襯托體性之空。第九、十
首，亦以「纔涉商量便不堪」之空性義起，而空性有其大作用，「雖無
一字眾山響」，體與用，如同兩石相成，無言成響，勝過舉世之人，以
舌為知音，蜂蜂作響無益，但「幾人曾聽到無聲」，此末句，回應首段

---

54 《岳華集》卷五〈商量石〉，頁 760 中下。

「此無言說彼無聞」，轉從「聽」上著眼，透徹漂亮地將空性之義之用舉揚。

祖揆扣緊「聲音語言」為核心，轉換於石頭與世人之間，而山僧自道亦惺惺在其中。從「無言、無聞」下筆，再轉成「二老談心」之渾然天成，在無言無聞中，亦能不落人間凡調，成為大作用。之後，再從石頭轉向群口，石頭被群口所命名，群口成紛擾，卻無能體會石頭無口無言又無心無憎之意。此無心無言之道，在石頭，則是順憑萬境不變心，不逐閒雲、肯全枯木之深心，在禪者，則是全無滲漏、超越三界。由商量石來宣示的無心無言之道，讓祖揆自興「無情有性人難信」之感慨。此無心無言之境，並非死寂無聲，亦非舌轉紛紜，是「一雙無口解談經」、「雖無一字眾山響」地「聽得無聲」大作用。石頭本無語，被人擬人化為相談偶語，祖揆將之解構，回歸無言無聞，但無言無聞亦非只是無言無聞，更由此蘊出「無心之用」、「無言之言」、「無聲之聲」的深刻禪意，文與質皆具，相當精彩，正是所謂「教伊解語是山僧」也。

對於「二座石頭」之形象，「壁立峰前老白雲」、「儼然二老共談心」「不逐閒雲老泛浮」、「天荒地老兩相成」，「老」之一字，將之點染得內蘊淳厚，蕭然篤定，也將石之硬之久之皺折紋路，豐富形象牽引出來。

禪門常以參究公案為修行方式，祖揆本身亦是由此門而入，故「商量」琢磨，意指修行，「知音」則指得其意、對其機、相應和者，佛法究竟理義在般若空性，所謂商量、知音，亦在空性中，最忌於商量上只剩口舌紛紛，所以祖揆所謂「此無言說彼無聞，如何卻受商量號」、「天下舌頭都截斷」、「纔涉商量便不堪」，「舉世知音隨舌轉」等，對商量、禪機，有一陣棒喝在。

祖揆在東山是近乎隱跡修道之生活，她到妙湛開法前在此，從妙湛辭眾請法，退院下來後，亦歸於此，但她的心境並非淹淹無息、枯寂止守，從這些關乎笑、湖光、山色、秋月、花等詩偈來看，萬象與禪意交攝，透顯出瀟灑自若與意氣高明的氣象。而長篇〈商量石〉寫來理意濃厚靈轉，形象蘊喻亦鮮明，又是別有一番風格。

七優曇華：明末清初的女性禪師

二、讚佛觀音，春日懷古

《呫華集》裏有許多佛菩薩、祖師像讚，還包括一組從達摩初祖一路下來，到祖揆的老師繼起，共 42 首讚詩，儼然有源流頌之意，寫作或傳承源流頌是作為法嗣弟子的象徵，但祖揆並未標明此為源流頌。今將這些讚詩之題目列表如下：

【捌十四 -1】《呫華集》之佛祖讚詩

佛菩薩讚	禪門歷代祖師讚 （類似源流頌）		過去或當代禪師之各讚
釋迦文佛讚	初祖	虎丘	達磨面壁像
無量壽佛讚	二祖	應菴	折蘆渡江像
文殊大士讚	三祖	密菴	達磨大師讚
普賢大士讚	四祖	破菴	臨濟大師讚
彌勒大士讚	五祖	無準	雲門大師讚
觀音大士讚	六祖	雪嶠	雪竇明覺顯禪師讚
十二面觀音像讚	南嶽	高峰	徑山大慧杲禪師讚
寶陀嵒大士讚	馬祖	中峰	三峰漢月藏和尚
絨繡觀音讚	百丈	千嵒	靈巖退翁老和尚讚
魚籃觀音讚	黃檗	萬峰	董菴尼祇園禪師讚
送子觀音讚	臨濟	寶藏	天台尼自覺禪師讚
觀音文殊普賢 三大士同軸讚	興化	東明	妙湛尼寶持總禪師讚
普門大士讚二首	南院	海舟	伏獅尼義恭珂禪師讚
布袋和尚	風穴	寶峰	寒山尼元明老師壽像讚
送子觀音	首山	天奇	靈瑞尼宗遠老師壽像讚
	汾陽	無聞	
	慈明	笑巖	
	楊岐	龍池	
	白雲	天童	
	五祖	三峰	
	圓悟	靈嵒	

另外還有一組〈春日懷古〉，首句皆以「門外春將半」起，共成五言四句，有九首，每一首末，都署名為何位菩薩或祖師所寫，有靈雲、香巖、牛頭、船子、趙州、文殊、玄沙、善財、普門（觀音）。[55]

在這些像讚中，較特別的是觀音的讚詩以及當代女性禪師的讚詩，後者已於「性別智」部分論及，今便從觀音之像讚、〈春日懷古〉來析論。

觀音的形像有多端，符應她於《普門品》「應以何身得度，即現何身而為說法」的化身度眾形象，所以晚明丁雲鵬（1574-1628）所繪的「觀世音菩薩三十二大悲心懺」，就是除了佛經之形象外，又創造出許多不同形象的觀音，例如魚籃觀音、水月觀音、據几觀音、賣爪籬觀音等等，並引起一陣流行。這樣的環境背景，或許即是祖揆作多首觀音像讚的因素之一。

祖揆是從釋迦、彌陀、文殊、普賢、彌勒而觀音，首先是持楊枝淨瓶的〈觀音大士讚〉：

> 菩薩眾生母，眾生菩薩兒，從來劈不破，起倒鎮相隨，苦厄憑依仗，慈悲普護持，請觀垂手處，甘露滴楊枝。[56]

祖揆以母子來論觀音與眾生的關係，這也是觀音作為女相，最普遍的比喻，母愛子，劈也劈不破，鎮日處相隨，以垂手楊枝滴甘露，滋潤眾生，這全是觀音慈悲護持之故。又有〈十二面觀音像讚〉：

> 拶破面門行活路，僧繇鈔筆終難措，蓮華國土久拋離，欲歸忘卻來時路[57]。

祖揆運用張僧繇畫寶誌禪師的典故，張僧繇（502-549），梁武帝時有名的畫師，武帝曾要他為寶誌禪師畫肖像：

> ……帝嘗詔畫工張僧繇，寫師像，僧繇下筆，輒不自定，師遂以指劈面門，分披出十二面觀音，妙相殊麗，或慈或威，僧繇竟不能寫。[58]

55 《嵞華集》卷四〈春日懷古〉，頁 754 中。

56 《嵞華集》卷三〈觀音大士讚〉，頁 751 下。

57 《嵞華集》卷三〈十二面觀音像讚〉，頁 751 下 -752 上。

58 超永《五燈全書》卷三「寶誌禪師」，頁 424 上。

寶誌抓破臉面，竟形成十二面觀音形象，而且妙相殊麗，或慈或威，讓僧繇竟不能描繪。「拶破面門」，成十二面，不滯某形某像，而成活路萬端，觀音原為西方彌陀之脇士菩薩，今成十二面，久拋彌陀淨土，千變萬化去了。祖揆揶揄起觀音，「忘卻來時路」頗可視為是對大慈大悲的另一種讚揚。又有〈寶陀嵒大士讚〉：

> 大士不坐寶陀嵒，癡人空向濤聲拜，但得居塵不染塵，是即名為觀自在。[59]

此觀音形像應是坐於寶陀嵒上，但祖揆第一句即以「不坐寶陀嵒」來說，正顯觀音自在無滯，也反襯眾生執虛為實，執假為真，因觀音坐寶陀嵒而非坐寶陀嵒，才正是居塵不染塵，即是觀自在。又有〈絨繡觀音讚〉：

> 謾道素縑描未就，隨緣赴感見深慈，一針鋒上全身露，脫體風流不掛絲。[60]

此讚詩以絨繡為重點，針刺成像，顯觀音深慈，卻也體空如幻，不掛一絲。此觀音像很可能是女性所繡製，故與女性修道者多有關連，故於「性別智」部分有所論及。又有〈魚籃觀音讚〉：

> 護生全用殺生心，透網金鱗掌上擎，一遇知音便分付，肯同死貨定行情。[61]

祖揆以魚籃觀音的故事，從賣魚與護生看似對立來談起，要護生眾生之佛性，卻用賣魚之殺行，透網金鱗指魚，亦指度眾之機、能超脫之人，觀音行於街頭，賣魚為勾，一遇上門眾生，即慈悲救度之。另一首〈送子觀音讚〉：

> 菩薩無緣具大慈，偏能嚼飯餧嬰兒，青青一片波心月，只許嵒前鸚鵡知。[62]

「嚼飯餧嬰兒」寫得極好，貼切地顯喻觀音以眾生為子，慈悲眾生之用心深切，而此「青青一片波心月」，只許鸚鵡知，甚有詩意。所以此處

---

59 《嵒華集》卷三〈寶陀嵒大士讚〉，頁 752 上。

60 《嵒華集》卷三〈絨繡觀音讚〉，頁 752 上。

61 《嵒華集》卷三〈魚籃觀音讚〉，頁 752 上。

62 《嵒華集》卷三〈送子觀音讚〉，頁 752 上。

之送子觀音，涵意甚廣，不僅滿足世人求子之心，亦是慈悲餵活眾生之法身慧命。祖揆還有一首〈送子觀音〉詩，應該也是寫畫像之作：

> 墨塵點剎徧分身，萬稱花開一樣春，識得觀音真實相，掌中拋下玉麒麟。[63]

觀音分身千變萬化，為度眾生故，這些千變萬化皆是觀音，皆是同一春同一心，如能悟入與觀音同一體性，即識得觀音真身真相，既識得觀音真實相，便是其麒麟兒，也呼應其「一樣春」之深意，而深意亦可具狹意：送子，所以「掌中拋下玉麒麟」，是送子觀音的形象，亦是為滿眾生世俗之願。這二首送子觀音之詩偈，不落世俗之意，亦兼及世俗願望，寫得極為深蘊。又〈觀音文殊普賢三大士同軸讚〉：

> 從聞思修，具悲智願，品字莊嚴，毫端涌現，雖然有卷有舒，要且無背無面，見不見，倒騎牛分入佛殿。[64]

這是三位菩薩大士之像，各代表悲：慈悲，智：文殊，願行：普賢。代表眾生修行需要具備的三種德行，以及佛陀所具之圓智。畫面上三菩薩之排列或為品字，並由毫端涌現，末句還特別地以老子「倒騎牛」形象，來說無背無向之絕去對待，能絕去對待，方能入佛殿堂矣。最後是〈普門大士讚〉二首：

> 鐘作鐘鳴，鼓作鼓響，大士悟門，清機歷掌，一雙紫燕語簾前，兩個黃鶯啼柳上。

> 會得聲前旨，圓通路坦平，頭頭瞻紗相，彩墨畫難成。[65]

有鐘有鼓，燕語鶯啼，皆是聲音之現，正是觀音菩薩耳根圓通之悟入處，若能悟入聲前之旨，亦是無明現起之前，即是圓通成就，即能瞻得觀音相，否則彩畫再工亦難成也。

祖揆這些觀音像讚，除了能扣住觀音慈悲、法門之深義外，在文字點染上，都參有動植物等形象，以為互動與襯托，如〈普門大士讚〉之紫燕黃鶯、〈觀音文殊普賢三大士同軸讚〉之倒騎牛、〈送子觀音讚〉之鸚鵡知、〈送子觀音〉之拋玉麒麟、〈魚籃觀音讚〉之透網金

---

63 《岙華集》卷五〈送子觀音〉，頁 760 上。

64 《岙華集》卷三〈觀音文殊普賢三大士同軸讚〉，頁 752 上。

65 《岙華集》卷三〈普門大士讚〉二首，頁 752 上。

鱗、〈寶陀嵒大士讚〉之痴人、〈觀音大士讚〉之眾生菩薩兒等等，顯得特別生動。

〈春日懷古〉是以「門外春將半」為首句之組詩，禪門祖師此題為作者，亦所在多有，如明覺、惠洪等禪師，因首句意象故，其內都以春天有關之事物為喻，今選其末後五首：

> 門外春將半，茶芽滿焙香，近無人嗅著，趙老謾顛狂。趙州
> 門外春將半，幽林采藥行，一莖全殺活，妙德強惺惺。文殊
> 門外春將半，漁舟別浦多，數聲欸乃裏，淹殺備頭陀。玄沙
> 門外春將半，孤峰草漸長，善財無覓處，煙水正茫茫。善財
> 門外春將半，黃鸝口更多，觀音秖這是，游子意如何。普門 [66]

祖揆這幾首看來都有超佛越祖之姿。第六首寫趙州，運用吃茶去公案，也正呼應東山在地之旨茶焙香之盛，但「近無人嗅著」，趙教都謾顛狂起來。文殊，運用善財採藥草之事：

> 文殊菩薩一日令善財採藥曰：是藥者採將來。善財徧觀大地無不是藥，却來白云：無有不是藥者。殊曰：是藥者採將來。善財遂於地上拈一莖草，度與文殊。殊接得示眾曰：此藥亦能殺人，亦能活人。[67]

深識藥者所見，盡大地無非藥，文殊更進一步點出藥之作用，能殺人亦能活人，端看作者之智慧作用。所以祖揆才曰文殊之妙德常智慧深強，惺惺明明。而玄沙者，唐末禪師，自小愛垂釣，後省悟出家，行頭陀行，被稱為備頭陀，這首詩，祖揆踢翻祖師，讓玄沙成「淹殺備頭陀」，實則淹殺無明，即成法身。第九首，寫善財採藥，善財見盡大地皆藥，故無覓處，祖揆從此點入，而寫「煙水正茫茫」，亦有眾生茫茫於識海，亦顯空性無執之廣大無涯，意蘊十足，頗有意境。最後一首再寫觀音，春日黃鸝紛紛鳴，正是觀音耳根圓通處，觀音已悟，「秖這是」，當下即是，而遊來遊往，不知止又處處執的遊盪眾生，被觀音視為親子之眾生，其意如何？是否會得其意？末句亦是餘蘊不斷。祖揆

---

66 《嵒華集》卷四〈春日懷古〉，頁 754 中。
67 淨符彙集《宗門拈古彙集》卷十四，《大正藏》冊 66，頁 18 下。

以祖師菩薩事蹟之茶香、採藥、漁船、藥草、黃鸝等來呼應詩題「春日」，並往往有凌祖越師之句，是有意氣亦具餘蘊之作。

三、應和祖師，披雲臺頌

　　祖揆有和宋代慈受深禪師之〈披雲臺頌〉二組，共二十首詩、和宋代天封佛慈禪師之〈蜜蜂頌〉五首、和靈嵒僧首師〈爆竹頌〉五首、〈披雲和尚養母偈〉五首以及〈和劭監院師四偈〉。今取〈披雲臺頌〉第一組及〈爆竹頌〉五首來分析。

　　慈受深禪師、天封佛慈禪師皆為宋代人，靈嵒僧首師，應是在靈巖山寺者，而最後這位劭監院，應是祖揆同參或弟子，寶持亦為其作〈和劭監院師贏得楊岐第一籌四首〉，[68] 一人作二人和，三人以悟境相應和。寶持亦有〈和宋慈受深禪師披雲臺頌〉，[69] 當時靈巖山寺發現一塊刻有慈受深禪師披雲臺頌之石，慈受深在宋代即任靈巖山寺住持，此事被視為祖師應和，不可思議，所以許多同道、弟子都為此作頌和之，祖揆與寶持亦是其中之一。祖揆寫了二組，〈披雲臺頌〉第一組十首云：

> 三間茆屋傍雲山，雲自高飛山自閒，門外石頭行路滑，無人得到翠微間。
>
> 枯木花開劫外春，破顏得旨更何人，翻然直入千峰去，惆悵孤雲垫鶴身。
>
> 蕭蕭竹色滿軒清，月到方池分外明，收拾耳門將眼聽，忽然捉敗枕頭聲。
>
> 百鳥不來花自紅，今年窮勝去年窮，一從不食空王俸，坐斷他家下載風。
>
> 今古英雄互戰攻，電光石火不相容，爭知物外金仙子，萬象森羅一體中。
>
> 虛堂晏坐看峰頭，萬派無聲水逆流，斷臂安心太多事，不如日用信緣休。

68　《寶持語錄》卷下〈和劭監院師贏得楊岐第一籌四首〉，頁712中。

69　《寶持語錄》卷下〈和宋慈受深禪師披雲臺十頌〉，頁712上。

花香鳥語別峰前，妙德空生何處邊，解得虛空無相貌，隨他器量
自方圓。

吾欲休時無可休，穿衣喫飯信悠悠，好言謹白參玄客，莫待他年
怨白頭。

身作舟航據要津，皮膚脫盡露全真，多年滯貨無人顧，杓水澆開
面目新。

倒握烏藤膽氣麁，此間無口說工夫，都來一棒從分辨，透得龍門
豈是魚。[70]

第一首，從茆屋寫到門外雲山，「石頭路滑」、「無人得到」都是
比喻禪風冷冽孤峻，亦顯一份孤絕意。這份孤絕，是悟入得旨，翻然超
出俗塵故，因此遂成「惆悵孤雲野鶴身」，第二首點出悟者之微微惆
悵。第三首，耳門眼聽、捉敗枕頭聲，已轉現禪者之意氣。第四首，
「百鳥不來花自紅」更見悟者無住之自在，並以「今年窮勝去年窮」，
喻物質，亦可喻禪門，但「不食空王俸」、「坐斷他家風」，不以佛法
作利養之工具，更是坐斷他人家風，作個獨立千峰之人。故第五首從
「今古英雄互戰攻」下筆，點出互戰之謬，一來悟者自悟悟人，本不外
求，何須戰攻？一來萬象森羅一體互融，能體此，於現象上則可物外而
安。觀此，再回看第一、二首路滑無人、孤雲野鶴之嘆，亦可知是一時
情緒之感而已。第六首，再回歸自身，虛淨安處，峰頭萬派呈現，許多
求法傳法之轟轟烈烈，不如休寂無事。在此呈現本身安處之心境。故第
七首，以花香鳥語，襯托虛空妙德，有體有用，隨緣自圓。呈現即體即
用，即休即圓。自此，傳達她的圓滿悟境。第八首，轉向教化部分，故
始言「欲休時無可休」，這本是即休即圓之理，故穿衣喫飯、經行教化
亦能如是行去，所以欲休，還是會啟悟眾生，「好言謹白參玄客，莫待
他年怨白頭」，便是教化之語。第九首，正式從休轉用，以身為濟度之
舟航，「皮膚脫盡露全真」，全顯全用之意，「杓水澆開」，指涉自身
亦指涉弟子，讓眾生能一新面目。最後一首，「倒握烏藤膽氣麁」，正
是臨濟門下棒喝之教，正顯祖揆教化之意氣，氣魄一棒正斷無明根，故

---

70 《岳華集》卷四〈披雲臺頌〉，頁 754 中下。

沒有閒葛藤論此說彼，一棒分辨，直下勇猛，助眾生鯉躍龍門，直入彼岸。

這一組〈披雲臺頌〉，祖揆先剖明自我身心之境，閒雲野鶴之身，枯木花開之悟。接著，再展現悟者無住之自在，截斷眾流之氣魄，不逐俗塵之清明。由此，點刺萬派紛紛之攻戰，再體現自身，即休即圓之圓滿悟境，並依此轉向教化之用，願以自身作舟航，拈出棒喝，開「倒握烏藤膽氣麄」之氣魄，引魚透跳以成龍來作結。她從「隨他器量自方圓」轉向「吾欲休時無可休」，向大用上行去，因而轉寫全顯全開，棒喝教化，這些與之前「三間茆屋傍雲山」之閒雲野鶴，很能表現禪者在本分安樂、法體具圓、全開作用的豐富內蘊。

又有一組〈爆竹頌〉是和靈嵒僧首師的，內容為：

> 怪得名喧宇宙中，慣將一喝振玄風，果知響逐聲來也，不必窮年費苦工。
>
> 收放同時放較危，要通一.線驀頭錐，奮然爆著虛空碎，閃電光中霹靂追。
>
> 金圈拋出自音王，儘有其人瞌睡忙，誰是見煙須辨火，色聲頭上立承當。
>
> 大小隨緣任去留，正當轟烈得心休，買來輸與他人放，本色金錢肯浪酬。
>
> 嚇人嚇鬼有多方，拍手呵呵笑一場，堪破恁般關棙子，裝聾作啞又何妨。[71]

祖揆從爆竹之聲下筆，叫它喧宇宙，而且「慣將一喝振玄風」，以其聲為棒喝之喝。透得了聲響相隨之旨，則不必窮費苦工，以聲音法門為修道入處，也正是觀音耳根圓通法門。第二首，她以收放、一線、頭錐等形狀，推及後二句之「虛空碎」、「閃電光」、「霹靂」等這些常用來比喻悟道霎那的名詞。第三首拋出爆竹成響，喻法性佛性之拋出，讓人瞌睡猛醒，即使未醒，亦須「見煙須辨火」，於色聲上，見法悟入，當下承當，了此一大事。第四首，正放得轟烈時，大小猛散奔裂，正是

---

71 《嶽華集》卷四〈爆竹頌和靈嵒僧首師原韻〉，頁755上。

「大小隨緣任去留」，而在轟烈之時，一切將空，心也正休，正是體空心淨處。而且買來讓別人幫忙放，大家一起放，也正是去來自在處。末首，以爆竹聲音來引逗禪機，其聲巨大，可嚇人嚇鬼，卻得到大家拍手喜慶呵呵笑，為何如此？能由此勘破聲音之旨，有聲無聲皆自在，即使「裝聾作啞」亦是自在處。「裝聾作啞又何妨」，此句甚妙，於有聲無聲之外，又添一聲色。

這是一組既有趣又奇妙的爆竹詩，以爆竹之聲之收放之奮爆之拋出之煙火之轟烈之散留之嚇人，來直指修道之種相應處，更重要的是，「奮然爆著虛空碎」，從此「色聲頭上立承當」。

與〈爆竹頌〉有異曲同工之妙者是和宋天封佛慈禪師之〈蜜蜂頌〉，她以蜜蜂採蜜探花，來寫參學、修行、工夫、聲色、覓花紅，甚至將之寫成叩衙、巡官、家國、勳業等等，相當有趣。

四、生老病死，十二時歌

祖揆還有二組形式較為特別的詩偈，一為詞，一為民歌，即〈行路難〉詞及〈十二時歌〉。〈行路難〉以「臨江仙」詞牌所作，依「生、老、病、死」四個主題，作四首詞，每首有上下闋，來闡釋行走人生路之四大苦難現象，其「生苦」為：

> 貴賤形骸隨業轉，世人顛倒堪悲，初生便有死追隨，纏分你我相，骨肉已參差。未入娘胎何處也，好教猛省深思，剎那不住苦淒其，炎炎三界內，跳出是男兒。生苦[72]

上闋，明因業識顛倒而生，出生即示死亡之至，一切對立參差即成，實為堪悲。下闋，此三界為火宅淒苦，當猛省深思生死之由，跳出無明纏縛，方為大丈夫。其「老苦」：

> 記得少年多意氣，轉頭萬事皆空，雞皮鶴髮漸成翁，眼昏常帶霧，齒漏不關風。老健春寒秋後熱，謾誇心尚孩童，急須學佛悟真宗，遷延如有待，日暮怨途窮。老苦

上闋，明老之將至，身體鶴髮眼昏，老化殘疾，少年意氣風發，轉頭空

---

72 《嵒華集》卷五〈行路難臨江仙〉，頁 759 下。以下三則引文同此，故不另作註。

皆成空。下闋，如謂年老身尚健，還誇尚有年輕心，實則感受皆已失序，故急須學佛悟道，遷延時日，後悔莫及。其「病苦」云：

> 石火電光能幾幾，終朝美酒肥羊，莫言災退遇良方，兒孫雖得力，痛苦自支當。病後始知身是累，健時多為人忙，爭名奪利走風霜，生平無片善，前路黑茫茫。病苦

上闋，明時光匆匆，只知享樂，蒙病或有良方，亦只是暫免病痛，即是兒孫有力，痛苦也只能自己受，別人無法替代。下闋，表達健康時不知把握真正的方向，只為爭名奪利，病後才警覺，前路黑暗茫茫，卻也無力改變。其「死苦」：

> 百年信是無根蒂，心驚陌上飛塵，全憑一氣作天鈞，不知渾似夢，卻認夢為真。呼吸不來長逝矣，休論我富他貧，田園五子與家珍，萬般將莫去，惟有業隨身。死苦

上闋，明生命如塵，如夢無根，令人心驚，眾生卻認夢為真。下闋，死亡到來，迅速無預警，而且萬般帶不走，只有業隨身。

　　這一組〈行路難〉是很平實的教示，上闋，常是呈現生老病死現象之苦處，下闋，則或指示促發向上，或警示前路茫茫。

　　〈十二時歌〉屬於民歌性質，分十二個時辰來寫，故有十二首，歷年來頗多禪師以此為題，寫作一天之日常修行生活，民歌俚俗白話之風格，其主題也正適合禪者一日不作、一日不食之修道內涵，其風格也符合禪者不拘不滯、超格越祖之風格，敦煌文獻就發現有二百多首。祖揆之〈十二時歌〉為：

> 夜半子，夢裏紛紛不知止，踏破東山西嶺青，翻身原在被窩裏。
> 雞鳴丑，日用頭頭自諧偶，那邊水洗面皮光，這裡啜茶濕卻口。
> 平旦寅，萬象之中獨露身，佛祖到來難著力，惟人自肯乃方親。
> 日出卯，珊瑚樹林色呆呆，不須別處覓瞿曇，丈六金身一莖草。
> 食時辰，別甑炊香玉粒新，喫粥了洗缽盂去，便道宗師指示人。
> 禺中巳，莫向太虛分彼此，風中鈴鐸善宣揚，歷歷分明無一字。
> 日南午，愛閒不打禾山鼓，無事上山走一遭，倦來又上蒲團坐。
> 日昳未，十二部經可知禮，稽道南無上大人，試問何為丘乙巳。
> 晡時中，會得依然猶隔津，自怪脩行不得力，順成歡喜逆成瞋。

日入酉，一彎月掛窗前柳，吹火柴生滿竈煙，頭上青灰三五斗。

黃昏戌，老鼠便來偷白蜜，床頭打絮到三更，連累山僧不得息。

人定亥，芥子吸乾香水海，衣內摩尼忽放光，露柱燈籠齊喝采。[73]

從「夜半子」開始，至「人定亥」為止，實則亦有周而復始的意涵。每一首表面寫日常生活作想，內也蘊含禪機。第一首，夜半子，自嘲自己作夢紛紛，踏破東山西嶺地，一翻身卻還在被窩裏。雞鳴丑，以早晨洗臉喝茶，寫日用事事皆有相對、因果，是此是彼，平坦合諧，此明事事和融。平旦寅、日出卯，以太陽將出萬象現，來談萬象與法身，要見法身悟道，求佛祖覓瞿曇都已隔閡，唯有當下自肯方真。此明自身佛性。食時辰，以趙州吃粥洗缽之公案，明平常心是道。禺中巳，正是用功之時，要能把握光陰，參禪教化，但歷歷分明卻無一字可參可宣。日南午，中午時分，愛閒，故不參公案了，無事，就上山走一走，倦了就上蒲團坐一坐。從用功轉為無功用行。日昳未，下午了，讀讀經書，卻也在「上大人、丘乙巳」冠上「南無」皈依，對語言文字、經傳典籍，展現遊戲不拘的一面。晡時申，自嘲起自己，修行不力，順則歡喜，逆則成瞋，表現出率性的一面。日入酉，月兒初上，生火煮飯，弄得一身竈煙青灰。黃昏戌，吃飽要休息，老鼠成了主角，吵得睡不著。以上三則，將禪者之生活平實面，生動表現出來。人定亥，萬籟俱寂，人亦止靜，正喻悟入空淨體性，如摩尼寶放光，一切萬物都齊聲喝采。

這組一天十二時辰生活點滴之歌，祖揆寫來有俏皮，有自嘲拙稚，有無事愛閒，有認真和諧，有狼狽牽累，有率性不顧，亦有禪機實理，充滿自我陶侃、率性純真，也因民歌性質故，祖揆寫來，文字顯得樸實古拙，但因禪理點染之故，悠然典雅之氣氛仍在。

有一次苦雨連朝，祖揆為此提寫一詩，其詩題為：「雨滋庭草，村鬧池蛙，藉萬象以常談，省山僧之為說」，[74] 又有〈示隨侍諸子〉：

湖上島橫青玉案，雲中墻鎖白銀幢，威音一幅全生面，不為群機有覆藏。[75]

---

73 《岙華集》卷五〈十二時歌〉，頁 759 中下。

74 《岙華集》卷四〈雨滋庭草鬧池蛙，藉萬象以常談，省山僧之為說〉，頁 755 下。

75 《岙華集》卷五〈示隨侍諸子〉，頁 757 中。

威音王佛是過去莊嚴劫之最初佛，禪門常有「威音那畔」語，指威音王
佛前，喻妙體凝寂、湛然常住之法性。這首示詩，祖揆告訴弟子，在這
一片天地，湖上島橫、青玉案、雲中墻、白銀幢這些大自然種種意象，
就像威音王佛之前，一幅全生面，全然顯開，萬機生發，無有覆藏，所
以萬象即是禪機也。祖揆在靈瑞的這些詩偈，有禪理較濃而景物少者，
但大部分都是萬象與禪機交攝互融，她筆下的萬象是湖光山色、銀月湛
湛、花香鳥語、竹青茆屋、白雲峰高等江南風光，悠美清湛，而禪機悟
境，與之蘊然相呈，讓人不知是月色點染禪意，還是禪風拂過月面乎！
其所謂「藉萬象以常談」、「威音一幅全生面」，應該正是如此。

玖 比較與定位
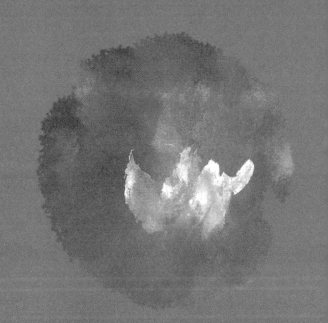

　　明末清初，禪淨雙修的修行方式已非常流行，禪師語錄內往往可以看到被動或主動地開示淨土法門，有的以參「念佛者是誰」來開示，有的以自性彌陀來詮釋，有些禪師即使以禪法為主，但在觀念上也多持禪淨不二之論，[1]祇園等七位女性禪師語錄亦有這樣的現象，甚至祖揆到最後，更要弟子「宜速改門庭，同念西方佛」，認為禪門亂象蜂起，結黨操戈，不如篤實念佛，才是真正修悟之道，顯然當時禪宗陷入空洞、虛蹈、紛諍的局面，戒律鬆弛敗壞，是一大問題，所以許多有識之士如袾宏、祖揆等人紛紛提倡淨土法門以救之。因此清初之後，佛教的修行主流轉而過渡為彌陀淨土法門，或曰禪宗潛於士大夫，民間流行淨土宗，[2]總之禪法或有存在，但已顯得寂然無聲了。[3]

　　此時，在祇園等女禪師之後，未再見有女性禪師語錄，卻有淨土女性之自我書寫與被書寫，[4]其中自我書寫者，以量海如德（？-？約清雍正後之人）、陶善（1756-1780）二人為著，前者為比丘尼，後者為女居士，量海德如有《影響集》、陶善撰《瓊樓吟稿》，量海略有禪的影子，但偏重於淨土，陶善則是修習淨土者。又，在祇園之前，有比丘尼

1　楊惠南〈禪淨雙修的類型及其理論基礎〉，曾探討禪淨雙修的類型，禪、淨在發展過程有相互批評、互為激盪的情形，但禪淨雙修之融合觀點也源遠流長，並大成於明末四大師：雲棲袾宏、紫柏真可、憨山德清、蕅益智旭。但基本上明末之禪、淨二宗還是共盛共榮的局面，直到清代，才漸轉成淨盛禪衰。《1999 年第二屆兩岸禪學研討會論文集——念佛與禪》（臺北：慈光禪學研究所、中華民國佛教禪淨協會，1999年），頁 83-121。

2　據談玄〈清代佛教之概略〉，張曼濤編《現代佛教學術叢刊》冊 15，《中國佛教史論集》（六）明清佛教史篇（臺北：大乘文化，1977 年），頁 152。

3　一般認為直到清末民初的虛雲禪師，禪宗才再有大修行者的出現，是以虛雲也被視為末代禪師。

4　彭紹升（1740-1796），字際清，著《善女人傳》、《居士傳》，他本人精修淨土法門，其《善女人傳》所收不拘淨土女行者，但觀其晚明至清初這段時間所著錄者，多為修持淨士之女居士。

袾錦（1548-1614），袾錦為袾宏（1535-1615）俗世之妻出家者，她住持於孝義庵，留有〈七筆鉤〉詩，並有《孝義庵無礙庵錄》、〈孝義庵規約〉〈庵主太素師〉、〈武林孝義無礙庵主大尼太素師塔銘〉之被書寫，袾宏弘揚修習淨土法門，袾錦亦如是。量海、陶善、袾錦三人都是偏向修持淨土法門之女性，時代與祇園等人相近，禪與淨土又在這段時間有此消彼長的轉換，所以藉由這三人與祇園等人比觀，探討禪門女性與淨土女性，在修行風格上是否有所差異？有何差異？亦即同為佛教女性，修行法門之不同，是否會有不同風格之呈現？又，孝義庵是一座比丘尼道場，其有孝義庵規約，正可與女性禪師們的道場作一些比較，藉此突顯修行環境的差異。更重要的是，從這樣的比較參看下，可以窺知二個修行法門對女修行者的意義，還因此提供當時禪淨流變原因的一個性別視角的詮釋。以下計從修行旨趣、看待女性、道場管理等角度來觀察。

第一節　修行旨趣之參看

一、無常苦迫說

　　明末四大師之一的袾宏，出家前曾作〈七筆勾〉，表達名利愛戀之短暫虛妄，所以要將之「一筆勾消」，修道去也。之後，袾宏俗家妻子也出家，法名袾錦，亦同樣作了〈七筆勾〉，雖然兩人要勾消的對象因性別不同也有差異，但都是從無常、欲求之苦迫來下筆。這種看透世俗價值之虛妄，以及欲求帶來的煩惱痛苦，也是佛教修行者之所以修行的基本觸發點，佛法的四聖諦：苦、集、滅、道，就是從生命苦迫開始的，而這也是淨土法門教化的旨趣之一。

　　然而，女性禪師語錄提及無常苦迫者，並不明顯，大部分都是直接在修悟上的教示，是因為「苦」是最基本觸發，已不必再強調，也因為參禪重在「心」上悟道，不專重以苦迫為觸發因緣，而淨土法門則不同，所謂求生淨土，則反襯此方為穢土，淨土為安樂國、極樂處，穢土為雜染國、苦迫處，所以穢土苦迫必然是促發之核心。觀察女性禪師部分，季總有一次示眾：

示眾。若論宗門一事，別無奇特，所貴發勇猛心，著堅固力，痛念無常，參明大事，自然摸著諸佛鼻孔，透過祖師關棙，不到大休歇田地，不肯息肩停轍，方有少分相應，無奈佛法衰微，人心下劣，罔知己靈，不存正念，此皆邪毒入心，淺根薄福之流，汝等諸人各宜精進，將話頭如一座須彌山，頓在面前，忙閒動靜，觸不散，蕩不開，綿綿密密，不斷不續，參來參去，銕壁銀山，自然嚗地，不可坐在無事甲裏，古人云：莫止忘形與息心，此簡難醫病最深，直須提起吹毛利，要剖西來第一義，瞪開眼兮，別起眉，反覆看渠，渠是誰，若人靜坐不用功，何年及第悟心空，此皆藥石之言，切須記取。[5]

她從勇猛精進心說起，痛念無常，將話頭頓在面前，參來參去，不只要「忘形與息心」，還得下「反覆看渠，渠是誰」之功夫，直至徹底「悟心空」。這樣的教示以啟發自悟為主，是典型禪宗式的。而量海《影響集》有一組〈無題〉詩，其第四～九首云：

今朝年初一，元旦是好日，蠡蠡鑼鼓響，个个衣冠飾，相逢咸打恭，茶話喜作揖，人人賀新年，我道是舊日。

石室寒釀客，不知晝與夜，坐來歲月忘，嬾把眾生化，真个自了漢，賊虎龍蛇怕，問他盧陵米，如今作麼價。

但說世界空，時時行於有，空亦不自空，有亦不自有，空有本來無，無無何須守，論塵野犴鳴，談真獅子吼。

今古往來客，奔波日夜忙，貪榮為底事，謀利作經商，富貴暫時樂，泥犁萬劫長，前程長遠在，何不早還鄉。

人壽不滿百，夭殤更可憐，況逢世路險，往復轉喬遷，恩愛終須別，冤親未了緣，無生極樂國，解脫自安然。

業淨未曾乾，眾生處處著，回頭自反觀，旋轉皆旅泊，但覺本性空，諸緣自脫卻，逍遙無事人，所在成安樂。[6]

第四、五、六首，頗有禪味，第七、八、九首，則專在分析世事無常，

---

5 《季總語錄》卷二，頁 448 下 -449 上。

6 量海《影響集》〈無題〉，《新纂卍續藏》冊 110，頁 682 上。

日夜奔忙之苦，並歸向「無生極樂國，解脫自安然」、「逍遙無事人，所在成安樂」，她將極樂國推至「無生」，目前「所在」即成安樂，也頗能順承前面的禪意而禪淨相資，而由苦迫到極樂之說法，即是典型淨土式的教化。前面之第四、五、六首是從元旦開引而來，提到「人人賀新年，我道是舊日」，修行人「坐來歲月忘」，俗世之種種新舊差別，不掛於心，即使新年，本是日日平常，在第六首，量海更進一步地遣除「空」、「有」二端。女禪師亦常有元旦開示，子雍就有元旦小參：

> 元旦，雲峰請小參。婆子問：「新年頭的佛法即不問，如何是和尚底佛法」？師曰：「堂堂意氣際風雲」。婆禮拜。師曰：「禮拜直須頭著地，新年還是舊年人」。乃曰：「主賓相會家風舊，此日同沾御苑香，禪門在城何寂寂，鄰家爆竹慶三陽，無情說法能親切，遍界觀音不覆藏，為報現前參學士，耳根圓妙絕商量。[7]

子雍亦是言：「新年還是舊年人」，遣除「新」年之虛妄性，再藉新年之「爆竹」聲響來點撥「無情說法」，進而教示觀音之耳根圓通法門。季總亦有歲朝示眾：

> 歲朝示眾。爆飛千尺燄，嚮過萬重雲，一氣洪鈞轉，梅華幾點春，新年頭，佛法早已露布了也，大眾，古人道：「但得雪消去，自然春到來」。且道雪向甚處去？春從甚處來？孰樞紐是？孰橐籥是？若向者裏著得隻眼，不妨龍吟霧起，虎嘯風生，牢籠不肯住，呼喚不回頭，寒灰裏也須發燄，枯木上直教生華，其或未然，捧看新曆日，錯過舊時人。[8]

「捧看新曆日，錯過舊時人」，季總更進一步，直接在功夫上著眼，要弟子莫錯過當下本心，並點撥「雪」、「春」之去來變化之樞紐、橐籥處，讓弟子藉境參悟，得入自在之境。由此看來，量海之部分教示與子雍、季總等女禪師在方向上頗為類同，只是女禪師於參悟點撥上較為明顯，專於自性參悟。而從「無常苦迫」再推至「極樂、安樂」之淨土，則是量海趨近於淨土法門之教化，女禪師者則都是呈現解脫、超越、自

---

7 《子雍語錄》卷一，頁 820 中。
8 《季總語錄》卷二，頁 449 中。

在之境界。

　　無常苦迫之說，為淨土法門之教化路徑，禪宗教法少對此著墨，但即使如此，它依然是佛法體察生命的基調，也是修行的發心處，所以修習淨土或禪宗的女性亦都有觸及，前面所言的袾錦有〈七筆勾〉之作，女性禪師之祖揆也有〈行路難〉之作，都是有關這方面的主題。以下先列袾錦〈七筆勾〉：

1010

> 紡績綢繆，作讀晨昏用意周，夫若成名後，富貴同享受。嗏，霞佩甚優悠，珠冠在首，一旦無常，敕命難相救，因此上把鳳誥鸞章一筆勾。
>
> 金玉雕縷，珠翠輝煌插滿頭，綾錦裁宮袖，紅紫佳文秀。嗏，誰道眼前漚，縲絡難受，包裹骷髏，送入量人斗，因此上把錦繡妝奩一筆勾。
>
> 早上妝樓，先把青絲理不休，梳掠香風透，前後分三綹。嗏，鴉鬢黑油油，端的蓬鬆，美貌終成醜，因此上把霧鬢雲鬟一筆勾。
>
> 月閉花羞，美貌方纔誇女流，畫眉春色就，唇點硃櫻溜。嗏，鏡裏活骷髏，多方妝就，老去顏衰，死後皮囊臭，因此上把香粉花脂一筆勾。
>
> 織錦藏頭，鍼指工夫巧且優，花樣隨時候，做出如生就。嗏，翦翠把春留，天生妙手，死後歸空，色色成虛謬，因此上把刺繡挑花一筆勾。
>
> 懷孕耽憂，分娩如同地獄遊，乳哺三年久，疾病常相守。嗏，婚嫁未曾休，母先衰朽，孝順多端，替死誰能夠，因此上把育女生男一筆勾。
>
> 羅襪雙鉤，湘水裙拖八幅秋，步步凌波皺，側側弓鞋瘦。嗏，高低鳳凰頭，無限嬌羞，如此規模，難向西方走，因此上把緩步金蓮一筆勾。[9]

當袾錦寫到三寸金蓮時，言：「如此規模，難向西方走」，具體表達彌陀淨土之修行取向。整組詩指出「鳳誥鸞章」、「錦繡妝奩」、「香粉

9　釋震華《續比丘尼傳》卷三、明杭州孝義庵尼袾錦傳，頁50-51。

花脂」、「刺繡桃花」、「育女生男」、「緩步金蓮」等七項女性所愛，都是無常的，執著反成障礙與痛苦，所以要將之「一筆勾消」，方能修道去也。另一方面，袾宏之〈七筆勾〉則寫「五色封章」、「魚水夫妻」、「桂子蘭孫」、「富貴功名」、「家舍田園」、「蓋世文章」、「風月情懷」等七項，[10] 雖然兩人都是將世俗愛執「一筆勾消」，但袾錦所勾消者與袾宏卻截然不同，兩者相比對，亦可觀察男女「愛執」對象之差異性，袾錦所寫顯然集中於女性閨閣、家庭生活為主，袾宏則是社會名利為主，相同的則是夫妻、兒女之情。此處重點在於與同為女性的祖揆〈行路難〉來參看，〈行路難〉如下：

> 貴賤形骸隨業轉，世人顛倒堪悲，初生便有死追隨，纏分你我相，骨肉已參差。未入娘胎何處也，好教猛省深思，剎那不住苦淒其，炎炎三界內，跳出是男兒。生苦
>
> 記得少年多意氣，轉頭萬事皆空，雞皮鶴髮漸成翁，眼昏常帶霧，齒漏不關風。老健春寒秋後熱，謾誇心尚孩童，急須學佛悟真宗，遷延如有待，日暮怨途窮。老苦
>
> 石火電光能幾幾，終朝美酒肥羊，莫言炎退遇良方，兒孫雖得力，痛苦自支當。病後始知身是累，健時多為人忙，爭名奪利走風霜，生平無片善，前路黑茫茫。病苦
>
> 百年信是無根蒂，心驚陌上飛塵，全憑一氣作天鈞，不知渾似夢，卻認夢為真。呼吸不來長逝矣，休論我富他貧，田園五子與

10　袾宏〈七筆勾〉如下：
　　恩重山丘，五鼎三牲未足酬。親得離塵垢，子道方成就。
　　嗏，出世大因由，凡情怎剖？孝子賢孫，好向真空究，因此把五色封章一筆勾。
　　鳳侶鸞儔，恩愛牽纏何日休？活鬼嬌相守，緣盡還分手。
　　嗏，為你兩綢繆，披枷帶杻，覷破冤家，各自尋門走，因此把魚水夫妻一筆勾。
　　身似瘡疣，莫為兒孫作遠憂？憶昔燕山竇，今日還存否？
　　嗏，畢竟有時休，總歸無後，誰識當人，萬古常如舊，因此把桂子蘭孫一筆勾。
　　獨占鰲頭，謾說男兒得意秋。金印懸如斗，聲勢非常久。
　　嗏，多少枉馳求，童顏皓首，夢覺黃粱，一笑無有何，因此把富貴功名一筆勾。
　　富比王侯，你道歡時我道愁。求者多生受，得者憂傾覆。
　　嗏，淡飯勝珍饈，衲衣如繡，天地吾廬，大廈何須搆，因此把家舍田園一筆勾。
　　學海長流，文陣光芒射斗牛。百藝叢中走，斗酒詩千首。
　　嗏，錦繡滿胸頭，何須誇口？生死跟前，半字難相救，因此把蓋世文章一筆勾。
　　夏賞春遊，歌舞場中樂未稠。煙雨迷花柳，棋酒娛親友。
　　嗏，眼底逞風流，苦歸身後，可惜光陰，懞攞空回首，因此把風月情懷一筆勾。

家珍,萬般將莫去,惟有業隨身。死苦 [11]

　　祖揆強調生命隨業流轉、不得自主,處處無常苦迫,誰也替你不得,生苦、老苦、病苦、死苦即是四大苦端,「初生便有死追隨」、「雞皮鶴髮漸成翁」、「爭名奪利走風霜」、「田園五子與家珍,萬般將莫去」,所以「急須學佛悟真宗」。祖揆〈行路難〉較無針對女性下筆,甚至還有「炎炎三界內,跳出是男兒」句,顯然「男兒」是指涉中性的精進行者,所以整個氛圍是普遍性的「無常苦迫」說,袾錦〈七筆勾〉則細膩地點出女性愛執之所在。無常苦迫是生命的處境,彰顯無常苦迫,便是真實地面對生命的現實狀況,所以無怪乎修行淨土的袾錦,會如此細膩地面對女性的生活現況,點出女性之所想所愛所執,以及這些愛與追求帶來的無常與苦迫。

　　無常苦迫之教,是佛法基本教法,淨土與禪宗女性也都有這方面的教化,只是淨土法門多取徑、傾重於此,以彰顯此穢土苦迫,彼淨土安樂,而禪門教化重點便不在於此。

二、信願與自性、一句與機鋒

(一)信願行與自彌陀

　　祇園等女性禪師語錄亦有淨土相關的詩偈,但數量不多,不過已能展現女性禪師與時代流風、眾生相應,以及不拘宗派、直顯悟道的能力,這其中最明顯的是季總與祖揆,之前討論她們的禪法時,已有充分論述,此處再拈其重點明之。季總〈念佛偈〉六首如下:

> 念佛須教審是誰,分明覿體露全機,但得淨念常相繼,九品蓮邦處處歸。
>
> 念佛聲中須自薦,回光看破娘生面,等閒一句都忘卻,心佛不離這一念。
>
> 念佛迢迢找轉來,五葉蓮華當處開,枝枝葉葉俱剪盡,心佛眾生一處埋。

11　祖揆《岳華集》卷五〈行路難〉,頁759下。

念佛一聲即到家，何須特地起多嗟，西方大道如弦直，擬涉思惟路轉差。

念佛心中絕點塵，莫將迷悟辨疏親，自性彌陀渾不覺，只是花前月下人。

心心念佛自純清，珠山寶樹茂榮榮，苦海愛河無住處，于無住處見平生。[12]

季總從「念佛者誰」為開端，這是以話頭禪來修淨土，是禪者透入淨土法門的基本方式，亦是禪淨雙修的模式之一，所以「念佛聲中須自薦」、「念佛一聲即到家」，是以「自性彌陀」、「唯心淨土」為核心。並也有「心佛不離這一念」、「心心念佛自純清」較貼近淨土法門的教化。祖揆〈念佛偈示徒〉則是：

鷲嶺一枝花，世尊為拈掇，迦葉曾破顏，祖祖傳心訣，苟非大力人，往往成途轍，佛滅二千年，根器日衰拙，五百與三百，龍蛇常混襍，人我恣貪瞋，個事無交涉，入室反操戈，結黨爭衣鉢，釋迦好弟子，皮下皆有血，宜速改門庭，同念西方佛，一卷彌陀經，金口親宣說，令諸念佛人，三界橫超越，晝夜常惺惺，不共塵勞合，念念即自心，心心非別物，念與念俱亡，淨穢應時脫，覿體是彌陀，何須更饒舌，我記如是人，直下齊了徹，眾苦不能侵，逍遙長快活。[13]

這是要弟子速改門庭，歸向彌陀淨土的重要開示，祖揆認為禪門內結黨爭擾，弊端叢生，無法給修行者良好的典範與環境。比之季總，祖揆的淨土之教，是含有時代性與危機感的，充滿著慈悲與見識的魄力。在內涵上，祖揆依然禪淨雙用，但還是以禪為核心，所以她說：「念念即自心，心心非別物」，並將念與所念、淨與穢，雙雙泯除，亦曰：「覿體是彌陀，何須更饒舌」的「自性彌陀」之教。

量海亦有〈淨土詩〉、〈念佛詩〉四十八首，先看〈淨土詩〉：

能從忍界現西方，只要當人信願強，處處慈尊常接引，即時演出

12　《季總語錄》卷四〈念佛偈六首〉，頁 467 上。

13　祖揆《岙華集》卷五〈念佛偈示徒〉，頁 759 上。

妙蓮香。

盧山面目舊家風，嫡子親傳道自同，成佛以來今十劫，彌陀合在我心中。

淨土昭昭在目前，不勞舉步問金仙，樂邦有路誰先到，咫尺家山落照邊。

瓦礫荊榛真淨土，見聞知覺古彌陀，但能當處忘分別，拍手呵呵唱哩羅。

持戒嚴身福報真，金沙地上玉樓春，但觀自性彌陀佛，歷劫何嘗染一塵。

要結西方淨土緣，是非人我盡傾蠲，腳頭腳底蓮花國，到岸何須更覓船。

佛語禪心兩不差，桃花李白一般花，琉璃地上鋪金粟，瑪瑙埵前布玉沙。

獨坐幽居萬慮忘，全身渾是法中王，休將迷悟遮心眼，正覺花開徧界香。[14]

量海亦言「彌陀合在我心中」、「淨土昭照在目前」、「但能當處忘分別」、「但觀自性彌陀」之句，與禪之核心相同，但比起女禪師，量海多出「信願強」、「慈尊常接引」、「持戒嚴身福報真」等等「要結西方淨土緣」之淨土教化方式。

而陶善（1756-1780），字慶餘，長州人，是彭際清（1740-1796）之姪媳，彭氏修行淨土法門，是清代著名的佛教居士，陶善亦見賢思齊，依之認真修行，可惜英年早逝，二十五歲便歿，留下《瓊樓吟稿》，際清所作《善女人傳》有著錄之。[15]當彭際清閉關修行時，陶善曾作有〈和二林主人戊戌春日閉關作十首〉，二林主人，即彭際清，其詩云：

無相光中自有真，慈風披拂四時春，而今一著通消息，回向蓮邦

---

14 量海《影響集》〈淨土詩〉，頁681。

15 陶善《瓊樓吟稿》有彭際清〈祭姪婦陶氏文〉、彭希洛〈亡妻陶孺人事略〉。《新纂卍續藏》冊62，頁841上中下。另，彭際清《善女人傳》卷下，亦有陶善傳。（臺北：新文豐，1987年），頁137-141。亦在《新纂卍續藏》冊88，頁399下-419下。

稽首頻。

原來無實亦無虛，論道談禪事也餘，一句彌陀空自性，孰為是我孰為渠。

冰泮春塘波影定，照空萬象慧光圓，須知行滿功成後，鳥語花香也自然。

亭俯清流屋倚山，綠蘿陰裏掩松關，閒來好認歸家路，免得臨時無處攀。

淨域神遊明似日，杖頭何用夜然藜，漫論十萬八千路，樓閣虛空更在西。

行樹何殊七寶林，枝頭也得聽靈禽，自然說法東風裏，演出百千微妙音。

夙夜惺惺徹底看，幾番生滅總無端，前村雪後梅花放，露出春光不可瞞。

九十風光易寂寥，然燈朗照度春宵，烹茶非為清香味，適興何妨飲一瓢。

此土結得蓮社盟，八功德水蓮花生，一心不亂超凡品，定向樂邦淨處行。

勘破重關觸處真，從今不入舊迷津，輪迴六字無終始，流水行雲總是春。[16]

陶善亦有「一句彌陀自自性」、「孰為是我孰為渠」、「勘破重關觸處真」等禪宗方式語句，但主體精神仍在「而今一著通消息，回向蓮邦稽首頻」、「須知行滿功成後，鳥語花香也自然」、「一心不亂超凡品，定向樂邦淨處行」的往生西方淨土行。

雖然量海、陶善仍有禪門式的說法，但與女性禪師參看，便顯出「念佛回向西方」等「信願行」旨趣才是她們所重視的，而女性禪師則都在「自性彌陀」上教示。

16　陶善《瓊樓吟稿》〈和二林主人戊戌春日閉關作十首〉即次原韻，頁 840 下。

（二）一句彌陀與言語機鋒

由於淨土法門以念佛為主，念佛則以持名念佛為基礎，所以量海〈念佛詩〉四十八首，每段之首句都以「一句彌陀」為始，而之所以是四十八首，應該是呼應阿彌陀佛四十八願之故，其詩偈如下：

一句彌陀稱性稱，蓮花九品攝三乘，無生一念超權學，補處金臺即可登。

一句彌陀三際平，願弘六八一時成，三祗萬行圓修證，頓悟無生無不生。

一句彌陀妙悟存，性空罪福不留痕，蓮花朵朵隨心現，聽法常依世所尊。

一句彌陀理現成，無修無證亦無生，法王自有光明界，步步琉璃地上行。

一句彌陀信願真，東西土不離當人，箇中圓裏三千界，樹樹花開一樣春。

一句彌陀照世燈，無邊教海總持能，本來妙諦通真俗，不滯中觀即上乘。

一句彌陀決定稱，別求向上更何能，聲聲遍滿處空界，落盡牽纏倚樹藤。（我朝 世宗憲皇帝云：直將阿彌陀佛四字，作句話頭，一念萬年，自然摸著鼻孔。）

一句彌陀果作因，天真父子體同倫，堂堂獨露娘生面，信步還鄉莫背親。

一句彌陀體用真，當陽覿面露全身，無陰陽地翻觔斗，剎剎塵塵轉法輪。

一句彌陀信口稱，纔與一念隔千層，本真豈待回光照，無量音聲即法燈。

一句彌陀念慮清，當人已屬寶蓮生，何須兩土分清濁，个个毗盧頂上行。

一句彌陀稱自心，廣長舌相是知音，六方齊讚彌陀佛，不是尋常學誦吟。

一句彌陀度此生，蓮花國裏早標名，八功德水常充滿，如意珠王

骨自清。

一句彌陀轉法輪，緣因徹處了因真，明珠護惜戒根淨，一剎那間
證正因。

一句彌陀佛脉清，開權顯實悟無生，圓明處處長安道，何用三車
門外迎。

一句彌陀辟惡氛，娑婆苦海頓超群，風聲鳥語談真諦，淨穢何妨
分不分。

一句彌陀妙獨尊，性修交互莫須論，同時遮照身心徹，依正融通
不二門。

一句彌陀決定因，樂邦徑路不迷津，何須更覓安心法，始本如如
子向親。

一句彌陀靜聽真，聲聲喚醒本來人，明珠百八循環轉，無數祥光
舌底申。

一句彌陀三昧成，冥通聖境佛來迎，玲瓏性相蓮花土，不動身心
悟法明。

一句彌陀本最清，三修圓具果中因，而今莫問如如諦，脫體無依
身外身。

一句彌陀念莫停，繁華叢裏夢初醒，雲開月現光華滿，徧界花臺
故國寧。

一句彌陀妙轉輪，恒沙諸佛讚斯人，同聲相應金臺現，頓證無生
即法身。

一句彌陀了義成，直心正念志專精，真誠不假功勳就，花閣重重
隨自行。

一句彌陀作入神，山河大地絕纖塵，莊嚴無量從心現，心地開開
四季春。

一句彌陀救死生，超凡行願霎時成，輪迴從此頓然息，來往無遮
法界清。

一句彌陀滌浴襟，法身向上少知音，堂堂日用天真佛，不肯回頭
何處尋。

一句彌陀絕妙門，依憑四字出乾坤，法王最勝伽陀藥，唯在都盧

一口吞。

一句彌陀靜有音，無邊勝侶已來臨，本光一發浮雲散，見佛原來見自心。

一句彌陀法樂成，汪洋苦海一時傾，水晶樓閣蓮花座，慧照重重萬法明。

一句彌陀萬念真，金剛堅固力持身，得生彼國無窮壽，覺樹花開別有春。

一句彌陀法法平，六根無礙六塵清，本來四土無高下，福慧良田不假耕。

一句彌陀佛慧明，唯心淨土不生生，從來身土原非隔，主伴圓融性海平。

一句彌陀願力誠，圓成十念往西行，居然下品猶登岸，托質蓮胎脫四生。

一句彌陀盡力稱，三塗八難總超升，持名滅罪金蓮現，悲願全憑佛力增。

一句彌陀慧月臨，如來護念善根深，徑登不退趨安養，垢習塵勞總不侵。

一句彌陀信可珍，金容佛影現吾心，此生每厭娑婆苦，遙想花池寶樹林。

一句彌陀見本真，回光返照脫沈淪，願將八德池中水，滌盡娑婆世上塵。

一句彌陀慧力存，甚深妙法在斯門，鍛凡煉聖金師子，金體玲瓏報佛恩。（花嚴極樂，極樂花嚴）

一句彌陀俗慮清，誰聞淨土不求生，祇緣彼國嚴新果，廣種心田努力耕。

一句彌陀無古今，慈雲靄靄倍欽心，當觀落日如懸鼓，天樂盈空法韻深。

一句彌陀轉念輪，五根五力妙嚴身，百千三昧從斯就，萬善齊修不退因。（似有永明在目）

一句彌陀物不侵，塵塵剎剎現吾心，無邊天樂微風奏，更有頻伽

發妙音。

一句彌陀悅性情，功深離相逆流行，雙亡雙照心無染，離即離非
法性平。

一句彌陀妙莫論，花嚴界裏十玄因，破除情量知無礙，一念齊開
勝法輪。（靈復曰：絕似鏡影鐘聲諸作）

一句彌陀境界清，三千性相等圓明，一方土淨方方淨，一念專精
念念精。

一句彌陀心月臨，後心功在最初心，三祇片念圓無二，即此因深
果自深。[17]

詩偈中有「無修無證亦無生」、「唯心淨土不生生、從來身土原非
隔」、「淨穢何妨分不分」等超越有無、淨穢之教示，亦提及雍正云：
「直將阿彌陀佛四字，作句話頭」，這些地方略有禪味外，諸如「直心
正念志專精，真誠不假功勳就」、「依憑四字出乾坤」、「如來護念善
根深，徑登不退趨安養」、「悲願全憑佛力增」等淨土信願行之教示，
與此土苦迫，彼土安樂之「娑婆苦海頓超群，風聲鳥語談真諦」、「三
塗八難總超升，持名滅罪金蓮現」、「金容佛影現吾心，此生每厭娑婆
苦，遙想花池寶樹林」、「回光返照脫沈淪，願將八德池中水，滌盡娑
婆世上塵」等，都是直接以淨土法門的方式來教化。

一般而言，淨土依佛力、他力者重，禪宗依自悟、自力者強，淨土
強調信願行，禪門強調本心妙悟，淨土法門相應彌陀願力，受其接引往
生極樂，禪門則是當下解脫、見性成佛。在修行過程中，禪宗雖然強調
不立文字，教外別傳，但卻也形成一種以「語言」來悟道的方式，亦即
以機鋒對話、公案禪語來啟悟弟子、開悟自心，這就是為何公案語錄、
拈古頌古繁衍增盛，而形成「文字禪」類型的原因。人類藉由六根與外
在接觸，並由此產生心意識作用，而「語言」之運用便是其中最主要的
工具，禪門藉此來修道了悟，本屬正常，只是發展到某個極盡，卻產生
徒具形式，鑽營語言文字之病。到了明末，此病尤廣，虛偽浮誇，紛擾
四起，而淨土法門將修行方式，攝歸於「一句彌陀」，正可將禪門之口

17　曇海《影響集》〈念佛詩四十八首〉，頁 682 下 -685 下。

頭禪、文字禪消融於一心一念，歸於清淨，所以相對於禪門之「言語機鋒」，淨土之「一句彌陀」，顯得篤實、單純、清淨。

不管是信願行、依佛力他力、攝歸一念、強調清淨，從性別角度看來，淨土法門這些修行方式的特質，與社會價值加諸於女性的所謂「女性特質」，無形當中似乎產生某種連結，有著相似之質性與類型存在，這將於後面論之。

三、慚愧意識

世間、身心之無常苦迫，正因自心無明之故，無明造業雜染，遂有煩惱痛苦，所以要解脫開悟，先要對自身無明業染，有所明白、懺悔，而懺悔首在慚愧心。這樣的修行理趣，是切入生命面前之問題，正視苦業果報，亦是淨土教化方式之旨趣，如淨土宗二祖善導大師之《往生禮讚偈》，有六時修行功課，於六時禮畢，要歸命懺悔；[18] 宋代遵式《往生淨土懺願儀》，元代王子成《禮念彌陀道場懺法》、清初《淨土懺法儀規》、當代廣慈《願生淨土寶懺儀規》，這些淨土懺儀內容多有懺悔文儀，[19] 顯示淨土法門相當重視懺悔。而女居士陶善就有〈慚愧吟〉三十首，其序云：

> 長夏閒居，俯仰身世，捫心自問，欲作何等人耶，今為女流，無以振拔身心，仍流浪于生死，其為後身將不可問矣，危乎危乎，幸而真心未泯，稍知慚愧，意有所觸，情見乎詞，得七絕若干首，釋經云：「人無慚者，與諸禽獸無相異也」。道經云：「為此慙愧，不離心中」。孔子云：「行己有恥，亦慙愧義耳」。夫三教聖賢，度人度己，皆不外乎慚愧以為基，庶民去之，君子存之，在此間而已。篇章有盡，慚愧無窮，因命曰慙愧吟。[20]

陶善認為「慚愧」是三教聖賢，度人度己之基礎，她自己以「今為女

18　善導《往生禮讚偈》，《大正藏》冊 47，頁 447 上。

19　懺儀，是一種宗教修行儀軌，禮懺、懺悔，並不拘限於淨土法門，另外還有天台懺法、大悲懺、梁皇寶懺等。參考聖凱《無情人生──佛教懺悔觀》〈懺悔念佛與彌陀淨土〉（北京：宗教文化，2005 年），頁 145-149。

20　陶善《瓊樓吟稿》，頁 839 下。

流，無以振拔身心」，但因真心未泯，能興慚愧之心，所謂「篇章有盡，慚愧無窮」，如此方有志於向上之力量。其〈慚愧吟〉三十首如下：

慚愧前生德未修，報身五障有因由，然而幸得人身在，豈可還嫌是女流。

三牲五鼎亦非奇，慚愧如何說孝思，幸得人身在天地，報恩何必盡男兒。

哀哀父母大劬勞，正法心傳豈易遭，指點提撕終未契，自憐慙愧作兒曹。

親恩天地本相同，慙愧吾生道未充，只要自心明徹了，四恩圓滿證真空。

晨興每過日高時，拂鏡開簾倩侍兒，湯水殷勤代梳沐，此身慙愧坐如尸。

夜眠最喜小棕床，潔淨何須雜異香，慙愧睡魔消不得，還憑夢裏主人強。

烏啼日落乞人愁，露坐長林溪水頭，慙愧吾居安樂國，好生知足在勤修。

當暑輕綃又薄羅，冬來翠被暖如何，自然供養難消受，慙愧何曾學一梭。

比鄰亦有歎無衣，圭竇寒衝雨雪霏，慙愧吾無萬箱帛，盡教暖氣入柴扉。

貧家升合猶艱辦，慙愧呼庚泣路隅，安得摩尼如意寶，空中遍雨米如珠。

百穀諸英及果蔬，種成人用苦工夫，吾今慙愧虛充腹，知得尼山味字無。

三教經書滿天地，阿誰認得路頭真，童顏皓首都慙愧，出世原須世上人。

仁是人心語意深，時誇辭藝失真心，覓心慙愧無從覓，擬向顏回問處尋。

戒定始能生智慧，等閒慙愧說多能，伐毛洗髓緣何事，悟後矜誇

也未應。

堅強念力好修行，慚愧偏多懦弱情，寧可軀體俱粉碎，無生法忍誓終成。

帆虛□說□方飲，荊□方從知慈心，慚愧也思常自儆，叭如旃旌勉之哉。

博施濟眾堯猶病，立達何曾與世違，慚愧不妨時在念，聖人原是學人師。

身根清淨元非易，慚愧先離殺盜邪，三業因緣最微細，直教觸處不生芽。

識透舉心即錯處，意根清淨反真源，須知萬法皆非法，慚愧無端又贅言。

六根清淨乃為佳，鹿鹿風人漫與儕，慚愧在心無所戀，白雲修竹寫幽懷。

相將遊屐百花芳，雅集琴棋泛夜光，慚愧在心何所事，閒窗淨几不添香。

急須打破利名關，紫綬黃金亦等閒，慚愧在心無所慕，清風朗月坐空山。

真修人自要安貧，人不安貧便亂真，慚愧在心無所苦，由來學道本艱難。

世緣少著即消愆，拂逆頻來意自便，慚愧在心無所怒，任從熟鐵頂頭旋。

世態偏憂無事時，損之又損絕人知，近來識得損之妙，慚愧亡羊歎路岐。

閨閤風流脂粉妝，綺羅染得麝蘭香，吾心慚愧難從眾，椎髻青衫學孟光。

哀哀生命苦烹炮，血染刀砧日作肴，慚愧不能相救護，冤魂何處肯離拋。

忍辱仙人大布施，挑睛苦行欲誰知，而今悲願無邊量，慚愧虛勞金手垂。

虛垂金手不知疲，慈覆人天遇者稀，最是此生慚愧處，未同大眾

盡歸依。

憍曇彌願廣無邊，度盡閻浮婦女緣，慚愧夙生多障業，輸他靈照悟機先。[21]

陶善的序言有「女流之慚」意，詩偈的第一、二首，也是從「女性」性別下筆，但她將五障業重之女人身，轉成「然而幸得人身在，豈可還嫌是女流」，以及「幸得人身在天地，報恩何必盡男兒」，將性別優劣泯除於「人」這個類別下，「幸得人身」已能修行悟道，女流又何妨，更何況修行悟道也「何必盡男兒」，一是不必嫌棄女流，一是女流亦能有一番作為，對女性性別也展現一股積極力量。然而仔細推敲，這樣的積極力量並非主力，而是在「女流之慚」之下，以「人」來泯除性別優劣差異，但也正代表女性無法與男性對比，所以才以一個較高的指標「幸得人身」來提振自己、安頓自我。到了最後一首，更舉佛教第一位比丘尼：憍曇彌（大愛道）「度盡閻浮婦女緣」之廣大願力，與禪宗機鋒銳利之靈照（龐蘊之女），與「慚愧夙生多障業」、「輸他靈照悟機先」，望向這些智慧的女性前輩，陶善慚愧自身多業障，不如她們。這樣的慚愧精神，與前面所云「慚愧前生德未修，報身五障有因由」合看，在男女對舉之下，慚愧自己身為女性，在同性的女性聖賢之下，亦慚愧自己不如她們，可謂頗為徹底的慚愧。雖然她亦有「豈可還嫌是女流」等積極力量，而「見賢思齊」、「有為者亦若是」之意或存，但顯然並未正面表達，終究還是以慚愧精神為主，形成「女流之慚」、「自身之慚」。

陶善是居士身份，娘家與婆家都是士大夫家族，自小有老師，在私塾受教育，是知書達禮、生活品質有一定水準的女性。所以詩偈流露出士大夫女性生活的寫照與反省，例如她寫自己生活悠閒，天亮後都有倩侍開簾拂鏡、湯水梳沐，照顧得周到，所以「此身慚愧坐如尸」；她寫自己「閨閣風流脂粉妝，綺羅染得麝蘭香」，慚愧自己太過奢華，應該學孟光那般樸素。其他諸如「慚愧睡魔消不得」、「吾今慚愧虛充腹」、「慚愧起居常自懈」、「慚愧偏多懦弱情」、「慚愧不能相救

21　陶善《瓊樓吟稿》〈慚愧吟〉三十首，頁 839 下 -840 下。

護」、「憨愧虛勞金手垂」，都是對自我身心之反省慚愧。

除此之外，陶善亦有「覓心憨愧無從覓」句，表達超越之義，正如她「此土結得蓮社盟」外，亦言「論道談禪事也餘，一句彌陀空自性」，「勘破重關觸處真」，[22] 對於淨土法門之體悟亦有「自性彌陀」義，所以應該是以淨土法門為修行行履，亦能匯歸佛法核心，並有禪門語言之表達。不管如何，強調慚愧是陶善之主軸，藉由慚愧、懺悔讓心靈得以清淨、謙柔，進而精進修行。

量海有一篇〈阿育王舍利塔前然指願文〉，亦是充滿慚愧、懺悔觀點，藉燃指來懺悔業障，以此求生極樂淨土，蓮品上生，進而承佛授記，下化眾生，其文如下：

> 歸命大願王，無垢清淨光，解脫三昧海，蕩滌我心涼，弟子如德等，與法界含識，無始至今，具二種之無明，作二死之根本，迷真逐妄，背覺合塵，依於三業六根，所造五逆十重，惡因廣大，苦果無窮，沒溺三途，沈埋六道，因緣宿習，感報女流，學正教以靡窮，修淨業而罔就，雖墮僧數，於戒有違，反復思惟，慚惶克責，敬然一指，奉供 本師釋迦文佛真身舍利寶塔，平等真如一體，三寶蓮花界中，彌陀如來，觀音勢至，海眾菩薩，同垂證明，加被攝受，如德 假陳幻焰指頭，煅煉金剛智性，慧光晃耀，裂邪見之網羅，妙觀圓通，破重陰之區宇，罪愆消滅，早悟圓頓上乘，修證齊融，直入毗盧性海，忘身與意，利己及人，平等光中，決定往生極樂世界寂光真境，不隔纖毫，更願臨命終時，三心圓顯，三障頓消，蓮開上品之花，佛授菩提之記，承事十方諸佛，度化一切有情，盡未來際，無有疲厭。[23]

量海來到寧波阿育王寺，此寺自古以有佛陀真身舍利寶塔聞名，相傳是阿育王供奉佛陀舍利在天下建塔的其中一座。她意欲「假陳幻焰指頭，煅煉金剛智性」，使「罪愆消滅，早悟圓頓上乘」。因為自身之「迷真逐妄，背覺合塵」、因三業六根造種種惡業，以致沈淪三途，輪迴六

七優曇華：明末清初的女性禪師

---

22 陶善《瓊樓吟稿》〈和二林主人戊戌春日閉關作十首〉，第二、九首，頁840下。
23 量海《影響集》〈阿育王舍利塔前然指願文〉，頁685-686。

道，又受女流之身，「學正教以靡窮，修淨業而罔就」，既出家求道，又「於戒有違」，所以「反復思惟，慚惶克責」，遂選擇在佛真身利塔前發心燃指供佛。她祈願「罪愆消滅，早悟圓頓上乘」，並志向往生極樂世界寂光真境。這也是淨土法門之慚愧、懺悔修行方式。

　　陶善、量海都是藉由慚愧、懺悔來精進修行，這樣的修行方式，在女性禪師之教化、表達裏，是很少看到的，雖然慚愧、懺悔之精神，普遍於一切修行法門，但它並非禪門修行之旨趣與風格，即使有論及，亦是放在「罪性本空」、「心懺」上來談，亦即「懺無可懺，悔無可悔」，而最大的慚愧與懺悔，也應該會落在「有佛可成」、「有性可見」這樣的根源問題上。所以陶善、量海這種慚愧意識，是貼近淨土法門修行方式，而非禪宗式的。

第二節　看待女性之角度

一、女流之慚、棄女人習

　　從陶善〈慚愧吟〉序與詩表現出其看待「女性自身」之角度：有「女流之慚」及約略地「豈可嫌女流」之積極意。再觀察量海，她有一篇〈警眾語〉，是與比丘尼弟子來警戒勉勵，內容除了以出家人來發言，更是站在比丘尼立場來發言，非常有力量：

> 花嚴以人中師子比佛，五十三善知識獨一比丘尼，以師子為號，可知威神卓越，成就佛心，不以比丘尼而遂弱也。……且今日大比丘僧還有諸方叢林禪堂規策，堂頭長老開示熏聞，雖自迷昧，漸得明通，我輩比丘尼眾都無此也，終日喧喧，逐色隨聲，向外馳求，未嘗返省，為師不教，為徒不學，光陰可惜，剎那一生，荏苒人間，而無所益。夫女人出家，當棄女人之習，發勝妙之種，尊重高僧，猛入佛法，心懺悔，念清涼，深發大悲心，全行解脫事，方得十方矜式，四眾環興，伏望諸賢，及早立志，己事未明，他事莫理，專心一處，不了不休。……無論念佛參禪，總要將我等歷劫以來愛習愛種，次第拔出，一時破盡，方有下手處，終日一行，習氣若發，自家斷之，還歸一行。……所謂神

尼，不在現通說法，但禪淨二宗，或單修一行，或並作一行，各
人手眼，隨力修之，親近善知識，思惟了義教，於一切法，心心
平等，如是用功者，得力而省力，省力而得力，即神尼也。何以
故？直截下手，未曾自欺也。……靈山會上，六千比丘尼未受成
佛之記，龍女一出，大眾皆與，故六千比丘尼，近作法師，遠階
佛位，然在師子頻申中，則已五十三位具足，尼不自弱，則法界
本無遠近也，何不痛念出家時，一場甘苦，猛就大法，學師子頻
伸，脫盡諸女人境界乎？清規束身，神明自遠，勿甘碌碌，是我
真眷屬矣。[24]

七優曇華：明末清初的女性禪師

量海首先引用《華嚴經》善財童子五十三參其中一位善知識，也是唯一
的一位比丘尼：獅子頻申比丘尼，[25] 來證明「不以比丘尼而遂弱」，所
以「尼不自弱」，因為龍女一出，六千比丘尼得佛授記，獅子頻申比丘
尼再出現，正是典範的完成。這是勉勵的部分，但另一方面，她教戒的
立說方向，是「女人出家，當棄女人之習」、「脫盡諸女人境界」，也
論及要「尊重高僧，猛入佛法，心懺悔，念清涼」等，如果說，男女性
別是因為各有不同的無明、執取所成，那麼女性出家，當棄女人之習，
男性出家，也當棄男人之習，但一般而言，未有對男性言：「當棄男人
之習」者，但對女性卻會出現「當棄女人之習」之教示，可見特別認為
女人習氣，會障道防礙修行，而這種女人習氣，又認為是以貪愛為主，
所以量海云：「總要將我等歷劫以來愛習愛種，次第拔出」，彭際清
〈善女人傳偈〉也特別拈出這一點：

　　……佛昔呵女人，具足諸妖穢，其有染著者，患乃甚牢獄，如何
　　世間人，彼彼互貪愛，負重沒淤泥，至死不得出，又如蟻循環，
　　不離一磨地，我今發苦口，善勸諸女人，了知受生因，貪愛為其
　　本，本從貪愛生，復從貪愛死，正爾貪愛時，念念常滅盡，自身
　　且不有，何況他人身，從今發大心，皈命無上士，常轉大乘經，

24　量海《影響集》〈警眾語〉，頁 686-687。
25　善財童子向五十三位善知識參學，女性佔有 21 位，有比丘尼、女居士、童女、女夜
　　神、女地神等。坊間有覺音居士語譯、許文筆編註《華嚴經的女性成就者》（臺北：
　　全佛，2005 年）。

如說勤修行。……[26]

女人具足諸妖穢，所以彭氏苦口婆心，普勸諸女，要滅盡貪愛之心，因為它是輪迴受生的根本。而他在〈居士傳偈〉則只說：

> ……豈知妙明心，非一云何二，憶我無始來，一念不自覺，生死六道中，念念入輪迴，貪染習已深，真色成晦昧，無明力所牽，顛倒惡叉聚，因緣值此生，得聞無上法，深心發悲淚，長跪向佛前，誓盡此報身，永息輪迴苦，一念阿彌陀，究竟成佛道，虔恭秉淨戒，懺悔從前非，諦觀法界身，如幻不思議。……讀我所著書，各發無上心，南無佛陀耶，同生極樂國。[27]

由無始以來，一念不覺，遂「貪染習已深」，這些皆是「無明力所牽」，所以兩相比較下，顯然「妖穢」、「貪愛」是對女性特別而說，認為是女性有礙修道的部分，所以女人，尤其出家後的比丘尼就要滅除這些女性性別特質。這樣的說法，與陶善〈慚愧吟〉所云：「慚愧前生德未修，報身五障有因由」之女流之慚，正是同一個方向。

二、打破性別執，正顯女佛陀

反觀女性禪師，她們對「女性」之立論與教化，若不是使用泯除差別的「大道無男女」方式，便是冠以「女中丈夫」，更多是直接以婆、孃、女等人物、詞彙大方正面地呈顯女性性別，以打破一般人男尊女卑之性別執著，而女性禪師自身即是女開悟者，最極盡者是，正顯女佛陀（個論部分之性別智，及綜論部分之第九章有完整論述），這其中雖有部分是依循傳統用「丈夫」、「男兒」等預設男性或男性稱謂來稱呼女性，除此之外，幾乎沒有在女人五障等負面觀點上論述教化的。例如季總以女性公案來教化女弟子，期許她們見賢思齊，並不因女性而避除之；寶持更以「靈瑞如來」稱揚祖揆；祖揆還曾云：

> 羞見總持得肉，恥同懷讓分眉，直得一塵不染，方名真正男兒。[28]

26　彭際清《善女人傳》〈善女人傳偈〉，《新纂卍續藏》冊 88，頁 399 下。

27　彭際清《居士傳》〈居士傳偈〉，《新纂卍續藏》冊 88，頁 181 上。

28　《岳華集》卷五〈酬張宮保大圓居士〉，頁 757 下。

達摩女弟子總持，被達摩認可得其法之「肉」，這樣的女前賢，祖揆都「羞見」之，對照陶善之「慚愧夙生多障業，輸他靈照悟機先」句，兩種法門在性別上的路數與取徑之截然不同，顯而易見。更何況祖揆還「恥同」男性禪師懷讓呢！祖揆不僅在女性聖賢面前，有超越之志，更在男女對舉上，不以男為強，亦有超越之志，充分表現出超男越女、超佛越祖之智慧與大力。祖揆〈自題〉也曾云：

> 白紙一幅黑筆幾叉，亦非男亦非女，貌從何得，不是神，不是鬼，變個甚麼。……靚面兩無言，臨機一著先，金針穿白月，石火并青天，笑倒唯心佛，掀翻得肉禪，近來貧更甚，有問只空拳。[29]

她以女禪師末山之典故來點撥「亦非男亦非女」，指向「大道無男女」之旨，最後「笑倒唯心佛，掀翻得肉禪」，在男女性別中，予以超越，展現女性的超越與無執。即使如子雍〈訓徒〉、寶持〈示門下諸子〉等對弟子教示，也都沒有「女人障重」、「女流之慚」式的教化。見寶持〈示門下諸子〉：

> 一笠荒邨，蕭然自寄，在我則隨緣作主，固無怨尤，汝等初發心學道，未免寒毛卓豎，當知我此門風，壁立萬仞，一眼覷破，即世情世味，五欲三毒，百種煩惱，一一覓起處不得有，秖有一回飲水，一回咽耳，金風體露，月面全彰，當圖徹底掀翻，俟魔氛少息，當執手共說無生話也。[30]

世情世味、五欲三毒、百種煩惱，「一一覓起處不得有」、「當圖徹底掀翻」，這便是非常典型的禪門教法，直指本心空見，不存絲毫差別對立，何況所謂女人障重之念。

三、以「大道無男女」為核心的兩端

「大道無男女」，是空性義，是無差別義，亦是平等義，因空性故，就並非抹除男女性別之差別性，因空性故，讓差別之「有」更靈

29　《岕華集》卷三〈自題〉，頁 754 上。
30　《寶持語錄》卷下〈示門下諸子〉，頁 713 中。

活，所以如果以「大道無男女」為中心點，一端是往法性平等、補實現狀差異的路上走，強調女性亦能開悟成佛之「女佛陀」式，甚至連男性也要向女性修悟典範看齊，以打破他們自心的差別執見之「女性公案」式的；另一端則是往自我反省、面對現狀差異的路上走，面對現實社會狀況，諸如種種不利女性修行的因素，以及與之結合的「女人障重」觀點，因此強調「以女流為慚」、「脫盡女人習氣」式的懺悔業障，讓女性更精進，更自振拔。而因為修行法門方式之差異，禪門女性取徑前者，淨土女性則多取徑後者。

從陶善、量海亦會出現一些「尼不自弱」、「豈可嫌女流」等言論，除了看出禪淨修行立論之相互交流，亦可知「法性平等」、「大道無男女」之意涵也為淨土女性所了知，所以她們與禪宗女性所論並非截然相對，而是修行取徑的相對不同而已。

第三節　道場管理之參看

一、嚴於門禁之孝義庵規約

明末弘揚淨土有力的袾宏，雖亦有濃厚的禪門基礎，[31] 但他住持雲棲寺則是專修、專弘彌陀淨土法門，觀〈雲棲共住規約〉即已清楚明示，而他在雲棲寺建立的嚴謹清規，是明末佛教叢林的修行典範。袾錦，俗姓湯，字太素，當初在袾宏喪偶後嫁給他時，只有十六歲，十九歲時，袾宏出家，兩人同時皈依杭州南五臺性天和尚。等母親去世後，四十七歲的袾錦自己也出家，她將家產全數分派出去，孑然一身，當地居士信眾便捐資蓋庵院讓其安身，取名孝義庵，於其五十九歲時完成，因為庵院所在地即是昔日的無礙庵，遂也全稱孝義無礙庵。袾錦在孝義庵住持了九年，六十七歲圓寂。[32]

31　釋德清〈古杭雲棲蓮池大師塔銘〉曰：袾宏出家後，參學四方，「入京師，參遍融、笑巖二大老，皆有開發。……越中多禪期，師與會者五，終不知鄰單姓字」。笑巖，臨濟宗禪師，是密雲的老師。所以袾宏出家初期是參習禪法。後來他的教法則是禪淨合一、淨主禪從，以淨土為核心，強調「老實念佛」。《蓮池大師全集》冊 8，（臺北：華藏淨宗學會印），據光緒年間金陵刻經處《雲棲法彙》影印，頁 5119。

32　有關袾錦之傳記與孝義庵之建立，有《孝義無礙庵錄》，內有〈菜市橋重建孝義無

因為這層關係，袾宏將雲棲寺嚴謹的清規也帶來孝義庵，或可說孝義庵是雲棲寺下的尼眾道場，所以他臨老預立遺囑時，也都將孝義庵考慮其中。〈孝義庵規約〉內容相當嚴謹，與〈雲棲共住規約〉精神上是一致的，[33] 但因為是女性道場之故，有某方面的特別偏重，所以〈孝義庵規約〉除了代表袾宏所認為的、也代表袾錦身為比丘尼認為女性淨土道場應有的管理與軌範。

為了參看，所以不避繁瑣地將〈孝義庵規約〉全文列之如下：

> 大門時時關閉，無要緊事勿開門，裏問答可也，不依罰銀三分。
>
> 圓光門時時上鎖，客至擊板三聲，請坐少頃，待主人出，主內客外，圓光相見，女客以正事欲進者，方開，餘係緊要正事方開，不依，亂放人進者，罰銀一錢。
>
> 後門除出淨外，無事不可開，亂開，罰銀五分。
>
> 凡用度要減省，不可豐盛，待客亦然，茶過四品，飯過四品，齋過五品者，每品罰銀三分。
>
> 非理募化者，一罰十。
>
> 正月半、二月十九、四月八、七月半、臘月八等緊緊閉門，不可做會，不依罰銀五錢。
>
> 方僧化緣，一例卻之。
>
> 遠方尼僧不相熟者，無得留進圓光門，不依，罰銀三錢。
>
> 列經桌四張，每日誦經一卷，三時念佛，叫名不至，罰銀二分。
>
> 每半月誦十重八輕戒一徧，不至罰銀三分。

礙庵記〉、〈庵主太素師〉、吳應賓〈武林孝義無礙庵主大尼太素師塔銘〉，以及袾宏為預防寺產與俗產不明，以及要保持庵院永繼清淨發展，所寫的孝義庵〈遺囑〉、〈囑餘〉。收入袾宏《雲棲紀事》，《中國佛寺誌叢刊》冊 76，（揚州：江蘇廣陵古籍，1996 年），頁 167-192。

33 荒木見悟著，周賢博譯《近世中國佛教的曙光——雲棲袾宏之研究》（臺北：慧明文化，2001 年）〈第二章、袾宏的生涯〉，認為〈孝義庵規約〉是袾宏所訂立的。觀諸有關孝義庵的文獻，雖然沒有明說此規約為何人所訂，但袾宏確實在管理、定位上，甚至袾錦離世後的安排上，都扮演最重要的角色。黃惠瑞《明代江南比丘尼之社會經濟活動》〈第四章、比丘尼的經濟活動規範與戒律的振興〉，則認為「孝義庵規約主要是濃縮〈尼戒略要〉、〈例補〉而來，所以庵約可能是湯氏參照袾宏的〈比丘尼戒本〉與〈例補〉所訂定」。（臺南：國立成功大學歷史研究所碩士論文，2005 年 1 月），頁 126。

置籤筒，叫名早晚禮誦，不至，罰銀一分。

無事出外間行，罰銀一錢。

侵剋信施者，一罰十。

二人同行方可人家宿，獨身宿者，罰銀五錢。

普陀天台等遠遊，及湖船聚集婦女處入會，罰銀五錢。

彼此鬥爭者，各先罰銀三分，後辯曲直。

故留遠方尼僧住者，罰銀五錢。

私取常住物者，一罰十。

招接算命、相面、收驚等諸婆者，罰銀一錢。

輕易留人出家者，罰銀五兩，出院。

在庵嫁送有法名女子者，罰銀五兩，出院。

畜養幼男至十五六歲，不發遣者，罰銀三兩。

以葷腥入庵者，罰銀三兩。

以酒入庵者，罰銀三兩，除服藥。

學吹打、搖鈴杵、念真言等，罰銀一兩。

擅留在家婦女，為家鬧口面不和而來者，不勸回，久留，罰銀三兩。

擅留己分上親戚，在庵混擾，罰銀五錢。

欺減當家，不容作主行事者，出院。

當家行事差錯，阿諛不諫者，罰銀三錢。[34]

在這些規約裏，與雲棲寺比丘道場之清規相比，特別強調「嚴於門禁」，包括自己出外、別人入內。甚至「大門時時關閉」、「圓光門時時上鎖」、無事不可出門、後門無事不可開、不可亂放人進來，甚至同為尼僧之「遠方尼僧不相熟者」，也不能進圓光門，更不能留宿之。親戚、在家婦女亦不能久留、混擾等等。不可出外做會、與婦女做會，也不可去普陀、天台等佛教聖地遠遊等等。相對的，雲棲寺之共住規約，有關門禁者卻不多，並不會特別強調。[35] 又，袾宏在〈囑餘〉裏叮嚀孝

---

34 〈孝義庵規約〉，袾宏《雲棲紀事》之《孝義無礙庵錄》內，頁176-180。

35 有關孝義庵規約與雲棲寺規約之比較，參考黃惠瑞《明代江南比丘尼之社會經濟活動》〈第四章、比丘尼的經濟活動規範與戒律的振興〉。（臺南：成功大學歷史研究

義庵住眾：

> ……自今以後，眾等惟宜恪守清規，小心謹慎，如其貧乏，托缽
> 資生，莫入人家化緣，莫招女眾做會，莫走遠方進香，莫與男僧
> 來往，莫做精致器皿，莫作華麗衣衫，莫輕易收人出家，莫置買
> 田地世產，痛思生死，一心念佛求生淨土。切記切記。……[36]

袾宏結尾歸結於「痛思生死，一心念佛，求生淨土」，正是淨土法門之修行目標所在，整個修行旨趣就集中於「一心念佛」，所以修行生活愈簡單愈好，愈無外緣干擾愈佳，因此無論是出外、作會或他人入內等等出入之事，都只是攀緣外務，干擾念佛而已，所以「嚴於門禁」自然有助於修行。另一方面，這些門禁之嚴，在在都顯示是為了防止世俗之譏謗嫌疑，尤其是將比丘尼納入「三姑六婆」的譏謗，袾宏〈沙彌尼比丘尼戒錄要〉即曾如此言之：「尼僧守身，當比在家女人加倍謹慎，遠出他方，恐招譏謗，成群做會，或起風波，不可不戒」，[37] 所以「嚴於門禁」，就是為了避免世俗對比丘尼（女性）之譏謗。由此觀之，袾宏、袾錦所管理的孝義庵女性修行環境，是盡量摒除外緣、極力避免譏謗的封閉、絕緣式的空間，一心念佛，求生淨土。

二、強調戒律，又須開放

女禪師們在語錄裏也經常強調嚴守戒律，祇園師徒三人更與袾宏之雲棲寺特別有緣，祇園圓寂前曾到雲棲寺修水陸儀文，「見蓮大師遺風不墜，戒律精嚴」，便告戒弟子要「嚴守戒律，行解相應」、「不可口口談空，撥無因果，自誤誤人，戒之戒之」。[38] 義公也曾帶病往雲棲「完願」，[39] 一揆依「報恩規則」在參同庵打禪七，[40] 並建立「禪堂規約」，[41]

　　所碩士論文，2005 年 1 月），頁 126。

36　袾宏《孝義無礙庵錄》〈囑餘〉，頁 175-176。

37　袾宏《雲棲法彙》之〈沙彌尼比丘尼戒錄要〉，頁 594 下、595 下。

38　《祇園語錄》卷下〈祇園行狀〉，頁 438 下。

39　《義公語錄》，頁 5。

40　《一揆語錄》〈一揆行實〉，頁 16 下。

41　《一揆語錄》〈禪堂規約〉，頁 13 中。

她也曾到過雲棲寺，[42] 往生前更要弟子將「雲棲規約」刊在板上，掛於山門、佛殿等處，[43] 作為參同庵規約。從這些例子看來，當時袾宏已去世，而他在雲棲寺所建立的清規典範，仍然受到尊崇，有很大的影響力。除了祇園師徒，季總、祖揆諸人亦會強調清嚴戒行，所以女性禪師們住持禪院、開法度眾時，也都注意到嚴守戒律、道場清淨的重要。

女性禪師與袾宏、袾錦這麼強調戒行清規，其實也與佛教當時風氣有關，佛教內部戒律不嚴謹以及造成的弊端，為有識之士所垢病，因此也興起一股律學復興之風，他們就在這樣的風氣與改革之下。

女性禪師與淨土女性都注重嚴守戒律、道場清淨，這項基本精神都是一樣的，但具體回看〈孝義庵規約〉「嚴於門禁」之規，就並非祇園等人的道場所能遵行的，這從她們的語錄即可看出。一揆曾有〈禪堂規約〉，可惜只存總序，具體規條並沒有被書寫進去，從總序看來，都是「參禪做工夫，貴乎真實」，以及禪門本懷：「悟之一字，亦無著處」的教化，可以想見具體規條亦緊扣這個精神。而從另一角度來觀察，一揆願意以〈雲棲規約〉為規約，卻沒有以同為女眾道場的〈孝義庵規約〉為規約，顯然孝義庵式的規約，可能適合淨土女性，但並不適合禪宗女性。

女性禪師出外參學訪道，遠者，如季總從湖南南嶽到蘇州、子雍從北京到普陀，近者，祇園到金栗山寺、義公到靈巖山寺、一揆更是學友處處，非常融恰。這些都是她們修道的重要方式，如何能大門時時緊閉？如何能不去遠遊？如何能莫與男僧來往？女性禪師開法度眾，要上堂說法，會中有出家弟子、男女居士，亦有遠來的參方學人，這些都是她們弘法之必然，也是報答師恩法恩之必然，如何大門時時上鎖？如何不留宿遠來尼僧？如何不與婦女相往來？觀諸女性禪師語錄所呈現的行止活動，如果依孝義庵之規約來遵循，則無由實踐矣，不僅弘法不能，連修道參禪都了不可得。

如果說〈孝義庵規約〉是比丘尼教團振興戒律之證據，以回應明末

---

42 《一揆語錄》〈雲棲遇王夫人扇頭乞偈書贈〉頁 12 中。
43 《一揆語錄》〈一揆行實〉，頁 17 上。

佛教振興與期待，[44] 那麼這個振興是以封閉、絕緣的空間來完成，這樣的振興，看來非常蒼白與無力，實在不應該是修行與戒律之本懷。而且這樣的蒼白與無力，不會出現在男性道場之嚴謹規約，卻出現於女性道場，為何如此？是因為當時女性、比丘尼之社會處境，以及淨土法門修行方式、孝義庵是依附於雲棲寺等因素促成的。換言之，同樣以嚴謹戒行要求男性、女性道場，對女性道場所產生的緊縮度會大於男性道場。而有女性禪師道場之參看，更可以觀察出：要振興比丘尼教團之戒行，不必一定得依孝義庵模式，還有更活絡、自主的運作方式在。

從孝義庵之規約來看，淨土法門的修行方式，亦影響其朝向「嚴於門禁」之封閉絕緣環境，而禪門女性，不管在悟道與弘法上，都無法以這樣的修行環境來實踐，她們需要的是較開放的空間管理。

第四節　優曇與蓮花之德性與象徵

明清時代，貞節烈女特別多，被著錄的亦多，這個社會現象，向來都是明清女性的重要議題，其中貞女節婦者，有信佛者，多與念佛之淨土法門有關，即使不是貞女節婦，她們皈依佛門者也多修行淨土法門，檢視彭際清《善女人傳》，便可發現這樣的傾向，例如費氏、李氏、陳嫗、徐氏、張寡婦、陸寡婦：

> 費氏，湖州雙林鎮，沈春郊妻也，少寡，織紡自膳，持齋四十年，供養三世佛像及檀香大士，日誦金剛經一卷，佛名千聲，寒暑不輟。……
>
> 李氏，劉道隆之母也，年四十，長齋奉佛，除靜室一間，供奉觀音大士，朝夕禮拜，唱佛千聲，雖大寒暑不輟。……
>
> 陳嫗，常熟人，居於城南，以紡為業，篤信佛法，隨紡車聲，唱阿彌陀佛，終日不絕口，如是三十年。……事在順治十年……
>
> 徐氏，餘姚人，烏山胡振嶽妻也，年四十餘，喪夫，以家事委諸子，每日起盥漱畢，入淨室禮佛，唱阿彌佛千聲，如是二十餘

---

44 黃惠瑞《明代江南比丘尼之社會經濟活動》〈第四章、第二節　比丘尼教團振興戒律的實例——以孝義庵為例〉，其所持的觀點即是如此。（臺南：成功大學歷史研究所碩士論文，2005 年 1 月）。

年。……

張寡婦，常熟人，居小東門外，安貧守節，專持佛號，不擇淨
穢，未嘗少間。……事在順治間。

陸寡婦，常熟人，年二十，夫亡，持齋念佛，與人無競。至
六十七而終，焚其衫裙，火氣既絕，忽見金光迸出，灰中儼然有
佛像在焉，……事在康熙三年。[45]

諸如此類，所在都是，這些寡婦守節靜室、專持佛號，即使一般婦女也
常是如此，她們靜處封閉的家室環境，一心念佛，不結外緣，婦女與淨
土法門的關係由此便可看出一二，除了時代因素之外，這應該是因為淨
土「一心念佛」之方法，非常單純、專一，適合婦女生活形態，符合貞
女節婦之自我與社會要求，以及她們必然封閉性的生活空間，不必拋頭
露面，也不必參禪談經，只要一句佛號，就能皈依修行，離苦得樂，趣
生淨土，終其一生。袾錦在丈夫出家後，也過了近三十年節婦的生活，
這期間她應該也是依止淨土法門。由此看來，淨土女性依淨土法門之修
行方式，有無常苦迫之說、強調信願行、更常有慚愧意識，尤其有女流
之慚愧與懺悔，一句彌陀、一心不亂、即可往生彌陀淨土，蓮花化生。
因為一心念佛故，更要塞絕外緣、避免譏謗而「嚴於門禁」，以保有清
淨專一的環境，總言之即是具有單純、清淨、信願行、慚愧懺悔、體認
苦迫、厭此欣彼等內涵，這樣的內涵，猶如蓮花的德性，出污泥而不
染，清淨純潔、堅毅專一。而這樣的內涵，也與社會期許節婦或女性的
德性相似，再加上往生西方，正是蓮花化生，以「蓮花」作為淨土女性
的象徵，正是適當。

而女性禪師，因禪宗修行旨趣故，強調見性成佛、智慧超越，可以
正面展現女性智慧，亦可拋翻男女，通通超越。展現活活潑潑的智慧、
自信與勇猛，再加上機鋒語言之興盛、參學弘教活動之活絡，以女性之
身，承載這樣的內涵，相當難得，可謂如佛出現之稀有祥瑞，這樣的祥
瑞，佛經就以優曇花現來形容，佛之出現正是開演無上法要，所以優曇
亦象徵智慧、無上法，而女性禪師所展現的即是自信、智慧與開悟，因

45　彭際清《善女人傳》卷下，分別是頁415下、416上、416下、417下、417下、418
　　上。

此以「優曇」作為禪門女性的象徵，正是恰當。

以花為女性象徵，是很典型的，以優曇與蓮花，分別作為禪宗女性與淨土女性的象徵，更能代表她們各自的風格與德性。

從性別角度來詮釋：若以傳統的男女德性（特質）定義來論，淨土法門的修行方式與女性相結合，無寧是頗為貼切的，或可謂之是具「女性特質」的修行法門，相對的，禪門即是較具「男性特質」的修行法門，當然這是相對而言，如果要說得精確一點，應該是具「破執特質」、「空性特質」。不過，還是要特別強調的是：這樣的分法，絕對是以傳統的性別特質概念來分的，而這樣的概念是被社會塑造而成，並非唯一、不可變的。就因為淨土法門與傳統女性特質相近，當兩者相遇時，可以提供符合女性處境的修行方式，與她們單純專靜的特質相應，讓女性更容易投入，不過另一方面，也可能更會加重女性的限制，如孝義庵之嚴於門禁者。如果淨土法門與男性相遇，便能讓男性沈潛出「女性特質」之專純。而當具「男性特質」的禪宗與男性相遇時，出現很多化行天下的男性大禪師，但許多放肆亂象也因而可能產生，諸如蹈空不實、攻伐紛擾，所以才有袾宏強調專修淨土、嚴謹清規，以及祖揆要弟子改換門庭，同念西方佛之情形。當禪宗與女性相遇時，「男性特質」之禪宗可以讓女性開發出「男性特質」之勇健，進而促發出許多智慧女性，成為女性禪師，例如末山、臺山婆以及祇園等人。能讓女性開發出「男性特質」，也是禪宗「破執特質」之破「性別執」、展「性別智」。

若不以傳統的男女德性定義來論，每位男女本就兼具男女特質，或曰陰陽特質，女性有男女特質，男性也有男女特質，只是個別展現偏重之不同，這個別展現也不拘於男性之男性特質便多、女性之女性特質便多的格套，亦即不見得女性之女性特質就必然盛過男性特質，純然回歸個人展現之不同。而實際運作上，社會之期許與塑造，會將女性之女性特質加強，將男性之男性特質加強，因此塑造成傳統的性別特質概念。跳脫這個塑造，再回應這個塑造來談，淨土女性是深厚自身之女性（陰）特質，禪門女性則是開發自身之男性（陽）特質，使之回歸全面完整，既是完整的，便也是超越的，不僅可以成為女性的典範，更可以

成為男性的典範，所以禪宗女性的出現，為僵化的女性特質定義、法性平等之意義，提供一個很大的突破與實踐。

　　蓮花，順承女性之傳統德性；優曇，開發女性之全面德性。

第十六章　女禪與明末清初禪宗

明末清初的禪宗發展，除了明末四大師（憨山、紫柏、雲棲、藕益）的見識與修持外，在禪法教化中，就屬密雲帶起的禪風影響最大，被史家譽為臨濟復興；而密雲的禪風，直指人心，機峰敏捷，棒喝交馳，法門大開，不拘格套。明末女禪的開啟，從祇園起，祇園之參究與得記，就在密雲門下，許多女性禪師亦師承於密雲一系，他們願意付予悟道女性法脈傳承，因此女禪的興起，相當程度得利於當時開放的禪風，亦是得利於密雲禪風。

然而，密雲一系在大開大放之下，也引來一些爭議，其中對於禪法與印可之過於無根浮濫，被多所垢病，這似乎是一種禪門泡沫化的現象，於是爆出所謂的清初僧諍，亦即密雲一系與漢月一系的互相諍論，舉發對方的不是。

祇園等七位女禪師，從宗門來說，都是臨濟楊歧派下，就師承來說，祇園、義公、一揆出自密雲；寶持、祖揆出自漢月；季總，修悟自山茨，傳承自萬如，萬如屬密雲弟子，山茨為天隱弟子，天隱與密雲同出幻有正傳，所以季總受密雲一系的傳承，修證風格又與密雲等略有不同。子雍，年代又遠些，但仍是傳承自密雲一系。所以總然而言，這七位女性禪師的禪風師承細分有三類：密雲系、天隱系、漢月系。大分則為二類：密雲系與漢月系。相對於祇園等人的密雲一系，寶持、祖揆的漢月一系之公案轉語、案語、宗旨問答等文字禪風格較濃，而季總之禪風大器，似乎在這二種取得某種平衡。子雍則時代較晚，二者具淡矣。其實這只是方向的不同，一者重視臨機當下，一者重視傳承宗旨，兩者本就需要兼具，實際操作上有所偏重，也屬必然，只要不偏廢即可；但見他者重視於此，就以本位推其有偏，於是就以自己認為偏者，攻他人之所重，相互如此，就形成諍論。

密雲是明末禪宗的重要人物，但一般學界多只看重明末四大師，即

使關注到密雲與漢月的諍議，也多對跟明朝遺民多所來往，後來被清朝雍正打壓的漢月及其門下，懷有同情，因而對漢月的禪法探討得多，對密雲正面探索者少，這無寧對明末清初禪宗的理解，會造成某個程度的偏失。

密雲是位實踐型、直截型的禪師，這是禪宗基本的教化風格，是禪宗本色，也因此能在明末形成風潮，讓人有臨濟再來之感，黃端伯就曾言：

> 余在武林僧舍偶見大師語錄一編，始知臨濟宗風至今未墜。……棒喝交馳，學者無開口處，莫不望風而靡，以為臨濟再來也。大師操履嚴峻，有古尊宿之風，行解相應，與末世之狂禪迥別，余嘗睹其用處，縱奪自繇，每吐一言，蓋天蓋地，其所從來者異矣。應般若多羅之讖，而中興臨濟之道，於今時正令全提，坐斷十方世界至矣哉。[1]

這種「臨濟再來」、「中興臨濟」之感，印出密雲的禪法教化讓人想起禪宗直指人心的樸實古風，也反襯超脫文字知解之執礙，意即掙脫宋代以來的文字禪糾葛，所以為《密雲語錄》寫序的另一位居士蔡聯璧就言：

> ……總不如老人喋喋論實，單單據本，不鋪文彩，不通意解，直下勦絕窠臼斷人命根，或與當頭摑攔胸搊，或與驀面唾劈脊摟，靚體提持，未嘗有一法與人。[2]

這種「不鋪文彩，不通意解」，即是不立文字之旨，所謂「直下勦絕窠臼，斷人命根」，即是直指人心，心行處滅之悟，由此可見密雲禪法之特色是超截文字理路，以心傳心，直接面對學人的心。

密雲的教化直接了當，棒喝動作不斷，時時點撥，試舉幾例：

> 問：不是心不是佛不是物，師以手攔胸推倒階下，云：是什麼？僧罔措。師便打。[3]

> 新到參，方擬人事，師云：已相見了也，速退速退。云：和尚因

---

1 《密雲語錄》之黃端伯〈序〉，頁1上。
2 《密雲語錄》之蔡聯璧〈序〉，頁1上。
3 《密雲語錄》卷六；《嘉興藏》冊10，頁33。

甚著忙？師高聲云：道甚麼？云：某甲博山來。師便打。僧云：
打錯了。師云：汝動足來時即錯了，在者裡覓什麼椀？連棒打
出。[4]

問：某甲久做工夫不得力。師云：汝向那裡做工夫？云：萬法歸
一，語未絕，師便打，僧擬再語，師又打。僧云：湛和尚方便
開示太多，和尚為甚只如此？師以扇放桌，僧禮拜起，師拈扇
入袖，僧罔措，知客舉手云：上座且出。師打知客云：多口作
麼？[5]

問：古人睹明星悟道，今人睹明星為甚麼不悟道？師云：你眼睛
瞎麼？

僧擬朝五臺，求師開示，師提起左足云：文殊菩薩在老僧腳尖頭
上出現，你還見麼？僧禮拜，師一踏云：踏殺你。[6]

語錄中充滿動作派、直捷生猛的禪風，這些語言與動作不是單純由文字
上來知解，是禪師以悟境來觀機探草，在當時形成令人風靡的禪風。這
樣的教化，是禪門啟悟的本色，最易打破窠套，也是禪門能讓女性能大
放異彩的因素；而密雲就是這樣的禪風，正也幫助明末清初的女性禪師
們，受到正視與教化。這樣的教化雖是禪門本色，但距禪門唐代盛世已
遠，不免引來疑惑，令人摸不著頭緒；就如有位居士來參問，即要求密
雲「離了棒喝，別指弟子一句」：

梁生譚居士參問：弟子不喜古人書本上的，亦不喜今人舌頭上
的。師云：還喜居士舌頭麼？士無語。復云：請離了棒喝，別指
弟子一句。師云：祇是個譚梁生。士云：正似呼裴休的。師云：
撍別人作麼？士云：正是倒不說梁生，卻說裴休。師云：熟路難
忘。士乃笑。[7]

這位居士帶著問難的態度而來，他直指密雲常用的禪法風格，要讓他離
此而教化。密雲穩然不動，以言語回指居士本身：「祇是個譚梁生」。

4 《密雲語錄》卷五，頁 27。
5 《密雲語錄》卷五，頁 29。
6 《密雲語錄》卷六、五，頁 33、27、29、31。
7 《密雲語錄》卷六，頁 33。

居士也就掉起書袋，拿出裴休居士來擋，正也是回到居士自己習慣性的思惟。要禪師不用慣常手段，自己卻也掉在「熟路難忘」，密雲倒是清清楚楚地點了出來。

漢月的正式師承是密雲，為臨濟門下，但在這之前他已自修自證且為當時禪林所重，只因他相當重視禪門師承，而自己悟道與臨濟法門又有密切關係，密雲是當時號稱臨濟復興的大師，所以就接受密雲之法脈。但是他對禪法教授的看法卻與密雲有所杆格，因此種下後來自己、徒眾與師門兄弟等引起諍議之因。[8] 漢月認為當時禪林有「以文字禪，沒溺于語言」的摘句尋章、「一棒一喝，沒溺於無言」的顢頇亂統之弊，所以強調要重視臨濟「三玄三要」等法門宗旨，[9] 讓修證悟道有個道理可循，而非盲修瞎練、胡棒亂喝；也因此他才有「五宗原」之作，期望建立五家宗旨，尤其是臨濟宗旨，來掃除禪門之偽假。當密雲正以「一棒到底」啟悟學人，而大行其道、法門隆盛之時，漢月之語遂被認為是針對密雲及其門下而來，密雲則以悟者自心為教化核心，如《闢妄救略說》所言：「故老僧惟以一棒不作一棒用，直指一切人自悟，而不教人悟三玄三要也」來回應，[10] 認為不能將三玄三要等臨濟宗旨看「實」了。這段過程中除了禪法爭論外，更多是師道倫理、派別情緒之紛雜，甚至還引來世間帝王作最後論斷，不能不說是法門一大憾事。[11]

密雲與漢月兩系對禪法有這樣的不同看法，不僅與兩人的悟道過程有關，更是與其對教史、文字語言教化的看法不同有關。密雲未出家前是以牧牛、砍材為生，大似六祖惠能之出身，出家後亦是刻苦服勞，事眾侍師，自謂「老僧，漁也漁過，樵也樵過，耕也耕過，牧也牧

8　漢月對師承的看法，是在修悟到一定程度後，尋得真師，在真師處隨身捨命服勤，最後得轉末後一著，方乃得道。這樣的程序看法每每出現在他的語錄中，如〈示儼公去疾二居士〉：「……一旦聰明心盡，極力一掙，自然頓斷平生識路，當下自肎，自肎之後，須得真師良法，重重鍛去，法中聰明一切心盡，方是得道。……」，又〈示了素二禪人〉等亦是表達這樣的次第。《三峰藏和尚語錄》卷十三，頁186。

9　《三峰藏和尚語錄》卷十三〈答西空居士〉。頁193-194。

10　密雲《闢妄救略說》卷五，《新纂卍續藏》冊65，頁142中。

11　連瑞枝〈漢月法藏（1573-1635）與晚明三峰宗派的建立〉，認為漢月有強烈的批判與復古主張，即是從此處切入。《中華佛學學報》第9期（1996年7月），頁183、203。有關漢月法藏之研究，除了上文與陳垣《清初僧諍記》外，還可參考釋見一《漢月法藏之禪法研究》（臺北：法鼓文化，2000年）。

過」、「少未睹圖史，不閒于詞」[12] 在勞務中參究的修行者。漢月是個讀書人，對儒家經典頗有研究，出家後仍以四書教授門人，當他參究有所悟後，再於汾陽「三玄三要」偈子、惠洪〈臨濟宗旨〉典籍有所印證，他是個實踐經典、印證經典的悟道者。所以密雲作為悟者，當然認為所謂五家宗旨都是餘事，他的教化全體都在悟者身心教化之中，化為形式就是棒喝。而對漢月而言，他是在宗旨下印證的，以一位滿讀儒釋經書的悟者來看，運用文字語言契入是相當重要的，也可讓修行人有跡可循，去除禪門籠統弊病，也能建立、接繼宗派禪門教法。兩者本可相輔相成，是座標中點的二邊，互為含蓋，無奈因緣歪曲，形成矛盾相對之勢。

漢月重視宗旨，而且特重臨濟宗旨中的「三玄三要」作為教化堪驗之法，三玄三要，是臨濟所提：「一句語須具三玄門，一玄門須具三要，有權有實」，[13] 其內涵如何，後人各有解釋與運用，總括而言是指禪師以言語點撥學人時，須具多層深意、靈活、切要，讓學人能於句下或放下，或轉向，或通透，而契入法性，這種運用靈活深刻的「語言文字」來悟道、啟悟的方式，漢月深有所得，他認為未有語言文字之前，即是○（圓相），有了語言文字就是以宗旨教化，禪門五宗就是各有其語言文字的啟悟方式，成就其不同的宗旨。他在〈五宗原〉表露的五家宗旨都專注於此論說：

> 及初祖至金陵，武帝問：「造寺度僧有功德否」？祖曰：「實無功德」。此臨濟直截語也。雲門、法眼、溈仰何所不具？帝問：「何以無功德」？祖曰：「此但人天小果，有漏之因，如影隨形，雖有非實」。豈非曹洞語乎？至二祖，有居士請懺罪，祖曰：「將罪來，與汝懺」。士良久，曰：「覓罪了不可得」。祖

---

12 《密雲語錄》卷十二，唐云竑重訂《天童密雲禪師年譜》、王谷〈密雲行狀〉，頁76、71。

13 《鎮州臨濟慧照禪師語錄》：「上堂，僧問：「如何是第一句」？師云：「三要印開朱點側，未容擬議主賓分」。問：「如何是第二句」？師云：「妙解豈容無著問，漚和淨負截流機」。問：「如何是三句」？師云：「看取棚頭弄傀儡，抽牽都借里頭人」。師又云：「一句語須具三玄門，一玄門須具三要，有權有用，汝等諸人，作麼生會」？下座。《大正藏》冊47，頁497上。

曰：「與汝懺罪竟」。一將罪來，一懺罪竟，臨濟、雲門宗也。問答歷然，溈仰、法眼、曹洞宗也。……及向馬師磨磚，馬問：「磨磚作麼」？曰：「作鏡」。曰：「磨磚豈得作鏡」？曰：「坐禪豈得成佛」？只此一句，臨濟宗旨大振矣，而雲門亦具焉。及問：「如何即是」？曰：「如牛駕車，車若不行，打牛即是？打車即是」？則為溈仰、法眼皆始于此。[14]

漢月以祖師之語言機鋒的方式，來分判五家宗旨，說明五家在教化上的不同面向，所謂「此臨濟直截語也」、「豈非曹洞語乎」、「問答歷然，溈仰、法眼、曹洞宗也」、「只此一句，臨濟宗旨大振矣，而雲門亦具焉」等等。此處的教化除了語言外，當然也包括嘿默棒喝等等方式，但因為漢月自言「吾嘗參三玄之旨，有深得」，[15] 三玄三要之旨，如前所言是以「言語」來承載，而且他欲挽救的是盲喝瞎棒式的弊病，所以很自然地就將宗旨教化偏重在語言文字之機鋒上，下面這段話最能表達這種心情：

……良以悟得自心，正是我相，我相堅固，正是著有外道，直須把三玄去他的有，而後悟處無，悟無正是落空外道，又把三玄去他的無，而後無悟無，我人既去，而眾生命根在也。吾不知將何以盡之，嗚呼，三要之不可廢也宜矣。吾知格君心之非者，三玄三要也，……蓋世間法出世間法，難以棒喝一例收盡，若單以棒喝，則一切語言遂成剩法，有剩法又何貴於禪為？若單重棒喝，則棒喝時清淨，至於語言時依舊道理玄妙，等生死起也，何能處處乾竭耶？故以三玄要之法，將一切有言、無言、有意、無意等音聲色相一篦篦乾，從玄出要，直至頂上，如乳中醍醐，單單用此，頂門獨眼，並不落他語言文字，並不坐在顢頇亂統，所謂我為法王，于法自在者，此也。[16]

他認為「難以棒喝一例收盡」一切教化，唯以玄要之語句來破有，破無，人我雙破，而且並不落執於語言文字，才能將一切言、無言、意、

---

14 《三峰藏和尚語錄》卷十一〈五宗原〉，頁 176 上中。

15 《三峰藏和尚語錄》卷十一〈五宗原〉，頁 177 上。

16 《三峰藏和尚語錄》卷十五〈答西空居士〉，頁 194 上。

無意等聲色相破盡，於法自在，教化才能轉撥自如。所以說是運用語言文字，又非受語言文字之執者，語言文字是教化的方便，可避免顛頑亂統，而玄要的語言文字更是教化的大方便。觀諸漢月語錄，諸於棒喝動作最多僅只「喝一喝」，大多是以語言、公案來點撥，所謂下一轉語者。而這樣的教法風格，自然影響了嗣法弟子繼起。

漢月付法給繼起時，為之記曰：「藏于龍，雲用出師吼，貴宗旨，有繼而起也」，[17] 所以命名弘儲，字繼起，明白教示他「貴宗旨」，能繼而起之。繼起在自選語錄集第一則：常州祥符寺陞座時，即舉臨濟對普化、克符曰：「我欲於此建立黃檗宗旨」的對話，並曰：

> ……古之既爾，今之亦然，我欲於此建立萬峰宗旨，諸上座不得向三日前後躲根，即今作麼生成褫？良久。大喝一喝。下座。[18]

萬峰者，指漢月曾經住持之蘇州鄧尉聖恩寺，所以萬峰宗旨，即是漢月之宗旨，也是所謂三峰派法門。上堂開宗明義即如此說，顯示繼起亦師承漢月重視宗旨之教，甚至還他曾徹底地說：「古者有言，學道先須識得自己宗旨，方可臨機不失」，[19] 將宗旨深化到學人自心。他也不強調棒喝，而多以玄要言句顯露機鋒、勘辨、啟悟學人，有一次上堂：

> 上堂，我宗門素不擇人，而教你有兩隻眼，抬起頭來看老子可是當大事而獨斷底，你有兩隻腳，踏步向前來，下一探竿，試老子可是以細務責人底，凡一言有當，雖眾說不得以沮之，尚無一人敢前，其故何哉？為你不明古人所謂平常無生句、妙玄無私句、

---

17 繼起述意，殊致輯《靈岩紀略》內篇上卷〈退翁自銘墦〉，《中國佛寺志叢刊》冊46，（揚州：江蘇廣陵古籍刻印社，1996 年），頁 71。

18 《南嶽繼起和尚語錄》卷一，《嘉興藏》冊 34。頁 281 下。此部語錄為繼起去世前從「諸會語錄中取其語之簡真者，釐為十卷，曰：「大宗堂錄」，是部合集，也可見他另有住持於各各寺院的各別語錄存在。因為雍正貶黜漢月派下門人，所以繼起的語錄多被焚毀，《嘉興藏》所收除此合集外，尚有《南嶽單傳記》一卷、《南嶽勒古》一卷。但據柴德賡〈明末蘇州靈巖山愛國和弘儲〉所記載，作者言「我還在靈巖山寺中見到繼起的《祥符錄》、《浮湘錄》、《虎丘語錄》、《辛亥錄》、《升座語錄》等康熙刻本各一冊，及《靈巖退翁和尚近錄》抄本四冊。……在北京見到《靈巖樹泉集》」。並言月涵南潛（董說）為繼起所編《退翁和尚編年備譜》，有刊本。作者此文許多資料即根據此年譜而來。柴氏為陳垣弟子，當時他仍然看到繼起這些資料。只是不知這些刻本、抄本、刊本，今日尚在否？《史學叢考》（北京：中華書局，1982 年），頁 374、390。

19 《南嶽繼起和尚語錄》卷四，頁 296 中。

體明無盡句，透斯三者，一切處如鏡，對鏡其誰不能，若還未信，古頌證明，乃曰：「莫於言上覓，切忌意中尋，疾慾過風旨，思量海岳沈」。[20]

所謂「平常無生」即人無我，「妙玄無私」即法無我，「體明無盡」，即人法皆盡之境界，亦同於漢月所言的三玄要之旨。繼起認為以此為鏡，可以照見實相，他以此為鏡，亦能勘驗學人，所以學人如果「一言有當，雖眾說不得以沮之」，因為「有當」之言語，即是顯露破除執著之悟境，如果不能言，則是對法無我、人無我、人我俱空還不能徹明。但是即使說有當之言，也是「莫於言上覓，切忌意中尋」，要離「語言文字」，離「非語言文字」，即不執語言文字而說語言文字矣，也就是漢月提倡玄要之語卻也「並不落他語言文字」。這種玄要語句之作用，有漢月之提倡，但法門各異，禪門風尚似不在此，素質又良莠不齊，有一次，僧人提問三玄三要之旨，繼起非常感嘆，並認為能領悟此者已很少了：

> 晚參，僧拜起曰：「咨和尚，臨濟祖師曰：『大凡演唱宗乘，須一句中具三玄門，一玄中具三要，有權有實，有照有用』。如何是一句」？師曰：「信彩道看」。「如何是第一玄」？師曰：「有口原來道不得」。「如何是第二玄」？師曰：「而今卻道得也」。「如何是第三玄」？師曰：「道得道不得，與他甚相干」。「如何是第一要」？師曰：「執事原是迷」。「如何是第二要」？師曰：「契理亦非悟」。「如何是第三要」？師曰：「別後都城舊知己，暖煙斜日又黃昏」。僧復請權實照用之旨，師止之曰：「老僧三十年坐這板頭上，扯無數葛藤，總不曾提著這件事，難得上座今日問到這裡，不覺狼籍如許，雖然，要領得以上言句，莫道老僧開大口，在今屈指得著底知識，不道無，只是少。[21]

這位僧人問三玄三要之旨，繼起一一對答，狀似信口道來，卻特別拙真。問「一句」時，一句既可包羅萬象玄要，所以「信彩道看」，「信

---

20 《南嶽繼起和尚語錄》卷四，頁 297 下。

21 《南嶽繼起和尚語錄》卷七，頁 312 下 -313 上。

彩」應是隨意之意，隨意就具各種玄要之可能，繼起用得蜻蜓點水，拙樸自然得很。第一玄、第二玄、第三玄之問，繼起各從「道看（說）」這個核心來說「破有」、「破無」、「有無俱破」。等到要問「權實照用」時，繼起不禁先說出心中的感慨：教化三十多年，還未曾被問到這樣深密微妙之處，不是他不知，是禪門學人未到此處，更是禪門為師者不能教、也沒有能力說，能說到此處者，繼起自嘲可能誇口了些：「不道無，只是少」。即使有舉揚宗旨的，繼起也認為並無真參實悟[22]，對禪林的素質頗有感慨！可見在漢月欲掃除棒喝之弊，提倡宗旨之重要，棒喝不必然是惡，宗旨也不必然是唯一至上，但因陷入人際紛爭，並無法正視這些教法的問題，連漢月門下的繼起都有久未提起宗旨之嘆！繼起重視之宗旨，並不拘限於臨濟宗旨，也對五家宗旨採取並陳並重的方式，例如祖揆語錄就曾記載繼起在祥符寺時，以五宗門風垂問學人，對各宗各舉問此宗宗旨之幾個問題，祖揆則依每一問作一頌，例如對曹洞宗（共有四問，今只舉二問）：

> 問：莫行心處路，因甚猶有一人從正中來？
>
> 心徑莒生舉步慵，肻因閒寂滯高蹤，蒼龍不向澄潭臥，飛劈青霄雷雨從。
>
> 問：不掛本來衣，因甚娘生褲至今脫不下？
>
> 赤體堂堂不掛絲，已靈偏重太平癡，直須更淬莫邪利，削盡娘生舊面皮。[23]

「正中來」是曹洞宗之「五位君臣」宗旨之一，「娘生褲」的典故也來自曹洞宗第二代祖師道膺禪師：

> 師曾令侍者送袴與一住庵道者。道者曰：「自有孃生 」。竟不受。師再令侍者問：「孃未生時著箇甚麼」？道者無語。後遷化有舍利，持似於師，師曰：「直饒得八斛四斗，不如當時下得一轉語好」。[24]

---

22 在次日上堂時，繼起再言：「……五州管內，秖得個老子是真實會三玄要底，其餘舉揚竭力，甚見乖張，儘你說到十成，難搆佛慧，何故，推一下便倒了也。……」《南嶽繼起和尚語錄》卷七，頁 313 上。

23 《岕華集》卷三，頁 750 下。

24 普濟《五燈會元》卷十三「洪州雲居道膺禪師」，頁 266 中。

這位道者已能說得:「自有孃（娘）生褲」,代表自悟自證之機,但在道膺「孃未生時著箇甚麼」點撥下,卻無法轉翻自若。這也是以「下得一轉語」來勘驗檢點學人境界。繼起就如此舉了五家宗旨之問,顯然並不拘於臨濟一宗,甚至他還言:「門風雖異,堂奧匪殊,融攝五宗,方稱大匠」。[25]

悠游出入於五家宗旨,這些宗旨都是祖師教化,也形成禪門公案,所以參公案,下轉語,繼起就經常以公案式語句來啟悟徒眾、勘驗學人,用言語來呈現言語道斷,用言語來啟悟言語道斷、實相空性:

> 早參,自點胸曰:此老子一生口硬,慣說硬禪。……僧問雲居:如何是道中人?……每日說千說萬,總未契得,木上座在多見時流,妄作主宰,請個古人為你證驗,有能與佛祖作得生對頭底,出來道兩語看!僧出,師問:「如何是道中人」?僧曰:「雪深三尺」。「道中人相見時如何」?僧曰:「特地一場愁」。又僧出對,前問曰:……一僧曰:……一僧曰:……一僧曰:……眾僧競出,師曳拄杖下座。[26]

說千說萬,總未契得,禪師舉揚一境一問一祖師公案,讓學人將平日參悟之境、執礙之處逼顯出來,師徒相對,是身心全體相呈現,一來一往,一問一下語,像是商量,實是琢,是磨,是破,是轉,學人藉此層層進進、放下一切。這一幕早參,從繼起自喻「慣說硬禪」起,舉揚有僧問雲居話,並在他激揚轉語下,以此問再問,眾僧競出應答,終是繼起不語曳杖而去,相當精彩。也曾對自己修行過程所聽到的禪語,多年後再「下語」:

> 上堂,老僧記得在先和尚會裡,聞一老僧曰:「登天不假梯,徧地無行路」。當時不知出在那經本上,不曾對他,而今思量,何不道個:「可憐沙塞雁,嗚咽與春期」。[27]

不管是學人或禪師所問,大都是塞住二邊的話,即所謂竹篦子話,企圖在話下達到絕去對待,所以曰:「登天不假梯,徧地無行路」。又例

玖、比較與定位／第十六章　女禪與明末清初禪宗

25　紀蔭編《宗統編年》卷三十一,《新纂卍續藏》冊 86,頁 300 中。

26　《南嶽繼起和尚語錄》卷二,頁 290 上。

27　《南嶽繼起和尚語錄》卷八,頁 318 中。

如「一不得有，二不得無，新年頭，佛法作麼生商量」？[28] 等等。它的作用在絕去思慮，所謂「因言曉人之旨，吐詞如磚塊鐵屑，非有所造也」，[29] 無法以邏輯追索，局外人看來聽來都是「磚塊鐵屑」無滋無味之語。

當漢月標舉重視五家宗旨，並特重三玄三要的語言教化功能，也因此參究公案、語言對答、下轉語、琢磨商量成了漢月三峰派下的重要標誌，但其實這種方式並非漢月等所獨有，它早就是禪門教化的重要傳統。而且棒喝功能也非與之對立矛盾，強調棒喝啟悟的密雲亦非只是棒喝，亦有語句啟悟，只是不像漢月、繼起對公案、玄要語句運用得這樣頻繁與緊密。而且觀繼起教法，棒喝並非被其完全排拒，法門宗旨雖為他所寶惜的師承，也並非他唯一的方式，因為如果將宗旨看死了，亦是有礙開悟，他曾在上堂時曰：

> 到寺上堂，顧左右曰：這裡不得說臨濟主賓、雲門事理、潙仰父子、曹洞君臣，何以？法眼家裏祇言一切現成，老漢爭肯將無作有，教你修禪習觀、改繼變常、起寺造墻、鑄像印經，終日傍家走，蓋老漢未離鄉土，街頭市尾早已看破，諸方有大名稱尊宿，確知萬峰深處有個無面目頑賴老子，天下人嚼他不上，……[30]

宗旨、師承在於悟入佛性，不是藉此執為實有。所以不說各門宗旨，怎肯「將無作有」執個宗旨名實？而自喻是個「無面目頑賴老子」。他曾舉一例：僧人向古德問「祖師西來意」？古德大驚：「你問他西來意作麼？何不問你自己意」？[31] 這是對深浸於公案問答，卻陷入其中的人的警示。繼起對於這點是很清楚的。就因為他清楚，所以更能徹頭徹尾的翻轉過來說法：

> ……汾陽無業禪師曰：佛法在日用處，在著衣喫飯處，在迎賓送客處，在屙矢撒尿處，美則美矣，未盡善也。著衣但著衣，喫飯但喫飯，佛之一字尚不喜聞，更起法見展轉不堪，況又道個舉心

28 《南嶽繼起和尚語錄》卷一，頁 285 上。
29 《南嶽繼起和尚語錄》卷六，頁 310 下。
30 《南嶽繼起和尚語錄》卷四，頁 296 中下。
31 《南嶽繼起和尚語錄》卷五，頁 304 中。

動念，便不是了也。尋嘗向汝等諸人道：舉心動念，華雨四天，逐惡隨邪，香飄塵剎，貪欲瞋恚，是植種德之本，邪見煩惱是嚴佛土之門，擬心學佛學法，便不是了也。經中謂地獄、餓鬼、畜生、盲聾瘖瘂、世智辯聰、佛前佛後、北俱盧洲、長壽天為凡夫住事八難，靈嵒道：禪宗亦有八難，真佛、真法、真道三塗也。不見一法，名為北洲。念念心不間斷，如長壽天，權實照用，是世智辯聰，獨脫無依，乃諸根不具，石火電光，同佛前佛後，所以楞伽曰：斷二根本，名害父母，諸使不見，名害羅漢，斷彼異見諸陰積聚和合，名為破僧，斷彼七種意識身，名為惡心出佛身血，以此行五無間業，不墮無擇地獄。今日祖侍者為父圓慧居士三十周年期，特請老僧舉揚實際，莊嚴報地，不惜口業破盡從上家私，汝等諸人倘能不斷無明，直見真父，不滅貪愛，直見真母，行於非道，通達佛道，則老僧箭不虛發，其或尋逐古人言句，心念一起，不惟自被波旬撲倒，和老僧一時打入鐵圍城也。[32]

此段說法相當精彩，所以完整呈現之。繼起一刀劈下就將「法見」砍碎，所謂「佛之一字尚不喜聞，更起法見展轉不堪，況又道個舉心動念，便不是了也」、「擬心學佛學法，便不是了也」。徹底掀翻地說：「貪欲瞋恚，是植種德之本，邪見煩惱，是嚴佛土之門」。所謂不惜口業破盡，將佛將法一舉破除，徹底掀翻地說：「倘能不斷無明，直見真父；不滅貪愛，直見真母；行於非道，通達佛道」。無明、貪愛、非道都是通達佛道之路，宗旨公案又豈能執實？老師已將道理掀翻，一箭將大家的法見射穿，把正反全面彰顯出來，如果不明老師「不斷無明」的深心，還尋逐古人言句，將自被魔王波旬撲倒，而身為老師的人訶佛罵祖，發箭卻誤中，起不了真正的意義，反而成了真的訶佛罵祖，就只好和弟子一時打入地獄鐵圍城了。繼起徹底翻破，讓弟子能解法執，臻至究竟之旨，將自己也扯入地獄，可謂勇也！禪門中這種風格的禪師，所在多有。只是繼起是將話說白的一種，翻轉得極徹底。

---

32 《南嶽繼起和尚語錄》卷一，頁 285 中下。

繼起承載漢月的宗旨教化風格，讓師徒的對答充滿著公案語、玄妙語，亦即所謂無意味語，也因此承載著濃厚的禪門各宗的教化傳統，各各問話都有來歷，各各答話亦有傳統，雖然繼起亦能大破，亦能翻轉。相對來看，被目為只知棒喝或可能導致盲棒瞎喝的密雲，其語錄內容則顯得淺白、簡捷、親切。漢月重視「三玄三要」句的主張，繼起承接而形成的禪教，無形中會往語言文字上傾斜，在一來一往的「商量」中，悟境與語言文字作了結合，如果此人有文學素養，便很容易出現禪詩式的語言；再加上又有對公案作頌古、拈古詩的傳統，藉頌古、拈古來商量、琢磨公案，同樣也琢磨了文字，便在離開與禪師面對面的語境外，又別有文字呈現。這樣的禪風，公案紛陳，在商量琢磨之間，文人氣息濃厚，會向文字禪傾重，雖然漢月本人揭舉宗旨時也在蕩除文字禪，雖然禪門本是在「商量」中，也無佛法商量。而且，從語錄本身特質來看，離開當時語境但又要承載禪教的語錄記載本身，記載語言文字比記載棒喝更要來得適合，所以當後人看語錄時，也會無形中將這樣的文字禪風格放大效果，這是我們從語錄文獻來看禪風時必然遇到的先天問題。

至於面對漢月、繼起等三峰派所引起的法諍，以及與明遺民的密切關係、以忠孝作佛事等，同處這個環境又承嗣於他的寶持、祖揆二位女性禪師，於浮出台面的文獻資料上並沒有顯現參預其中之跡。這種處於大歷史中，卻又似乎隱身邊緣、自外自安的特徵，也出現在其他女性禪師身上，如祇園等承自密雲一系的女禪師，也沒有顯著參與之跡，唯祇園有一些語句，意指不願涉入言語、權利、法門爭端，季總也有哀悼禪門之語，祖揆更乾脆地自我改革，要信眾改宗，專志彌陀，這亦可顯現女性禪師們在這些方面的心志。所以她們並非不知道禪門紛爭，並非沒有感受世局紛亂的困頓，因為她們在許多隻字半語中，仍然透顯對禪門、時局的感傷與嘆息，只是這些都不是她們關照的重心，所以又表現出一種自覺與自制，並轉而為自我改革的作為。由此看來，或許可說：歷史局勢將她們拋置邊緣，而她們也選擇將歷史局勢拋向邊緣去，而且更重要的是，她們的真修實證，已為明末清初的禪宗發展注入一股前所未有的女禪圖象。

第十七章　結論

　　明末清初這七位女性禪師各有特色，也同處明末清初禪宗的大環境，因為語錄的留存，讓我們較能完整了解她們，而藉由她們的身影也同時窺知那個時代有一群女性禪師的努力修道，形成一股女禪風潮。只是有些女性禪師亦修證有成名聞一時，並有語錄出版，卻因目前未見其語錄，而付之空白，例如在杭州雄聖禪院的惟極行致（？-1672）、在崑山靈崿庵的仁風濟印（？-1666）、在杭州餘杭明因禪院的覺柯本信、在常熟虞山直指庵的圓鑑行元、伏龍庵主印月行霖、吳山寶聚庵的密印超衍、江蘇的頓覺超悟、自如、龍隱神一等，所以祇園等人可作為這股女禪風潮的表徵，但絕不是全部。

　　祇園是最早帶起女禪風潮者，臨濟棒喝之教最為典型，行事顯得最為嚴謹肅然，引起的迴響敬意被記錄得也最多，故顯得影響最大。嗣法弟子之傳繼與弘法最明顯，語錄內容之型類最為完整，可謂整個女禪教化之基本典型。而她的性別智教化，是以自身成證、無聲而化，無「無男女相」之作略而應世。

　　義公作為傳承女性禪師的第二代，因緣不具，氣力不足，無法撐起這份難得的女禪傳承，但亦忠於自我，實於教法，不殉私情，將伏獅托付給一揆，奈何時節因緣亦不夠，整個禪宗發展已衰微至極，女禪之火無根，也無由延續。一揆，有道行似師、智過於師之名，另立參同庵為道場，又時時回護伏獅，道緣勝過義公，也最顯節清貞定之志，未出家前就有節婦之行，出家後更強調篤實、冷淡，但道友師誼相當融恰，在她的語錄中看到不少女禪師的互相往來與扶持。

　　季總本在南嶽，南嶽的悟道與潛修，在江南大大開展，並在此交遊廣闊，禪教化大開大合，最為大器。她的性別智教化有所巧妙，善用女性、男居士公案的點撥為其特色。

　　祖揆、寶持，最有女性禪師傳承之意識，寶持直接超舉女禪師為女

佛陀，而祖揆說法靈妙，禪詩文質兼具，更有超越男女傳承之志，超越禪淨界線之器量，充滿大破大立之挑戰風格，還被喻為公孫大娘舞劍器渾脫，挑戰性別之差等執取，挑戰禪門亂象，後來還辭眾請法，要信眾改宗，棄禪修淨，專念彌陀，是女禪之性別智教化最精彩可為典範的

　　子雍在北京弘法，因為信眾之故，最有宮廷貴族之味，並留下一則秀士皈敬剃度的紀錄。她也擅長寫作詩偈，有著觀音典範、正用婆心，打破男女的性別智教化；其五台參學與南詢訪道，可成為女禪參學訪道的典型。

　　祇園有被稱為「古佛再世」（吳鑄〈祇園塔銘〉），季總亦被歎為「重來古佛」（張鉽之語錄序）。季總、子雍兩人，參學訪道之路，走得最長最遠。被評讚為說法浩浩的有二人、季總與祖揆，季總是通宗通教地演法，祖揆則是機鋒不斷，靈活恣暢，二人可謂女禪說法能力之典範。

臨濟迴光照亮的身影

　　就禪宗史而言，明末清初的臨濟復興，好似中國禪宗沈寂前的一段迴光返照，有蓬勃、有諍論、有棒喝直指、更多虛浮掠影，時人紛紛感歎痛責，後人指指點點這般那般，但對禪宗女性來說，更重要的是，它竟能照向女性，給女性禪師一個舞台與燈光，亮出她們的身影。然而，當她們的身影出現，禪宗盛況與發展也已進入尾聲，她們才剛出場，卻要同時見證禪衰淨興，而失去母體養份的她們及其弟子後輩，因此後繼無力，未再於歷史臺面上出現，更不必說有語錄出版，起而出現的反而是淨土女性，所以所謂女性禪師傳承的再傳承，起而不久，終是寂然消沒。這是一個女性禪師的燦爛時代，也是又一個寂沒的開始。

亂象中有新生

　　就整個時代基調而言，明末清初，是一個比之前代更為開放、繁華、精細、活力、民間性（庶民文化）的時代，但很自然的，隨之也出現大量強調倫常、規範的呼籲與作法，因為開放，產生眾聲喧嘩的精

彩，也形成倫理秩序的鬆解，這樣的鬆解，對受到秩序制約較多者是一種解放、活絡，而且可能也是未來重整新秩序的好的開始，但也必然會有胡作非為者出現，所以與先前的秩序相比，這樣的鬆解已經成為所謂的「亂象」，尤其擁有秩序帶來的優越地位、又具有發聲權利的士人眼光下，所看到的必然是亂象居多，所以為了安定秩序，撻閥鬆解之亂象，重提規範，加強禁制，就是必然的措施。當時女性信佛、比丘尼的處境正是如此，整個大環境活絡她們的宗教活動力，卻鬆解了原有秩序，尤其是「男女大防」之秩序，因此舉揚女性不侫佛、不與尼姑來往，並禁止婦女不得入佛寺，比丘尼還被冠上三姑六婆的惡名，有識之士與佛門教內都有對此痛心責刺、加強制約者，然而，就在此時出現這七位女性禪師，以及隱身在她們之後的女性禪師群。她們在禪宗對女性較尊重的養分下成長，也在禪門臨濟復興之風上浮出，更在時代開放、鬆解之風氣中透出，卻也同時正面迎受許許多多譏嫌疑猜、制約設防的舉措，但她們卻能走了出來，贏得讚許。就如之前所論，解放似乎必然帶來亂象，兩者形成對立，但從祇園等女性禪師的浮現，卻讓我們看到開放與亂象之間的空隙，因為如果沒有開放的土壤，就無法成就她們的出現，但她們卻不是亂象，反而是一種契機，但卻可能淹沒在亂象之中，被剷除制約掉。所以「開放」可能帶來創新與新生，亦伴隨著亂象與罪惡，若一干子以亂象視之，加以制約設防，可能罪惡未剷除，新生之苗已被掩除。祇園等人沒有被掩除，許多制約與比丘尼之惡名依然彰然在文獻，想必一種平衡在其中，亂象並沒有那麼亂，制約也沒有必然那麼必要，比丘尼不僅不全然是三姑六婆，更因這開放得以有機會成就的女智者。

　　依此來看明末的戒律復興，它也是為了應對當時戒律鬆馳的亂象，這對禪門來說當然是清淨修行之好事，但面對比丘尼、女性時，開放與亂象之間的空隙更為明顯。當心聞比丘尼領眾來乞求安居，因不肯禮僧，被見月律師拒絕入山，她們遂生氣地領徒下山（於貳、「戒律重整之風」論及）。再觀察袾宏對孝義庵之形同封閉圈限的規約設定，見月與袾宏都是明末著名的嚴持戒律清規之大師，這些之於比丘可能沒有問題，但及於女修行者、比丘尼，佛教叢林大都以男性道場為主，許多嚴

整清規又都針對防備女性、禁制女性，所以形成制約之再制約，其制約的程度遠超過男性，這樣的環境要產生如祇園這樣的女性禪師，是不利的。雖然祇園等人也強調篤踐清規的重要，但能有個與男性相當的修行環境，實則是她們活絡出來的重要因素，若對此沒有體認，或未能意識到，對女修行者而言，便會形成：愈強調戒律清規之嚴謹，愈會受到制約設防，使之不易開出智者之花。亂象可能因此被剷除，但同時也失去開放之新生契機。

所以在明末清初這個時代，亂象中有新生的土壤，即使有許多禁制與惡名，土壤尚厚，她們努力修證，祇園等七位女性禪師，依然開出覺性之華。

擴出一個面向與典範

明末之後關乎女性的議題，特別熱絡，也令人注目，一般而言有三個面向的討論：文學表現之才女、守寡守貞之貞節烈女、情欲書寫對象之美女、妓女。而所謂女性議題，必然有男性的參與，亦即是性別互動下的產物，只是核心對象是女性而已，尤其「情欲書寫」這個議題，更是如此。但女性禪師的浮現，這些議題的範圍已無法包括之，換言之，明末的女性議題因本論文的主題，更需要擴出一個面向空間，亦即「女禪」、「女性禪師」的面向，甚至是宗教女性的議題。

女性禪師有詩偈之作可以成為才女，但志不在此，亦有守貞之實可以成為貞節女性，但不局限於此，雖然身為比丘尼，可能成為別人筆下的情欲書寫對象，但她們更非此中人物。她們與這些議題的女性，同一性別，同樣生長在那個時代的養分氛圍裏，所以才女之文學才華被鼓勵舉揚，貞節烈女、情欲書寫，這兩種極端類型也同時被大量鼓勵與書寫，女性禪師們也在這個時代裏修證有成，上堂說法，教化男女信眾，出版語錄而入藏，但是前三者一向是研究明末清初學者所熟知與探究的，對於女性禪師這個面向，卻未有人觸及與了解，這實在是這個時代的研究，特別是女性研究的明顯不足。

關乎明末或明清之宗教女性議題，亦有學者已注意到，但似乎將眼

光關注在婦女時，就也局限在「婦」上，而未將注意力看到同為女性的比丘尼。比丘尼雖然出家，有著「超越性別」、「中性化」的形象，但她們仍然是女性性別，未出家前仍接受傳統女性之環境，即使出家後容或有些不同，但女性性別亦在，所以討論宗教與女性時，當然需要包括她們，而且也可因為她們更能觀察到更豐富的女性生活內蘊，更何況談及宗教，如果不論及女性宗教師，也將失去一些根源。由此亦可看出比丘尼在性別上的多層性與複雜性。也或許學界無法熟悉自在地出入佛典藏經，因此往往受限於傳統文人累積下來的文獻，以及黏附在文獻裏對比丘尼漠視、不友善的觀點，造成盲點所致。而目前研究明清佛教的學者則都關注於明末四大師、禪門衰微、俗化僧諍、叢林律戒復興、僧人與政治、文學等議題，也還未能以性別眼光看到女禪這個重要面向。所以經過本論文的討論，不僅擴出明末清初的「女禪」這一面向，更可以成為這個面向的一個典範。

更值得指出的是，一般論及這個時代的開放鬆解，都往情欲解放來觀察，殊不知解放的意義，不只開放情欲可言之，相反的，情欲的超越自制，也可以是一種解放。這關乎對「人性」的認知，如果只將人性縮限在食色性也，則當然只有情欲的解放，但如果將「人性」視為可超越感官，達到自在作主的境界，那麼所謂解放，更應該是解放感官的束縛，達到心靈自在，自古以來的哲人思想家無不是在後者作思考與努力。所以這些女性禪師所代表的亦一種解放，她們在某些環境情境下選擇修道，雖然獨身守戒，看似拘制自己，但她們志在心靈的解脫、超越生命局限，並修證有成，展現出智慧自在的生命氣象，她們的解放，僅從語錄來看，便已昭然若揭。

站在宗教女性史、佛教女性史上，禪宗女性本就非常耀眼，因為祇園等女性禪師的加入，將使這個議題更為具體深刻，並成為核心的內涵與典範的人物，也有著不可或缺的位置，本論文的發掘與論述，正是指出、論述出這個意義與價值。

遍界燦優曇

　　總結言之，藉由本論文論述祇園等七位女性禪師，企圖為佛教女性史、明清佛教史、明清女性史提出一個新的面向與典範。筆者從女性、性別視角出發，以明末清初祇園等七位女性禪師為研究對象，觀察她們的修悟行誼，論述她們的禪法教化，分析弟子信眾、道場弘法、參學遊方、道影形象、稱謂性別、語錄書寫、禪詩文學等，更將這些主題與女性、性別相扣，與時代對女性的態度相扣，與禪門對女性的態度相扣，更與節婦、淨土女性、男性禪師、比丘互相比較參看。筆者特別提出「全女禪」、「女禪三輪」架構，企圖顯現她們無關性別的「禪教化」與關乎性別的「性別智教化」，並因此有效地論析出她們的十一種「性別智」之取徑與典範，亦即女禪的持質，以彰顯身為女性的她們，貼近女性，引導女性，見證女性悟道等不同於男性禪師的應機教化。而在這些性別智的歸納中，亦形成一套完整的有機體，各各面向具足，有破有立，有圓滿典範、菩薩典範、女禪祖師典範，有女禪書寫，有女性詞彙運用與喻道，有機鋒折服，亦有無聲而化，自身為證的。

　　另一方面，更要觀察她們置身的時代，襯在其修悟弘法的各各面向上參看。明末清初是個改朝換代的時代、是臨濟復興與僧諍紛擾的時代，是個對女性、比丘尼有鬆解開放，有緊縮制約，有蘊育，有壓抑，有鼓勵，亦有譏嫌的時代，她們在這當中勇敢履踐走了出來，由此還連帶顯現出一段女性禪師的繁盛現象。藉由這樣的討論亦可反省到，佛教弘法時無形中偏向男性的現象，而禪宗雖然無法完全避免，但其無執大破的精神，還能容許並培養出一些女禪師，並從中體現對女性悟道的特別教化。由於祇園等語錄，國內外學界少有提及，即使提及亦只是其中一二，而且都是點到為止，未能全體深入觀之，因此本論文大部分的文獻史料都是學界第一次呈現，女性禪師們的修悟行傳都是從頭建立，論述方法亦是依材料新建構的，所以藉由這些探討與發掘，已經開出明清女性、佛教女性議題一個嶄新的面向與內涵，讓禪宗在女性議題上的特色更為清晰。尤其是詮釋出女禪性別智，發掘禪法幫助女性悟道的教化，提出貼近女性的教法典範，同時也呈現破除性別執取的教化。而且

還提舉女開悟者、女佛陀典範，讓圓滿覺悟者也達到女男平等，這讓佛教女性議題不必在受迫害者上打轉，可以大大方方走向性別平等之路，自自然然迎接女佛陀的到來。

最後再舉二則別具意義的紀錄，一則子雍，一則寶持。

子雍的是一場男性知識份子來挑戰，最後在其座下皈依剃度的場景，象徵女性禪師機鋒不讓，折服男性的極端例子：

> 士曰：「終日訪慈航，誰知慈航是個老婆相」？師震威一喝曰：「這是甚麼所在，說男說女」？士無語。師曰：「進前來，我與你道」。士進前。師扭住，曰：「自別靈山無覓處，從今母子又相逢」。士曰：「我深信伏」。隨即皈依求剃染。[1]

寶持的是一場女佛陀出世的典禮，它象徵著女禪性別智的最圓滿典範：

> 「這箇所在，吉祥殊勝，千佛萬祖，次第出興，今于賢劫中，有釋迦文佛遠孫靈瑞如來，將于此座成最正覺，轉妙法輪，度無數眾，諸天八部于虛空中，吹螺擊鼓，擎香散花，瑞相既彰，各宜忻慶，未度得度，未解令解，未安者安。且道山僧落箇甚麼？一瓢水月歸雲壑，百衲麻衣臥竹關」。[2]

這是寶持從妙湛禪院退院，請祖揆來妙湛開法，她上堂時舉揚的。祖揆來自靈瑞庵，故靈瑞亦成其號，所以靈瑞如來，祖揆是也，而「靈瑞」正也是優曇華的意譯。寶持以「這箇所在，吉祥殊勝」掀開序幕，佛佛次第出興，承自釋迦佛陀，有靈瑞如來，今日于此座，成最正覺，轉妙法輪，度無數眾。此時天龍八部眾等，吹螺擊鼓，擎香散花，處處瑞相，各各歡慶。一場珍貴祥瑞、難值難遇的場面，穩穩地展演出來，而「靈瑞」如來之名，似乎也同時是優曇華的示現一般。另一方面，一女佛陀出世，一女佛陀退隱，從妙湛退院下來的寶持，如「千佛萬祖，次第出興」那樣的自然地隨緣瀟灑，自得其樂去也。所以這不僅是女佛陀出世的典禮，亦是代代出興、興隱同時，二種典範的呈現，而且是由二位女性禪師來具體呈現。

---

1 《子雍語錄》卷一，頁 821 中。

2 《寶持語錄》卷上，頁 707 上。

不僅是二位女佛陀的出與退，祖揆在與學人一次機鋒問答云：

學云：「一華拈出傳今古，五葉分開印大千」。

師云：「可惜將我一枝佛法，便與麼流將去」。

乃云：「合千差，包萬有，橫遍十方，齊往來，印古今，豎窮三際，喚作讚法身語，大似錦上鋪花，胸中若非經緯分明，終是眑夫玉漏，果遇當行作者到來，山僧不惜一時分付」。

豎起拂子云：「見麼？萬人瞻仰處，遍界燦優曇」。[3]

這段問答是無分性別而說的，祖揆以「一枝佛法」之華為喻，這也是禪門宗派開展的傳統說法，即「一華開五葉」也。她宣明：若遇真正修行者，不惜一時付囑。這是女性禪師的度眾傳承，也是如來出現之一大事因緣：為眾生開示悟入佛之知見。而且不僅令一眾生悟入而已，一一眾生皆使悟入，使未度得度、未解得解，故祖揆豎起拂子云：「萬人瞻仰處，遍界燦優曇」，既是橫遍十方，豎窮三際，所以遍界開出優曇，是一佛出世，亦是遍界諸佛出世；優曇一現，遍界皆燦，七優曇現，七女佛陀現，遍界女佛陀亦同時炳現。這不是高高在上、惟一的女佛陀，是一一眾生皆是女佛陀，所以是既高明又普遍，既圓滿又平等的典範。這樣的佛法理路本無分性別，換言之，是可以實踐在所有性別上的，因此當今人類歷史上缺乏女性佛陀典範，所以提舉女佛陀，由女性禪師來示現，特別具有性別上的象徵意義，而且正圓滿性別本空之教義。這樣的禪教化與性別智，是本論文最核心的掘發與論述，這不管在禪宗、佛教，甚至所有宗教上，都是極具意義的。

3 《祖揆妙湛錄》卷一、〈不違禪德壽〉，頁 720 上。

參考書目

■佛教經典

凡《大正藏》、《新纂卍續藏》皆自 CBETA 電子佛典集成 Feb.2008
查索（臺北：中華電子佛典協會）

- 佚譯《大梵天王問佛決疑經》，《新纂卍續藏》冊 87
- 姚秦、鳩摩羅什譯《金剛般若波羅蜜經》，《大正藏》冊 8
- 姚秦、鳩摩羅什譯《維摩詰所說經》，《大正藏》冊 14
- 西晉、竺法護譯《生經》，《大正藏》冊 3
- 姚秦、竺佛念譯《菩薩處胎經》，《大正藏》冊 12
- 姚秦、佛陀耶舍共竺佛念譯《長阿含經》，《大正藏》冊 1
- 姚秦、鳩摩羅什譯《妙法蓮華經》，《大正藏》冊 9
- 劉宋、求那跋陀羅譯《雜阿含經》，《大正藏》冊 2
- 唐、實叉難陀譯《大方廣佛華嚴經》，《大正藏》冊 10
- 唐、般刺蜜帝譯《大佛頂如來密因修證了義諸菩薩萬行首楞嚴
  經》《大正藏》冊 19
- 唐・慧能《六祖壇經》；《大正藏》冊 48

■明末清初女性禪師語錄著作

- 授遠、超宿等編《伏獅祇園禪師語錄》，《嘉興藏》冊 28，（臺
  北：新文豐、1987）
- 明元記錄《伏獅義公禪師語錄》，《嘉興藏》冊 39，（臺北：新
  文豐、1987）
- 普明編《參同一揆禪師語錄》，《嘉興藏》冊 39，（臺北：新文

豐、1987）

- 超祥記錄《季總徹禪師語錄》，《嘉興藏》冊 28，（臺北：新文豐、1987）
- 明英等記《寶持總禪師語錄》，《嘉興藏》冊 35，（臺北：新文豐、1987）
- 師炤等記《靈瑞尼祖揆符禪師妙湛錄》，《嘉興藏》冊 35，（臺北：新文豐、1987）
- 振澂等記《靈瑞禪師啟華集》，《嘉興藏》冊 35，（臺北：新文豐、1987）
- 寶持、祖揆撰《頌古合響集》，《嘉興藏》冊 28，（臺北：新文豐、1987）
- 祖圓記錄《子雍如禪師語錄》，《嘉興藏》冊 39，（臺北：新文豐、1987）

■禪宗語錄

- 唐、《馬祖道一禪師廣錄》，《新纂卍續藏》冊 69
- 唐、《百丈懷海禪師語錄》，《新纂卍續藏》冊 69
- 唐、慧然集《鎮州臨濟慧照禪師語錄》，《大正藏》冊 47
- 唐、《趙州禪師語錄》，淨慧法師編（新北市：圓明、1993）
- 日本、玄契編《撫州曹山本寂禪師》，《大正藏》冊 47
- 宋、蘊聞編《大慧普覺禪師語錄》，《大正藏》冊 47
- 宋、智昭《人天眼目》，《大正藏》冊 48
- 宋、守堅集《雲門匡真禪師廣錄》，《大正藏》冊 47
- 宋、師皎重編《湖州吳山端禪師語錄》，《新纂卍續藏》冊 73
- 宋、崇岳，了悟等編《密庵和尚語錄》，《大正藏》冊 47
- 宋、頤藏主集《古尊宿語錄》，《新纂卍續藏》冊 68
- 明、今釋重編《長慶宗寶禪師語錄》，《嘉興藏》冊 38（臺北：新文豐、1987）
- 明、今辯重編《廬山天然禪師語錄》，《嘉興藏》冊 38（臺北：新文豐、1987）

- 明、元來集《壽昌無明和尚語錄》，《嘉興藏》冊 26，（臺北：新文豐、1987）
- 明、元賦等編《千山剩人禪師語錄》，《嘉興藏》冊 38，（臺北：新文豐、1987）
- 明、弘歇，弘珠等編《雪嶠禪師語錄》，《嘉興藏》冊 25，（臺北：新文豐、1987）
- 明、弘儲記《三峰藏和尚語錄》，《嘉興藏》冊 34，（臺北：新文豐、1987）
- 明、行謐等編《林野奇禪師語錄》，《嘉興藏》冊 26，（臺北：新文豐、1987）
- 明、林弘衍編次《雪峰義存禪師語錄》，《新纂卍續藏》冊 69
- 明、淨柱編《石雨禪師瀘檀》，《嘉興藏》冊 27，（臺北：新文豐、1987）
- 明、淨範等編《三宜盂禪師語錄》，《嘉興藏》冊 27，（臺北：新文豐、1987）
- 明、通明撰《牧雲和尚嬾齋別集》，《嘉興藏》冊 31，（臺北：新文豐、1987）
- 明、隆琦等編《費隱禪師語錄》，《嘉興藏》冊 26，（臺北：新文豐、1987）
- 明、圓悟說《密雲禪師語錄》，《嘉興藏》冊 10，（臺北：新文豐、1987）
- 明、語風圓信，郭凝之編《金陵清涼院文益禪師語錄》，《大正藏》冊 47
- 明、機峻等編《古瓶山牧道者究心錄》，《嘉興藏》冊 28，（臺北：新文豐、1987）
- 明、明凡錄，了元公，祁駿佳編《湛然圓澄禪師語錄》，《新纂卍續藏》冊 72
- 明、《密藏開禪師遺稿》，藍吉富編《大藏經補編》冊 14，（臺北：華宇、1986）
- 清、元玉等記錄《天岸昇禪師語錄》，《嘉興藏》冊 26，（臺

北：新文豐、1987）

- 清、元視等編《遠庵禪師語錄》，《嘉興藏》冊 37，（臺北：新文豐、1987）

- 清、本開等記錄《石霜爾瞻尊禪師語錄》，《嘉興藏》冊 27，（臺北：新文豐、1987）

- 清、印正等編《破山禪師語錄》，《嘉興藏》冊 26，（臺北：新文豐、1987）

- 清、行正等編錄《雪竇石奇禪師語錄》，《嘉興藏》冊 26，（臺北：新文豐、1987）

- 清、行猷等編《萬如禪師語錄》，《嘉興藏》冊 26，（臺北：新文豐、1987）

- 清、行瑋等編《牧雲和尚七會語錄》，《嘉興藏》冊 26，（臺北：新文豐、1987）

- 清、行觀，王谷同集《福嚴費隱容禪師語錄、紀年錄》，《嘉興藏》冊 26，（臺北：新文豐、1987）

- 清、序燈等記《翼菴禪師語錄》，《嘉興藏》冊 37，（臺北：新文豐、1987）

- 清、海寧等編《隱元禪師語錄》，《嘉興藏》冊 27（臺北：新文豐、1987）

- 清、寂空、方醒等編《明覺聰禪師語錄》，《嘉興藏》冊 32，（臺北：新文豐、1987）

- 清、超宣等編《百痴禪師語錄》，《嘉興藏》冊 28，（臺北：新文豐、1987）

- 清、圓頂等編《玉泉其白富禪師語錄》，《嘉興藏》冊 38，（臺北：新文豐、1987）

- 清、達尊，遠謙等編《南嶽山茨際禪師語錄》，《嘉興藏》冊 27，（臺北：新文豐、1987）

- 清、徹綱等編《昭覺丈雪醉禪師語錄》，《嘉興藏》冊 27，（臺北：新文豐、1987）

- 清、濟機等編《南嶽繼起和尚語錄》，《嘉興藏》冊 34，（臺

北：新文豐、1987）

- 清、道忞《布水臺集》，《嘉興藏》冊 26，（臺北：新文豐、1987）
- 清、憨璞《明覺聰禪師語錄》，《嘉興藏》冊 32，（臺北：新文豐、1987）
- 清《大覺普濟能仁玉琳琇國師語錄》與《明道正覺森禪師語錄》合刊（臺北：新文豐、1993）

■佛教史籍與典籍

- 東晉、法顯共覺賢譯《摩訶僧祇比丘尼戒本》，《大正藏》冊 11
- 梁、寶唱撰《比丘尼傳》，《大正藏》冊 50
- 唐、裴休問、宗密答《中華傳心地禪門見師資承襲圖》，《新纂卍續藏》冊 63
- 元、德輝《敕修百丈清規》，《大正藏》冊 48
- 日本、無著道忠《禪林象器箋》，（臺北：佛光、2000）
- 宋、李遵勗編《天聖廣燈錄》，《新纂卍續藏》冊 78
- 宋、宗紹編《無門關》，《大正藏》冊 48
- 宋、宗頤、蘇軍點校《禪苑清規》（鄭州：中州古籍、2001）
- 宋、宗賾《禪苑清規》，《新纂卍續藏》冊 63
- 宋、淨善重集《禪林寶訓》，《大正藏》冊 48
- 宋、普濟《五燈會元》，《新纂卍續藏》冊 80
- 宋、集成等編《宏智禪師廣錄》，《大正藏》冊 48
- 宋、睦庵善卿《祖庭事苑》，《新纂卍續藏》冊 64
- 宋、道原《景德傳燈錄》，《大正藏》冊 51
- 宋、釋道誠集《釋氏要覽》，《大正藏》冊 54
- 明、《神僧傳》，《大正藏》冊 50
- 明、朱時恩輯《居士分燈錄》，《新纂卍續藏》冊 86
- 明、居頂撰《續傳燈錄》，《大正藏》冊 51
- 明、密雲《闢妄救略說》，《新纂卍續藏》冊 65
- 明、通容述《叢林兩序須知》，《新纂卍續藏》冊 63

- 明、湛然圓澄《慨古錄》，《新纂卍續藏經》冊 65
- 明、袾宏《雲棲法彙》，《嘉興藏》冊 32，（臺北：新文豐、1987）
- 明、袾宏《竹窗三筆》，藍吉富編《大藏經補編》冊 23，（臺北：華宇、1986）
- 明、袾宏《孝義庵錄》，《蓮池大師全集》冊 8，（臺北：華藏淨宗學會印），據光緒年間金陵刻經處《雲棲法彙》影印
- 明、袾宏輯《禪關策進》，《大正藏》冊 48
- 明、袾宏《雲棲紀事》，《中國佛寺誌叢刊》冊 76，（揚州：江蘇廣陵古籍、1996）
- 明、德清閱《紫柏尊者全集》，《新纂卍續藏》冊 126，（臺北：新文豐、1977）
- 明、瞿汝稷編《指月錄》，《新纂卍續藏》冊 83
- 明‧憨山，《憨山老人夢遊集》，《嘉興藏》冊 22，（臺北：新文豐、1987）
- 清、守一空成重編《宗教律諸宗演派》，《新纂卍續藏》冊 88
- 清、自融撰、性磊補輯《南宋元明禪林僧寶傳》，《新纂卍續藏》冊 79
- 清、佚名《金粟寺志》收入《中國佛寺志叢刊》冊 79，（楊州市：江蘇廣陵古籍、1996）
- 清、見月《一夢漫言》與《安樂集》、《格言別錄》合刊（臺北：新文豐、1990）
- 清、性統編《續燈正統》，《新纂卍續藏》冊 84
- 清、珍達編《正源略集》，《新纂卍續藏》冊 85
- 清、紀蔭編《宗統編年》，《新纂卍續藏》冊 86
- 清、風老人圓信較定、郭凝之彙編《優婆夷志》，《嘉興藏》冊 23，（臺北：新文豐、1987）
- 清、書玉《二部僧授戒儀式》，《新纂卍續藏》冊 60
- 清、淨符彙集《宗門拈古彙集》，《大正藏》冊 66
- 清、彭際清《居士傳》卷二十〈楊大年李公武〉，《新纂卍續

藏》冊 88

- 清、彭際清《善女人傳》上下卷，《新纂卍續藏》冊 88
- 清、超永《五燈全書》，《新纂卍續藏》冊 82
- 清、集雲堂編《宗鑑法林》，《新纂卍續藏》冊 66
- 清、道忞等編《天童密雲禪師年譜》，《嘉興藏》冊 10，（臺北：新文豐、1987）
- 清、道忞編修，吳侗集《禪燈世譜》，《新纂卍續藏》冊 86
- 清、繼起《靈巖記略》，《中國佛寺志叢刊》冊 46，（揚州：江蘇廣陵古籍刻印社、1996）
- 清、釋寶月《武林理安寺志》，《中國佛寺誌叢刊》冊 77，（揚州：江蘇廣陵古籍、1996）
- 清、量海《影響集》，《新纂卍續藏》冊 88
- 清、陶善《瓊樓吟稿》，《新纂卍續藏》冊 62
- 民國、釋震華《興化佛教通志》，（臺北：新文豐、1986）
- 民國、釋震華《續比丘尼傳》，《比丘尼傳全集》，（臺北：佛教書局、？）

■地方志書

- 崇禎、羅炌修、黃承昊纂《嘉興縣志》，《日本藏中國罕見地方志叢刊》，（北京：書目文獻出版社、1991）
- 康熙、王養濂等修《宛平縣志》，《中國地方志集成》、北京府縣志集之第 5 冊，（上海：上海書店、2002）
- 康熙、朱袞《衡岳志》，《中華山水志叢刊》山志卷 32，（北京：線裝書局、2004）
- 康熙、袁國梓纂修《嘉興府志》，《稀見中國地方志匯刊》冊 15，（北京：中國書店、1992）
- 雍正、嵇曾筠等監修、沈翼機等編纂《浙江通志》，《文淵閣四庫全書》地理類、史部 282，（臺北：臺灣商務、1983）
- 乾隆、倪師孟、沈彤纂《吳江縣志》，《中國地方志集成》、江蘇府縣志輯、冊 19，（江蘇：江蘇古籍、上海書店、1991）

參考書目

- 乾隆、陳和志、倪師孟等纂《震澤縣志》，《中國方志叢書》華中地方、第 20 號，（臺北：成文、1970）
- 乾隆、陶易《衡陽縣志》，《中國地方志集成》湖南府縣志輯 36，（南京：江蘇古籍、2002）
- 乾隆、楊謙纂《梅里志》，《續修四庫全書》冊 716，史地、地理類，（上海：上海古籍、1997）
- 光緒、余霖纂《梅里備志》，《中國地方志集成》鄉鎮志專輯冊 19，據光緒三年刻本，（上海市：上海書店、1992）
- 嘉慶、司能任輯《嘉興縣志》，故宮博物院編《史宮珍本叢刊》冊 96，浙江府州縣志第 4、5 冊，（海口市：海南出版社、2001）
- 嘉慶、阮升基修、寧楷纂《重刊宜興縣舊志》，《中國地方志集成》冊 39，（南京：江蘇古籍、1991）
- 道光、方溶纂修、萬亞蘭補遺《澂水新誌》，《中國地方志集成》鄉鎮志專輯，冊 20，（上海：上海書店、1992）
- 道光、范長庚《南潯鎮志》，《中國地方志集成》鄉鎮志專輯，冊 22。據民國二十五年鉛印《南林叢刊》本影印，（上海：上海書店、1992）
- 同治、李銘皖修《蘇州府志》，《中國方志叢書》華中地方、江蘇省第 5 號、蘇州府志冊 4，（臺北：成文、1970）
- 同治、汪曰楨《南潯鎮志》，《續修四庫全書》史部、地理類，冊 717，（上海：上海古籍、1997）
- 同治、徐士燕纂《竹里述略》，《中國地方志集成》鄉鎮志專輯冊 19，（上海：上海書店、1992）
- 光緒、丁丙《武林坊巷志》，（杭州：浙江人民、1990）
- 光緒、李元度《重修南嶽志》，《中華山水志叢刊》山志卷 31，（北京：線裝書局、2004）
- 光緒、許瑤光《嘉興府志》，《中國方志叢書》華中地方、53 號，（臺北：成文、1970）
- 光緒、萬青黎等修纂《順天府志》，《中國地方志集成》、北京府縣志集，冊 1，（上海：上海書店、2002）

- 清、龔嘉儁修、李楁纂《杭州府志》，《中國方志叢書》華中地方，冊 199，（臺北：成文出版、1974）
- 宣統、黃彭年等編《畿輔通志》，（臺北：華文出版社，1968）
- 民國、余霖纂《梅里備志》，《中國地方志集成》鄉鎮志專輯，冊 19，（上海市：上海書店、1991）
- 民國、周慶雲纂《南潯志》，《中國地方志集成》鄉鎮志專輯，冊 22，（上海市：上海書店、1992）
- 民國、祝廷錫纂《竹林八圩志》，《中國地方志集成》鄉鎮志專輯，冊 19，（上海市：上海書店、1991）
- 沈一超主編《王店鎮志》第三章，（北京：中國書籍出版社、1996）

■一般古籍

- 《唐會要、五代會要、明書、明會典選輯》。藍吉富主編《大藏補編》冊 17，（臺北：華宇出版、1985）
- 明、李卓吾《增補焚書》，《中國哲學叢書、宋明哲學、子部》，（臺北：河洛圖書、1974）
- 明、林時對《留補堂文集選》，《叢書集成續編》冊 188，（臺北：新文豐、1989）
- 明、張瀚《松窗夢語》，（北京：中華書局、1985）
- 明、黃端伯《瑤光閣全集》，《四庫全書存目叢書》集部、別集類、冊 193，（臺南縣：莊嚴、1997）
- 明、葉紹袁原編、冀勤輯校《午夢堂集》，（北京：中華書局、1998）
- 明、劉侗、于奕正《帝京景物略》，（上海：遠東出版社、1996）
- 明、謝肇淛《五雜俎》，《新世紀萬有文庫》，（瀋陽：遼寧教育、2001）
- 明、顧起元《客座贅語》，《歷代史料筆記叢刊》元明史料筆記，（北京：中華書局、1997）
- 明・朱彝尊《鴛鴦湖棹歌》，（浙江：寧波、1999 年）

- 明、沈德符《萬曆野穫編》，《筆記小說大觀》第 15 編‧冊 6，（臺北：新興書局、1977）
- 清、《大清聖祖仁（康熙）皇帝實錄》，（臺北：華文書局、1969）
- 清、《康熙起居注》，（北京：中華書局、1984）
- 清、于敏中《國朝宮史》，《筆記小說大觀》第 8 編、冊 8，（臺北：新興書局、1988）
- 清、于敏中等纂《欽定日下舊聞考》，（北京：古籍出版、2001）
- 清、全祖望《鮎埼亭集》校注，冊 2，（臺北：國立編譯館、2003）
- 清、朱國楨《朱文肅公集》，《續修四庫全書》集部、別集類，冊 1366，（上海：上海古籍、1997）
- 清、朱彝尊《靜志居詩話》，《明代傳記叢刊》冊 8，（臺北：明文書局、1991）
- 清、阮元《兩浙輶軒錄》，《續修四庫全書》集部、總集類冊 1684，（上海市：上海古籍、1995）
- 清、俞汝言《俞漸川集》，《天津圖書館孤本秘籍叢書》冊 13，集部，（北京：中華全國圖書館文獻縮微複製中心、1999）
- 清、徐珂《清稗類鈔》，（北京：中華書局、1984）
- 清、徐崧、張大純編輯《百城煙水》，《江蘇地方文獻叢書》，（南京：江蘇古籍、1999）
- 清、徐嘉炎《抱經齋文集》，《四庫全書存目叢書》集部、別集類、冊 250，（臺南：莊嚴文化、1997）
- 清、徐肇森《焚餘草》合刊。《四庫全書存目叢書》集部、別集類、冊 250《抱經齋文集》內，（臺南縣：莊嚴文化、19978）
- 清、乾隆、于敏中《日下舊聞考》，（北京：古籍出版、2001）
- 清、乾隆、吳長元《宸垣識略》，（北京：上京古籍、2000）
- 清、張庚《國朝徵畫錄》，《續四庫全書》子部、藝術類、冊 1067，（上海：上海古籍出版、1997）
- 清、張爾岐《蒿庵閒話》，（北京：中華書局、1985）

- 清、梁章距撰《稱謂錄》，（北京：中華書局，2002）
- 清、盛楓《嘉和徵獻錄》，《四庫全書存目叢書》史部、傳記類冊 125，（臺南縣：莊嚴，1996）
- 清、黃宗羲《南雷文案》，《四部叢刊》初編集部，冊 340，（臺北：商務印書館，1965）
- 清、趙吉士《萬青閣自訂文集》、《燕山秋吟》、《林臥遙集》，《四庫全書存目叢書》集部、別集類，冊220，（臺南縣：莊嚴，1997）
- 清、錢牧齋《牧齋有學集》，（上海市：上海古籍，1996）
- 清、戴璐《藤陰雜記》，《近代中國史料叢刊三編》第 26 輯，（臺北：文海，1987）
- 清、魏禧《魏叔子文集》於王雲五編《景印岫廬現藏罕傳善本叢刊》，（臺北：臺灣商務，1973）
- 清·王士祿《然脂集例》，《叢書集成續編》集部，冊 156，（上海市：上海書店，1994）
- 清 · 王初桐《奩史》，《北京圖書館古籍珍本叢書》冊 72，（北京：書目文獻，1988）
- 嚴靈峰編《書目類編》冊 50，（臺北：成文，1978）
- 周書田校輯《柳如是集》，（瀋陽：遼寧教育出版社，2001）

■現代著作

- 《北京寺廟歷史資料》（北京：中國檔案出版社，1997.12）
- 《新編縮本乾隆大藏經總目錄》（臺北：新文豐，1992）
- 《道教諸神聖紀》〈斗姥天尊聖紀〉（宜蘭：道教總廟三清宮管理委員會，2004）
- 卜正民《縱樂的困惑──明代的商業與文化》（北京：三聯，2004）
- 卜正民著、張華譯《為權力祈禱──佛教與晚明中國士紳社會的形成》（南京：江蘇人民，2005）
- 大木康著，辛如意譯《風月秦淮──中國遊里空間》（臺北：聯

經出版，2007）

- 尹劍翔《稗官女史——中國女性紀傳體通史》（重慶市：重慶大學，2010）

- 方廣錩《藏外佛教文獻》（北京：宗教文化，2003）

- 方燕《巫文化視域下的宋代女性——立足於女性生育、疾病》（北京：中華書局，2008）

- 毛文芳《物・性別・觀看——明末清初文化書寫新探》（臺北：學生書局，2001）

- 王健《利害相關——明清以來江南蘇松地區民間信仰研究》（上海：上海人民，2010）

- 王璦玲、胡曉真主編《經典轉化與明清敘文學》（臺北：聯經，2009）

- 史景遷《曹寅與康熙》（上海：上海遠東出版社，2005）

- 玄奘大學宗教學系、玄奘大學應用倫理研究中心、弘誓文教基金會編《宗教文化與性別倫理：國際學術會議論文集》（臺北：法界，2008）

- 白凱《中國的婦女與財產：960-1949 年》（上海：上海書店，2007）

- 吉兒・法瑞-霍爾斯《女性寧靜的變革》（臺北：法鼓文化，2005）

- 江燦騰《中國近代佛教思想的諍辯與發展》（臺北：南天，1998）

- 衣若蘭《三姑六婆——明代婦女與社會的探索》（臺北：稻鄉，2002）

- 何孝榮《明代南京寺院研究》（北京：中國社科，2000）

- 何國銓《中國禪學思想研究》（臺北：文津，1987）

- 吳震《明末清初勸善運動思想研究》（臺北：臺灣大學出版中心，2009）

- 李霞《圓融之思——儒道佛及其關係研究》（合肥：安徽大學出版社，2005）

- 李玉珍、林美玫合編《婦女與宗教：跨領域的視野》（臺北：里仁、2003）
- 李貞德主編《中國史新論：性別史分冊》（臺北：中央研究院、2009）
- 李貞德、梁其姿主編《婦女與社會》（北京：中國大百科全書出版社、2005）
- 李哲良《中國女尼》（四川：人民、1997）
- 李富華、何梅《漢文佛教大藏經研究》（北京：宗教文化、2003）
- 李景屏、康國昌《何苦生在帝王家——大清公主命運實錄》（北京：中華書局、2006）
- 周彥文《中國文獻學》（臺北：五南圖書、1993 年）
- 周裕鍇《禪宗語言》（杭州：浙江人民、1999）
- 岳齊瓊《漢唐道教修煉方式與道教女性觀之變化研究》（四川：巴蜀書社、2009）
- 忽滑谷快天《中國禪學思想史》上下（上海：上海古籍、2002）
- 昌彼得、魏美月合著《中國目錄學》（臺北：文史哲、1986）
- 杭州佛學院編《吳越佛教學術研討會論文集》（北京：宗教文化、2004）
- 長谷部幽蹊《明清佛教教團史研究》（日本：同明舍出版、1993）
- 長谷部幽蹊《明清佛教教團史研究》（京都：同明舍、1993）
- 阿風《明清時代婦女的地位與權利——以明清契約文書、訴訟檔案為中心》（北京：社會科學文獻、2009）
- 姜伯勤《石濂大汕與澳門禪史》（上海：學林、1999）
- 施淑儀《清代閨閣詩人徵略》（臺北：臺聯國風出版、1970）
- 洪修平《禪宗思想的形成與發展》（臺北：佛光、1999）
- 洪啟嵩《女人禪》一、二集（臺北：阿含文化、1998）
- 洪啟嵩《禪七與公案的奧秘》（臺北：時報、1994）
- 洪啟嵩《禪宗心地法門》（臺北：時報、1994）
- 胡文楷《歷代婦女著作考》（上海：商務印書館、1957）
- 胡健生《南岳旅遊文化概論》（長沙：岳麓書社、2000）

- 胡曉真《才女徹夜未眠——近代中國女性敘事文學的興起》（臺北：麥田、2003）
- 香光尼眾佛學院主編《比丘尼的天空——2009佛教僧伽教育國際研討會論文集》——悟因長老尼七秩嵩壽紀念論文集（臺北：財團法人伽耶山基金會、2010）
- 唐大潮《明清之際道教「三教合一」思想論》（北京：宗教文化、2000）
- 徐少錦、陳延斌著《中國家訓史》（陝西：人民出版、2003）
- 徐聖心《青天無處不同霞：明末清初三教會通管窺》（臺北：臺大出版中心、2010）
- 荒木見悟《近世中國佛教的曙光——雲棲袾宏之研究》（臺北：慧明、2001）
- 荒木見悟著、廖肇亨譯《明末清初的思想與佛教》（臺北：聯經、2006）
- 高彥頤著、李志生譯《閨塾師——明末清初江南的才女文化》（江蘇：江蘇人民、2005）
- 張江裁《北京廟宇徵存錄》，《中國佛寺志叢刊》第二冊（揚州：江蘇廣陵古籍、1996）
- 張宏生《明清文學與性別研究》（南京：江蘇古籍、2002）
- 張秀民《中國印刷史》（上海：人民、1989）
- 張麗杰《明代女性散文研究》（北京：中國社會科學、2009）
- 惟明法師編述《禪林珠璣——比丘尼篇》（臺南：和裕、1994）
- 曼素恩（Susan Mann）著、楊雅婷譯《蘭閨寶錄——晚明至盛清時的中國婦女》（新北市：左岸文化、2005）
- 許道齡《北平廟宇通檢》，《中國佛寺志叢刊》第一冊（揚州：江蘇廣陵古籍刻印、1996）
- 郭朋《明清佛教》（福州：福建人民、1985）
- 郭慧珍《漢族佛教僧伽服裝之研究》（臺北：法鼓文化，2001）
- 陳垣《明季滇黔佛教考》（河北：河北教育、2000）
- 陳垣《陳垣史學論著選》（臺北：木鐸、1982）

- 陳玉女《明代二十四衙門宦官與北京佛教》（臺北：如聞、2001）
- 陳玉女《明代佛門僧俗內外交涉的場域》（臺北：稻鄉、2010）
- 陳宗蕃《燕都叢考》（北京：古籍出版，1991）
- 陳建勤《明清旅遊活動研究——以長江三角洲為中心》（北京：中國社會科學、2008）
- 陳高華、童芍素主編、郭松義著《中國婦女通史·清代卷》（杭州：杭州出版社、2010）
- 陳高華、童芍素主編、陳寶良著《中國婦女通史·明代卷》（杭州：杭州出版社、2010）
- 陳寅恪《柳如是別傳》（北京：三聯書店、2001）
- 陳履生、張蔚星主編《中國人物畫——元、明卷》（廣西：廣西美術，2000）
- 麻天祥《中國禪宗思想發展史》（湖南：湖南教育、1997）
- 黃敬家《詩禪、狂禪、女禪：中國禪宗文學與文化探論》（臺北：學生、2011）
- 楊惠南《愛與信仰——臺灣同志佛教徒之平權運動與深層生態學》（臺北：商周、2005）
- 楊曾文《宋元禪宗史》（北京：中國社會科學、2006）
- 詹怡娜《明代的旅館事業》（宜蘭：明史研究小組、2004）
- 熊秉真、余安邦合編《情欲明清》達情篇、遂欲篇（臺北：麥田、2004）
- 維琪·麥肯基《雪洞——丹津、葩默悟道歷程》（臺北：躍昇、2001）
- 趙世瑜《狂歡與日常——明清以來的廟會與民間社會》（北京：三聯、2002）
- 趙紅娟《明遺民董說研究》（上海：上海古籍、2006）
- 劉紅梅《女性詞史》（濟南：山東教育出版、2002）
- 德吉卓瑪《藏傳佛教出家女性研究》（北京：社會科學文獻、2003）

- 歐陽宜璋點校之《碧巖集點校》（新北市：圓明、1994）
- 潘桂明《中國居士佛教史》上下（北京：中國社會科學、2000）
- 蔡佩如《穿梭天人之際的女人──女童乩的性別特質與身體意涵》（臺北：唐山、2001）
- 蔡運辰《二十五種藏經目錄對照考釋》來比對。（臺北：新文豐、1983）
- 蔡鴻生《尼姑譚》（廣州：中山大學、1996）
- 蔡鴻生《清初嶺南佛門事略》（廣東：廣東高等教育、1997）
- 鄧克銘《大慧宗杲之禪法》（臺北：東初、1986）
- 鄧殿臣譯《長老偈、長老尼偈》（臺北：圓明、1999）
- 簡瑞瑤《明代婦女佛教信仰與社會規範》（新北市：稻鄉、2007）
- 羅文華《龍袍與袈裟：清宮藏傳佛教文化考察》上下（北京：紫禁城、2005）
- 譚岳生、康華楚、廖德年選注《南嶽方外詩選》，南岳佛教協會主編（長沙：岳麓書社、1993）
- 嚴耀中《江南佛教史》（上海：上海人民、2000 年）
- 釋永明《佛教的女性觀》（高雄：佛光、1991）
- 釋見一《漢月法藏之禪法研究》（臺北：法鼓文化、2000）
- 釋見曄《明末佛教發展之研究──以晚明四大師為中心》（臺北：法鼓、2007）
- 釋見曄編著、釋自鏘校訂《釋天乙──走過臺灣佛教轉型期的比丘尼》（新店：中天、1999）
- 釋宣化《再增訂佛祖道影》冊 1（臺北：大覺精舍倡印，法界佛教總會原印，1989）
- 釋恆清《菩提道上的善女人》（臺北：東大、2005）
- 釋昭慧、釋性廣編著《千載沈吟──新世紀的佛教女性思惟》（臺北：法界、2001）
- 釋昭慧《佛教後設倫理學》（臺北：法界、2008）
- 釋能融《律制、清規及其現代意義之探究》（臺北：法鼓文化、2003）

- 釋聖嚴《明末中國佛教之研究》（臺北：學生、1988）
- 釋聖嚴《禪門修證》（臺北：圓神、1991）

■期刊專書論文

- 江燦騰〈日據時期臺灣北部客家區重要新興佛教女性專修道場——苗栗大湖郡獅潭庄桂竹林「弘法禪院」〉，《客家文化研究通訊》第三期，2000.07。
- 江燦騰〈從齋姑到比丘尼——臺灣佛教女性出家的百年滄桑〉，《歷史月刊》第 105 期，1996.10。
- 何建明〈近代中國佛教的女性觀〉，《佛學研究》第 7 期、1998
- 巫仁恕〈晚明的旅遊活動與消費文化——以江南為討論中心〉，《中央研究院近代史研究所集刊》第 41 期，2003.09。
- 李玉珍〈《長老尼偈》的修辭敘事——兼以對照《長老偈》〉，臺大《佛學研究中心學報》第 9 期，2004。
- 李玉珍〈比丘尼研究——佛教與性別研究的交涉〉，《法光雜誌》、第 148 期，2002.02。
- 李玉珍〈佛教的女性，女性的佛教——比較近二十年來中英文的佛教婦女研究〉，《印順導師思想之理論與實踐：人間佛教與當代對話——第三屆祝壽研討會論文集》，2002.04。
- 李玉珍〈佛學之女性研究——近二十年英文著作簡介〉，《新史學》第 7 卷、第 4 期，1996.12。
- 李貞德〈最近中國宗教史研究中的女性問題〉，《近代中國婦女史研究》第 2 期，臺北：中央研究院近代史研究所、1994.06。
- 李國彤〈明清之際的婦女解放思想綜述〉，《近代中國婦女史研究》第 3 期，1995.08。
- 林秋梧〈佛說堅固女經講話〉；《南瀛佛教》第 11 卷 11-12 號、第 12 卷 1-3 號，收入黃夏年主編《民國佛教期刊文獻集成》冊 114，北京：全國圖書館文獻縮微復制中心、2006。
- 林麗月〈從《杜騙新書》看晚明婦女生活的側面〉，《近代中國婦女史研究》第 3 期，中央研究院近代史研究所，1995.08。

- 邱仲麟〈論明世宗禁尼寺——社會史角度的觀察〉，淡江大學歷史系編《中國政治、宗教與文化關係國際學術研討會論文集》，臺北：淡江大學歷史系，1994。
- 宣方〈當代南傳佛教國家佛門女性解放運動之考察——以恢復比丘尼傳承運動為中心〉，《印順導師思想之理論與實踐：第四屆「人間佛教薪火相傳」學術研討會論文集》。臺北：財團法人弘誓文教基金會，2003.03。
- 徐泓〈明代北京的社會風氣變遷——禮制與價值觀的改變〉，《大陸雜誌》第 88 卷第 3 期，1994。
- 徐泓〈明代社會風氣的變遷——以江浙地區為例〉，《第二屆國際漢學會議論文集》（明清與近代史組），臺北：中央研究院，1989。
- 徐一智〈晚明密雲圓悟禪師（1566-1642）之研究〉，《史匯》第 6 期，2002。
- 柴德賡〈明末蘇州靈巖山愛國和尚弘儲〉，《史學叢考》，北京：中華書局，1982。
- 秦蓁〈女子關係天下計——論明清時代男性在女性面前的慚愧意識〉，熊月之、熊秉真主編《明清以來江南社會與文化論集》，上海：上海社會科學院，2004。
- 曹仕邦〈僧史所載中國沙門堅守淫戒的一些實例〉，《華岡佛學學報》第 5 期，1981。
- 梅迺文〈從女性主義角度看人間淨土〉，《人間淨土與現代社會——第三屆中華國際佛學會議論文集、佛學會議論文彙編 1》，臺北：法鼓文化，1998。
- 許智銀〈論北魏女性出家為尼現象〉，《許昌師專學報》第 20 卷第 6 期，河南：許昌師專學報編輯，2001.06。
- 連瑞枝〈漢月法藏（1573-1635）與晚明三峰宗派的建立〉，《中華佛學學報》第 9 期，1996.07。
- 連瑞枝〈錢謙益的佛教生涯與理念〉，《中華佛學學報》第 7 期，1994.07。

- 郭忠生〈女身受記〉《正觀雜誌》第 14 期，南投：正觀雜誌社，2000.09。
- 張煜〈明清比丘尼與閨閣女性的生活、寫作比較〉，《東方叢刊》，2007。
- 陳垣〈清初僧諍記〉，張曼濤主編《現代佛教學術叢刊》冊 15，臺北：大乘文化出版社，1977。
- 陳玉女〈明代婦女信佛的社會禁制與自主空間〉上下，《成大歷史學報》第 29、30 期，臺南：成功大學歷史學系、2005.06 及 2006.06。
- 陳星橋〈廣參苦行存典範，古柏千年播禪風──趙州和尚生平化跡與趙州禪的歷史影響〉，《法音》第 8 期，2002。
- 陳美華〈另類典範──當代臺灣比丘尼的實踐〉，臺大《佛學研究中心學報》第 7 期，2002。
- 陳美華〈解讀「比丘尼」在西方人眼中的隱含〉，《中華佛學學報》第 11 期，臺北、中華佛學研究所，1998。
- 黃敏枝〈宋代婦女的另一側面──關于宋代的比丘尼〉，鄭小南編《唐宋女性與社會》下，北京大學盛唐研究叢書，上海：上海辭書出版，2003。
- 黃敬家〈智慧的女性形象──禪門燈錄中禪婆與禪師的對話〉，臺大《佛學研究中心學報》第九期，2004。
- 黃敬家〈禪宗語言態度的轉變對宗門修行方式的影響〉，《宗教哲學》第 31 期，2004.11。
- 黃夏年主編《民國佛教期刊文獻集成──補編》冊 62，北京：中國書店，2008。
- 楊惠南〈看話禪和南宋主戰派之間的交涉〉，《中華佛學學報》第 7 期，臺北：中華佛學研究所、1994.07。
- 楊惠南〈禪淨雙修的類型及其理論基礎〉，《1999 年第二屆兩岸禪學研討會論文集──念佛與禪》，臺北：慈光禪學研究所、中華民國佛教禪淨協會，1999。
- 廖肇亨〈明末清初叢林論詩風尚探析〉，臺灣、中央研究院中國

文哲研究所《中國文哲研究集刊》第 20 期，2002.03

- 廖肇亨〈第一等偷懶沙門——雪嶠圓信與明末清初的禪宗〉，東華大學中國語文學系《東華漢學》創刊號，2003.02。

- 廖肇亨〈惠洪覺範在明代——宋代禪學在晚明的書寫、衍異與反響〉，臺灣、中央研究院歷史語言研究所《中央研究院歷史語言研究所集刊》第 75 本、第 4 分，2004.12。

- 劉婉俐〈藏傳佛教女性上師傳記與佛教女性身份認同議題〉，《中外文學》第 28 卷第 4 期，1999.09。

- 蔣義斌〈中國僧侶遊方傳統的建立及其改變〉，《中國文哲研究通訊》第 16 卷、第 4 期，2006.12。

- 蔡鴻生〈嶺南三尼與清初政局〉，《中山大學學報》季刊第 1 期（社會科學版），廣州：中山大學學報編輯，1994。

- 鄭培凱〈天地正義僅見於婦女——明清的情色意識與貞淫問題〉，《當代》雜誌，第 16、17 期，1987.08-1987.09。

- 鄧克銘〈禪宗公案之經典化的解釋——以《碧巖錄》為中心〉，《臺大佛學研究中心學報》第 8 期，2003。

- 藍吉富〈《嘉興大藏經》之研究〉，《諦觀》第 70 期，1992.07。

- 蘇美文〈亂象中的新生：論明末清初比丘尼之形象與處境〉，《中華技術學院學報》第 27 期，臺北：中華技術學院，2003.05。

- 蘇美文〈女性禪師語錄的書寫意識——以明末《伏獅祇園禪師語錄》為個案〉，《中華技術學院學報》第 29 期，2003.12。

- 蘇美文〈明末清初女性禪師語錄的出版與入藏——兼論《嘉興藏》的入藏問題〉，《臺灣宗教研究》第 4 卷第 1 期，2004.12。

- 蘇美文〈伏獅女禪——祇園禪師之參悟與弘法〉，《能仁學報》第 10 期，2004.12。

- 蘇美文〈女性禪師的道影——從「寫真與名言」探析祇園禪師之形象〉，臺大《佛學研究中心學報》第 10 期，2005.07。

- 蘇美文〈女性禪師道場蹤跡——嘉興梅里伏獅禪院之昔與今〉（上、下），《海潮音》第 88 卷第 1 ～ 2 期，2007.01 ～ 02。

- 蘇美文〈節孝、修悟與隱跡：祇園禪師修行道場胡庵之考述〉，

《普門學報》第 45 期，2008.05。

- 蘇美文〈伏獅女禪：祇園之禪教化與性別智〉，《臺大佛學研究》第 15 期，2008.06。
- 蘇美文〈女男丹道之修煉利捷說：從《男女丹工異同辨》來論析，《宗教哲學》第 44 期，2008.06。
- 蘇美文〈女禪合響：寶持與祖揆之行傳考述〉，《新世紀宗教研究》第 7 卷第 1 期，2008.09。
- 蘇美文〈夢寒霜月冷師門：義公禪師之修悟教化與繼席伏獅〉，《臺北大學中文學報》第 6 期，2009.03。
- 蘇美文〈情欲魔女、羅漢聖者：摩登伽女的形象探論〉，《漢學研究》第 28 卷第 1 期，2010.03。
- 蘇美文〈女性公案：季總禪師之性別智教化〉，《臺大佛學研究》第 21 期，2011.06。
- 釋果燈〈見月律師與明末清初之律學復興〉，《海潮音》83 卷第 8 期～ 84 卷第 7 期，2002.08-2003.07。
- 釋恆清〈禪宗女性觀〉，原名：Chinese Bhiksunis in the Ch'an Tradition，《臺大哲學論評》第 15 期，1992.01。
- 釋惠敏〈中土比丘尼傳承與西藏比丘尼僧團之重建〉，臺大《佛學研究中心學報》第 3 期，1998。
- 釋惠敏〈比丘尼受戒法與傳承之考察〉，臺大《佛學研究中心學報》第 4 期，1999。
- 釋震華〈佛教女眾叢書三集目錄引〉；《覺有情》，第四卷第 17-18 號，1943.05.01。
- 釋慧嚴〈略探尼僧在臺灣佛教史上的地位〉；《玄奘佛學研究》第 8 期，2007.11。
- 釋慧嚴〈從臺閩日佛教的互動看尼僧在臺灣的發展〉，中華佛學學報第 12 期，1999.07。

■博碩士論文

- 衣若蘭《史學與性別：《明史‧列女傳》與明代女性史之建構》

臺灣師範大學歷史研究所,博士論文,2003.06。

- 阮氏秋月《女眾出家在部派佛教中的地位——以《十誦律》受戒事為中心》,華梵大學、東方人文思想研究所,碩士論文,2004.05。
- 林莉莉《佛教出家女性求道歷程研究——以漢譯佛典中的阿含部、本緣部、律部及《長老尼偈》為研究對象》,國立中正大學、中國文學研究所,碩士論文,2004.07。
- 徐一智《明末浙江地區僧侶對寺院經濟之經營——以雲棲袾宏、湛然圓澄、密雲圓悟為中心》,中央大學歷史所,碩士論文,1999。
- 黃惠瑞《明代江南比丘尼之社會經濟活動》。國立成功大學、歷史研究所,碩士論文,2005.01。
- 楊孝容《中國歷史上的比丘尼》,收入《中國佛教學術論典》碩博士學位論文,冊45,高縣:佛光山文教基金會印行,2001。
- 廖肇亨《明末清初遺民逃禪之風研究》,臺灣大學中文所,碩士論文,1993。
- 劉世龍《明代女性觀音畫之研究》,華梵大學東方人文思想研究所,碩士論文,1999.06。
- 釋見曄《洪武時期佛教發展之研究——以政策、僧侶、寺院為中心》,中正大學歷史研究所,碩士論文,1993。

■英文書目

- Besta Grant "Eminent Nuns:Women Chan Masters of Seventeenth-Century China" (University of Hawaii Pressh・Honolulu, Hawaii [US]・2008).
- Miriam Levering, "Women Ch'an Masters: The Teacher Misao-tsung as Saint." In Women Sants in World Religions, edited by Arvind Sharma, pp. 180-204. (Albany: State University of New York Press,2000).
- _____. Lin-chi (Rinzai) Ch'an and Gender: The Rhetoric of

Equality and the Rhetoric of Heroism." In Buddhism, Sexuality and Gender, edited by Jose Ignacio Cabezon. (Albany: State University of New York Press, 1992).

- Ding-Hwa Hsieh（謝定華）"Images of Women in Ch'an Buddhist Literature of the Sung Period", Peter N. gregory/Daniel A. Getz Jr. Buddhism in the Sung (2002.11.1), p.148-187。

- _____."Buddhist Nuns in Sung China (960-1279)",Journal of Sung-Yuan Studies 30 (2000), p.63-96。

- JIANG WU（吳疆）"Enlightenment in Dispute: The Reinvention of Chan Buddhism in Seventeenth-Century China"（《禪悟與僧諍：十七世紀中國禪宗的復興》），Oxford University Press USA; 1st Edition edition (24 April2008).

■網路資料

- 哈佛大學「明清婦女著作」網：
  清、陳芸撰《小黛軒論詩詩》。
  清、王端淑輯《名媛詩緯初編》清康熙六年（1667）清音堂刻本
  清、惲珠輯《國朝閨秀正始續集》（清道光十六年（1386）紅香館刻本）
  http://digital.library.mcgill.ca/mingqing/search/details-poem.php?poemID=24785&language=ch

- 釋聖空《清世宗與佛教》，網址：
  http://www.chibs.edu.tw/publication/grad-th/65/65-1.htm）

- 人民網天津視窗，〈明代桃花寺遺址〉，網址：
  http://www.022net.com/2006/8-23/494940332983324.html

- 新華網天津北辰區北倉，網址：
  http://big5.xinhuanet.com/gate/big5/www.tj.xinhuanet.com/wangqun/2006-10/28/content_8078059.htm

- 維基百科、京杭大運河，網址：
  http://zh.wikipedia.org/wiki/%E4%BA%AC%E6%9D%AD%E5%A4

%A7%E8%BF%90%E6%B2%B3

- 嘉興文化信息網站，〈積淀深厚的浙東運河文化〉，網址：
  http://www.jxcnt.com/news/files/0601/060126_120052.php
- 呂敏〈乾隆十五年「京城全圖」二排六段；初步調研北京鐘樓一帶的廟宇〉，網址：
  http://www.chinesefolklore.com/9/mslt.files/00520.htm
- 中國國家圖書館‧館藏珍品、碑帖菁華，網址：
  http://res2.nlc.gov.cn:9080/ros/index.htm

這個所在，願意如是說男說女

　　優曇華，有佛出世時即開花。七朵優曇華，為七位女性禪師所開，也將為法界一切女性而開，為千千萬萬的佛子而開，為一切眾生而開。

　　禪宗有對寶，如此演示：

　　…普化踢倒飯床，臨濟祖師云：太粗生。普化云：這裡是什麼所在？說粗說細！

　　臨濟祖師休去。…

　　臨濟說普化太粗生，他自己的棒喝，也沒有溫柔到那裏，震破生命底層；其棒喝又何其柔軟，曲盡幽微，對症下藥，貼近生命的翻轉處。

　　還有一組挑戰者與得道者，如此演示：

　　當灌溪問：如何是末山主？末山答：非男女相。

　　這裡是什麼所在？說男說女！
　　這裡是什麼所在？非男女相！
　　這裡是什麼所在？

當無男無女成為獨面標準，非男女相成了障眼法，
這裡是個願意如此這般說男說女的所在。

佛法究竟法義是緣起性空，修行路上蕩相遣執，直至蕩無所蕩，遣無所遣，當體即空，當體自在，色即空，空即色；所以無男無女，是男是女，以無男女故，方言男女，以無男無女故，男女大平等。然而，如果高舉「無男無女」，只是懶得看清黏著甚深的執取，如果舖蓋「無男無女」，只為遮掩不平等，如果力陳「無男無女」，只為自視甚高，那麼這樣的無男無女，猶有隔閡在，非真通透也。

以知男知女，男女平等平等，方成無男無女。

說之再說，言之再言，翻此而說，翻彼而言，知我者謂我心憂，不知我者謂我何求；說之久矣，說之相續，未說之時，言音依然在，無非讓不知者知，讓知者無之。

自小即聽聞天女散花，舍利弗被花黏著的故事，龍女八歲成佛、點心婆點個什麼心？這些是小時候媽媽廚房收音機「淨覺之聲」傳來的無數佛教故事之一。而母親在家庭與佛堂之間穿梭，示以身為佛教女性內心的壓抑、背後的困境，又想衝決的決心與矛盾；覺悟與男性、剛性是結合得這麼緊密，緊密到無形無聲地絡在心底。

當你悶憤，當你不安，當你模模糊糊想要對自己一直以來認為理所當然，別人也認為理所當然的事表達困惑，覺得應該有更好的答案，覺得事情不應該是這樣。然後，就只是想想，只是嘟囔，只是困著惑著，也就逆來順受。這個時候，有個指標，篤定地告訴你可以向那裡走去，別怕。當你鼓了勇氣，真的向前走去，你就知道，對了，就是了！不管他再叫你回來，你也知道不必回頭了，這就是應該要走的路，而且那個指標在祝福你；即使他沒有祝福，你也會知道不必祝福，自覺自是，自作自受，就是這樣走去，走到該走時，止在該止時。這個的篤定與自覺，是這個指標教你的，示你的。

就是這樣，多年前洪啟嵩老師讓這樣的困惑舒張，讓放肆得以放

七優曇華：明末清初的女性禪師

肆，讓野馬脫韁，原野天然，像雲在天那樣的自由，天涯海角；給了一個厚實的支持，給了一個佛法的指標，通透千里，寸絲不掛；也給了一張地圖，讓心能夠走出地圖之外。多年多次的直言扣問，成了一場場女化對談，長養了力量，開闊了心量，也蘊釀來一場女化運動。於是老師率先給出《女人禪》二冊，獨步奇峰，為在歷史暗夜的女性禪師身影，點上了火炬，示以直然行動之無礙，示以有為者亦若是之祝福。在女化對談中，其實就二句話影響甚深，一句即是：「女人成佛」；一句即：「我管他！」。此「他」為佛陀，老師一向慎微精確，難得放肆，卻也經常放肆到底；而老師豈不尊重佛陀？東壁打倒西壁，就這一句，把塞子打開，水通暢了；就這一句，也讓自己敢自己思考了，甚至可以敢不必向師處去，不必向佛處去，幾幾很能了解，這就是對他們最大的敬意與最大的謝意。

禪宗祖師的自在活潑，令人心開意解，跟隨洪老師學佛，就從禪法入；佛法大海的實相也在他的教示下，鮮明展現，菩薩行的慈悲之道，也在這個過程中，驚心動魄地大開眼界，望塵莫及，心又嚮往之，這些都是寫作「七優曇華」的最重要的內蘊基礎。

寫作明末清初的女性禪師，是一個心意遇到一個機緣，一個不知何時來的心意，一個近 400 年前祇園等人種下的機緣：七本女性禪師語錄的出版。這些語錄在當時是聚合許多因緣所成的，這些語錄呈現的是她們以生命履踐悟道的痕跡；她們沒想到，我也沒想到，心意的流盪讓這些貫通起來，女性的悟道證明也讓這些貫通起來。而從唐代以來的眾禪師們！你們的心靈高度，沒有讓人失望，在覺悟的道路上，女性得到更多應該有的空間。

這不是性別的權力爭奪，是還一個寬闊平坦、無執無礙的所在，女性將得到平等正常的悟道空間與機會，女性悟道將與男性悟道等量齊觀，不再特異，不再奇蹟，甚至多元性別，無障無礙，一起提昇。女性障重的觀念將從心中灰飛，女人出頭代表衰敗的觀念將從心中煙滅，化為一陣陣清涼自在的風。

近十年來所關注的明末清初女性禪師議題，總結成本書內容，為了向學界就教與交流，許多篇章曾陸續發表過：〈女性公案：季總禪師之性別智教化〉（《臺大佛學研究》第二十一期、2011.06）、〈夢寒霜月冷師門：義公禪師之修悟教化與繼席伏獅〉（《臺北大學中文學報》第六期、2009.03）、〈女禪合響：寶持與祖揆之行傳考述〉（《新世紀宗教研究》第七卷第一期、2008.09）、〈伏獅女禪：祇園之禪教化與性別智〉（《臺大佛學研究》第十五期、2008.06）、〈節孝、修悟與隱跡：祇園禪師修行道場胡庵之考述〉（《普門學報》第四五期、2008.05）、〈女性禪師道場蹤跡：嘉興梅里伏獅禪院之昔與今〉（上、下）（《海潮音》第八十八卷第一、二期、2007、01、02）、〈女性禪師的道影：從「寫真與名言」探析祇園禪師之形象〉（臺大《佛學研究中心學報》第十期、2005.07）、〈明末清初女性禪師語錄的出版與入藏---兼論《嘉興藏》的入藏問題〉（《台灣宗教研究》第四卷第一期、2004.12）、〈伏獅女禪：祇園禪師之參悟與弘法〉（《能仁學報》第十期、2004.12）、〈女性禪師語錄的書寫意識——以明末《伏獅祇園禪師語錄》為個案〉（《中華技術學院學報》第二九期、2003.12）、〈亂象中有新生：論明末清初比丘尼之形象與處境〉（《中華技術學院學報》第二七期、2003.05）等。感謝這些評審前輩的鼓勵與砥礪。

在《嘉興藏》裏見到祇園與一揆的面容道影，一股威嚴，一陣慈柔。在一次廣州韶關南華寺之行，濛濛昧昧無意地走到古無盡庵門前，也與無盡藏尼見到面。說來平平，金塑之身，壁上道影，留在心上，在下午寺院欲掩之時；只是可惜女禪師的肉身，民初遷往韶關曲江的灣村西華庵，今已不知所終。一如幾次足跡踏訪祇園、一揆、義公師徒的嘉興、季總的南嶽、寶持的鹽官、祖揆的太湖洞庭東山、子雍的北京，意欲與某個時空下的女禪師相遇，但誰也知道，風簷展書讀，古道照顏色，說來也是夢幻一場。

惟有，看破些什麼。

千山鳥飛絕，萬徑人蹤滅。孤舟蓑笠翁，獨釣寒江雪。

好一片雪白獨影，明明淨淨。

去吧

走吧

不說太浮太輕率的感謝

感謝一路成就的人，一路成就的事與物。

跋

女佛陀 01

七優曇華

明末清初的女性禪師 下

Senen Udumbara：
Female Zen Masters In The Ming-qing
Transitional Period

作　　者　蘇美文

執行編輯　莊涵甄

美術編輯　張育甄

出　　版　全佛文化事業有限公司

　　　　　永久信箱：台北郵政26-341號信箱

　　　　　訂購專線：（02）2913-2199

　　　　　傳真專線：（02）2913-3693

　　　　　發行專線：（02）2219-0898

　　　　　匯款帳號：3199717004240 合作金庫銀行大坪林分行

　　　　　戶名：全佛文化事業有限公司

　　　　　E-mail：buddhall@ms7.hinet.net

　　　　　http://www.buddhall.com

門　　市　新北市新店區民權路95號4樓之1（江陵金融大樓）

　　　　　門市專線：（02）2219-8189

行銷代理　紅螞蟻圖書有限公司

　　　　　台北市內湖區舊宗路二段121巷19號（紅螞蟻資訊大樓）

　　　　　電話：（02）2795-3656　　　傳真：（02）2795-4100

初　　版　2014年03月

I S B N　978-986-6936-76-0（下冊）

軟皮精裝定價　新台幣400元

全佛　版權所有 • 請勿翻印
BuddhAll　All Rights Reserved.Printed in Taiwan.
佛　　　　Published by BuddhAll Cultural Enterprise Co.,Ltd.

國家圖書館出版品預行編目資料

七優曇華:明末清初的女性禪師 / 蘇美文著-
初版. -- 新北市:全佛文化, 2014.03 冊;公分.
　ISBN 978-986-6936-75-3(上冊:軟皮精裝)
　ISBN 978-986-6936-76-0(下冊:軟皮精裝)
　1.禪宗 2.佛教傳記 3.佛教說法
　226.69　　　　　　　102004328